MANUEL DES OCTROIS

POITIERS. — TYPOGRAPHIE OUDIN.

MANUEL

DES OCTROIS

CONTENANT :

1° DES NOTIONS GÉNÉRALES ;

2° LA JURISPRUDENCE ADMINISTRATIVE ;

3° LA LÉGISLATION COMPLÈTE ET ANNOTÉE ;

4° DES MODÈLES DE RÈGLEMENT.

PAR

Paul TURQUIN

COMMIS PRINCIPAL AU BUREAU DES OCTROIS
(DIRECTION GÉNÉRALE DES CONTRIBUTIONS INDIRECTES ; MINISTÈRE DES FINANCES).

BIBLIOTHÈQUE DES EMPLOYÉS DES CONTRIBUTIONS INDIRECTES

IMPRIMERIE PAUL OUDIN

POITIERS, 4, RUE DE L'ÉPERON, 4.

1886

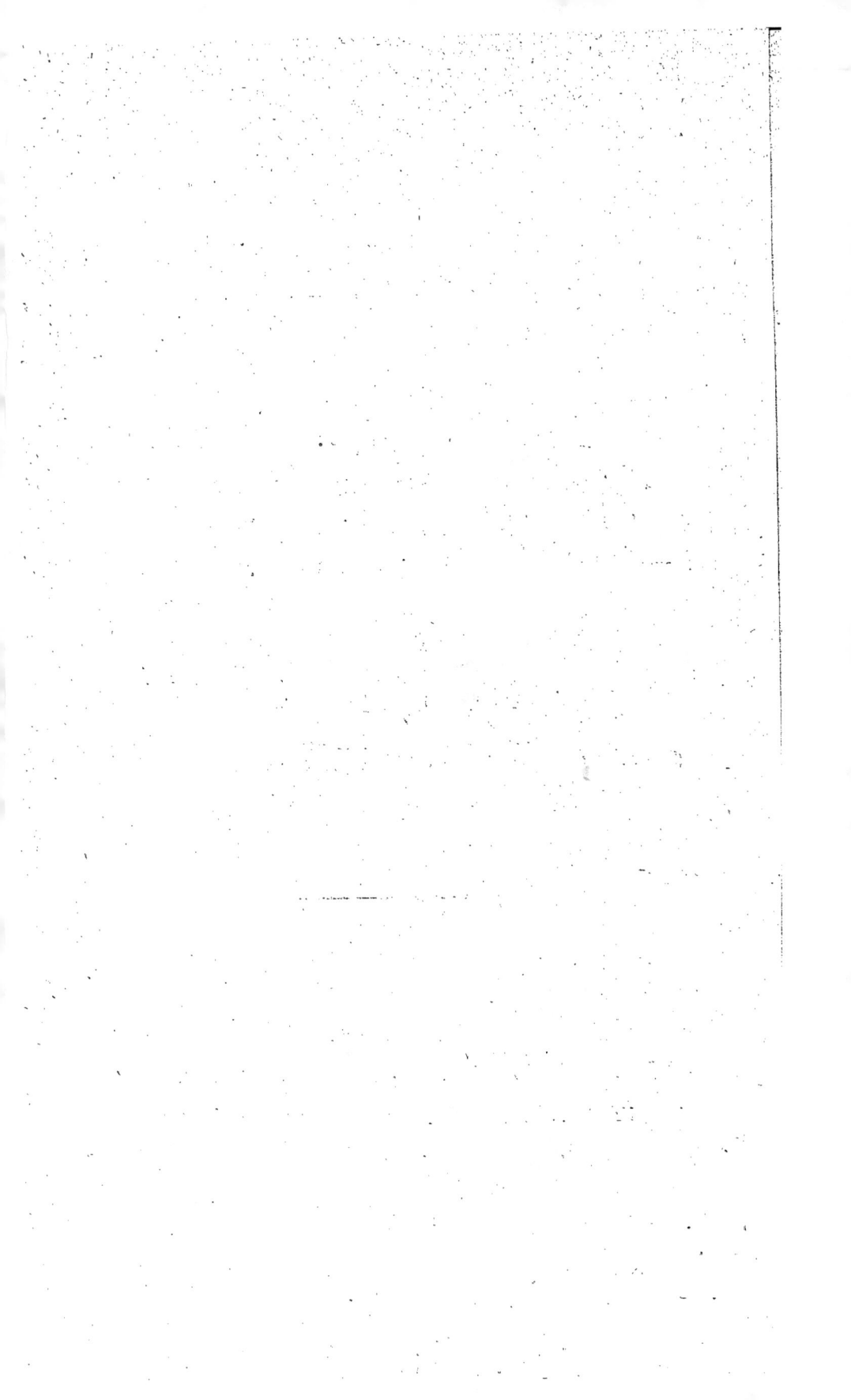

AVANT-PROPOS

L'impôt que les communes sont autorisées à percevoir sur certains objets de *consommation locale*, pour faire face aux diverses dépenses de la communauté, est désigné sous le nom de droit d'*octroi*.

L'origine de ce droit remonte à l'ancienne monarchie. Toutefois, à cette époque, les communes ne se bornaient pas à taxer des objets de consommation locale ; elles imposaient aussi des articles de commerce général ou qui ne faisaient que traverser leur territoire, constituant par suite de véritables douanes intérieures très préjudiciables au commerce. D'un autre côté, le produit des taxes ainsi *octroyées* par le Roi n'était pas, comme aujourd'hui, toujours destiné à faire face à des dépenses purement municipales ; une partie, variable suivant les temps ou les circonstances, était perçue au profit du Trésor public.

Entièrement supprimés au commencement de la Révolution (Décret des 19-25 février 1791), les octrois ne tardèrent pas à s'imposer de nouveau comme une ressource indispensable pour les communes (1). Une loi du 27 vendémiaire an VII (18 octobre 1798) consacra, en faveur de la ville de Paris, le principe du rétablissement des octrois et affecta spécialement le produit de la perception « à l'acquit des dépenses

---

(1) En 1883, il existait en France 1,537 octrois, dont les recettes se sont élevées 286,728,000 fr. Dans ce chiffre, Paris seul figure pour une somme de 143,618,000 fr.
En 1884, le nombre des octrois n'est plus que de 1,524 ; leur produit atteint 284,885,000 fr., dont 139,987,000 fr. pour Paris. Dans le chiffre de 284,885,000 fr., se trouve comprise une somme de 4,093,000 fr., qui représente le prix des baux de 421 octrois mis en ferme.

« locales, et de préférence à celles de ses hospices et de
« secours à domicile ».

Plusieurs communes furent ainsi mises en possession
d'un octroi par le pouvoir législatif. Mais, dès l'année 1800
(Loi du 5 ventôse an VIII), le droit de créer les octrois et
d'approuver les tarifs et règlements pour leur perception fut
délégué au Gouvernement. Il devait être établi des *octrois
municipaux et de bienfaisance* sur les objets de consommation locale, dans les villes dont les hospices civils n'avaient
pas de revenus suffisants pour leurs besoins (art. 1er de la loi
du 5 ventôse an VIII). Bien que les octrois ne soient plus créés
que sur la demande des conseils municipaux, et pour les
besoins généraux des communes, c'est dans cette disposition
de la loi du 5 ventôse, qu'il faut rechercher l'origine de l'expression « d'*octroi municipal et de bienfaisance* », qui figure
encore aujourd'hui à l'art. 1er de tout règlement et qui avait
été déjà employée, du reste, sous l'ancienne monarchie, dans
les lettres patentes en vertu desquelles étaient perçues les
taxes communales.

Le pouvoir législatif n'intervint plus dans les questions
d'autorisation d'octroi jusqu'en 1842, époque à laquelle
il reprit une partie de ses prérogatives, en décidant (Loi du
11 juin 1842, art. 9) que seul à l'avenir il autoriserait, sur
les boissons soumises à un droit d'entrée au profit de l'État
(vins, cidres, alcools), les perceptions désignées sous le nom
de surtaxes d'octroi. La loi du 11 juin 1842 stipula, en outre
(art. 8), que l'établissement des taxes d'octroi, ainsi que les
règlements relatifs à leur perception, seraient, désormais,
approuvés par des ordonnances rendues dans la forme des
règlements d'administration publique, c'est-à-dire après avis
du Conseil d'État. Depuis lors, la législation ne s'est pas modifiée sur ces deux points : c'est toujours le Gouvernement qui,
le Conseil d'État entendu, autorise les créations d'octroi
(art. 137 de la loi du 5 avril 1884), et les Chambres statuent
encore directement sur les demandes de surtaxes sur l'alcool

(art. 9 de la loi du 11 juin 1842) ou sur les vins, cidres, poirés et hydromels (art. 6 de la loi du 19 juillet 1880).

Peu de temps après leur rétablissement, les octrois furent soumis, comme sous l'ancien régime, à un prélèvement au profit de l'État. Fixé dans le principe à 5 pour 0/0 (Loi du 24 frimaire an IX), puis élevé à 10 pour 0/0 du produit net (art. 75 de la loi du 24 avril 1806), pour les communes possédant plus de 20,000 fr. de revenu ou ayant au móins 4,000 âmes de population, ce prélèvement fut bientôt porté à 10 p. 0Į0 pour tous les octrois indistinctement (art. 153 de la loi du 28 avril 1816). Il a été supprimé par le décret du 17 mars 1852.

C'est depuis cette époque que les octrois peuvent être considérés comme ayant le caractère d'une *perception* purement *municipale*; nous avons dit plus haut qu'ils ne doivent atteindre que des objets de *consommation locale*. A ce double titre, des taxes d'octroi ne sauraient être imposées ni sur les matières premières introduites pour être transformées à l'intérieur, ni sur les produits fabriqués qui sont destinés au commerce général, ni sur les objets qui ne font que traverser la commune. Destinés à faire face aux dépenses d'intérêt communal, les droits d'octroi ne doivent être supportés que par les habitants de la commune ou par les étrangers qui viennent y séjourner temporairement, c'est-à-dire par ceux-là seuls qui peuvent bénéficier des améliorations réalisées et des avantages assurés au moyen du produit de l'octroi.

Ce principe, déjà posé dans la loi du 28 avril 1816 (art. 148), a été de nouveau consacré et, pour la première fois, réglementé par les articles 8 à 14 du décret du 12 février 1870.

Jusqu'en 1867, nulle modification ne pouvait être apportée au tarif ou au règlement sans l'intervention du Gouvernement. La loi du 24 juillet 1867 fit subir un notable changement à la législation. A la condition de rester dans les limites d'un tarif-type annexé au décret du 12 février 1870, décret qui a été rendu pour l'exécution de la loi du 24 juillet 1867 précitée, les conseils municipaux purent, de plein droit, réduire et supprimer les taxes existantes ou les augmenter d'un dixième; ils eurent aussi la faculté d'élever lesdites taxes de plus d'un dixième et de les porter jusqu'au maximum prévu par le tarif-type, sous réserve de la sanction du préfet. L'approbation du Gouvernement n'était plus nécessaire qu'en cas de modifications aux périmètres ou aux règlements, d'établissement de taxes nouvelles et d'établissement ou de prorogation de taxes extra-réglementaires.

Sous l'empire des dispositions combinées des lois des 24 juillet 1867 et 10 août 1871, les propositions concernant la prorogation ou la revision des tarifs et règlements étaient exécutoires, soit de plein droit, soit en vertu de l'approbation du conseil général. Le Gouvernement se bornait alors à autoriser les créations d'octroi et à exercer, au moyen de décrets de suspension ou d'annulation, un droit de *veto,* à l'égard de celles des délibérations du conseil général qui consacraient des dispositions contraires à la législation ou à la jurisprudence.

La loi municipale du 5 avril 1884, qui règle actuellement la compétence des divers pouvoirs, a sensiblement modifié cet état de choses.

Aujourd'hui, les conseils municipaux ont plein pouvoir pour accroître dans la limite des maxima réglementaires les taxes existantes du tarif (art. 139 de la loi précitée) ; ils peuvent, d'un autre côté, diminuer ces taxes et même les supprimer entièrement, à la condition que leur délibération, préalablement soumise à l'assemblée départementale, soit approuvée par le préfet (art. 138). Mais, en ce qui concerne les modifications aux règlements et aux périmètres, ainsi que l'imposition des objets nouveaux et l'établissement ou le renouvellement de toute taxe extra-réglementaire, les assemblées départementales n'ont plus qu'un simple avis à émettre (art. 137) ; c'est au chef de l'État qu'il appartient d'approuver désormais, par décret, les délibérations des conseils municipaux sur ces divers points. Au lieu de statuer, comme précédemment, sur une décision du conseil général ; le

Gouvernement examine les propositions municipales elles-mêmes.

A côté des grands principes établis par le législateur, il existe, pour la perception des octrois, des règles générales dont le Gouvernement doit assurer le maintien. Il faut donc que les propositions qui lui sont soumises ne s'écartent pas, autant que possible, de ces prescriptions générales ; il n'importe pas moins qu'à cet égard les dossiers renferment tous les éléments d'appréciation nécessaires et que ces documents soient régulièrement dressés.

En remplissant ces conditions, les communes ne s'exposeraient plus, en effet, comme il est arrivé fréquemment, à voir leurs demandes ajournées, parce que les pièces du dossier n'étaient pas régulières et complètes, ou rejetées en partie, parce que les actes de perception proposés (tarif ou règlement) s'écartaient des prescriptions de la loi et de la jurisprudence. On obtiendrait alors une expédition plus prompte des affaires, tout en évitant les modifications ou suppressions de taxes qui, bouleversant toute l'économie d'un projet, ont amené parfois des perturbations regrettables dans les budgets des communes.

Mais les règles à suivre pour la préparation des dossiers sont éparses dans un grand nombre d'instructions. Il en est de même de la jurisprudence du Conseil d'État et de la législation relatives aux tarifs et aux règlements des octrois. Ce serait répondre, croyons-nous, à un besoin réel que de donner, sous une forme condensée et facile à consulter, un recueil de ces documents mis au courant de la législation et de la jurisprudence en vigueur.

Tel est le but de ce travail, qui comprend les divisions suivantes :

1° Instructions et notions générales pour la préparation des dossiers ;

2° Jurisprudence du Conseil d'État ;

3° Législation annotée.

Une table alphabétique détaillée permet, en outre, de trouver rapidement la solution des questions à résoudre.

Indépendamment de la nomenclature des pièces à fournir, le chapitre I contient des indications générales sur la marche à suivre et sur les règles à observer par les municipalités et les administrations départementales, lors de la présentation des projets de tarif et de règlement.

Le chapitre II forme un recueil des principales décisions du Conseil d'État, pendant les dix ou douze dernières années (1), sur les points qui n'ont été ni abrogés, ni modifiés par la loi municipale du 5 avril 1884. Il se compose en grande partie des décrets de suspension rendus par application de l'art. 49 de la loi du 10 août 1871. Ces décrets ne se bornent pas à repousser ou à approuver, comme actuellement, par un simple dispositif, les propositions municipales ; ils devaient être *motivés*, ils sont donc tous précédés de *considérants* où se trouve exposée la doctrine du Conseil d'État. Ces *considérants* sont reproduits IN EXTENSO, ce qui permettra de procéder à une étude raisonnée de la jurisprudence.

Enfin, le chapitre III contient, dans l'ordre chronologique, non seulement la législation (lois, décrets, ordonnances) concernant les tarifs et les règlements d'octroi, mais aussi celle qui se rapporte à l'administration des octrois, aux attributions des autorités départementales et locales, aux obligations des préposés, etc.... Cette partie forme, en réalité, un code complet et annoté de la législation en vigueur sur les octrois. Des caractères italiques font ressortir les

---

(1) Le décret du 12 février 1870 ayant, sur un grand nombre de points, amené une modification complète de la jurisprudence, il eût été à peu près inutile de recueillir des décisions d'une date antérieure à ce décret. D'ailleurs, dans cette période de douze années, le Conseil d'État a eu l'occasion de fixer sa jurisprudence pour la plupart des cas qui offrent quelque importance.

dispositions qui sont modifiées ou abrogées et des notes ren-
voient aux lois ultérieures qui remplacent ces dispositions.

On pourra, au moyen de ces divers documents, rapprocher la jurisprudence du texte même des lois sur lesquelles elle s'appuie et préparer, dans des conditions régulières,
les projets de tarif et de règlement.

Cet ouvrage, que l'application de la nouvelle loi municipale rendait pour ainsi dire indispensable, offrira, nous l'espérons, quelque utilité pour les communes et pour les administrations départementales, comme aussi pour les agents de
l'État qui ont charge de contrôler la gestion des octrois ou
d'interpréter les tarifs et règlements autorisés pour la perception. Depuis longtemps, nous en avions recueilli et coor-
donné les principaux éléments, mais nous aurions hésité
encore à les publier, sans les bienveillants encouragements,
sans les utiles conseils qui, à tous les degrés de la hiérar-
chie, nous ont été donnés par nos chefs. C'est un devoir
pour nous de leur en rendre ici un hommage public de reconnaissance.

Paris, le 19 mars 1885

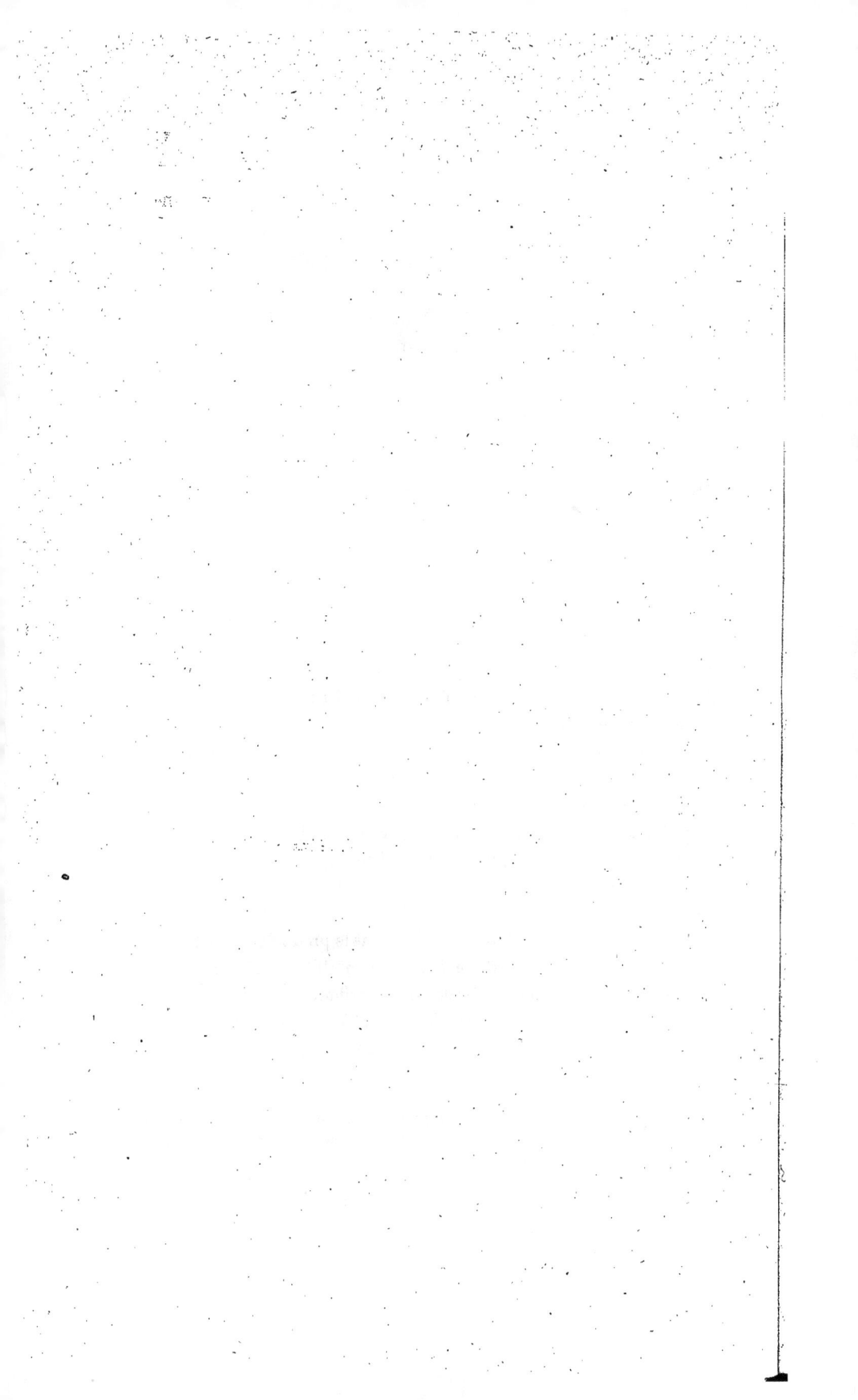

CHAPITRE PREMIER

INSTRUCTIONS ET NOTIONS GÉNÉRALES POUR LA PRÉPARATION
DES DOSSIERS.

TITRE I.

PROPOSITIONS EXÉCUTOIRES EN DEHORS DE L'INTERVENTION DU
POUVOIR CENTRAL.

(Art. 138 et 139 de la loi du 5 avril 1884.)

Les délibérations prises par les conseils municipaux dans les divers cas prévus à l'art. 139 de la loi du 5 avril 1884 (1), [*prorogation ou augmentation, pour 5 ans au plus, des taxes d'octroi dans la limite des maxima et de la nomenclature du tarif général annexé au décret du 12 février 1870* (2)], ont par elles-mêmes force exécutoire ; celles qui tombent sous le coup de l'art. 138 (*diminution ou suppression de taxes*) deviennent exécutoires, après avis du conseil général ou de la commission départementale, sur l'approbation du préfet. Nous n'aurons donc pas à nous occuper ici de ces deux catégories de délibérations, le présent Manuel étant spécialement destiné à servir de guide pour la préparation des projets de tarif ou de règlement d'octroi, qui doivent être sanctionnés par le gouvernement, en exécution de l'art. 137 de la loi susvisée.

Nous nous bornerons à faire remarquer que le préfet doit, aux termes de la circulaire du Ministre de l'Intérieur n° 469 du 15 mai 1884, transmettre à la direction générale des contributions indirectes, pour les affaires de la première catégorie (art. 139), *une expédition des délibérations municipales appuyées des actes de perception*, et, pour les

---

(1) Voir cet article au chap. III de la législation ; on trouvera, du reste, dans ce même chapitre, à son ordre chronologique, le texte de toute autre disposition légale citée dans la suite de cet ouvrage.

(2) Voir, à sa date et au chap. III, le décret du 12 février 1870, auquel est annexé e tarif général, qui est fréquemment désigné aussi sous le nom de *tarif-type*.

affaires de la seconde catégorie (art. 138), *un exemplaire du tarif et du règlement de l'octroi, une copie de l'avis du conseil général ou de la commission départementale et une ampliation de son arrêté.*

Il est aussi deux questions se rattachant aux articles 138 et 139, dont il paraît utile d'indiquer ci-après la solution, à titre de renseignement.

I. Lorsqu'une délibération prise par application de l'art. 139 renferme des violations de lois ou de règlements, le gouvernement n'intervient plus maintenant d'une manière immédiate ; c'est au préfet qu'il appartient de prononcer la nullité totale ou partielle, par application des articles 63 et 65 de la loi municipale du 5 avril 1884 (*avis du Conseil d'Etat du 25 juin 1884 ; Jurisprudence, n° 232*).

II. Lorsqu'une délibération a pour but, non seulement de diminuer ou de supprimer, en vertu de l'art 138, des taxes existantes, mais en outre d'introduire des objets nouveaux au tarif ou d'établir des augmentations de droits dans les conditions de l'art. 137, le gouvernement doit être saisi, par raison de connexité, de l'ensemble des propositions (*même avis*). Dans ce cas, le préfet doit surseoir à statuer sur la partie de la délibération qui tombe sous le coup de l'art. 138.

TITRE II.

PROPOSITIONS A SOUMETTRE A LA SANCTION DU POUVOIR CENTRAL.

(Art. 137 de la loi du 5 avril 1884.)

Suivant l'art. 137 de la loi du 5 avril 1884, les délibérations des conseils municipaux concernant :

1° L'établissement des taxes d'octroi et les règlements relatifs à leur perception ;

2° L'augmentation ou la prorogation des taxes pour une période de plus de 5 ans ;

3° Les modifications aux règlements et aux périmètres existants ;

4° L'assujettissement à la taxe d'objets non encore imposés au tarif local ;

5° L'établissement ou le renouvellement d'une taxe excédant le maximum fixé par le tarif général ou portant sur des objets non compris dans ce tarif ;

Doivent être approuvées par décrets du Président de la République, rendus en Conseil d'Etat, après avis du conseil général ou de la commission départementale dans l'intervalle des sessions.

Les surtaxes sur les vins, cidres, poirés, hydromels et alcools ne peuvent être autorisées que par une loi.

Quel que soit l'objet d'une délibération prise en exécution de cet article, il est certaines pièces qui doivent toujours être mises à l'appui des dossiers ; d'autres, au contraire, ne sont indispensables que dans des cas déterminés. Nous plaçant à ce point de vue pratique, nous avons cru devoir, au lieu de suivre l'ordre et la division établis par la loi, subdiviser le présent titre en sept paragraphes, où tous les cas prévus à l'art. 137 sont examinés, sous les désignations suivantes :

§ I. *Dispositions générales* ;
§ II. *Rsvision du règlement* ;
§ III. *Modifications du périmètre* ;
§ VI. *Prorogation ou revision du tarif* ;
§ V. *Etablissement ou prorogation de taxes spéciales.* (1) ;
§ VI. *Etablissement ou prorogation de surtaxes* (2) ;
§ VII. *Création d'octroi.*

§ I. — DISPOSITIONS GÉNÉRALES ; PIÈCES A FOURNIR.

En règle générale, les pièces indiquées ci-après sont nécessaires, savoir :

1° Délibérations du conseil municipal en double expédition ;

2° Tarif et règlement d'octroi en vigueur (un seul exemplaire) ;

3° Tarif et règlement d'octroi proposés en TRIPLE EXPÉDITION ;

4° Budget primitif de l'année courante ;

---

(1) On entend par taxes *spéciales* d'octroi celles qui, frappant un quelconque des objets du tarif, sont établies à titre de recette extraordinaire et dont le produit doit toujours être affecté au paiement de dépenses extraordinaires ou au remboursement d'emprunts (art. 134, § n° 7° de la loi du 5 avril 1884). Les taxes *spéciales* régulièrement autorisées sont exemptes du prélèvement à effectuer, en exécution de l'art. 3 de la loi du 16 juin 1831, sur les taxes *ordinaires* d'octroi, pour le service de l'instruction primaire.

(2) On appelle surtaxe la partie du droit d'octroi qui dépasse le maximum fixé par des lois spéciales concernant certains objets soumis à des taxes au profit du Trésor. Aucune surtaxe ne peut être établie qu'en vertu d'une loi.

5° Budget additionnel de l'exercice courant ;

6° Relevé des recettes et dépenses ordinaires et extraordinaires des trois derniers exercices, d'après les résultats des comptes administratifs ;

7° Certificat du maire et du receveur municipal faisant connaître :

Les impositions extraordinaires qui peuvent grever la commune, avec indication de leur quotité, de leur durée et de leur objet,

Les sommes restant dues en capital sur chacun des emprunts non remboursés,

Les autres dettes communales, s'il en existe,

Enfin le produit brut et le produit net de l'octroi pendant chacune des trois dernières années ;

8° Avis du directeur des contributions indirectes du département ;

9° Avis du représentant du ministre de la marine, dans les communes où l'administration de la marine de l'État possède des établissements (1);

10° Avis motivé par lequel le préfet transmet le dossier au ministre de l'intérieur.

Celles de ces pièces qui sont fournies par la municipalité doivent être certifiées par le maire.

Il est indispensable aussi que la délibération du conseil municipal, qui est le document principal de l'affaire, soit conçue en termes très explicites ; aucun doute ne doit exister sur l'intention du conseil de faire porter ses propositions sur telle ou telle partie des actes de perception de l'octroi.

D'un autre côté, alors même que ces propositions ne concerneraient

---

(1) Dans les cinq grands ports militaires, c'est-à-dire à Brest, à Cherbourg, à Lorient, à Rochefort et à Toulon, l'officier supérieur de la Marine doit être appelé au conseil municipal, toutes les fois que cette assemblée délibère sur la formation ou la modification du tarif et du règlement de l'octroi. (Lettre du ministre des finances aux préfets du 9 août 1817. Trescaze, *Recueil chronologique*, tom. I, page 755.)

Dans les autres communes, il suffit que la délibération du conseil municipal soit communiquée au représentant de la Marine, qui fait connaître son avis. (Lettre du ministre de l'intérieur aux préfets du 23 août 1878.)

Nous croyons utile de donner ci-après la liste des communes où l'administration de la Marine possède *actuellement* des établissements : Honfleur et Trouville (Calvados) ; Ruelle (Charente) ; Rochefort et Saintes (Charente-Inférieure) ; Brest (Finistère) ; la Basse-Indre (Loire-Inférieure) ; Cherbourg et Granville (Manche) ; Lorient, Caudan et Port-Louis (Morbihan) ; Nevers et Guérigny (Nièvre) ; Dunkerque (Nord) ; Boulogne et Calais (Pas-de-Calais) ; Rouen, Dieppe, Fécamp, Saint-Valery-en-Caux, le Havre et le Tréport (Seine-Inférieure) ; Toulon et la Seyne (Var).

qu'un seul point du tarif ou du règlement, le Conseil d'Etat exige qu'il soit toujours fourni un *tarif et règlement complet.* Ce document doit, en outre, être revêtu, à la fin du *tarif,* de la mention suivante : « *Vu « pour être annexé à la délibération (ou aux délibérations) du conseil « municipal en date.......* » et certifié par le maire. En aucun cas, les municipalités *ne sauraient donc se dispenser* de fournir cette pièce en TRIPLE EXPÉDITION, deux exemplaires étant spécialement réclamés par le Conseil d'Etat.

§ II. — REVISION DU RÈGLEMENT.

(Art. 137, § n° 1° de la loi du 5 avril 1884.)

Toute proposition relative au règlement doit, indépendamment des pièces énumérées au § 1er, être accompagnée de l'avis du conseil général ou de la commission départementale. En cas de demande de création, de déplacement ou de suppression des bureaux de perception, il conviendra de fournir, en outre, un plan de la commune, où l'on indiquera, par des signes distincts, ou mieux encore par des teintes de couleurs différentes, le périmètre de l'octroi, l'emplacement actuel des bureaux et les nouveaux emplacements proposés.

D'un autre côté, s'il s'agit de modifier des dispositions réglementaires existantes, les délibérations des conseils municipaux doivent rappeler le texte des articles modifiés et celui des articles nouveaux, de telle sorte qu'il ne puisse s'élever aucune incertitude sur la validité des changements proposés. (*Circ. du ministre de l'intérieur aux préfets, n° 15 du 16 mars* 1880 ; *lettre commune de l'administration des contributions indirectes aux directeurs, n° 12 du 12 juillet* 1880.) En cas de vote de dispositions entièrement nouvelles, il ne suffirait pas, non plus, que ces dispositions fussent insérées dans le projet de tarif et règlement, alors même que ce document porterait une mention d'annexe à la délibération du conseil municipal. Il est indispensable que la délibération elle-même précise toutes les modifications, toutes les additions proposées, avec indication du numéro des articles auxquels elles se rapportent. Si cette condition n'est pas remplie, les changement introduits au règlement annexé au dossier *sont considérés comme nuls et non avenus et dépourvus de tout caractère exécutoire.* (*Jurisprudence,* n°ˢ 262 et 263.)

De même que la législation antérieure (lois des 24 juillet 1867 et 10 août 1871), la loi du 5 avril 1884 prévoit (art. 137, § 1ᵉʳ) l'établissement du règlement lors de la création d'un octroi ; elle prévoit aussi (même article, § nº 1º) les modifications aux règlements existants, mais elle ne fait pas mention , comme pour les tarifs , de la prorogation desdits règlements. Ceux qui ont été dûment autorisés conservent par suite indéfiniment leur force exécutoire , sous la seule réserve qu'ils renferment les dispositions des articles 8, 9, 11, 12, 13 et 14 du décret du 12 février 1870 (1), complétés, en ce qui concerne l'art. 13, par le décret du 8 décembre 1882 (1), dispositions à défaut desquelles tout règlement d'octroi en vigueur « cessera d'avoir son effet à l'expiration de la « durée fixée pour cet octroi ». (Art. 15 du décret du 12 février 1870.)

On ne doit pas conclure de cette jurisprudence qu'un règlement, qui comprendrait des dispositions illégales ou même simplement irrégulières , puisse être maintenu indéfiniment , par le seul fait que les dispositions obligatoires des décrets de 1870 et de 1882 y figurent. Lorsqu'une affaire lui est soumise, l'administration fait porter, en effet, son examen sur l'ensemble des actes de perception et elle se réserve de signaler les articles irréguliers du règlement qui pourraient donner lieu à un recours contentieux de la part des contribuables. Dans leur intérêt même , les communes ne sauraient se refuser alors à régulariser leurs actes de perception , et d'ailleurs le gouvernement serait toujours en droit de subordonner à cette régularisation la sanction qu'on sollicite de sa part sur les autres parties du tarif ou du règlement. (*Jurisp.*, nº 247.)

D'après la jurisprudence, les règlements ne doivent être revisés qu'en cas de nécessité et avec la plus grande réserve.

Quelques municipalités sont entrées, à l'instigation souvent du préposé en chef de l'octroi, dans les détails d'une réglementation excessive ; mais elles n'ont pas pris garde que , dans la plupart des cas, elles proposaient des dispositions ou superflues, ou faisant double emploi avec des articles déjà existants, ou contraires à la législation. Aussi, lorsque des propositions de ce genre lui sont soumises, le Conseil d'État prendil le parti de les repousser en bloc. (*Jurisp.* nºˢ 251, 257 et 259.)

Il en serait de même à l'égard de toute disposition qui, au lieu de concerner spécialement la perception de l'octroi, aurait un autre but, tel , par exemple, que d'édicter une mesure de police interdisant l'aba-

_____

(1) Voir ce décret à sa date, au chap. III.

tage des bestiaux ailleurs que dans les abattoirs publics. (*Jurisp.* n°s 226 et 257.)

Lorsqu'un conseil municipal veut modifier le règlement, il doit s'assurer qu'il ne se met en opposition ni avec l'ordonnance du 9 décembre 1814, ni avec la loi du 28 avril 1816 (titre II), ni avec le décret du 12 février 1870, lesquels forment pour ainsi dire le code officiel de tout règlement d'octroi. Le moyen le plus sûr pour éviter cet écueil consiste à consulter les MODÈLES **U** et **V** de règlement imprimés par les soins de l'administration des contributions indirectes, où, sous une forme bien coordonnée, se trouvent réunies toutes les dispositions compatibles avec la législation et nécessaires pour assurer une perception régulière. C'est là le meilleur guide à suivre, en ayant soin, toutefois, de faire usage du MODÈLE **V̄**, pour les octrois à *bureau central unique*, et du MODÈLE **U** pour ceux où la perception s'effectue au moyen de *bureaux périphériques.*

Ces modèles, dont les directeurs des contributions indirectes ont été invités à ne fournir que des exemplaires d'un tirage récent (*lettre commune de l'administration des contributions indirectes n°. 12 du 12 juillet 1880*), sont constamment tenus au courant de la législation. Des blancs y sont réservés, dans les divers chapitres, aux endroits qui comportent des dispositions particulières ou de convenance purement locale, de nature à ne pouvoir être appréciées que sur les lieux mêmes. Ainsi, la détermination du périmètre ; la désignation des bureaux de perception et des heures d'ouverture de ces bureaux ; les formalités à observer relativement aux objets arrivant par eau ou aux animaux qui doivent être conduits aux abattoirs ; les prescriptions concernant l'escorte, celles relatives aux bestiaux amenés aux foires et marchés, ou aux animaux qui sont entretenus dans le rayon et que l'on mène paître au dehors; enfin la nomenclature et la quantité des objets admis en entrepôt : telles sont à peu près les seules dispositions spéciales qu'il soit utile d'introduire dans les MODÈLES de règlement pour les rendre complets.

En se renfermant dans ce cadre et en observant, pour l'établissement des dispositions spéciales, les règles tracées par la jurisprudence (voir chap. II, titre I), les communes seront assurées de n'éprouver aucune difficulté pour faire sanctionner leurs propositions. Nous donnons à la fin du Manuel, en regard l'un de l'autre, le texte de chacun des MODÈLES **U** et **V** les plus récents, avec des notes et renvois, qui indiquent les articles de lois, de décrets ou d'ordonnances auxquels sont empruntées ces dispositions réglementaires, et, quand il y a lieu, les numéros des décisions du chapitre de la Jurisprudence qui se rapportent à ces mêmes dispositions. On doit faire remarquer toutefois que le texte de ces MODÈLES, qui est, en ce moment, en harmonie complète avec la législation, pourrait avoir besoin d'être modifié par la suite, si de nouvelles prescriptions réglementaires concernant les octrois venaient à être promulguées.

Il serait superflu d'entrer ici dans de plus longs détails au sujet du règlement. La solution des questions qui s'y rattachent se trouve au titre I du chapitre de la Jurisprudence, dans l'un des §§ désignés ci-après, où toute disposition réglementaire doit nécessairement prendre place.

Ces paragraphes que, pour la facilité des recherches, on a classés dans l'ordre alphabétique suivant, correspondent aux divisions du modèle de règlement, savoir :

Bureaux de perception.
Contentieux.
Dispositions générales.
Entrepôt commercial.
Entrepôt industriel.
Formalités à la circulation.
Passe-debout.
Perception sur les objets de l'extérieur.
Perception sur les objets de l'intérieur.
Périmètre.
Transit.

§ III. — MODIFICATIONS DU PÉRIMÈTRE.

(Art. 137, § n° 1º de la loi du 5 avril 1884.)

En cas de modifications au périmètre (extension ou réduction), il y a lieu de fournir, en outre des pièces énumérées au 1ᵉʳ § :

1º L'avis du conseil général ou de la commission départementale ;

2º Un plan de la commune indiquant, par des *lignes de couleurs différentes*, les limites de l'ancien périmètre et celles du nouveau périmètre proposé, et, par un *signe spécial*, l'emplacement des bureaux de perception ;

3º Un certificat faisant connaître le nombre d'habitants, l'étendue et la nature (*constructions, jardins, prés, etc...*) du territoire que l'on propose d'englober, ainsi que le résultat présumé de la mesure au point de vue des recettes de l'octroi (augmentation ou diminution);

4° L'indication du rayon dans lequel est perçu le droit d'entrée établi au profit du Trésor public, lorsque la commune est soumise à ce droit, c'est-à-dire lorsqu'elle compte une population agglomérée de 4,000 âmes et au-dessus. Ce renseignement devra toujours figurer sur le plan et pourra y être fourni au moyen d'une simple ligne ponctuée (. . . . . . .);

5° Enfin l'avis du représentant du ministre de la guerre, dans le cas où il s'agit de comprendre dans le rayon de l'octroi des établissements militaires. (*Circ. du ministre de l'intérieur aux préfets n° 378 du 17 août 1883 ; lettre commune de l'administration des contributions indirectes aux directeurs n° 11 du 4 septembre 1883.*)

Le Conseil d'État exigeant les justifications les plus complètes à l'appui des demandes d'extension de périmètre, les communes ne sauraient apporter trop de soins à l'étude de ces questions et dans la préparation des dossiers. Avant de les transmettre, on doit s'assurer notamment : que la délibération du conseil municipal et les diverses pièces qui sont mises à l'appui ne présentent aucune discordance ; que le plan est visé par le maire *avec mention d'annexe* ; qu'enfin l'article du règlement concernant le périmètre a subi les modifications qu'entraîne la mesure proposée et que ces modifications font l'objet d'une *rédaction spéciale*, comme s'il s'agissait de reviser un autre article quelconque du règlement. (*Jurisp. n°s 74 et 75.*)

Tout en renvoyant au chapitre de la jurisprudence (*titre I, § 10°*) pour les règles à observer dans la détermination du périmètre, il paraît utile de rappeler les principes généraux suivants : le rayon de l'octroi ne doit s'étendre qu'à la partie de la commune dont les habitants jouissent des bénéfices de l'agglomération ; on doit éviter surtout d'englober les exploitations agricoles, pour lesquelles les formalités qu'exigent la perception et la garantie des taxes d'octroi constituent une gêne continuelle ; le tracé du périmètre, au lieu d'être formé de lignes idéales, suivra, autant que possible, des limites naturelles (*chemins de fer, cours d'eau, routes .....*), afin que la surveillance soit facile à exercer ; de plus, si la commune est soumise au droit d'entrée au profit du Trésor (1), le rayon de l'octroi ne s'écartera pas sensiblement du rayon de perception de

_____

(1) Il est perçu des droits d'entrée au profit du Trésor dans toute commune ayant une population agglomérée de 4,000 âmes et au-dessus.

ce droit d'entrée ; des motifs exceptionnels pourraient seuls faire admettre des propositions contraires à ce principe. (*Jurisp.*, n°s 77 , 80 et 83.)

Comme question se rattachant au périmètre, il faut encore signaler les perceptions que , par application de l'art. 152 de la loi du 28 avril 1816, les grandes villes peuvent être autorisées à établir dans leur banlieue, afin de restreindre la fraude, perceptions dont le produit doit d'ailleurs toujours appartenir aux communes qui supportent les taxes de l'octroi de banlieue.

Aux termes de l'art. 10 du décret du 17 mai 1809, ces octrois ne peuvent être établis qu'après que les conseils municipaux des communes dont le territoire doit être englobé dans le rayon de perception, ont été appelés à en délibérer. En cas de demande d'établissement ou d'extension du périmètre d'un octroi de banlieue, le dossier devra donc renfermer les délibérations des conseils municipaux de toutes les communes intéressées.

§ IV. — PROROGATION ET REVISION DU TARIF.

(Art. 137, §§ 2 et n°s 2°, 3° et 4° de la loi du 5 avril 1884.)

Toute délibération ayant pour objet , soit une prorogation de plus de 5 ans, soit l'établissement d'une taxe nouvelle , soit l'établissement ou le renouvellement d'une taxe extra-réglementaire (1), ne devient exécutoire qu'en vertu d'un décret, et, comme complément aux documents indiqués dans le premier paragraphe, doit être accompagnée des pièces spéciales suivantes :

1° L'avis du conseil général ou de la commission départementale ;

2° Un résumé des propositions municipales (*Circulaire du ministre des finances aux préfets du 9 mai 1823 (2) et Jurisp.* n° 248) ;

3° Un relevé des taxes excédant les maxima du tarif général ;

4° Un relevé des taxes portant sur des objets non compris au tarif général. On trouvera à la fin du présent chapitre le modèle de ces trois tableaux.

---

(1) Nous désignons sous le nom de taxe *extra-réglementaire*, toute taxe excédant le maximum fixé par le tarif général ou portant sur un objet non compris dans ce tarif ; nous appellerons, par opposition, taxes *normales*, celles dont la perception est prévue dans ledit tarif général.

(2) Trescaze, *Recueil chronologique*, tom. I, page 1075.

S'il s'agit d'une prorogation pure et simple, le résumé des propositions municipales indiquera, pour chaque article de perception, la taxe,
les quantités imposées d'après la moyenne des trois dernières années et
le produit des recettes, d'après la même moyenne. En cas de révision,
ce résumé présentera, en regard l'un de l'autre, avec les développements
énoncés ci-dessus, le tarif en vigueur et le tarif projeté ; il fera
ressortir, en outre, la différence en plus ou en moins de la recette sur
chaque article de perception. Les colonnes relatives au produit des taxes
seront totalisées. C'est à la municipalité qu'il incombe de dresser ce
tableau ; elle aura soin de ne pas omettre d'indiquer, par évaluation, le
montant de la recette annuelle présumée sur tout objet qu'elle proposera d'imposer pour la première fois.

Quant aux relevés de taxe désignés sous les n°s 3° et 4°, il appartient
aux directeurs des contributions indirectes de les préparer et de les
certifier, lorsque le dossier leur est communiqué par les préfets. (*Circulaires de l'administration des contributions indirectes n°s 243 du 12
août 1878 et 293 du 15 avril 1884.*) Positifs ou négatifs, ces relevés
doivent toujours être fournis.

Prorogations à longue échéance. — Actuellement, comme sous la
législation précédente, les prorogations de plus de 5 ans ne peuvent
être autorisées que par décret, alors même qu'aucune des taxes du
tarif ne dépasse le maximum réglementaire.

En fixant d'une manière générale la limite de cinq ans, le législateur a voulu permettre, à des intervalles assez rapprochés, la revision
périodique des actes de perception, en raison de la connexité qui existe
entre beaucoup de taxes d'octroi et les impôts indirects perçus au profit de l'Etat. D'un autre côté, il est équitable de laisser à chaque géné-
ration le soin de créer les charges qu'elle doit supporter. S'inspirant
de ces deux considérations, le gouvernement n'a, depuis plusieurs
années, consenti que rarement à donner son approbation aux propositions de prorogations à longue échéance. D'ailleurs, sous l'empire de l'art. 9 de la loi du 24 juillet 1867, il suffisait d'un
simple vote du conseil municipal pour supprimer la perception
d'un octroi, quelle que fût la durée qui lui eût été antérieurement
assignée. Il en résultait que, même au point de vue des avantages qu'aurait pu présenter, pour certaines combinaisons financières, la
prorogation d'un octroi pendant une longue période, cette mesure n'offrait plus qu'une simple garantie morale. Aussi, la plupart des éta-

blissements financiers, et la caisse des Ecoles notamment, avaient-ils été amenés à ne plus accepter le produit des octrois comme gage du remboursement des prêts consentis aux communes.

La loi municipale du 5 avril 1884 ayant décidé (art. 138) que les taxes d'octroi ne seraient supprimées, à l'avenir, qu'après avis de l'assemblée départementale et en vertu d'un arrêté préfectoral, les prorogations de plus de 5 ans pourraient avoir maintenant une efficacité, une utilité réelles. On n'aura plus à craindre, en effet, aucun mécompte, en affectant le produit de certaines taxes d'octroi à l'amortissement d'un emprunt ou au paiement de travaux à entreprendre, et, dans ces deux cas, le gouvernement sera sans doute amené à faire un usage plus fréquent que par le passé de la prérogative que lui donne la loi d'autoriser la prorogation d'un octroi pour plus de 5 ans.

Quoi qu'il en soit, eu égard à la jurisprudence constante du Conseil d'État, ces sortes de prorogations n'auront quelques chances d'être autorisées qu'autant que la demande de la municipalité sera appuyée de sérieuses justifications et la durée de la perception limitée à une période raisonnable.

Il est à peine utile de faire remarquer que les prorogations anticipées doivent également être approuvées par décret. (*Jurisp.* n° 250.) Si l'on admettait qu'il pût en être autrement, les communes éluderaient facilement la loi. Dans le cas où leur tarif est compris dans les limites réglementaires et peut être renouvelé en dehors de l'intervention du gouvernement, il leur suffirait, en effet, de voter, au cours de l'année 1885, par exemple, la prorogation anticipée pour 5 ans de taxes qui n'expireraient qu'en 1888, de sorte qu'en fait la durée totale de la perception serait portée à plus de huit années.

Établissement d'une taxe prévue au tarif-type. — Aucune des taxes prévues par le tarif général ne peut être inscrite pour la première fois dans le tarif d'un octroi qu'en vertu d'un décret. Le tarif général classe les communes en six catégories d'après leur population. Ce n'est ni le chiffre de la population totale de la commune, ni celui de la population soumise à l'octroi, qui servent à déterminer la catégorie à laquelle appartient une commune, mais uniquement le chiffre de la population *municipale agglomérée*, tel qu'il figure dans la dernière colonne du tableau n° 3 annexé au décret de dénombrement de la population. (*Voir l'annotation placée en tête de la col. d'observations du tarif-type annexé au décret du 12 février* 1870.)

De ce qu'une taxe est prévue par le tarif général, on ne doit pas conclure que le gouvernement en autorisera, *ipso facto*, l'insertion dans le tarif local. Il faut que cette nouvelle charge imposée aux contribuables soit justifiée par la situation financière de la commune ou par la nécessité de faire face à des dépenses déterminées. (*Jurisp.* nᵒˢ 254 et 255.)

Aux termes de l'art. 2 du décret du 12 février 1870, les communes ont le droit de détailler et de subdiviser les articles de perception, dans le cas où la désignation au tarif général d'un objet imposable comprend plusieurs espèces ou variétés de nature à comporter des taxes différentes dans la limite du maximum. En usant de cette faculté, les municipalités devront éviter avec soin d'établir des taxes distinctes reposant, non sur la qualité ou l'espèce, mais sur la provenance. Les taxes différentielles basées sur ce qu'un objet a été ou introduit du dehors, ou fabriqué, préparé, récolté à l'intérieur, sont en effet formellement interdites par les articles 24 de l'ordonnance du 9 décembre 1814 et 10 du décret du 12 février 1870 ; elles seraient inévitablement refusées. (*Jurisp.* nᵒˢ 275 et 277.)

Observations marginales du tarif. — Avant de passer à la question des taxes extra-réglementaires, il convient de dire quelques mots au sujet des observations marginales du tarif-type (1), observations dont les conseils municipaux doivent rigoureusement tenir compte. Il est certaines de ces annotations, comme celles qui prescrivent l'immunité en faveur des fourrages verts et de quelques poissons salés, dont l'insertion est absolument obligatoire dans le tarif local, lorsque l'objet auquel elles se rapportent est imposé. D'autres, au contraire, n'ont que le caractère d'un simple renseignement : telles sont celles qui indiquent que les suifs bruts ou en branches doivent ne supporter qu'une taxe inférieure d'un cinquième au droit sur le suif fondu, ou que l'acide acétique, le cuivre et les savons parfumés pourront être l'objet d'une taxation supérieure à celle indiquée pour le vinaigre, les métaux et le savon, en général. Il sera toujours superflu de reproduire cette seconde catégorie d'observations ; si la commune veut imposer les suifs bruts, si elle entend faire usage des taxes majorées admises sur l'acide acétique, le cuivre, etc., c'est au moyen d'un article spécial de perception, inscrit dans la nomen-

---

(1) *Tarif-type* est une expression synonyme du mot *tarif général*; l'une ou l'autre expression est employée indifféremment dans le même sens.

clature de son tarif, qu'elle devra appliquer les dispositions prévues par le tarif général.

D'un autre côté, la législation spéciale aux contributions indirectes a édicté, pour la perception des taxes d'octroi, sur les vins, cidres, poirés, hydromels et alcools des dispositions obligatoires que ne mentionne pas le tarif général, mais qui n'en doivent pas moins être toujours rappelées dans la colonne d'observations du tarif local. Ainsi :

1° Pour la perception, chaque bouteille de vin, cidre, poiré, hydromel, est comptée pour un litre, et chaque demi-bouteille pour un demi-litre (article 145 de la loi du 28 avril 1816).

2° En ce qui concerne les spiritueux en bouteilles, au contraire, la taxe ne doit être calculée que d'après la capacité réelle des bouteilles (art. 9 de la loi du 27 juillet 1870).

3° Dans le cas où l'alcool est imposé, les vins qui présentent une force alcoolique supérieure à 15 degrés sont *de plano* passibles du double droit d'octroi pour la quantité d'alcool comprise entre 15 et 21 degrés, et les vins pesant plus de 21 degrés acquittent le droit, pour leur volume total, comme alcool pur (art. 3 de la loi du 1er septembre 1871). Toutefois, les vins présentant *naturellement* au départ, chez le récoltant expéditeur, une force alcoolique supérieure à 15 degrés, sans dépasser 18 degrés, sont exonérés du double droit mentionné ci-dessus (art. 3 de la loi du 2 août 1872).

On trouvera, en marge du tarif qui fait suite au modèle de règlement annexé à ce Manuel, le texte qui doit être adopté pour les diverses annotations relatives aux boissons soumises aux droits du Trésor ; ce texte est en harmonie avec la législation en vigueur, on évitera donc de le modifier.

Après avoir indiqué les observations marginales dont l'insertion est obligatoire, il ne sera pas inutile de prémunir les municipalités contre l'inconvénient qui peut résulter de l'introduction d'autres observations. Dans la plupart des cas, ces observations ont, en effet, pour objet, soit d'édicter des prescriptions réglementaires qui ne sont pas à leur place dans le tarif, soit de modérer ou d'aggraver la taxe pour certains articles de nature et de forme spéciales. De telles dispositions ne sauraient être insérées dans les actes de perception sans l'autorisation du gouvernement ; mais elles sont en général repoussées parce qu'elles rendent plus difficiles l'interprétation et l'application des tarifs. D'ailleurs, lorsque le nombre en est considérable, le Conseil d'État prend le parti de les supprimer en bloc (*Jurisp*. n° 252), comme lorsqu'il s'agit des modifications exagérées au règlement (*Voir page* 6.)

Établissement ou renouvellement d'une taxe extra-réglementaire. — On comprendra aisément que, si l'établissement d'une taxe prévue par le tarif général doit être justifié, il faudra, à plus forte raison, des motifs concluants pour faire admettre une taxe extra-réglementaire. Quand bien même il s'agirait simplement du maintien d'une taxe existante, et non de son établissement, les propositions municipales seront inévitablement repoussées, si les justifications fournies ne sont pas suffisantes. (*Jurisp*. n° 287 et 289.)

Il serait presque impossible de tracer des règles fixes en matière de taxes extra-réglementaires. D'une manière générale on peut dire, cependant, qu'avant d'en proposer les communes doivent avoir épuisé les taxes normales qui, prévues par le tarif-type, sont susceptibles d'être perçues sans inconvénient dans la localité et de fournir un produit appréciable. C'est d'ailleurs l'intérêt même des communes de recourir d'abord aux taxes normales, puisque celles-ci, une fois établies, peuvent être prorogées tous les 5 ans en vertu d'une simple délibération du conseil municipal, tandis que le maintien des autres taxes nécessite chaque fois l'autorisation du gouvernement.

A l'occasion des demandes d'établissement ou de prorogation de taxes extra-réglementaires, les municipalités devront donc s'attacher à établir l'obligation où elles sont d'obtenir des ressources et l'impossibilité de se les procurer au moyen de l'imposition de centimes additionnels ou d'une revision du tarif dans les conditions prévues par le tarif général.

Il y a deux sortes de taxes extra-réglementaires : celles qui dépassent le maximum du tarif général et celles qui atteignent un article dont l'imposition n'est pas prévue par ce tarif.

En ce qui concerne les premières, les excédents de taxe ne doivent pas être exagérés, ni porter, autant que possible, sur des objets qui servent à l'alimentation des classes peu aisées (*Jurisp*. n° 291) ou qui sont imposés au profit du Trésor (*Jurisp*. n° 104 et 170). Ce n'est pourtant pas là une règle absolue, il convient de tenir compte surtout des situations et des usages locaux. Ainsi, pour ne citer qu'un exemple, la bière, qui est soumise à un droit de fabrication au profit de l'État, a pu être exceptionnellement frappée d'une taxe supérieure au maximum, dans certaines villes du midi de la France, où elle constitue une véritable boisson de luxe. Dans les régions du nord et de l'est, où la bière est la boisson usuelle du pays, cette surimposition ne serait certainement pas autorisée.

Relativement aux liquides soumis à un DROIT D'ENTRÉE au profit du Trésor (1) (*vins, cidres, poirés, hydromels, alcools et huiles autres que les huiles minérales*) et aux alcools dénaturés, le maximum du droit d'octroi est fixé par des lois spéciales. Tout excédent de taxe proposé sur un de ces liquides constituerait ce qu'on appelle une SURTAXE, dont l'approbation rentrerait, non plus dans la compétence du gouvernement, mais dans celle du pouvoir législatif. Nous nous bornons à signaler ici cette classe de taxes extra-réglementaires; il en sera traité d'une manière particulière dans le § sixième, qui est relatif aux surtaxes.

Quant à l'imposition des objets qui ne figurent pas à la nomenclature du tarif général, une très grande réserve doit être observée. La plupart de ces objets ont été écartés, en effet, soit parce qu'ils sont déjà frappés de taxes élevées au profit du Trésor (cafés, sucres, denrées coloniales), soit parce qu'ils constituent des aliments de première nécessité (farines, pain, lait, légumes), soit enfin parce qu'ils sont spécialement destinés à l'industrie (machines, outils, tan) ou au commerce général (étoffes, barriques, bouteilles, meubles).

Nous renvoyons, du reste, pour les taxes extra-réglementaires, au chapitre de la Jurisprudence, où l'on trouvera (titre III, nos 173 à 223), dans l'ordre alphabétique et sous le mot propre qui sert à désigner chaque objet, un grand nombre de décisions du Conseil d'Etat.

§·V. — TAXES SPÉCIALES.

(Art. 134, § no 7o de la loi du 5 avril 1884.)

Définition des taxes spéciales. — Antérieurement à la loi du 5 avril 1884, on distinguait les droits d'octroi en taxes *principales* et en taxes *additionnelles* (2). Cette division avait eu sa raison d'être tant que le

---

(1) Ce droit d'entrée est perçu dans toute commune ayant une population agglomérée de 4,000 âmes et au-dessus.

(2) Ces taxes étaient appelées *additionnelles* parce qu'elles venaient s'ajouter à une taxe *principale* déjà autorisée ; le produit de la taxe additionnelle seul avait une affectation spéciale, le produit de la taxe principale continuant à être employé au paiement des dépenses ordinaires.

produit net des octrois était resté soumis, par application de l'art. 153 de la loi du 28 avril 1816, à un prélèvement de 10 p. 00 au profit du Trésor public, parce que seules les taxes *principales* subissaient ce prélèvement, les taxes *additionnelles* en ayant été formellement exemptées. (Art. 16 de la loi du 17 août 1822 ; avis du Conseil d'Etat du 25 juillet 1825.) Depuis que le décret du 17 mars 1852 a supprimé tout prélèvement, au profit du Trésor, sur le produit des octrois, la division dont il s'agit n'offrait plus d'intérêt bien défini ; elle avait été néanmoins maintenue par les lois des 24 juillet 1867 (art. 10) et 10 août 1871 (art. 46).

La loi du 5 avril 1884 ne reproduit plus cette expression de *taxes additionnelles* ; mais elle classe le produit des octrois :

1° Parmi les recettes ordinaires (art. 133, § n° 5°), pour la partie de ce produit qui est affectée aux dépenses ordinaires ;

2° Et parmi les recettes extraordinaires (art. 134, § n° 7°), lorsque des taxes ou surtaxes sont *spécialement* affectées à des dépenses extraordinaires et à des remboursements d'emprunts.

Au sens légal du mot, il n'y a donc plus aujourd'hui que deux sortes de taxes d'octroi : les taxes *ordinaires* (ou *principales*) et les taxes *spéciales*. Telle est d'ailleurs l'interprétation à donner à la loi, d'après un avis du Conseil d'Etat en date du 25 juin 1884, dont il sera question plus loin (*Jurisp.* n° 232).

Les taxes *principales* ont le caractère d'une perception annuelle et permanente; elles doivent figurer parmi les recettes *ordinaires*.

Les taxes *spéciales*, au contraire, ne sont que temporaires et leur produit doit toujours être spécialement affecté au paiement de dépenses *extraordinaires* dûment autorisées et nettement déterminées. Ce *produit des taxes spéciales peut seul*, aussi, figurer à titre de recette extraordinaire dans la comptabilité de l'octroi, dans les budgets et dans les comptes administratifs. C'est dans le même ordre d'idées qu'il y aurait lieu de se placer, pour diviser le tarif d'un octroi en taxes principales et en taxes spéciales. Par suite, aucune division de ce genre ne doit y être opérée, lorsque la totalité des recettes de l'octroi est uniquement destinée à faire face à des dépenses ordinaires (*Jurisp.* n° 297); dans ce cas, il ne peut être établi que des taxes principales, alors même qu'elles dépasseraient les maxima réglementaires.

Cette distinction, ce classement sont absolument indispensables à observer, parce qu'aux termes de l'art. 3 de la loi du 16 juin 1881, dans les communes où la valeur du CENTIME dépasse 20 francs, le cinquième du produit net des taxes *ordinaires* d'octroi doit être affecté aux dépenses de l'instruction primaire, tandis que les taxes *spéciales* n'ont pas à concourir au paiement de ces dépenses. — D'un autre côté, en cas d'insuffisance des revenus prévus par la loi pour assurer la gratuité du service de l'instruction primaire, c'est l'Etat qui doit y faire face au moyen d'une subvention (art. 5, loi du 16 juin 1881). Pour que la loi soit exactement observée et appliquée, pour qu'il soit facile de déterminer *à priori* si une commune a droit à une subvention, il est donc d'une très grande importance qu'aucune confusion ne soit faite entre les taxes *ordinaires* ou *principales* et les taxes *spéciales*.

Établissement ou prorogation de taxes spéciales. — D'après la jurisprudence (*avis du Conseil d'État du 25 juin* 1884, *Jurisprudence*, n° 232), c'est au gouvernement qu'il appartient de s'assurer si ces taxes spéciales sont réellement affectées à des besoins déterminés et temporaires ; d'un autre côté, le législateur ayant cessé d'employer les expressions de taxes additionnelles ou de décimes additionnels aux taxes, rien ne s'oppose à ce que la totalité de la taxe frappant un objet soit une taxe spéciale ; enfin, les emprunts communaux, remboursables au moyen de taxes spéciales d'octroi, sont soumis aux mêmes règles de compétence que lesdites taxes, en sorte que, si le Conseil d'Etat est saisi d'une demande de taxes spéciales à affecter au remboursement d'un emprunt, il y a lieu de le saisir en même temps de la question d'autorisation de l'emprunt corrélatif.

Justifications à produire. — De l'exposé qui précède, il résulte que tout vote de taxes spéciales doit être justifié par la nécessité de faire face à des dépenses extraordinaires autorisées (travaux, paiement de dettes) ou à des remboursements d'emprunts.

Si la commune veut employer à cet usage le produit d'une taxe existante, prévue par le tarif général, et dont elle élèvera au besoin le taux au maximum réglementaire, le gouvernement n'a pas à intervenir au point de vue de la taxe d'octroi ; mais le préfet doit veiller à ce que le produit de cette perception soit régulièrement classé dans la comptabilité et intégralement employé au paiement de la dépense à laquelle il a été affecté.

Si, au contraire, les taxes spéciales proposées doivent, par application de l'art 137 de la loi du 5 avril 1884, être autorisées par le gouvernement, la commune sera tenue alors de présenter toutes les justifications nécessaires.

S'agit-il de faire face au remboursement d'emprunts antérieurement autorisés? le tableau d'amortissement de ces emprunts et les comptes administratifs des trois derniers exercices devront être joints au dossier.

Les taxes spéciales ont-elles pour objet d'assurer le remboursement d'un emprunt à contracter ? il y aura lieu de fournir au ministère de l'intérieur, en même temps que le dossier concernant l'octroi, toutes les pièces relatives à cet emprunt, lequel, comme les taxes d'octroi et simultanément avec elles, devra être autorisé par décret. (*Jurisp.* nos 293, 294 et 295.)

Enfin, si les taxes spéciales sont destinées à couvrir d'autres dépenses extraordinaires, il faudra justifier que ces dépenses sont ou déjà approuvées (dettes...), ou susceptibles de l'être à très bref délai (travaux à entreprendre....). Au cas où il s'agirait de travaux, les plans et devis réguliers seront *toujours* fournis.

Indépendamment des *divers* documents dont il vient d'être question, les propositions concernant les taxes spéciales doivent être accompagnées de toutes les pièces indiquées au § premier (pages 3 et 4), et au § quatrième (page 10).

En terminant, il est indispensable d'appeler l'attention des municipalités sur l'obligation de ne classer le produit d'aucune taxe *ordinaire* d'octroi parmi les recettes *extraordinaires*, soit dans les budgets, soit dans les autres documents financiers mis à l'appui des dossiers, cette irrégularité suffisant pour nécessiter un complément d'instruction et faire ajourner l'examen des affaires. (*Jurisp.* n° 296.)

Il en serait encore de même, si, le tarif étant divisé en plusieurs catégories de taxes, la commune ne faisait pas connaître à quel usage elle destine le produit de toute taxe désignée sous une dénomination autre que celle de *taxe principale*. (*Jurisp.* n° 297.)

§ VI. — SURTAXES.

(Art. 137, dernier §, de la loi du 5 avril 1884; loi du 11 juin 1842, art. 9, et loi du 26 mars 1872, art. 5 ; loi du 2 août 1872, art. 4, § 2 ; loi du 31 décembre 1873, art. 5 ; loi du 19 juillet 1880, art. 3 et 6.)

Définition des surtaxes. — En matière d'octroi, la dénomination de SURTAXE s'applique à la partie du droit qui excède le maximum fixé par des lois spéciales (et non par le tarif général), pour certains objets soumis à un impôt au profit du Trésor public.

Les objets pour lesquels le maximum de la *taxe ordinaire* est ainsi déterminé sont actuellement : les vins, les cidres, poirés, hydromels, les alcools, les huiles autres que les huiles minérales et les alcools dénaturés.

Jusqu'en 1842, ce fut le gouvernement qui, par voie d'ordonnance, autorisa les surtaxes ; depuis lors, elles ne peuvent plus être approuvées que par le pouvoir législatif. La loi du 11 juin 1842 (1) stipule en effet (art. 9) qu'une loi spéciale sera toujours nécessaire pour l'établissement d'une taxe d'octroi supérieure au droit d'entrée perçu au profit du Trésor public, et que, dans les communes qui, à raison de leur population, ne sont pas soumises au droit d'entrée, le maximum du droit d'octroi sera le même que dans les villes d'une population de 4,000 âmes ; elle dispose, d'un autre côté, que ce sera le *principal* de ce droit d'entrée, *décime non compris*, qui servira au calcul du maximum de la taxe d'octroi. Ainsi qu'on le verra plus loin, le droit d'octroi peut, en ce qui concerne les vins et les cidres, poirés et hydromels, dépasser aujourd'hui le droit d'entrée ; mais c'est toujours le *principal* seul de ce droit d'entrée (*décimes non compris*) qui sert de base pour déterminer le maximum de la taxe d'octroi. Sur ce point, la loi du 11 juin 1842 n'a été abrogée par aucune disposition des lois ultérieures.

Vins, cidres, alcools. — Relativement à l'alcool, l'art. 9 de la loi précitée n'a pas cessé d'être en vigueur : le maximum de la taxe d'octroi est encore égal au principal du droit d'entrée, tel qu'il a été fixé en dernier lieu par l'art. 5 de la loi du 26 mars 1872 (1). Mais, pour les vins, les cidres, poirés et hydromels, la taxe d'octroi peut atteindre maintenant le double de ce droit d'entrée, décimes non compris, par application de l'art. 6 de la loi du 19 juillet 1880 (1).

Le tableau suivant indique le maximum des taxes d'octroi auxquelles peuvent être actuellement soumis les vins, les cidres, poirés et hydromels et les alcools.

---

(1) Voir cette loi, à sa date, dans le chap. III.

POPULATION AGGLOMÉRÉE.	MAXIMUM DES DROITS D'OCTROI.			Par HECTO-LITRE de cidre, poiré et hydromel. (A)	Par HECTO-LITRE d'alcool pur. (C)
	PAR HECTOLITRE DE VIN (A) dans les départements de (B)				
	1re classe.	2e classe.	3e classe.		
	fr. c.	fr. c.	fr. c.	fr. c.	fr. c.
Quelle que soit la population au-dessous de 6,000 âmes.	0 64	0 88	1 20	0 56	6 00
De 6,001 à 10,000 âmes.	0 96	1 36	1 76	0 80	9 00
De 10,001 à 15,000.	1 20	1 84	2 40	0 96	12 00
De 15,001 à 20,000.	1 52	2 24	3 04	1 36	15 00
De 20,001 à 30,000.	1 76	2 72	3 60	1 52	18 00
De 30,001 à 50,000.	2 08	3 20	4 16	1 84	21 00
Au-dessus de 50,000.	2 40	3 60	4 80	2 00	24 00

(A) Double du tarif du droit d'entrée, en principal, sur les vins, cidres, poirés et hydromels, édicté par l'article 8 de la loi du 19 juillet 1880.

(B) Pour le classement des départements, voir le tableau ci-dessous (1) annexé à la loi du 12 décembre 1830, en tenant compte des modifications apportées dans le nombre des classes par l'article 1er de la loi du 19 juillet 1880.

(c) Tarif du droit d'entrée sur les alcools édicté par l'article 5 de la loi du 26 mars 1872.

(1) *Tableau des départements, divisés en quatre classes* (2), *pour la perception des droits de circulation et d'entrée sur les vins.*

1re CLASSE.	2e CLASSE.	3e CLASSE.	4e CLASSE.
	2e classe nouvelle (2)		3e classe nouvelle (2).
Alpes (Basses-).	Ain.	Aisne.	Calvados.
Alpes-Maritimes.	Allier.	Ardennes.	Côtes-du-Nord.
Ariège.	Alpes (Hautes-).	Cantal.	Finistère.
Aube.	Ardèche.	Creuse.	Ille-et-Vilaine.
Aude.	Cher.	Doubs.	Manche.
Aveyron.	Corrèze.	Eure.	Mayenne.
B.-du-Rhône.	Côte-d'Or.	Eure-et-Loir.	Nord.
Charente.	Drôme.	Loire.	Orne.
Charente-Inféra.	Indre.	Lozère.	Pas-de-Calais.
Dordogne.	Indre-et-Loire.	Morbihan.	Seine-Inférieure.
Gard.	Isère.	Oise.	Somme.
Garonne (Haute-).	Jura.	Rhin (Haut-).	
Gers.	Loir-et-Cher.	Rhône.	
Gironde.	Loire (Haute-).	Saône-et-Loire.	
Hérault.	Loire-Inférieure.	Sarthe.	
Landes.	Loiret.	Seine.	
Lot.	Maine-et-Loire.	Seine-et-Marne.	
Lot-et-Garonne.	Marne.	Seine-et-Oise.	
Pyrénées (Basses-)	Marne (Haute-).	Vienne (Haute-).	
Pyrénées (Hautes-).	Meurthe-et-Moselle.	Vosges.	
Pyrénées-Orient°.	Meuse.		
Savoie.	Nièvre.		
Savoie (Haute-).	Puy-de-Dôme.		
Tarn.	Saône (Haute-).		
Tarn-et-Garonne.	Sèvres (Deux-).		
Var.	Vendée.		
Vaucluse.	Vienne.		
	Yonne.		

(2) Aux termes de l'article 1er de la loi du 19 juillet 1880, les départements ne sont plus divisés qu'en trois classes; les départements rangés dans les 2e et 3e classes actuelles forment la 2e classe nouvelle; la 4e classe devient la 3e.

Huiles autres que les huiles minérales. — En rétablissant un droit d'entrée au profit du Trésor sur les huiles de toute sorte, à l'exception des huiles minérales, la loi du 31 décembre 1873 a, par son article 5, remis en vigueur l'article 108 de la loi du 25 mars 1817, aux termes duquel les droits d'octroi qui seront établis sur les huiles ne pourront excéder ceux perçus au profit du Trésor dans les mêmes villes.

Dans les villes de moins de 4,000 âmes non sujettes au droit d'entrée, les taxes d'octroi sur les vins, sur les cidres, poirés et hydromels, et sur les alcools, peuvent atteindre, mais non dépasser la limite fixée pour les communes de 4,000 à 6,000 âmes ; les lois précitées du 11 juin 1842 (art. 9, § 2) et du 19 juillet 1880 (art. 6, § 2) sont formelles à cet égard. Aucune stipulation analogue n'ayant été faite en ce qui concerne les huiles, il en résulte que le tarif général reste applicable dans les communes de la 1ʳᵉ catégorie de ce tarif, dont la population est inférieure à 4,000 âmes. Les huiles *comestibles* peuvent par suite y être imposées à raison de 8 fr. par 100 kilog., tandis qu'elles ne sauraient être frappées d'un droit d'octroi supérieur à 6 fr., dans les villes de la 2ᵉ catégorie, qui ont une population agglomérée de 4,000 à 10,000 habitants. (Voir ci-après le tableau du maximum des droits d'octroi dans les villes de plus de 4,000 âmes.) Cette anomalie apparente, cette absence d'analogie dans le régime de taxation des huiles et des boissons soumises au droit d'entrée, a sa raison d'être dans ce fait que, même dans les communes où il n'existe pas de droit d'entrée, le Trésor a intérêt à modérer les taxes d'octroi sur les vins, cidres et alcools, parce qu'il y perçoit, sur ces boissons, des droits généraux de circulation ou de consommation, tandis que le même motif n'existe pas à l'égard des huiles qui, frappées *uniquement* d'un droit d'entrée, ne sont soumises à aucune perception au profit de l'Etat, dans les agglomérations qui ne comptent pas 4,000 habitants au moins. (*Jurisp.* n° 130.)

D'un autre côté, la législation relative aux droits du Trésor n'a pas prévu, comme pour les boissons, qu'il puisse être établi sur les huiles des surtaxes d'octroi et, conformément à la jurisprudence du Conseil d'Etat, il n'est jamais, en fait, présenté aux Chambres de projets de loi en vue de faire approuver des surtaxes sur les huiles. (*Jurisp.* n° 126.)

Le tableau suivant indique le maximum des taxes d'octroi qui peuvent être perçues dans les villes d'une population agglomérée de 4,000 âmes et au-dessus.

POPULATION AGGLOMÉRÉE.	MAXIMUM DU DROIT D'OCTROI sur les huiles et autres liquides (1) pouvant être employés comme huiles, à l'exception des huiles minérales.
De 4,000 à 10,000 âmes.	6 francs les 100 kilogr.
De 10,001 à 20,000 âmes.	7 francs les 100 kilogr.
De 20,001 à 50,000.	8 francs les 100 kilogr.
De 50,001 à 100,000.	10 francs les 100 kilogr.
Au-dessus de 100,000.	12 francs les 100 kilogr.

(1) Tarif du droit d'entrée en principal sur les huiles, édicté par l'article 4 de la loi du 31 décembre 1873.

Il convient de signaler ici les dispositions de la loi du 27 décembre 1878 (1), qui stipule, d'une part, que le droit d'entrée sur les huiles est supprimé dans les villes où il n'est pas perçu de droit d'octroi sur ces mêmes huiles (art. 3), et, d'autre part (art. 4) ; que les communes sont admises à s'affranchir du paiement de ce droit d'entrée, en versant au Trésor une redevance égale au produit des taxes d'octroi, lesquelles pourront, à cet effet, être doublées. Enfin l'art. 5 de la même loi dispose encore que les villes qui paient l'impôt sur les huiles par voie d'abonnement, conformément à l'art. 5 de la loi du 31 décembre 1873, auront la faculté, pour se récupérer, de percevoir des taxes d'octroi dépassant le maximum fixé par l'art. 108 de la loi du 25 mars 1817. Les villes qui se placent sous le régime de la redevance ou de l'abonnement, *mais celles-là seulement*, ont donc la faculté de percevoir des taxes supérieures à celles indiquées au tableau ci-dessus, tant que le traité qui les lie envers le Trésor reste en vigueur. Sous ces deux régimes, une somme égale à la partie du produit correspondante à l'excédent de taxe devant être reversée dans les caisses de l'État, on ne saurait considérer la perception d'une taxe supérieure au maximum comme constituant une surtaxe d'octroi, dans le sens propre du mot.

Alcools dénaturés. — Jusqu'en 1872 les alcools dénaturés ont été imposés en raison de leur volume et de la quantité d'essence qu'ils con-

(1) Voir cette loi, à sa date, chap. III.

tenaient et les droits d'octroi ne pouvaient dépasser le tiers des droits à percevoir au profit du Trésor (art. 3, loi du 24 juillet 1843). L'art. 4 de la loi du 2 août 1872 (1) dispose que les alcools *dénaturés d'après les procédés approuvés par le comité des arts et manufactures* sont soumis désormais à une taxe de 30 fr. en principal par hectolitre *d'alcool pur* et que le droit d'octroi ne peut dépasser le quart du droit du Trésor, soit 7 fr. 50 par hectol. De même que pour les huiles, la législation ne prévoit pas le cas de l'application d'une surtaxe d'octroi sur les alcools dénaturés, et il n'en est jamais autorisé.

Les communes doivent donc se borner à solliciter, en cas de besoin, des surtaxes sur les vins, ou sur les cidres, poirés et hydromels, ou sur les alcools. Ce principe paraît, d'ailleurs, consacré définitivement aujourd'hui par le dernier § de l'art. 137 de la loi du 5 avril 1884, qui, dans l'énumération des surtaxes dont l'approbation est réservée au pouvoir législatif, ne comprend que celles qui peuvent atteindre les boissons désignées ci-dessus.

Etablissement ou prorogation de surtaxes. — Ce n'est que dans des circonstances exceptionnelles, et en thèse générale lorsqu'elles ont à pourvoir à des dépenses extraordinaires, que les communes doivent recourir aux surtaxes. Avant de surimposer les boissons, elles rechercheront d'abord, comme à l'occasion des demandes de taxes extra-réglementaires, s'il ne serait pas possible de trouver une ressource équivalente, au moyen de la revision du tarif dans les conditions prévues par le tarif général, ou même par l'imposition de quelques centimes extraordinaires. En cas d'impossibilité, les conseils municipaux ne manqueront pas de faire ressortir cette situation dans leur délibération, car c'est là un point important à établir à l'appui d'une proposition de surtaxes.

Justifications à produire. — Le produit des surtaxes étant affecté généralement à des dépenses extraordinaires, c'est-à-dire au même usage que le produit des taxes *spéciales*, les municipalités auront à fournir à l'appui du dossier toutes les pièces justificatives réclamées pour ces dernières et dont l'énumération figure au § 5e, page 19. En outre, le Conseil d'Etat demande que, dans tous les cas, les comptes administratifs des trois derniers exercices soient joints au dossier, ces documents

---

(1) Voir cette loi, à sa date, chap. III.

étant absolument nécessaires pour permettre un examen approfondi de la situation financière.

Mais il est une formalité indispensable pour l'établissement ou le maintien d'une taxe extra-réglementaire et qui n'est pas exigée lorsqu'il s'agit de surtaxes. Rien dans la loi ne prescrit, en effet, de prendre l'avis du conseil général ou de la commission départementale au sujet des surtaxes. C'est une remarque qu'il importe de faire, parce que, dans certains départements, afin de soumettre ces demandes au conseil général, on retarde sans nécessité l'envoi du dossier jusqu'après la session du mois d'août. Or ce retard est surtout fâcheux pour les demandes de prorogation qui, parvenant alors dans les derniers mois de l'année seulement et donnant lieu fréquemment à des compléments d'instruction, ne peuvent plus être soumises aux Chambres en temps utile; la perception se trouve par suite forcément interrompue, au grand détriment des finances municipales.

§ VII. — CRÉATION D'OCTROI.

(Art. 137, § 1, de la loi du 5 avril 1884.)

D'après la jurisprudence suivie jusqu'à ce jour, l'établissement d'un octroi doit être justifié par la nécessité de faire face à l'acquittement des dépenses ordinaires (obligatoires ou facultatives).

Lorsqu'une commune possède des ressources suffisantes pour assurer le paiement de ses dépenses ordinaires, sans avoir recours en aucune façon aux centimes additionnels pour insuffisance de revenus, la création d'un octroi n'y serait pas suffisamment motivée par l'obligation de subvenir uniquement à des dépenses extraordinaires, telles que l'acquisition d'immeubles, la construction d'édifices, etc.... La municipalité peut en effet faire usage, pour ces dépenses extraordinaires, du produit des centimes extraordinaires, que la législation générale met à sa disposition. (*Jurisp.* n° 233.)

En résumé, toute demande de création d'octroi doit, en thèse générale, avoir pour objet de subvenir au paiement des dépenses ordinaires de la commune. Ce n'est pas là sans doute une règle absolue et il pourrait peut-être y être dérogé dans des circonstances exceptionnelles (voir *Jurisp.* n° 235), dans le cas, par exemple, où le produit de l'impôt direct seul ne saurait suffire à l'acquittement des dépenses extraordinaires. On doit ajouter cependant qu'il n'a pas encore été créé d'octroi dans ces conditions exceptionnelles, c'est-à-dire à titre de recette extraordinaire, avec affectation spéciale du produit à une dépense déterminée.

L'établissement d'un octroi entraînant le vote d'un règlement et d'un tarif, ainsi que la détermination d'un périmètre, il conviendra, pour la préparation de ces divers documents et du dossier qui doit les accompagner, de se conformer aux indications générales des §§ premier, deuxième, troisième et quatrième. Les comptes administratifs des trois derniers exercices sont en outre indispensables. Enfin, le Conseil d'Etat demande qu'on fasse toujours connaître le mode de perception qui sera adopté (Régie simple (1), ferme (2), abonnement avec la Régie des contributions indirectes (3)), l'importance des frais de perception et le nombre des agents qui composeront le personnel de surveillance et de perception.

Aux termes du premier paragraphe de l'art. 137 de la loi du 5 avril 1884, toute demande de création d'octroi doit être communiquée à l'assemblée départementale, qui fait connaître son avis, avant que le gouvernement soit appelé à statuer.

DÉLAIS POUR L'ENVOI DES DOSSIERS AU MINISTÈRE DE L'INTÉRIEUR.

La priorité d'examen des affaires d'octroi appartient au ministère de l'intérieur; c'est donc à ce département, et non à celui des finances, que les dossiers doivent être transmis par les soins du préfet. Maintes fois le ministre de l'intérieur a signalé l'intérêt qu'il attache à ce que ces dossiers lui parviennent le plus promptement possible; mais ses instructions paraissant avoir été fréquemment perdues de vue, il semble intéressant de reproduire ci-après la recommandation contenue à ce sujet dans sa circulaire n° 469 du 15 mai 1884, relative à l'application de la nouvelle loi municipale. Le ministre s'exprime ainsi : « J'insiste, Monsieur « le Préfet, pour que les demandes relatives aux octrois soient instrui- « tes avec le plus grand soin et pour que les dossiers me parviennent, « *lorsqu'il s'agira de prorogation, au plus tard dans le courant du mois* « *d'août* de l'année où l'octroi devra régulièrement prendre fin. »

---

(1) Art. 102 du décret du 17 mai 1809.
(2) Art. 108 à 136 du décret du 17 mai 1809.
(3) Art. 94 à 98 de l'ordonnance du 9 décembre 1814.

Afin d'éviter des difficultés et des mécomptes, dont seules elles seraient responsables, les communes qui ont à présenter au gouvernement des propositions concernant leur octroi, feront donc bien de les discuter dès la session ordinaire du mois de février, ou au *plus tard* dans celle du mois de mai, et de les transmettre *immédiatement* à la préfecture avec toutes les pièces à l'appui. Sauf lorsqu'il s'agit exclusivement de surtaxes, l'affaire doit d'abord être soumise à l'assemblée départementale ; elle peut, ensuite, dans beaucoup de cas, donner lieu à un complément d'instruction. En tenant compte des délais qu'exigent ces formalités, on comprendra que les affaires dont les dossiers auront été fournis seulement dans les derniers mois de l'année ne recevront souvent leur solution que dans le courant de l'année suivante. Le cas échéant, ce retard ne présentera que peu d'inconvénients pour les modifications au règlement ou pour la perception de taxes nouvelles ; mais il en sera tout autrement, si les propositions municipales ont pour objet de proroger, à compter du 1er janvier de ladite année, un tarif qui comprenne des taxes extra-réglementaires; il peut alors en résulter un grand préjudice pour la commune. En effet, la prorogation ne pourra avoir lieu provisoirement que dans les conditions prévues à l'art. 139 de la loi du 5 avril 1884, c'est-à-dire que toutes les taxes devront être abaissées au maximum fixé par le tarif général et que la perception devra cesser sur les objets dont l'imposition n'est pas prévue par ce tarif, jusqu'à ce que le gouvernement ait statué et fait connaître sa décision. (*Jurisp.* n° 261.)

Les municipalités ne sauraient donc apporter trop de diligences dans l'envoi des dossiers relatifs à la prorogation de leur octroi.

APPENDICE

OCTROI DE PARIS.

Législation. — La loi municipale du 5 avril 1884 n'est pas applicable à Paris (art. 168, § n° 28°) ; les NOTIONS GÉNÉRALES qui précèdent ne concernent donc pas l'octroi de cette ville ; c'est l'art. 17 de la loi du 24 juillet 1867 qui continue provisoirement à rester en vigueur pour cet octroi (art. 168, § n° 15° de la loi du 5 avril 1884). Or, aux termes de cet art. 17, les articles 8, 9 et 10 de la loi du 24 juillet 1867 sont applicables à l'octroi de Paris, dont les actes de perception ne peuvent en conséquence être modifiés ou prorogés que dans les conditions prévues aux trois articles précités.

L'art. 8 dispose qu'un décret sera nécessaire pour modifier le règlement ou le périmètre, pour imposer un objet nouveau et pour établir ou renouveler toute taxe extra-réglementaire. Ces prescriptions sont analogues à celles de l'art. 137 de la loi du 5 avril 1884; elles ne comportent aucune explication spéciale.

D'après les articles 9 et 10 : sont exécutoires, soit de plein droit, soit en vertu de l'approbation du préfet, les délibérations des conseils municipaux concernant les suppressions ou diminutions de taxes, ainsi que les augmentations ou prorogations de taxes pour une durée de 5 ans au plus, à la condition que les taxes ainsi modifiées ou prorogées soient renfermées dans les limites d'un *tarif général*, dont la loi du 24 juillet 1867 a prescrit l'établissement.

Mais ce *tarif général*, qui a été édicté par le décret du 12 février 1870, n'étant pas applicable à l'octroi de Paris (art. 16 dudit décret), et, d'un autre côté, un *tarif général spécial* n'ayant pas été dressé pour cette ville, il en résulte que la municipalité ne peut faire usage des dispositions des articles 9 et 10 dont il s'agit, qu'en ce qui concerne la suppression ou la réduction des taxes existantes, et encore faut-il remarquer que si, à cette occasion, il surgit un désaccord entre le préfet et le conseil municipal, la délibération de cette assemblée ne devient exécutoire qu'en vertu d'une approbation donnée par décret (art. 17, § 2, de la loi du 24 juillet 1867). Toute proposition, autre que celles qui ont pour objet de supprimer ou de diminuer des taxes, doit, en fait, être autorisée par un décret.

Règlement. — Si, au point de vue de la législation, l'octroi de Paris se trouve placé sous un régime à part, il a dû en être de même également en ce qui concerne les règlements établis pour sa perception. Dans une agglomération qui renferme aujourd'hui plus de 2 millions d'habitants, la perception et la surveillance présentent, en effet, des difficultés qu'on ne peut surmonter qu'au moyen de mesures spéciales. Dès lors, tout en s'inspirant des principes généraux en matière d'octroi, les règlements particuliers à l'octroi de Paris s'écartent sur plusieurs points des prescriptions généralement observées pour les autres communes.

C'est ainsi que l'ordonnance du 9 décembre 1814 a, par son article 102, prévu, pour l'octroi et l'entrepôt de Paris, l'établissement d'un règlement particulier, qui, promulgué le 23 décembre 1814, a été modifié par une ordonnance du 22 juillet 1831, laquelle est encore en vigueur. C'est ainsi encore que, le décret du 12 février 1870 n'étant pas applicable à Paris, les dispositions de ce décret qui concernent l'*entrepôt industriel* (art. 8 à 14) y sont remplacées par un système de compensation entre les entrées et les sorties. (Décret du 10 janvier 1873.)

Il n'entre pas dans le cadre de cet ouvrage de donner la jurisprudence et la législation relatives à l'octroi de Paris, mais il était indispensable de signaler le régime d'exception sous lequel cet octroi a toujours été placé, afin que les autres municipalités ne soient pas tentées d'emprunter, pour les introduire dans leur règlement, quelques-unes de ces dispositions spéciales qui ne pourraient y être maintenues.

RÉSUMÉ DES PROPOSITIONS

du tarif de l'octroi de la commune d

Date d'expiration du tarif en vigueur :

Population agglomérée, habitants.

(*catégorie du tarif général.*)

TARIF ACTUEL.				TARIF PROPOSÉ.							DIFFÉRENCE entre les sommes de la col. 4 et celles de la col. 11		OBSERVATIONS.
DÉSIGNATION des OBJETS IMPOSÉS.	MESURES poids ou nombre.	TAXE.	PRODUIT brut d'après la consomma-tion pendant les 3 dernières années.	DÉSIGNATION des OBJETS IMPOSÉS.	MESURES poids ou nombre.	TAXE.	VALEUR commer-ciale dans le rayon de l'octroi.	RAPPORT de la taxe à la valeur.	CONSOMMA-TION présumée ou d'après la moyenne des 3 dernières années.	PRODUIT brut (Multiplication des chiffres de la col. 7 par ceux de la col. 10).	en PLUS.	en MOINS.	
1	2	3	4	5	6	7	8	9	10	11	12	13	14

Total

TOTAUX...

Nota. — Lorsqu'il s'agira de la prorogation pure et simple d'un tarif (sans revision), il suffira de fournir un tableau, qui comprenne les renseignements que comportent les col. 5 à 11 inclusivement.

VU pour être annexé à la délibération du Conseil général (ou de la Commission dép^{ale}), en date du

Le Préfet,

VU pour être annexé à la délibération du Conseil municipal, en date du

Le Maire,

DÉPARTEMENT **OCTROI d** Population agglomérée, habitants.

d

ARRONDISSEMENT

(Catégorie du tarif.)

d

RELEVÉ des objets imposés au delà des limites du tarif général annexé au décret du 12 février 1870.

DÉSIGNATION DES OBJETS.	MESURES poids ou nombre.	ÉVALUATION des quantités imposables.	MAXI-MUM des taxes.	TAXES pro-posées.	PARTIE excédant le maxi-mum.	PRODUIT afférent à l'excé-dent.	OBSERVATIONS.
TOTAL.							

A , *le* 18 .

LE DIRECTEUR DES CONTRIBUTIONS INDIRECTES,

DÉPARTEMENT **OCTROI d** Population agglomérée, habitants.

d

ARRONDISSEMENT

(Catégorie du tarif.)

d

RELEVÉ des objets imposés qui n'appartiennent pas à la nomenclature du tarif général annexé au décret du 12 février 1870.

DÉSIGNATION DES OBJETS.	POIDS MESURES ou NOMBRE.	ÉVALUATION des QUANTITÉS imposables.	TAXES PROPOSÉES.	PRODUIT PRÉVU.	OBSERVATIONS
TOTAL.					

A , *le* 18 .

LE DIRECTEUR DES CONTRIBUTIONS INDIRECTES,

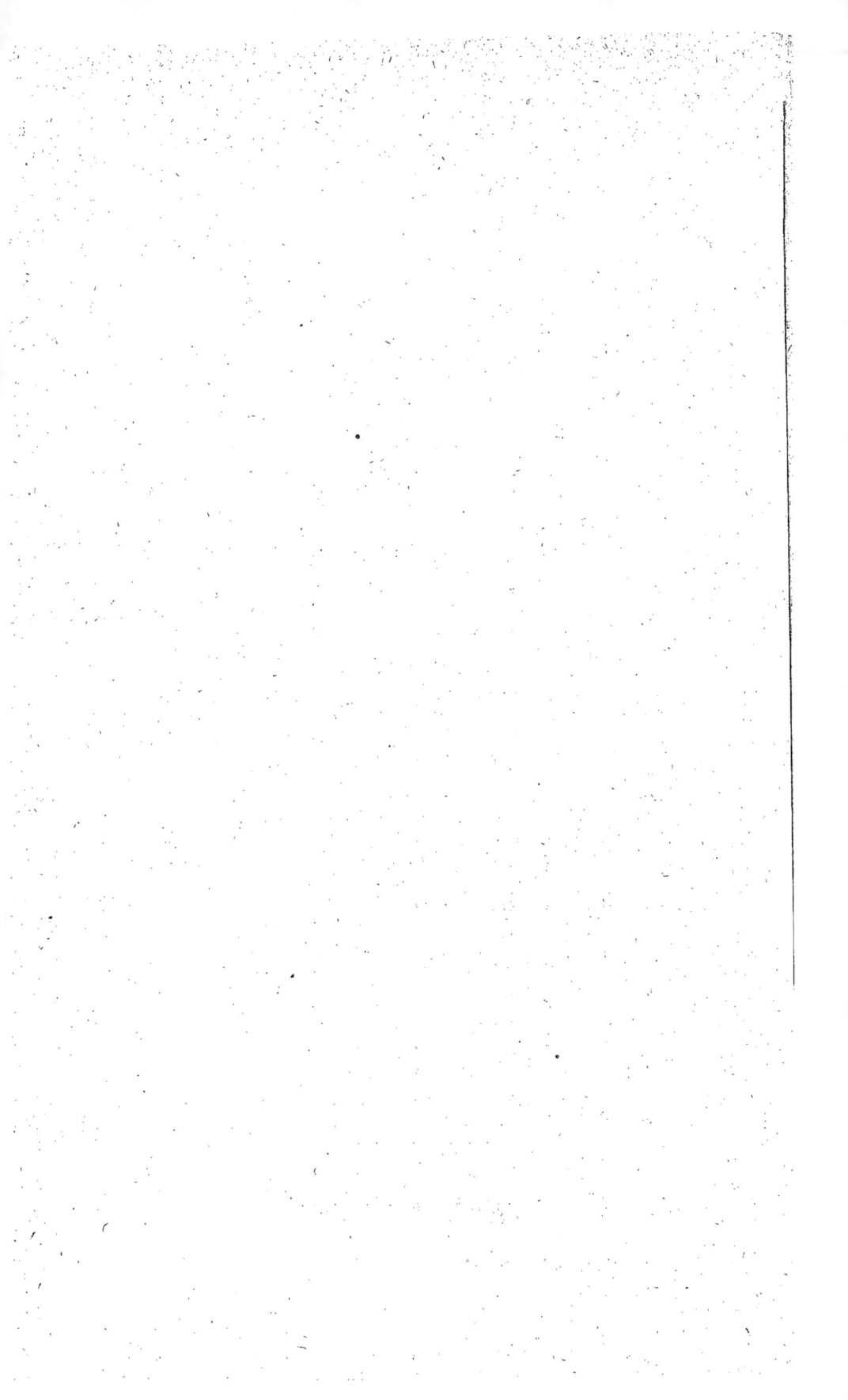

CHAPITRE II

AVIS PRÉLIMINAIRE.

Pour la facilité des recherches, le chapitre de la jurisprudence a été disposé sous forme de dictionnaire et divisé en quatre titres : *règlement— tarif-type — taxes extra-réglementaires — dispositions générales,* dans chacun desquels les renseignements sont classés par ordre alphabétique. La désignation du titre est rappelée en tête du recto des feuillets et l'on trouvera, de plus, en tête de chaque page l'indication sommaire de l'objet auquel se rapporte l'avis du Conseil d'Etat.

Le titre I concerne exclusivement le règlement. Ainsi qu'il a été expliqué page 8, ce titre comprend 11 paragraphes correspondant aux divisions du modèle de règlement.

Le titre II contient les décisions relatives aux taxes prévues par le *tarif-type ;*

Le titre III, celles qui se rapportent aux *taxes extra-réglementaires.*

Dans l'un et l'autre, les décisions sont classées par ordre alphabétique du *mot* qui sert à désigner l'objet imposable.

Enfin, sous la désignation de *dispositions générales,* on a inséré, dans le titre IV, toute disposition qui, ayant un caractère général, ne peut s'appliquer d'une manière spéciale à un article du règlement ou du tarif.

Chaque décision est précédée d'une courte notice qui en fait connaître l'objet et d'un numéro d'ordre auquel il convient de se reporter, lorsque ce numéro est indiqué dans le cours de l'ouvrage, avec la mention suivante : (*Jurisp. n°...*)

Les *considérants* des décrets de suspension sont reproduits *in extenso ;* c'est là surtout que l'on peut étudier la jurisprudence du Conseil d'Etat. Afin de débarrasser le recueil de tout renseignement qui n'aurait pas une utilité réelle, le *préambule* et le *dispositif* des décrets n'y ont été insérés que lorsqu'ils sont nécessaires pour l'intelligence des *considérants.* D'ailleurs la plupart des décrets concernent, à la fois, plusieurs points du règlement ou du tarif et, pour conserver l'ordre et la division adoptés en vue de faciliter les recherches, il était indispensable de classer chaque considérant dans le paragraphe spécial à l'objet auquel il se rapporte. Reproduire chaque fois le *préambule* et le *dispositif*, qui, pour tous les décrets, ont une forme à peu près identique, c'eût été donner, sans utilité réelle, un développement considérable à cette partie du Manuel.

TITRE I.

DÉCISIONS CONCERNANT LE RÈGLEMENT.

Sommaire. — Bureaux de perception, nᵒˢ 1 à 4. — Contentieux, nᵒˢ 5 à 9. — Dispositions générales, nᵒˢ 10 et 11. — Entrepôt commercial, nᵒˢ 12 à 30. — Entrepôt industriel, nᵒˢ 31 à 42. — Formalités à la circulation, nᵒˢ 43 à 50. — Passe-debout, nᵒˢ 51 à 53. — Perception sur les objets de l'extérieur, nᵒˢ 54 à 61. — Perception sur les objets de l'intérieur, nᵒˢ 62 à 71. — Périmètre, nᵒˢ 72 à 83. — Transit, nᵒˢ 84 à 86.

§ Iᵉʳ. — Bureaux de perception.

(Art. 25 de l'ordonnance du 9 décembre 1814.)

1. — *Dans les villes sujettes au droit d'entrée au profit du Trésor, les bureaux d'octroi doivent être ouverts tous les jours, dans les conditions fixées par l'art. 26 de la loi du 28 avril 1816.* (Décret de suspension du 28 novembre 1878; octroi de la Ciotat, Bouches-du-Rhône.)

Sur le rapport du ministre des finances;
Vu la délibération du conseil général des Bouches-du-Rhône... etc.;
Vu l'ordonnance du 9 décembre 1814;
Vu les lois des 28 avril 1816, 24 juillet 1867 et 10 août 1871 ;

. . . .
Considérant que l'art. 3 relatif aux heures d'ouverture du bureau central stipule que, les dimanches et jours fériés, on expédiera seulement les quittances au-dessous de cinquante centimes; que cette réserve, qui implique une défense d'introduire, pendant lesdits jours, des objets devant donner lieu à des perceptions supérieures à cinquante centimes, est contraire aux règles adoptées en matière de droit d'entrée;

Le Conseil d'Etat entendu,

Décrète :

Art. 1ᵉʳ. — Est suspendue l'exécution de la délibération susvisée du conseil général des Bouches-du-Rhône en date du 27 août 1878, relative à l'octroi de la Ciotat, mais seulement en tant qu'elle a approuvé :

6º L'insertion à l'art. 3 du règlement de dispositions qui limitent à cinquante centimes les perceptions à effectuer les dimanches et jours fériés.

2. — *Dans les villes sujettes au droit d'entrée, l'introduction des boissons et liquides soumis aux taxes du Trésor doit être limitée aux intervalles de temps déterminés par l'art. 26 de la loi du 28 avril 1816. (Décret de suspension du 20 août 1879 ; octroi de Falaise, Calvados.)*

Sur le rapport... etc...

Considérant que l'art. 3 du règlement fixe, pour la fermeture des bureaux de perception, des heures différentes de celles déterminées par l'art. 26 de la loi du 28 avril 1816 ; que la ville de Falaise étant sujette aux droits d'entrée, l'introduction des boissons et liquides soumis aux droits du Trésor doit être restreinte aux intervalles de temps fixés par l'art. 26 précité ;

Le Conseil d'Etat entendu,

Décrète :

Art. 1er. — Est suspendue...

3. — *Dans les villes qui ne sont pas sujettes au droit d'entrée au profit du Trésor, les bureaux doivent être ouverts tous les jours, mais les heures d'ouverture peuvent différer de celles fixées par l'art. 26 de la loi du 28 avril 1816. (Avis du Conseil d'Etat du 19 novembre 1878 ; octroi de Steenvoorde, Nord.)*

En faisant remarquer que la commune n'était pas soumise aux droits d'entrée, l'administration avait posé la question de savoir si le règlement de cet octroi, qui fixe pour l'introduction des objets imposés une durée inférieure à celle prévue par l'art. 26 de la loi de 1816, pouvait être maintenu. Suivant un avis en date du 19 novembre 1878, le Conseil d'Etat a décidé *qu'il n'y avait pas lieu de s'opposer à l'exécution de la délibération du conseil général qui avait approuvé ce règlement.*

4. — *Le règlement d'un octroi ne peut disposer que des bureaux seront installés sur les points où cela sera jugé utile. (Décret de suspension du 17 juillet 1882 ; octroi de Bernay, Eure.)*

Sur le rapport... etc...

Considérant qu'un nouveau § de l'art. 3 prévoit qu'il pourra être établi des bureaux de petite recette sur les points où cela sera jugé nécessaire ; que l'établissement de bureaux de perception constitue une modification au règlement, qui ne peut avoir lieu que dans les conditions prévues par les articles 48 et 49 de la loi du 10 août 1871 (1) ;

Le Conseil d'Etat entendu,

Décrète :

---

(1) NOTA. — Aujourd'hui les modifications au règlement doivent être approuvées par un décret, conformément aux prescriptions de l'art. 137, § n° 1 de la loi du 5 avril 1884.

§ II. — Contentieux.

5. — *Les moyens de transport n'étant, en général, saisissables que pour la garantie de l'amende, leur confiscation ne peut être prononcée par le règlement d'un octroi.* (Décret de suspension, 10 juillet 1877; octroi de Laval, Mayenne.)

Sur le rapport... etc...

Considérant qu'il n'appartenait pas au conseil général d'approuver :

1°.... *Voir aux mots « Formalités à la circulation »,* n° 46.

2° L'addition à l'art. 56 d'une disposition qui ajoute à l'art. 5 et aurait pour effet d'étendre non seulement la saisie, mais la confiscation aux voitures, chevaux, bateaux et autres objets servant au transport, à défaut par le contrevenant de consigner le maximum, de l'amende ou de donner caution solvable ;

Le Conseil d'Etat entendu,

Décrète :

6. — *Le règlement ne peut interpréter les textes généraux des lois qui édictent des sanctions pénales en matière d'octroi.* (Décret de suspension du 13 décembre 1877; octroi d'Hyères, Var.)

Sur le rapport... etc...

Vu la loi du 27 frimaire an VIII, l'ordonnance du 9 décembre 1814....

Considérant qu'il a été introduit à l'art. 51 un paragraphe ainsi conçu : « Seront considérés comme prévenus d'opposition à l'exercice des emplo-« yés tous individus qui arracheraient ou briseraient les poteaux, barrières, « tableaux ou autres objets servant à la perception de l'octroi, ou qui in-« jurieraient et troubleraient les préposés dans leurs fonctions »;

Considérant que ce § n'est pas, comme ceux qui précèdent, la simple reproduction de dispositions ayant force de loi, et qu'il n'appartient pas au conseil général d'approuver, soit une extension, soit même une simple interprétation des textes généraux qui édictent des sanction pénales en matière d'octroi;

Le Conseil d'Etat entendu,

Décrète :

Voir plusieurs décrets dans le même sens au § de l'entrepôt commercial; n°s 17, 21, 22.

7. — *Le règlement ne peut modifier les dispositions générales des lois qui fixent la quotité des amendes, en cas de contravention, ou les règles de compétence, en cas de contestation pour l'application des droits.* (Décret de suspension du 16 août 1879; octroi du Dorat, Haute-Vienne.)

Sur le rapport... etc...

Vu la délibération du conseil général de la Haute-Vienne...;
Vu les lois des 28 avril 1816, 25 mars 1817, 24 mai 1834, 25 mai 1838, etc.;

Considérant qu'il résulte de la combinaison des lois susvisées du 28 avril 1816, art. 46, du 29 mars 1832, art. 8, et du 24 mai 1834, art. 9, que les contraventions aux droits d'octroi sont punies de la confiscation des objets saisis et d'une amende de 100 à 200 fr. ; qu'en édictant une amende égale à la valeur de l'objet soumis aux droits, l'art. 4 du règlement est contraire à ces dispositions législatives ;

Considérant que les tribunaux correctionnels, à raison du taux de l'amende, connaissent exclusivement de toutes les actions résultant des procès-verbaux en matière d'octroi ; que, dès lors, la disposition de l'art. 33 du règlement voté par le conseil municipal, qui attribue la compétence au tribunal de simple police pour les saisies d'une valeur de 15 fr. et au-dessous, ne pouvait être approuvée par le conseil général ;

Considérant qu'aux termes de l'art. 1 de la loi du 25 mai 1838, le juge de paix statue en dernier ressort en matière civile jusqu'à la valeur de 100 fr. ; que l'art. 38 du règlement local voté par le conseil municipal et approuvé par le conseil général fixe à 50 fr. la somme au-dessus de laquelle ce magistrat ne prononcera qu'à charge d'appel sur les contestations relatives à l'application du tarif ;

Le Conseil d'Etat entendu,

DÉCRÈTE :

8. — *Dans la répartition du produit des amendes et confiscations, la part de la commune doit être de la moitié de ce produit.* (Décret de suspension du 16 août 1879 ; octroi d'Amiens, Somme.)

Sur le rapport.... etc....

Considérant que l'art. 76 fixe aux $\frac{2}{5}$ la part de la commune dans le produit net des amendes et confiscations ; que cette fixation est contraire aux dispositions de l'art. 84 de l'ordonnance du 9 décembre 1814, qui prescrit que la moitié du produit des amendes et confiscations sera attribuée à la commune ;

Le Conseil d'Etat entendu,

DÉCRÈTE :

9. — *Lorsqu'un objet soumis à l'octroi est vendu par suite d'abandon, le propriétaire de l'objet ne peut être déchu de ses droits sur le produit de la vente que dans les délais fixés par les lois générales.* (Décret de suspension du 20 août 1879 ; octroi de Falaise, Calvados.)

Sur le rapport... etc...

Considérant que l'art. 12, reproduisant une disposition de l'art. 55 de l'ordonnance du 9 décembre 1814, relative aux objets vendus par suite d'abandon, y a ajouté l'obligation pour le propriétaire de réclamer le produit net de la vente, dans le délai d'une année, *sous peine de déchéance ;* que le règlement ne peut restreindre, ni commenter les dispositions générales actuellement en vigueur à ce sujet ;

Le Conseil d'Etat entendu,

DÉCRÈTE :

---

§ III. — Dispositions générales.

(Art. 66 à 71 de l'ordonnance du 9 décembre 1814.)

10. — *Les expéditions et quittances d'octroi doivent être revêtues du timbre de la Régie.* (Décret de suspension de 6 juillet 1875; octroi de Toulouse, Haute-Garonne.)

Sur le rapport... etc...

Considérant que la nouvelle rédaction de l'art. 55, relatif aux expéditions et enlèvements d'objets entreposés, admet en principe les entrepositaires à se délivrer des quittances non timbrées extraites du reg. T pour les livraisons qu'ils feraient à l'intérieur ;

Mais considérant que le modèle T n'est employé que par exception pour l'inscription en recette de sommes qui ne doivent pas, à Toulouse, dépasser le maximum de 1 fr. fixé, pour cette ville (1), par décision ministérielle ;

Considérant que la disposition approuvée par le conseil général serait ainsi contraire, du reste, à l'art. 66 de l'ordonnance du 9 décembre 1814, reproduit à l'art. 92 du règlement, et qui dispose que toutes les quittances ou expéditions en matière d'octroi seront assujetties au timbre de la Régie des contributions indirectes ;

Le Conseil d'Etat entendu,

DÉCRÈTE :

---

11. — *Lorsque les entrepositaires sont admis à se délivrer à eux-mêmes des laissez-passer, les registres dont ils font usage doivent être revêtus du timbre de la Régie.* (Décret de suspension du 23 août 1882; octroi d'Alençon, Orne.)

Sur le rapport... etc...

Considérant que s'il est possible d'admettre les entrepositaires à se délivrer à eux-mêmes des laissez-passer, cette faculté ne peut leur être accordée qu'à la condition que les registres dont ils feront usage soient con-

---

(1) NOTA. — Actuellement le maximum des perceptions d'octroi non passibles du droit de timbre est fixé, d'une manière générale, à 50 centimes. Décision du ministre des finances du 4 mai 1881. (Circulaire de l'administration des contributions indirectes, nº 317, du 24 mai 1881.)

formes au modèle timbré de la Régie; mais considérant que la suppression de la disposition en vigueur de l'art. 49 semble indiquer que les registres mis à la disposition des entrepositaires ne seraient pas revêtus du timbre de la Régie; que cette disposition serait contraire à l'art. 66 de l'ordonnance du 9 décembre 1814, reproduit sous le n° 85 du règlement local, et qui dispose que toutes les expéditions en matière d'octroi seront assujetties au timbre de la Régie des contributions indirectes;

Le Conseil d'État entendu,

DÉCRÈTE :

§ IV. — Entrepôt commercial.

(Art. 41 à 55 de l'ordonnance du 9 décembre 1814.)

12. — *Dans les villes non sujettes aux droits d'entrée au profit du Trésor, les municipalités peuvent fixer des minima pour la sortie des boissons en entrepôt; mais ces minima ne doivent pas constituer une entrave à l'exercice de la faculté d'entrepôt.* (Décret de suspension du 7 juillet 1875 ; octroi de Torigni-sur-Vire, Manche.)

Sur le rapport... etc....

Vu la loi du 28 avril 1816 ;
Vu la loi du 10 août 1871 ;
Considérant que l'art. 20 du nouveau règlement établit un minimum de 14 hectolitres, au-dessous duquel les cidres et poirés ne pourront sortir de l'entrepôt;
Que l'exagération de ce minimum équivaut à la suppression de l'entrepôt pour ces liquides, qu'il convient de l'abaisser à 4 hectolitres ;

Le Conseil d'État entendu,

DÉCRÈTE :

NOTA.— Décision à rapprocher de l'art. 31 de la loi du 28 avril 1816, qui fixe les règles à suivre dans les villes sujettes au droit d'entrée.
Voir, pour les bières, le décret du 20 août 1879 (Fourmies, Nord), n° 18.
Voir, pour les bières et vinaigres, le décret du 16 août 1879 (Sars-Poteries, Nord), n° 16.

13. — *Dans les villes sujettes aux droits d'entrée au profit du Trésor, l'octroi doit suivre, pour les conditions d'entrepôt des huiles, les règles qui sont établies en matière de droit d'entrée.* (Décret de suspension du 2 juillet 1875 ; octroi de Cholet, Maine-et-Loire.)

Sur le rapport... etc...

Considérant que l'art. 37 du règlement établit, quant à l'entrepôt des huiles, des règles différentes de celles qui sont adoptées relativement au droit d'entrée sur les mêmes liquides , contrairement à l'art. 150 de la loi du 28 avril 1816 ;

Le Conseil d'Etat entendu,

DÉCRÈTE :

14. — *Les dispositions de l'ordonnance du 9 décembre 1814 relatives à l'entrepôt doivent être insérées dans tout règlement d'octroi.* (Décret de suspension du 2 juillet 1875 ; octroi de Villard-de-Lans, Isère.)

Sur le rapport... etc...

Considérant que le règlement de Villard-de-Lans ne renferme aucune des dispositions relatives à la faculté d'entrepôt, dispositions prescrites par les articles 36 à 44 de l'ordonnance du 9 décembre 1814 ;
Considérant que ces dispositions ont été rendues obligatoires, dans les règlements d'octroi , par l'art. 101 de la même ordonnance ;

Le Conseil d'Etat entendu ,

DÉCRÈTE :

15. — *Les minima fixés par le règlement pour la première introduction ne doivent pas être prohibitifs de la faculté d'entrepôt.* (Décret de suspension du 20 novembre 1877 ; octroi de Montmorency, Seine-et-Oise.)

Sur le rapport... etc...

Considérant que l'art. 22 du nouveau règlement établit un minimum de 100,000 kilog. au-dessous duquel les charbons de terre ne peuvent être admis à l'entrepôt ; que l'exagération de ce minimum équivaut en réalité à la suppression de l'entrepôt pour ces matières ; qu'il convient de l'abaisser à 4,000 kilogr. ;

Le Conseil d'Etat entendu,

DÉCRÈTE :

16. — *Même objet, en ce qui concerne les minima à la sortie.* (Décret de suspension du 16 août 1879 ; octroi de Sars-Poteries, Nord.)

Sur le rapport.... etc.,

Considérant que le régime de l'entrepôt consiste non seulement dans le crédit des droits sur les objets entreposés, mais aussi dans la décharge des quantités dont la sortie du lieu sujet est dûment justifiée ;
Considérant que la disposition de l'art. 21 du règlement local, qui fixe à 50 hectolitres pour la bière et à 20 hectolitres pour le vinaigre, les mi-

nima au-dessous desquels les certificats de sortie ne sont pas délivrés, équivaut, en fait, à la suppression de l'un des bénéfices attachés au régime de l'entrepôt; qu'il y a lieu, dès lors, de réduire ces minima à un taux plus en rapport avec l'importance des ventes normales, soit à 4 hectolitres pour la bière et à un hectolitre pour le vinaigre ;

Le Conseil d'Etat entendu,

DÉCRÈTE:

17. — *Le régime de l'entrepôt ne peut être, ni refusé à toute une caté--gorie de redevables, ni soumis à des pénalités non prévues par les lois.*

Les minima fixés par le règlement ne doivent pas être prohibitifs. (Décret de suspension du 16 août 1879; octroi d'Argenteuil, Seine-et-Oise.)

Sur le rapport... etc...

En ce qui concerne le règlement:
Considérant que l'art. 35 n'accorde l'entrepôt que pour « *les bières du dehors à toute autre destination que celle d'un brasseur* »; que l'exclusion qui résulte de cette restriction est contraire aux dispositions des art. 36 et 41 de l'ordonnance du 9 décembre 1814, en vertu desquelles la faculté d'entrepôt appartient à tout fabricant ou commerçant qui en fait la demande pour les produits de sa fabrication ou de son commerce susceptibles de recevoir une destination extérieure (1);
Considérant que l'art. 36 n'autorise l'admission à l'entrepôt des combustibles employés dans les établissements industriels qu'à la condition d'introduire une première fois 100 stères de bois, 10,000 cotrets et 50,000 kilog. de charbon de terre; que ces fixations exagérées équivaudraient, dans certains cas, à la suppression, en fait, de la faculté d'entrepôt pour ces combustibles; qu'il convient d'abaisser les minima à 50 stères de bois, 5,000 cotrets et 5,000 kilog. de houille;
Considérant que l'art. 43 prescrit qu'en cas de refus de se soumettre aux obligations qui leur sont imposées, les entrepositaires seront passibles de l'amende édictée pour le fait d'empêchements aux exercices et tenus, en outre, « d'acquitter les droits sur les quantités restantes »; que cette disposition pénale n'est pas prévue par la législation générale relative à la faculté d'entrepôt;

Le Conseil d'État entendu,

DÉCRÈTE:

Art. 1er. — Est suspendue l'exécution de ladite délibération, mais seulement en tant :
1° Qu'elle a approuvé une disposition de l'art. 44 du règlement, aux termes de laquelle l'entrepôt n'est accordé que « pour les bières de l'extérieur à toute autre destination que celle d'un brasseur » ;
2° Qu'elle a approuvé, pour l'admission des combustibles à l'entrepôt industriel, des minima supérieurs à 50 stères de bois, 5,000 cotrets et 5,000 kilog. de houille;
3° Qu'elle a maintenu l'insertion à l'art. 43 du règlement d'une disposi-

_____

(1) Voir plus loin un décret analogue rendu le 29 juillet 1881 pour l'octroi de Charlieu (Vendée).

tion pénale en matière d'entrepôt non spécifiée par la législation générale en vigueur.

18. — *A l'égard des boissons soumises au droit d'entrée au profit du Trésor, le règlement de l'octroi ne peut fixer des règles d'entrepôt autres que celles établies pour le droit d'entrée. Pour les objets uniquement soumis à l'octroi, le minimum des quantités à admettre à la sortie ne doit pas être exagéré.* (Décret de suspension du 20 août 1879 ; octroi de Fourmies, Nord.)

Sur le rapport.... etc....

Mais considérant que l'art. 21 du nouveau règlement dispose qu'au-dessous des quantités ci-après indiquées il ne sera pas délivré de certificat de sortie pour les boissons enlevées des entrepôts :

Vins . . . . 9 hectolitres.
Cidres, poirés et hydromels . . . . 18 d°
Eaux-de-vie ou esprits . . . . 4 d°
Bières . . . . 30 do

Considérant que, relativement aux vins, cidres, poirés et hydromels, eaux-de-vie ou esprits, la justification de leur exportation, en quelque quantité que ce soit, suffit pour motiver leur décharge au compte d'entrepôt tenu dans l'intérêt du Trésor ;

Considérant qu'aux termes de l'art. 150 de la loi du 28 avril 1816, les règlements d'octroi ne peuvent contenir aucune disposition contraire aux lois et règlements relatifs aux droits imposés au profit du Trésor ;

Considérant que la fixation d'un minimum de 30 hectolitres pour la constatation de la sortie des bières équivaut, en réalité, à la suppression de l'entrepôt pour cette boisson et qu'il convient d'abaisser ce minimum à quatre hectolitres;

Le Conseil d'Etat entendu,

DÉCRÈTE :

19. — *Aucune indemnité ne peut être exigée à titre de frais de surveillance de la part du commerçant qui réclame l'entrepôt.* (Décret de suspension du 7 juillet 1875; octroi d'Angers Maine-et-Loire.)

Sur le rapport... etc...

Considérant qu'aux termes de l'art. 53 du règlement modifié, à partir de 1876, « tout commerçant ou industriel qui aura déjà obtenu ou obtiendra « ultérieurement l'entrepôt à domicile, sera tenu d'acquitter, dans le cou- « rant du mois de janvier de chaque année, sous peine de déchéance, une « somme fixe de 10 fr. par an, à titre de remboursement des frais occa- « sionnés à l'octroi par le service de l'exercice des entrepôts » ;

Considérant que l'art. 55 impose encore à tout industriel qui sollicitera l'entrepôt à domicile l'obligation de justifier qu'il s'est engagé à acquitter au bureau central de l'octroi, dans le courant du mois de janvier de chaque année, la somme fixe de 10 fr. imposée par l'art. 53 et qu'il livre à l'extérieur de la commune les $\frac{4}{5}$ au moins de ses produits fabriqués ou préparés ;

Mais considérant que ces deux dispositions constituent des restrictions inadmissibles à la faculté d'entrepôt reconnue tant par l'art. 41 de l'ordonnance du 9 décembre 1814 que par l'art. 8 du décret du 12 février 1870 ;

Le Conseil d'Etat entendu,

DÉCRÈTE :

20. — *Le régime de l'entrepôt ne peut être imposé à une classe de redevables fabriquant des produits compris au tarif.* (Décret de suspension du 27 novembre 1876 ; octroi d'Aire, Pas-de-Calais.)

Sur le rapport... etc...

En ce qui concerne la disposition nouvelle insérée à l'art. 15 du règlement , aux termes de laquelle « les brasseurs sont assujettis au régime de l'entrepôt » ;
Considérant que cette disposition paraît de nature à soulever des objections, et que, dans le cas, très peu vraisemblable, où les brasseurs de la ville d'Aire ne réclameraient pas d'eux-mêmes le régime de l'entrepôt, les intérêts de la commune se trouveraient d'ailleurs garantis par l'article 36 de l'ordonnance du 9 décembre 1814, qui est reproduit à l'art. 13 du règlement;

Le Conseil d'Etat entendu,

DÉCRÈTE :

21. — *En matière d'entrepôt, les municipalités ne peuvent édicter des dispositions autres que celles qui sont prévues par les lois générales.* (Décret de suspension du 11 janvier 1877 ; octroi de Dreux, Eure-et-Loir.)

Sur le rapport... etc...

Considérant que le conseil municipal de Dreux a inséré dans les articles 59 et 60 du règlement des sanctions en matière d'entrepôt ; qu'il ne lui appartenait ni d'étendre ni de commenter les dispositions générales actuellement en vigueur à ce sujet;

Le Conseil d'Etat entendu ,

DÉCRÈTE :

Art. 1er. — Est suspendue. . . . . 1° l'insertion dans les articles 59 et 60 de dispositions nouvelles contenant des sanctions pénales en matière d'entrepôt;
2° . . . . . .

NOTA. — Ces dispositions nouvelles consistaient en une amende de 100 à 200 fr. :
1° pour les altérations et diminutions dans la nature ou l'espèce des objets entreposés ;
2° pour toute déclaration infidèle, soit à la sortie, soit lors des vérifications et recensements.

22. — *Même objet.* (Décret de suspension du 12 juillet 1881 ; octroi de Vouziers, Ardennes.)

Sur le rapport... etc...

Considérant que les modifications au règlement de l'octroi de Vouziers, votées par le conseil municipal dans sa séance du 6 mars 1881 et approuvées par le conseil général des Ardennes, ont pour but d'insérer dans les articles .... 13, 21, 28 *bis,* 23 *ter,* et 23 *quater* (des formalités à la circulation) ou des sanctions pénales en matière d'entrepôt ; que ces modifications constituent une extension non justifiée des dispositions générales actuellement en vigueur à ce sujet ;

Le Conseil d'Etat entendu,

DÉCRÈTE :

23. — *L'entrepôt ne peut être remplacé par le paiement des droits à l'entrée, avec compensation, au moyen de la représentation de bulletins de sortie dûment justifiée, pour les droits dus sur les introductions ultérieures.* (Décret de suspension du 23 novembre 1878; octroi de Meaux, Seine-et-Marne.)

Sur le rapport... etc...

Considérant que l'art. 46 du règlement approuvé par le conseil général autorise les entrepositaires qui préféreraient acquitter les droits sur les objets entreposés, à compenser par la représentation de bulletins de sortie dûment justifiée les droits dus sur les nouvelles introductions ;

Considérant que ce régime de compensation, qui n'est pas prévu par les lois et règlements généraux actuellement en vigueur, fait reposer entièrement la perception des droits dus sur l'exactitude des reconnaissances à la sortie ; que, dans ces conditions, il est de nature à donner lieu, dans la pratique, aux fraudes et aux difficultés les plus graves ;

Le Conseil d'Etat entendu,

DÉCRÈTE :

24. — *Les entrepositaires ne peuvent être soumis à la consignation des droits pour les objets entreposés.* (Décret de suspension du 23 novembre 1878 ; octroi de Tourcoing, Nord.)

Sur le rapport... etc...

Considérant que le conseil général a approuvé l'insertion par le conseil municipal à l'art. 48 du dit règlement d'une disposition qui, par dérogation à l'art. 44 de l'ordonnance du 9 décembre 1844, soumet les entrepositaires à la consignation des droits pour les objets admis en entrepôt ;

Le Conseil d'Etat entendu,

DÉCRÈTE :

25. — *On ne peut refuser l'entrepôt pour une matière susceptible de trans-*

formation à l'intérieur, surtout lorsque l'objet fabriqué avec cette matière est de nature à être réexporté. (Décret de suspension du 20 août 1879 ; octroi de Falaise, Calvados.)

Sur le rapport... etc...

Considérant que l'art. 42 stipule que l'entrepôt ne sera pas accordé pour les suifs fondus et les chandelles ; que les suifs sont susceptibles de transformation à l'intérieur, spécialement pour la fabrication des chandelles, et que celles-ci sont sujettes à réexportation ; qu'il serait dès lors contraire aux art. 8 du décret du 12 février 1870 et 41 de l'ordonnance du 9 décembre 1814, de ne pas admettre ces matières au bénéfice de l'entrepôt ;

Le Conseil d'Etat entendu,

Décrète :

26. — *Le règlement ne peut astreindre les entrepositaires à fournir un cautionnement en numéraire ou une caution solvable, pour les objets qui ne sont soumis qu'aux droits d'octroi.* (Décret de suspension du 20 août 1879 ; octroi de Bayeux, Calvados.)

Sur le rapport... etc...

Considérant que l'art. 54 attribue au maire, le droit d'exiger des entrepositaires un cautionnement en numéraire ou une caution solvable ; que ce cautionnement en espèces pour tous les objets soumis aux droits d'octroi, ou la caution solvable pour les objets autres que ceux soumis aux droits de l'Etat, sont des mesures qui ne sont pas justifiées et qui ne sont pas autorisées par les lois et règlements ; qu'elles constituent une aggravation des conditions auxquelles est subordonnée la faculté d'entrepôt ;

Le Conseil d'Etat entendu,

Décrète :

27. — *Même objet ; le cautionnement n'est admissible qu'à l'égard des objets soumis aux droits d'entrée au profit du Trésor.* (Décret de suspension du 20 août 1879 ; octroi de Vire, Calvados.)

Sur le rapport... etc...

Considérant que l'art. 60 astreint les entrepositaires à fournir au gré de la municipalité, soit un cautionnement en numéraire, soit une caution solvable ; que les règlements généraux sur les octrois ne prescrivent pas le cautionnement des droits sur les objets en entrepôt ;

Considérant, d'ailleurs, que l'obligation de fournir une caution solvable doit être admise seulement dans le cas où il s'agit d'objets soumis aux droits au profit du Trésor ;

Le Conseil d'Etat entendu,

Décrète :

28. — *La durée de l'entrepôt ne peut être limitée.*(Décret de suspension du 22 juillet 1881; octroi de Sablé, Sarthe.)

Sur le rapport... etc...

En ce qui concerne le § additionnel de l'art. 42, aux termes duquel « les foins récoltés dans l'intérieur du rayon et qui ne devront pas y être consommés jouiront du bénéfice de la reconnaissance à la sortie, qui devra avoir lieu avant le 1er septembre, et de l'exemption des droits » :

Considérant que cette disposition pourrait être interprétée comme une restriction à la faculté d'entrepôt acquise aux récoltants, en vertu de l'art. 36 de l'ordonnance du 9 décembre 1814, lequel est reproduit sous le n° 15 du règlement local, faculté dont la durée ne peut être limitée, suivant les prescriptions de l'art. 41 de l'ordonnance du 9 décembre 1814 précitée et de l'art. 59 du règlement de Sablé ;

Le Conseil d'État entendu,

DÉCRÈTE :

29. — *L'entrepôt ne peut être refusé à toute une catégorie de redevables.* (Décret de suspension du 29 juillet 1881 ; octroi de Charlieu, Vendée.)

Sur le rapport... etc...

Considérant que l'art. 34 du règlement nouveau approuvé par le conseil général dispose que les bouchers et charcutiers ne peuvent être considérés comme entrepositaires et ne pourront, par conséquent, obtenir de permis de circulation ; que cette restriction apportée à la faculté d'entrepôt, au préjudice d'une catégorie de contribuables, est contraire au principe de l'égalité devant l'impôt et ne saurait se concilier avec les termes de l'art. 36 dudit règlement, en vertu duquel les bestiaux sont admis à l'entrepôt à domicile en toutes quantités ;

Le Conseil d'État entendu,

DÉCRÈTE :

Décret analogue pour l'octroi d'Argenteuil, n° 17.

30. — *Le règlement ne doit pas stipuler que les marchandises en entrepôt ne jouiront d'aucune déduction.* (Décret de suspension du 29 novembre 1883; octroi de Châteaudun, Eure-et-Loir.)

Sur le rapport... etc...

Considérant que le 2° § de l'art. 56 supprimerait toute déduction sur les marchandises en entrepôt, contrairement à l'art. 45 de l'ordonnance du 9 décembre 1814 ;

Le Conseil d'État entendu,

DÉCRÈTE :

§ V. — Entrepôt industriel.

(Art. 8 à 14 du décret du 12 février 1870.)

31. — *Le règlement ne peut imposer aux industriels qui réclament l'en-trepôt, l'obligation de verser une indemnité à titre de frais de surveillance et de s'engager à faire sortir du rayon de l'octroi une portion quelconque des produits fabriqués.* (Décret de suspension du 7 juillet 1875 ; octroi d'Angers, Maine-et-Loire.)

Voir les considérants au n° 19.

32. — *L'industriel fabriquant des produits non compris au tarif ne peut être soumis au paiement d'une indemnité de surveillance.* (Décret de sus-pension du 8 décembre 1882 ; octroi de Dreux, Eure-et-Loir.)

Sur le rapport... etc...

Considérant que l'art. 48 impose aux industriels fabriquant des pro-duits non compris au tarif, le paiement d'une indemnité annuelle, à titre de frais de surveillance ; que cet article constituerait une restriction à la faculté d'entrepôt reconnue aux industriels par l'art. 8 du décret du 12 février 1870, lequel est reproduit sous les n°s 47 et 53 du règlement local ;

Le Conseil d'État entendu,

Décrète :

33. — *Les combustibles employés au chauffage des locomotives de che-mins de fer et de la machine hydraulique ne peuvent être imposés. Les industriels qui remplissent les conditions déterminées par l'art. 8 du décret du 12 février 1870 ont, ipso facto, droit à la faculté d'entrepôt.* (Décret de suspension du 11 juillet 1877 ; octroi d'Amiens, Somme.)

Sur le rapport... etc...

Considérant que l'ancien règlement dont la prorogation est demandée impose, par son art. 51, les combustibles employés au chauffage des loco-motives chargées des mouvements de la gare et de celles de secours et de la machine hydraulique, ce qui est contraire à l'art. 13 du décret du 12 février 1870, qui stipule que les seuls combustibles imposables, pour le service des gares, sont ceux consommés dans les salles d'attente et les bureaux ; qu'en conséquence les charbons des machines fixes ou mobiles employées au service de l'exploitation doivent être exemptés, conformé-ment aux dispositions du 1er § dudit art. 13 ;

Considérant que le même art. 51 du règlement local dispose qu'une commission sera chargée d'examiner, d'admettre ou de rejeter les deman-des d'admission à l'entrepôt industriel ; attendu que cette disposition cons-titue une restriction inadmissible à la faculté d'entrepôt reconnue par l'art. 8 du décret du 12 février 1870 ; que, pour jouir de plein droit de cette faculté, les industriels ne doivent être astreints qu'à observer les règles et conditions déterminées par ledit décret ;

Le Conseil d'Etat entendu,

DÉCRÈTE :

34.— *Le règlement ne peut refuser, d'une façon absolue, la faculté d'entrepôt aux détaillants, et on doit insérer les art. 8 à 14 du décret du 12 février 1870 dans tout règlement, lorsque la prorogation de l'octroi est demandée.* (Décret de suspension du 20 novembre 1875 ; octroi de Saint-Servan, Ille-et-Vilaine.)

Sur le rapport... etc....

Considérant que l'ancien règlement d'octroi, dont la prorogation est demandée, exclut, par son art. 32, le détaillant (A) de la faculté d'entrepôt, ce qui est contraire à l'art. 7 du décret du 12 février 1870 ; que, d'ailleurs, ce règlement n'insère pas les dispositions contenues dans les art. 8 à 14 du décret précité, insertion obligatoire aux termes de l'art. 15 dudit décret ;

Le Conseil d'Etat entendu,

DÉCRÈTE :

Est suspendue la délibération du conseil général d'Ille-et-Vilaine, en date du 20 août 1875, mais seulement en tant qu'elle a approuvé la prorogation d'un règlement qui semble refuser implicitement aux intéressés le bénéfice des dispositions des art. 7 à 14 du règlement général du 12 février 1870.

Voir plus loin le 1er considérant d'un avis du Conseil d'État en date du 10 juillet 1883, n° 38.

35.— *L'insertion des art. 8 à 14 du décret du 12 février 1870 peut être opérée par voie administrative.* (Avis du Conseil d'Etat du 23 juin 1875; octroi d'Avranches, Manche.)

La section des finances, de la guerre,... etc... du Conseil d'État, qui a examiné le projet de décret tendant à suspendre une délibération du conseil général de la Manche, en date du..... et relative à l'octroi d'Avranches, a reconnu, en ce qui concerne le chef de suspension relatif au règlement, que le conseil municipal avait décidé que le règlement serait modifié conformément aux indications données par le préfet et qu'il serait rédigé conformément au modèle annexé à la délibération.

Si ledit modèle est, à la vérité, incomplet en ce qui concerne la reproduction des articles du décret du 12 février 1870, le dernier article a été modifié et porte que : « DANS TOUS LES CAS NON PRÉVUS AU PRÉSENT RÈGLE-« MENT, ON SE CONFORMERA AUX LOIS ET RÈGLEMENTS EN VIGUEUR SUR LES « OCTROIS ».

(A) Les marchands en gros, qui font en même temps des ventes en détail, ont droit à l'entrepôt. (Art. 7 du décret du 12 février 1870.)

Il semble, dès lors, qu'il suffit, sur ce point, d'une simple observation avec envoi à l'administration municipale d'un modèle nouveau de règlement.

NOTA. — Il résulte de cet avis que l'insertion des art. 8 à 14 ne constitue pas, à proprement parler, une modification au règlement et qu'elle peut être opérée d'office , sans qu'il soit nécessaire de faire approuver cette mesure par un décret.

36. — *L'exemption accordée au moyen de l'entrepôt, par l'art. 11 du décret du 12 février 1870, pour les matériaux destinés aux constructions navales, ne peut être l'objet d'aucune restriction.* (Décret de suspension du 16 août 1879 ; octroi de Calais, Pas-de-Calais.)

Sur le rapport... etc...

Considérant qu'aux termes d'une observation marginale du tarif , les bois destinés aux constructions navales sont admis en entrepôt, mais qu'ils ne sont déchargés des droits que dans la proportion d'un mètre cube par tonneau ; que cette restriction est contraire aux dispositions de l'art. 11 du décret du 12 février 1870 reproduit par l'art. 37 du règlement local ;

Le Conseil d'Etat entendu,

DÉCRÈTE :

Voir plus loin n°s 41 et 42.

37. —*Les objets fabriqués à l'intérieur, avec des matières qui ont acquitté les droits à l'entrée, ne sont pas, par ce seul fait, exempts de la taxe d'octroi, mais ils doivent bénéficier du précompte prévu par l'art. 9 du décret du 12 février 1870.* (Avis du Conseil d'Etat du 5 décembre 1877 ; octroi de Bordeaux, Gironde.)

Voir cet avis aux mots *« Perception sur les objets de l'intérieur* », n° 63.

38. — *Le décret du 8 décembre 1882, qui prescrit l'immunité des taxes d'octroi en faveur du matériel télégraphique, doit être inséré dans les règlements, dans les mêmes conditions que les art. 8 à 14 du décret du 12 février 1870.* (Avis interprétatif du Conseil d'Etat du 10 juillet 1883.)

La section des finances, des postes et télégraphes, de la guerre, de la marine et des colonies du Conseil d'Etat , consultée par le ministre des finances sur la question de savoir : 1° quelle sera la procédure à suivre pour faire insérer par les conseils municipaux dans les règlements d'octroi les dispositions ajoutées à l'article 13 du décret du 12 février 1870, par le décret du 8 décembre 1882 ; 2° dans quel délai cette insertion devra être faite ;

Vu la dépêche de M. le ministre des finances, en date du 28 juin 1883, et le rapport de M. le directeur général des contributions indirectes du 21 juin 1883 ;

Vu la loi du 24 juillet 1867, art. 8, 9 et 10 ;
Vu le décret du 12 février 1870 ;
Vu la loi du 10 août 1871, art. 46, 47, 48 et 49 ;
Vu le décret du 8 décembre 1882 ;
En ce qui concerne le premier point :
    Considérant que l'article 15 du décret du 12 février 1870 dispose expres-
sément que tout règlement d'octroi qui ne contiendrait pas des dispositions conformes à celles des articles 8 à 14 cessera d'avoir son effet à
l'expiration de la durée fixée pour cet octroi par le décret qui l'aura autorisé ; que, par suite, si un conseil municipal n'insère pas dans le règlement de l'octroi les dispositions précitées, les actes de perception de cet
octroi doivent être considérés comme n'étant plus en vigueur, et que dans
ces circonstances il y a lieu de procéder par voie de décret, comme en
matière de création d'octroi, à la rédaction d'un nouveau règlement dans
lequel seront insérées les dispositions des articles 8 à 14 du décret de 1870;
En ce qui concerne le deuxième point :
    Considérant que, sans examiner si l'administration des postes et télé-
graphes, alors même que les règlements d'octroi ne contiendraient pas
les dispositions du décret du 8 décembre 1882, peut obtenir, par la voie
judiciaire, l'exemption immédiate des droits d'octroi sur les matériaux
employés à la construction et à l'exploitation des lignes télégraphiques,
on doit admettre, conformément à l'art. 15 du décret du 12 février 1870,
que les règlements dans lesquels les art. 8 à 14 ne sont pas reproduits restent en vigueur jusqu'à la fin de la période pour laquelle l'octroi a été autorisé, et que c'est à ce moment seulement que l'insertion des art. 8 à 14
peut être faite dans la forme indiquée ci-dessus ; que cependant il y
aurait avantage, par voie d'instruction administrative, à inviter les conseils
municipaux à modifier immédiatement leur règlement, en y ajoutant les
dispositions du décret du 8 décembre 1882 ; qu'en tout cas, si un conseil
municipal demande une extension du périmètre, la création de taxes sur
les matériaux ou l'augmentation des droits sur les mêmes objets au delà
des maxima fixés par le tarif général, un décret de suspension doit être rendu
dans le cas où le conseil municipal n'aurait pas en même temps voté
l'exemption des droits en faveur des matériaux destinés aux lignes télégraphiques ;
    Est d'avis de répondre à la question posée par le ministre des finances
dans le sens des observations qui précèdent.

39. — *L'insertion, dans les règlements, des dispositions du décret du
8 décembre 1882 peut être opérée par voie administrative.* (Note du Conseil
d'Etat du 3 juillet 1884 ; octroi d'Annonay, Ardèche.)

Le Conseil d'Etat, sur le renvoi. . . . .
pense qu'il y a lieu de faire observer au conseil municipal que l'art. 39 du règlement doit être complété par l'insertion d'un paragraphe exemptant des
droits d'octroi les combustibles et matières employés à la construction et
à l'exploitation des lignes télégraphiques, sans qu'il soit nécessaire d'insérer cette disposition dans le projet de décret.
    Cette note a été délibérée et adoptée par le Conseil d'Etat, dans sa
séance du 3 juillet 1884.
        Le vice-président du Conseil d'Etat,
                                        Signé : FAUSTIN-HÉLIE.

40 — *Les industriels qui jouissent de l'entrepôt ne doivent pas être tenus de faire chaque jour une déclaration,* AVANT LE COMMENCEMENT DE CHA-

QUE FABRICATION ; *la déclaration préalable à laquelle ils sont astreints aux termes de l'art. 8 du décret du 12 février 1870 peut s'étendre à une série d'opérations déterminées.* (Note du Conseil d'Etat du 23 février 1881 ; octroi de Louviers, Eure.)

La section des finances,... etc... qui a pris connaissance de deux rapports de M. le directeur général des contributions indirectes, en date du 26 janvier 1881, au sujet : 1°. . . . . . 2° des déclarations à exiger des industriels avant le commencement de chaque fabrication, pour les quantités de combustibles et de matières premières admises à l'entrepôt dans les conditions prévues par l'art. 8 du décret du 12 février 1870, estime :

En ce qui concerne la seconde question, la section est d'avis qu'il y a lieu de supprimer non pas la déclaration préalable, mais l'obligation de faire cette déclaration AVANT LE COMMENCEMENT DE CHAQUE FABRICATION ; à raison des difficultés que l'exécution de cette dernière prescription pourrait, dans certains cas, imposer aux industriels, la section pense que les dispositions de l'art. 8 du décret du 12 février 1870 suffisent pour donner à l'administration toute garantie.

41. — *Les bateaux ne peuvent être imposés à aucun droit d'octroi.* (Décret de suspension du 28 novembre 1878 ; octroi de la Ciotat, Bouches-du-Rhône.)

Sur le rapport... etc..

. . . .
Considérant qu'en approuvant une taxe de 4 fr. par tonneau sur les bateaux dépendant du port de la Ciotat, le conseil général a méconnu également les dispositions de l'art. 11 du même décret du 12 février 1870, qui affranchissent de tout droit d'octroi les matières employées dans les constructions navales ou pour la fabrication d'objets servant à la navigation ;

Le Conseil d'État entendu,

DÉCRÈTE :

42. — *Les bois employés à la construction des bateaux ne peuvent être soumis à aucune taxe.* — *Le fait de l'embarquement des approvisionnements et matières doit avoir pour conséquence la décharge du compte d'entrepôt.* (Décret de suspension du 22 novembre 1879 ; octroi de Dieppe, Seine-Inférieure.)

Sur le rapport... etc...

Considérant que l'art. 47 subordonne la décharge des droits sur les bois employés aux constructions navales, au paiement de la taxe sur le 5° des quantités employées ; que cette restriction est inadmissible en présence des termes de l'art. 11 du décret du 12 février 1870, qui prescrit l'exonération complète pour tous les bois dont l'emploi à cet usage est justifié ; que si les déchets de bois de cette espèce sont livrés à la consommation locale, il appartient au service de l'octroi d'assurer le paiement des droits dus, soit au moyen des formalités de l'entrepôt prescrites par ledit article 11, soit au moyen d'un abonnement contracté de gré à gré, conformément aux dispositions de l'art. 14 du règlement du 12 février 1870, reproduites par l'art. 52 du règlement local ;

Considérant que le dernier paragraphe de l'art. 50 ajoute aux prescriptions de l'art. 11 du décret précité, en limitant les conditions de reconnaissance à la sortie pour les approvisionnements et matières embarqués ; que le fait seul de l'embarquement doit avoir pour conséquence la décharge du compte d'entrepôt, réserve faite du droit de surveillance, qui appartient au service de l'octroi ;

Le Conseil d'État entendu,

DÉCRÈTE :

---

§ VI. — Formalités à la circulation.

Les formalités à la circulation, en matière de droits d'octroi, ne sont pas prévues par la législation. Pendant quelques années, à la suite d'un avis du Conseil d'Etat en date du 19 novembre 1872, elles ont été *exceptionnellement* admises pour les bières, mais aujourd'hui l'insertion dans les règlements de toute disposition ayant le caractère d'une formalité à la circulation est invariablement repoussée.

43. — *Nous reproduisons ci-après, à titre de simple renseignement, et pour l'intelligence des deux décrets suivants, l'avis du Conseil d'Etat du 19 novembre 1872, qui était relatif à l'octroi de Douai (Nord).*

Vu les lois du 8 décembre 1814 et du 28 avril 1816 et l'ordonnance du 9 décembre 1814 ;

Vu la loi du 10 août 1871 ;

Considérant que les dispositions susvisées des loi et ordonnance de 1814 et 1816 ne paraissent pas applicables au mode de surveillance proposé par la ville de Douai et qu'il ne peut être opposé de ce chef une fin de non-recevoir ;

Considérant, en effet, qu'il a été reconnu par la cour de cassation (chambres réunies) que les art. 125 de la loi du 8 décembre 1814, 99 de l'ordonnance du lendemain et 150 de la loi du 28 avril 1816, en défendant d'introduire, dans les règlements d'octroi, aucune disposition contraire à celles des lois et règlements relatifs aux différents droits imposés au profit du Trésor, ont pour but, non d'assujettir forcément les droits d'octroi et les droits du Trésor, parfois de nature très diverse, à une même fixation de quotité d'impôt ou de quantités imposables, mais d'empêcher que les mesures adoptées pour la perception de l'octroi ne contrarient et n'entravent le recouvrement des droits du Trésor (arrêt du 25 janvier 1851) ;

Considérant que le même arrêt a déclaré qu'il était rationnel, quant au droit sur la bière, que les lois et règlements ne s'arrêtassent pas définitivement à la prise en charge ordinaire et qu'ils permissent à l'autorité municipale de suivre la bière jusqu'à la livraison aux consommateurs, afin de garantir l'acquit du droit sur toutes les quantités consommées et de rectifier, par la constatation des faits de consommation, ce que les déclarations primitives des brasseurs ou les prises en charge auraient eu d'inexact ou d'incomplet ; que l'administration elle-même a maintenu dans les règlements d'autres villes, et notamment de Cambrai, des prescriptions analogues ;

Considérant en fait qu'il est établi que les produits de la taxe sur les bières dans l'octroi de Douai suivent une progression décroissante, tandis que dans les octrois des villes de même importance, dans la même région, le contraire est constaté ; qu'ainsi à Cambrai, dont l'octroi contient les dispositions à introduire dans le règlement de Douai, la consommation est du double pour une population égale ; que cette différence semble démontrer qu'une portion importante des bières consommées dans le rayon de Douai échappe actuellement à la perception de la taxe ;

Considérant, quant à la gêne que pourra en éprouver la brasserie, que cette gêne sera compensée, pour ceux qui auraient seuls droit de s'en plaindre, par la protection qu'ils en recevront contre une concurrence déloyale ;

Considérant qu'en l'absence de toute interdiction légale, la modification du règlement de Cambrai approuvée par le conseil général du Nord est motivée par la nécessité de réprimer la fraude ;

Est d'avis :

Qu'il n'y a pas lieu d'annuler ladite délibération.

Voir ci-après un décret du 8 juillet 1881 (Béthune, Pas-de-Calais).
— do — 12 juillet 1881 (Saint-Pol, Pas-de-Calais).

44. — *Les formalités à la circulation, même limitées uniquement aux bières, ne peuvent plus être établies dans les conditions admises autrefois.* (Décret de suspension du 8 juillet 1881 ; octroi de Béthune, Pas-de-Calais.)

Sur le rapport... etc...

Considérant que le conseil général, par sa délibération susvisée, a approuvé l'insertion, au règlement de l'octroi de Béthune, des articles nouveaux 15 à 29 et relatifs au mode de perception des taxes sur les bières audit octroi ;

Considérant que ces dispositions nouvelles sont, sur certains points, contraires à la législation en vigueur ; que, sur d'autres, elles sont de nature à créer au commerce et à l'industrie des bières des gênes qui ne sont pas suffisamment justifiées par la nécessité de combattre la fraude ;

Considérant que ces dispositions constituent dans leur ensemble un régime spécial à la perception des droits sur les bières ; qu'elles ne sauraient devenir exécutoires sans avoir été profondément remaniées par le conseil municipal et par le conseil général intéressés ;

Le Conseil d'État entendu,

DÉCRÈTE :

Voir le no 50.

45. — *Même objet.* (Décret de suspension du 12 juillet 1881 ; octroi de Saint-Pol, Pas-de-Calais.)

Sur le rapport... etc...

Considérant que les articles additionnels au règlement de l'octroi de Saint-Pol, votés par le conseil municipal le..... et approuvés par le conseil général du Pas-de-Calais, établissent pour la perception des droits sur la bière un régime exceptionnel ; qu'en ce qui concerne les bières provenant des entrepôts, les droits de la ville de Saint-Pol paraissent suffisamment sauvegardés par l'exercice des entrepôts, par la constatation de l'enlèvement de ces boissons et par la reconnaissance des chargements à la sortie du périmètre de l'octroi ; que les formalités établies par le règlement proposé sont de nature à constituer pour le commerce une gêne qui ne paraît pas se justifier ;

En ce qui concerne le transport des bières appartenant à des personnes non entrepositaires, considérant que les formalités dans ce cas ne sauraient être admises par ce motif qu'elles ne sont autorisées, ni par l'ordonnance du 9 décembre 1814, ni par la législation spéciale en matière d'octroi ;

Le Conseil d'Etat entendu,

Décrète :

46. — *Il est contraire à la législation d'établir des formalités à la circulation pour la perception des droits d'octroi.* (Décret de suspension du 10 juillet 1877 ; octroi de Laval, Mayenne.)

Sur le rapport... etc...

Considérant qu'il n'appartenait pas au conseil général d'approuver :

1° L'art. 13 du règlement, qui astreint tout porteur ou conducteur d'objets soumis aux droits, circulant dans l'intérieur du rayon, à représenter les quittances sous peine de confiscation et d'amende, et constitue une extension abusive des droits reconnus aux municipalités par les art. 28 et 29 de l'ordonnance du 9 septembre 1814 ;

2°... (*Voir ci-dessus au mot « Contentieux », n° 5.*)

Le Conseil d'Etat entendu,

Décrète :

47. — *Les formalités à la circulation ne peuvent être autorisées alors même qu'elles ne seraient applicables qu'aux entrepositaires.* (Décret de suspension du 20 août 1879 ; octroi de Bayeux, Calvados.)

Sur le rapport... etc...

Considérant que les 3° et 4° § de l'art. 50 astreignent les entrepositaires d'objets soumis aux droits, circulant dans l'intérieur du rayon, à représenter à toute réquisition les quittances, sous peine de confiscation et d'amende ; que ces dispositions sont une entrave non justifiée apportée à la faculté d'entrepôt ;

Le Conseil d'Etat entendu,

Décrète :

48. — *Les personnes domiciliées dans le rayon de l'octroi, mais au delà des bureaux de perception, ne peuvent être tenues de justifier du paiement* *des droits sur les objets qu'elles introduisent en ville.* (Décret de suspension du 23 août 1882 ; octroi d'Alençon, Orne.)

Sur le rapport... etc...

Considérant que la disposition ajoutée à l'art. 12, d'après laquelle les personnes domiciliées dans le rayon, mais au delà des bureaux, seraient tenues de justifier du paiement des droits pour les objets qu'elles voudraient introduire en ville, aurait pour effet d'établir des formalités à la circulation dans l'intérieur du rayon et constituerait une extension abusive des prescriptions des art. 28 et 29 de l'ordonnance du 9 décembre 1814 ;

Le Conseil d'État entendu,

DÉCRÈTE :

49. — *Même objet.* (Décret de suspension du 24 novembre 1883 ; octroi de Flers, Orne.)

Sur le rapport... etc...

Considérant que l'art. 9 est inutile, en tant qu'il a pour but de prescrire la déclaration préalable, avant l'introduction des objets destinés à des habitations situées entre le périmètre et les bureaux, cette obligation résultant formellement de l'art. 4 du règlement local, et que le même article est contraire à la législation, en tant qu'il a pour résultat de prescrire de nouvelles déclarations et la justification du paiement des droits, pour les objets qui ont déjà été soumis aux droits ;

Le Conseil d'État entendu,

DÉCRÈTE :

50. — *Même limitées aux bières seulement, les formalités à la circulation ne doivent plus être admises.* (Avis du Conseil d'État du 29 décembre 1884 ; octroi de Maubeuge, Nord.)

La section des finances....

Considérant que les dispositions adoptées par le conseil municipal de Maubeuge constituent dans leur ensemble des formalités à la circulation des bières ; qu'en admettant que de pareilles formalités, qu'aucun texte de loi ne permet d'autoriser en ce qui concerne les détenteurs non entrepositaires, puissent être légalement imposées aux entrepositaires, il ne résulte, en aucune façon, de l'instruction que la gêne qu'elles constitueraient pour le négoce soit justifiée par la nécessité de combattre la fraude ;

Est d'avis :

Qu'il n'y a pas lieu d'approuver....

§ VII. — Passe-debout.

(Art. 37 à 40 de l'ordonnance du 9 décembre 1814.)

51. —*Les dispositions de l'ordonnance du 9 décembre 1814 relatives au passe-debout doivent être insérées dans tout règlement d'octroi.* (Décret de suspension du 2 juillet 1875 ; octroi de Villard-de-Lans, Isère.)

Sur le rapport.... etc...

Considérant que le règlement de l'octroi de Villard-de-Lans ne renferme aucune disposition relative au passe-debout....., dispositions prescrites par les art. 36 à 44 de l'ordonnance du 9 décembre 1814 ;

Considérant que ces prescriptions ont été rendues obligatoires dans les règlements d'octroi, par l'art. 101 de la même ordonnance ;

Le Conseil d'Etat entendu,

Décrète :

52. — *Lorsqu'il existe des motifs spéciaux résultant de circonstances locales, les bestiaux peuvent être exemptés de la formalité du passe-debout.* (Avis du Conseil d'Etat du 8 juin 1875 ; octroi de Figeac, Lot.)

Vu la délibération qui a admis l'exemption de la formalité du passe-debout : 1° pour les conducteurs de bœufs d'attelage ; 2° pour les conducteurs de bestiaux allant à une foire ou en revenant ; 3° pour les propriétaires ou conducteurs de bestiaux amenés aux foires et marchés de la ville ;

Vu les art. 37 et 101 de l'ordonnance du 9 décembre 1814 ;

Considérant que si l'art. 37 susvisé paraît imposer d'une manière absolue à tout conducteur d'objets soumis à l'octroi, qui veut traverser une ville ou y séjourner moins de 24 heures, l'obligation de se munir d'un passe-debout, cette disposition a toujours reçu dans la pratique, en ce qui concerne les bestiaux, des tempéraments expressément prévus par l'art. 27 du décret du 17 mai 1809 et par une note aux modèles imprimés de règlement ;

Considérant que le rapport de M. le directeur général des contributions indirectes admet, du reste, malgré les termes de l'art. 37 de l'ordonnance de 1814, l'exemption du passe-debout, en ce qui concerne les conducteurs de bœufs d'attelage ou de bestiaux amenés aux foires et marchés de la ville, et que le projet de décret se borne à suspendre « la disposition qui exempte de la formalité du passe-debout les bestiaux qui traversent le périmètre de l'octroi » ;

Considérant que la suspension, ainsi réduite, ne peut plus être motivée sur la nécessité de se conformer rigoureusement à l'art. 37 précité, mais se fonderait seulement sur les facilités qu'offrirait à la fraude l'exemption du passe-debout, dans le cas où il s'agirait de bestiaux traversant la ville pour aller à des foires ou marchés de l'extérieur ;

Considérant qu'il s'agit ainsi d'une simple question d'appréciation des nécessités locales, et que l'autorité municipale, première intéressée à l'exactitude de la perception, a toujours considéré comme inapplicable et n'a jamais appliqué en fait le passe-debout même dans le cas dont il s'agit ;

Est d'avis : qu'il n'y a pas lieu pour le gouvernement de s'opposer, etc.

53. — *Le règlement ne peut subordonner la délivrance des passe-debout à des restrictions que ne prévoit pas l'ordonnance du 9 décembre 1814.* (Décret de suspension du 19 novembre 1875; octroi de Louviers, Eure.)

Sur le rapport... etc...

Considérant qu'aux termes de l'art. 37 du règlement de l'octroi de Louviers, « il ne sera pas délivré, les jours de foire et de marché, de passe- « debout pour moins de 10 kg. de volailles, gibiers ou lapins; » que cette prohibition aurait pour résultat, soit d'entraver les transactions commerciales, soit de faire encaisser, par l'octroi, des droits sur des objets qui pourraient être destinés à la consommation extérieure;

Considérant que l'art. 37 de l'ordonnance du 9 décembre 1814, qui détermine les conditions réglementaires requises pour la délivrance des passe-debout, dispose qu'il en sera délivré au conducteur d'objets soumis à l'octroi, qui voudra traverser un lieu sujet ou y séjourner moins de 24 heures, sous la seule réserve de consigner ou de cautionner les droits; que dès lors il convient de ne pas admettre dans le règlement de Louviers des dispositions restrictives en opposition avec les principes qui régissent les octrois;

Le Conseil d'État entendu,

DÉCRÈTE :

Art. 1er. Est suspendue l'exécution de la délibération..... qui a approuvé.... les dispositions de l'art. 37, qui, à des jours déterminés, prohibe......

---

§ VIII. — Perception sur les objets de l'extérieur.

(Articles 28 à 35 de l'ordonnance du 9 décembre 1814.)

54. — *Les objets qui ont été soumis à la vérification et au paiement des droits à l'entrée, ne peuvent plus être assujettis à de nouvelles vérifications après l'introduction.*

Aucune rétribution ne peut être exigée, à titre de frais de surveillance des préposés, lors du déchargement des bateaux. (Décret de suspension du 16 août 1879 ; octroi de Rennes, Ille-et-Vilaine.)

Sur le rapport... etc...

Considérant que l'art. 9 du règlement approuvé dans ladite délibération prescrit, à l'égard des objets introduits de l'extérieur, des formalités qui auraient pour effet de soumettre ces objets, après l'introduction et le paiement des droits, à de nouvelles vérifications desquelles pourraient résulter des sanctions pénales; que ces dispositions ne sont pas conformes aux règles générales actuellement en vigueur, notamment à l'art. 28 de l'ordonnance du 9 décembre 1814 ;

Considérant que l'art. 10 du règlement impose par son § final aux marchandises importées par bateaux, des droits de vérification spéciaux calculés sur le nombre d'heures de présence des employés, lesquels ne sont pas autorisés par la législation en vigueur ;

Le Conseil d'Etat entendu,

DÉCRÈTE :

55. — *Les voitures particulières suspendues ou non ne peuvent être exemptées de la vérification à l'entrée.* (Décret de suspension du 15 juillet 1879 ; octroi de Dôle, Jura.)

Sur le rapport... etc...

Considérant qu'en vertu de l'ordonnance du 9 décembre 1814, de l'art. 7 de la loi du 29 mars 1832 et de la loi du 24 mai 1834, les voitures particulières, suspendues ou non, sont soumises, à l'octroi, aux mêmes vérifications que les voitures publiques ; qu'en approuvant l'art. 25 du règlement local qui exempte de toute vérification les voitures particulières, le conseil général a méconnu les dispositions des lois précitées ;

Le Conseil d'Etat entendu,

Décrète :

56. — *La déclaration des objets introduits dans le rayon et le paiement des droits y afférents ne peuvent être retardés jusqu'au moment de l'emploi desdits objets.* (Décret de suspension du 16 août 1879 ; octroi d'Amiens, Somme.)

Sur le rapport... etc...

Considérant que l'art. 20 n'exige la déclaration et le paiement du droit pour les métaux qu'au moment de leur emploi dans la construction des bâtiments ; que cette disposition est contraire aux art. 28, 41, 42, 43 et 44 de l'ordonnance du 9 décembre 1814, qui prescrivent la déclaration des objets figurant au tarif lors de l'introduction dans le rayon de l'octroi et le paiement immédiat du droit lorsque la perception n'est pas garantie au moyen des formalités de l'entrepôt ;

Le Conseil d'Etat entendu,

Décrète :

(Voir un décret analogue du 22 juillet 1881, n° 66, octroi de Tarbes.)

57. — *Tout règlement d'octroi doit contenir les dispositions de l'art. 30 de l'ordonnance du 9 décembre 1814, qui défend de questionner ou de visiter, sur leur personne, les individus voyageant à pied ou à cheval.* (Décret de suspension du 14 novembre 1881 ; octroi de Morlaix, Finistère.)

Sur le rapport, etc...

Considérant que l'art. 33 du nouveau règlement ne reproduit pas les dispositions de l'art. 30 de l'ordonnance du 9 décembre 1814, aux termes duquel les individus voyageant à pied et à cheval ne peuvent être arrêtés, questionnés ou visités sur leur personne, ni à raison de leurs effets ;

Considérant que la suppression de cette disposition aurait pour conséquence de soumettre les voyageurs à des formalités vexatoires dont ils doivent être dispensés en vertu de la législation en vigueur ;

Le Conseil d'Etat entendu,

· Décrète :

Nota. — En cas de soupçon de fraude, on doit conduire les voyageurs devant un officier de police, qui autorise la visite, s'il y a lieu (art. 31 de l'ordonnance de 1814).

58. — *Les objets pour lesquels les taxes ont été acquittées ne peuvent être soumis à l'apposition d'une marque.*

On ne doit pas modifier la disposition de l'art. 33 de l'ordonnance du 9 décembre 1814, qui défend d'arrêter les courriers à leur passage. (Décret de suspension du 17 juillet 1882 ; octroi de Bernay, Eure.)

Sur le rapport... etc...

Considérant que les art. 15 et 16 du règlement proposé ont pour but de prescrire l'apposition d'une marque spéciale sur le gibier ; que cette mesure qui n'est pas prévue par les règlements généraux n'offrirait, au point de vue de la perception, que peu d'intérêt et qu'elle serait de nature à soulever de graves difficultés ;

Considérant que le 2e § ajouté à l'art. 38 du règlement aurait pour effet, sinon de supprimer, au moins de restreindre notablement l'exemption stipulée au profit des courriers ; que cette innovation ne paraît pas nécessaire pour réprimer la fraude ;

Le Conseil d'Etat entendu,

Décrète :

59. — *Le règlement ne peut stipuler que les préposés ne sont pas responsables des avaries résultant de l'ouverture des caisses et ballots.* (Décret de suspension du 8 décembre 1882 ; octroi de Dreux, Eure-et-Loir.)

Sur le rapport... etc...

Considérant que le conseil municipal a inséré dans l'art. 6 une disposition additionnelle qui, sauf le cas de faute ou de négligence reconnue, exonérerait les préposés de toute responsabilité à raison des avaries pouvant résulter de l'ouverture des caisses et ballots ; qu'il n'appartenait pas à la municipalité d'étendre, ni de commenter les dispositions générales de la législation en vigueur ; que les contestations qui peuvent se produire à cet égard sont de la compétence des tribunaux ;

Le Conseil d'État entendu,

Décrète :

60. — *Les conducteurs ne peuvent être astreints à ouvrir eux-mêmes les* *caisses et ballots*. (Décret de suspension du 24 novembre 1883 ; octroi de Flers, Orne.)

Sur le rapport... etc....

Considérant que le 2e § qui a été ajouté à l'art. 5, et qui obligerait les conducteurs à ouvrir eux-mêmes les caisses et ballots, constitue une aggravation des prescriptions de l'art. 28 de l'ordonnance du 9 décembre 1814 ; qu'il n'appartient pas aux assemblées communales ou départementales de modifier les dispositions générales en vigueur à cet égard ;

Le Conseil d'Etat entendu ,

DÉCRÈTE :

61. — *Une double déclaration ne peut être exigée pour les objets arrivant par chemin de fer.* (Décret de suspension du 17 novembre 1883; octroi de Vannes, Morbihan.)

Sur le rapport... etc...

Considérant que les § 5 et 6 de l'art. 9, qui rendent obligatoire une double déclaration pour les objets arrivant par chemins de fer, constituent une aggravation non justifiée des règles générales en vigueur ;

Le Conseil d'État entendu,

DÉCRÈTE :

NOTA. — Le règlement exigeait de la compagnie une première déclaration avant le déchargement des wagons et une seconde déclaration au moment où les objets sortaient de la gare pour être introduits en ville.

§ IX. — Perception sur les objets de l'intérieur.

(Art. 36 de l'ordonnance du 9 décembre 1814.)

62. — *Un règlement ne peut donner aux préposés la faculté de faire des perquisitions ou recherches chez les particuliers, sans l'assistance d'un officier de police judiciaire, hors le cas de poursuite d'une introduction en fraude.* (Décret de suspension du 24 novembre 1876 ; octroi de Rennes, Ille-et-Vilaine.)

Sur le rapport... etc...

Considérant que l'art. 47 du règlement établit au profit des préposés de l'octroi un droit de perquisition chez les particuliers, sans l'assistance des officiers de police judiciaire et hors le cas de poursuite d'une introduction en fraude; que cet article est contraire aux principes généraux en matière de taxes indirectes, qui ont été posés par les art. 237 et 247 de la loi du 28 avril 1816 ;

Le Conseil d'Etat entendu,

DÉCRÈTE :

63. — *Les objets soumis aux droits, qui sont fabriqués à l'intérieur avec des matières ayant acquitté la taxe à l'entrée, ne sont pas, par cela même, exempts de l'octroi; mais ils doivent bénéficier du précompte prévu par l'art. 9 du décret du 12 février 1870.* (Avis du Conseil d'Etat du 5 décembre 1877; octroi de Bordeaux, Gironde.)

La section des finances......... a remarqué, en ce qui concerne les suifs, les chandelles et les bougies, que le conseil municipal a inséré au tarif une observation ainsi conçue:

« Les droits établis sur les suifs ne seront pas exigés lorsqu'il s'agira « de suifs provenant de l'abattoir. »

« Chez les fabricants de chandelles et de bougies, la manutention des « suifs de ville sera suivie pour mémoire, par le service de l'octroi, au « moyen d'un compte d'entrées et de sorties, de manière à dégrever de « l'impôt les chandelles et bougies dans la fabrication desquelles ils se- « ront entrés. »

La lettre de cette observation semblerait exempter de tout droit les chandelles et bougies fabriquées avec des suifs de l'abattoir, exemption qui constituerait pour les suifs de ville une protection à l'égard des suifs provenant de l'extérieur, lesquels n'ont droit qu'à l'application de l'art. 9 du décret du 12 février 1870, reproduit par l'art. 110 du règlement, c'est-à-dire au précompte des droits acquittés à l'entrée sur la matière première.

Telle n'a pas été certainement la pensée de l'administration municipale. Pour éviter toutefois toute fausse interprétation, il conviendrait de supprimer la fin de l'article à partir des mots : « de manière à dégrever de « l'impôt les chandelles et bougies » et de remplacer les mots supprimés par le membre de phrase suivant: « de manière à précompter le montant « des droits afférents aux suifs sur celui des droits qui seront dus pour « les chandelles et bougies fabriquées. »

64. — *Le droit de visite des préposés ne peut être étendu au domicile des particuliers non commerçants.* (Décret de suspension du 16 août 1879 ; octroi de Rennes, Ille-et-Vilaine.)

Sur le rapport... etc...

Considérant que l'art. 30, qui pour partie fait double emploi avec les art. 37 à 40 du même règlement, pourrait avoir pour résultat d'étendre le droit de visite des préposés à des particuliers non commerçants, qui n'y sont pas soumis en vertu des règles générales ;

Le Conseil d'Etat entendu,

Décrète :

Nota. — Dans l'espèce, l'art. 30 autorisait les préposés à faire, les jours de foire et marché, des exercices chez les bouchers, charcutiers et chez les *personnes connues* pour se livrer à l'abatage des porcs et autre bétail. Chez les bouchers, la visite des préposés peut s'étendre aux boutiques, magasins et étables, mais non au domicile proprement dit. Voir (n° 71) un avis du Conseil d'Etat du 29 décembre 1884.

65. — *La détention de peaux d'animaux non revêtues des marques prescrites ne constitue pas une présomption légale d'introduction frauduleuse de ces animaux.* (Décret de suspension du 16 août 1879 ; octroi de Bapaume, Pas-de-Calais.)

Sur le rapport... etc...

Considérant que l'art. 17 du règlement dont la prorogation a été approuvée par le conseil général autorise les préposés à se faire représenter les peaux d'animaux, et, dans le cas où celles-ci ne porteraient pas les empreintes prescrites, à faire l'évaluation et la saisie de la valeur des animaux correspondants, lesquels seraient présumés avoir été introduits en fraude et abattus clandestinement ;

Considérant que les dispositions de l'art. 17 du règlement dont il s'agit sont contraires à la législation en vigueur en matière d'octroi ;

Le Conseil d'Etat entendu,

Décrète :

66. — *Pour les métaux employés dans l'intérieur, les préposés ne peuvent exiger la justification du paiement des droits, ce paiement ayant dû être effectué au moment de l'introduction dans le rayon de l'octroi, lorsque la perception n'est pas garantie au moyen de l'entrepôt.* (Décret de suspension du 22 juillet 1881 ; octroi de Tarbes, Hautes-Pyrénées.)

Sur le rapport... etc...

Considérant que l'art. 17 n'exige la déclaration et le paiement des droits pour les métaux destinés à la construction des bâtiments qu'au moment de leur introduction sur le terrain où ils doivent être employés : que cette disposition est contraire aux articles 28, 41, 42, 43 et 44 de l'ordonnance du 9 décembre 1814 et à l'art. 4 du règlement local, qui prescrivent la déclaration des objets figurant au tarif, lors de l'introduction dans le rayon de l'octroi et le paiement immédiat du droit, lorsque la faculté d'entrepôt n'est pas réclamée ;

Considérant, d'autre part, que l'obligation imposée aux redevables par l'art. 17 précité, de représenter, sous peine de saisie et d'amende, les quittances justifiant du paiement du droit sur les métaux employés dans la construction des bâtiments, est de nature à créer aux assujettis des difficultés plus sérieuses que celles résultant de l'observation des formalités de l'entrepôt ; que d'ailleurs ce mode de procéder est contraire aux prescriptions générales admises en matière d'entrepôt ;

Le Conseil d'Etat entendu,

Décrète :

Voir un décret analogue sous le n° 56.

67. — *La justification du paiement des droits, pour les objets circulant dans l'intérieur, ne peut être exigée, même des personnes domiciliées dans* la zone comprise entre les bureaux et les limites du périmètre. (Décret de suspension du 23 août 1882 ; octroi d'Alençon, Orne.)

Sur le rapport... etc...

Voir le considérant au § des « *Formalités à la circulation* », nᵒ 48.

68. — *Les appareils de fabrication ne peuvent être mis sous scellés.* (Décret de suspension du 16 août 1879 ; octroi d'Amiens, Somme.)

Sur le rapport... etc...

Considérant que l'art. 47 donne aux préposés le droit de mettre sous scellés les appareils servant à la fabrication d'objets compris au tarif; que cette formalité, dont la durée n'est pas déterminée, constitue une extension illégale du droit de visite et de vérification reconnu aux agents de l'octroi par l'art. 36 de l'ordonnance du 9 décembre 1814 ;

Le Conseil d'Etat entendu,

DÉCRÈTE :

69. — *Le règlement ne peut donner au maire la faculté de déterminer les conditions de recensement des objets récoltés à l'intérieur.* (Décret de suspension du 17 novembre 1883 ; octroi de Vannes, Morbihan.)

Sur le rapport... etc...

Considérant que l'art. 16, en donnant au maire le pouvoir de déterminer le mode à suivre pour le recensement des objets récoltés, préparés ou fabriqués à l'intérieur, aurait pour conséquence d'accorder à l'autorité locale le droit d'édicter des dispositions réglementaires qui ne sauraient être légalement autorisées que dans les formes et conditions prévues par les art. 48 et 49 de la loi du 10 août 1871 (A) ;

Le Conseil d'Etat entendu,

DÉCRÈTE :

70. — *Les objets qui se trouvent dans le commerce ne doivent pas être soumis à l'octroi, au moment de l'application d'un nouveau tarif.* (Décret de suspension du 24 septembre 1884 ; octroi d'Epinal, Vosges.)

Voir ce décret, sous le nᵒ 256, aux mots « *Prorogation et Revision* ».

71. — *Les visites des préposés, chez les bouchers et charcutiers, peuvent avoir lieu dans les boutiques, magasins et étables, mais non dans le domicile*

(A) Les modifications au règlement doivent aujourd'hui être approuvées par décret, en exécution de l'art. 137 de la loi du 5 avril 1884.

particulier proprement dit. (Note du Conseil d'État du 29 décembre 1884 ; octroi de Nîmes, Gard.)

La section des finances,..... qui a pris connaissance.....
La section appelle également l'attention de l'administration sur l'art. 15 de l'ancien règlement qui autorise les visites domiciliaires chez les bouchers. Il y aurait lieu d'inviter le conseil municipal à modifier cette disposition, conformément à la jurisprudence qui admet les visites des préposés dans les boutiques, magasins, étables des bouchers, mais non à leur domicile.

---

§ X. — Périmètre.

(Art. 25 de l'ordonnance du 9 décembre 1814 et 147 de la loi du 28 avril 1816.)

72. — *Une extension hypothétique de périmètre, subordonnée à une circonstance en expectative, ne peut être autorisée.* (Décret de suspension du 19 novembre 1875; octroi d'Aire, Pas-de-Calais.)

Sur le rapport... etc...

Considérant qu'en vue de l'établissement d'une gare, dont l'emplacement n'est pas encore déterminé, la délibération municipale approuvée par le conseil général a décidé l'extension du périmètre sans fixer de nouvelles limites, ni l'époque à laquelle le rayon serait agrandi, et qu'en l'état il n'est pas possible de statuer ;

Le Conseil d'Etat entendu,

Décrète :

Art. 1er. Est suspendue l'exécution de la délibération ....
... mais seulement en tant qu'elle a approuvé : 1°....; 2° une extension hypothétique du périmètre, lors de l'établissement d'une gare.

73. — *Dans les communes comprenant une partie rurale, on pourrait établir deux périmètres, de manière à former une zone spéciale pour la partie rurale, avec un tarif restreint, et à soumettre au tarif complet la partie agglomérée seulement.* (Avis du Conseil d'Etat du 16 novembre 1875 ; octroi d'Alais, Gard.)

La section. ..... sur un projet de décret tendant à suspendre une délibération du conseil général du. .... relative à la suppression de certaines taxes dans la partie rurale de l'octroi d'Alais;
Tout en adoptant le projet de décret, a été frappée, comme l'administration elle-même, des inconvénients résultant de l'extension du périmètre de l'octroi à un territoire relativement très large et contenant une population rurale (A) ;

(A) Décret du 20 novembre 1875 suspensif, en tant que la taxe de l'octroi d'Alais sur les fourrages et bois ne s'appliquerait pas aux habitants d'une portion du territoire assujetti. — Voir plus loin ce décret à l'article « *Taxes différentielles* ». (Dispositions générales, n° 277.)

Si donc la commune d'Alais adoptait pour ce territoire un tarif spécial *dont les produits profiteraient exclusivement à la population rurale,* quoique cette combinaison ne rentre pas exactement dans les octrois de banlieue autorisés par la loi, il y aurait lieu d'examiner s'il ne convient pas de l'approuver ; mais, en tout cas, ce tarif devrait peser également, sans aucune exception, sur les habitants de la zone ainsi déterminée.

NOTA. — En fait, il n'est presque jamais établi de ces octrois à double périmètre, qui exigent une double surveillance généralement fort difficile à exercer.

74. — *En cas de demande d'extension du rayon, l'ancien périmètre doit être indiqué sur le plan joint au dossier, et le nouveau périmètre doit rigoureusement concorder avec les termes de la délibération qui l'établit.* (Décret de suspension du 24 novembre 1876 ; octroi de Janzé, Ille-et-Vilaine.)

Sur le rapport... etc...

Considérant que le plan du nouveau périmètre qui est joint au dossier de l'affaire ne semble pas conforme à la délibération du conseil municipal de Janzé du. . . . . . . 1876; notamment en ce qui concerne les limites de l'octroi sur les routes départementales nº. . . . . et nº. . . . . ; que, d'autre part, le périmètre ancien n'est pas figuré sur ce plan ; que dans ces circonstances il est impossible d'apprécier le caractère et l'importance de la modification du rayon de l'octroi ;

Le Conseil d'Etat entendu,

DÉCRÈTE :.

75. — *Le plan doit être visé par le maire et les modifications à faire subir au règlement, par suite de l'extension du périmètre, doivent être l'objet d'une rédaction spéciale avec mention d'annexe.* (Note du Conseil d'Etat du 1er juillet 1884 ; octroi de Fontenay-le-Comte, Vendée.)

La section....., qui a examiné le projet de décret....., a constaté qu'en l'état le projet comporte les observations suivantes :

I. Le rapprochement des diverses pièces et du plan joints au dossier permet sans doute de reconnaître que la demande d'extension est justifiée au fond; mais les délibérations du conseil municipal comportent des modifications à l'art. 2 (article dont la rédaction est d'ailleurs à revoir) et peut-être à l'art. 3 du règlement local, modifications qui auraient dû faire l'objet d'une proposition annexée auxdites délibérations et que les indications du dossier ne permettent pas de suppléer.

Il y a donc lieu, en l'état, de demander à l'administration municipale une nouvelle rédaction avec mention d'annexe à laquelle puisse se référer formellement le décret à intervenir.

II. . . . .

76. — *Même objet.* (Note du 23 juillet 1884 ; octroi de Remiremont, Vosges.)

La section... qui a examiné le projet de décret tendant à approuver la délibération du conseil municipal de Remiremont, concernant l'extension du périmètre de l'octroi de cette ville, a constaté qu'en l'état le projet comporte les observations suivantes :

I. Le plan joint au dossier, et qui devra remplacer celui qui est joint aux actes actuels de perception, n'a pas été visé par le maire avec mention d'annexe.

II. Les articles 2 et 3 du règlement n'ont pas reçu les modifications qu'entraîne l'extension du périmètre, modifications qui devront faire l'objet d'une rédaction avec mention d'annexe à laquelle puisse se référer formellement le décret à intervenir.

77. — *Le périmètre ne doit pas englober les portions de territoire qui ne bénéficient pas des avantages de l'agglomération ou qui ne pourraient pas être facilement surveillées.* (Décret de suspension du 24 novembre 1876 ; octroi de Rennes, Ille-et-Vilaine.)

Sur le rapport... etc...

Considérant que le périmètre modifié conformément à la délibération du conseil général comprendrait dans son intérieur une portion du territoire communal qui ne saurait être assimilée à l'agglomération urbaine au point de vue des avantages spéciaux ; que d'ailleurs ce périmètre, à raison de sa forme et de son étendue, ne comporterait pas une surveillance efficace sur les introductions de l'extérieur et sur les fabrications ou récoltes à l'intérieur ;

Le Conseil d'Etat entendu,

Décrète :

78. — *Les propositions municipales doivent indiquer la nature et l'étendue des terrains à englober, ainsi que le chiffre de la population à assujettir.* (Décret de suspension du 2 décembre 1876 ; octroi de Châteaubriant, Loire-Inférieure.)

Sur le rapport... etc...

Considérant que le tracé du périmètre actuel de l'octroi n'est pas figuré sur le plan qui est joint au dossier ; que l'instruction ne fournit aucun renseignement sur la nature des terrains à englober et sur le chiffre de la population à assujettir ;

Que dans ces circonstances il est impossible d'apprécier le caractère et l'importance de la modification du périmètre qui a été votée par le conseil général ;

Le Conseil d'Etat entendu,

Décrète :

79. — *Même objet que ci-dessus. Il faut indiquer, en outre, le chiffre des recettes à provenir de l'extension proposée.* — *Le périmètre ne doit pas être* *tracé d'une façon conditionnelle.* (Décret de suspension du 14 novembre 1884 ; octroi de Ploërmel, Morbihan.)

Sur le rapport... etc...

Considérant que la municipalité n'a fourni aucune justification en ce qui concerne la nature des terrains à englober, le chiffre de la population à assujettir et les recettes à provenir de l'extension proposée ; que le nouveau rayon engloberait des terrains dépourvus de toute habitation ; que, d'autre part, le périmètre du côté de la route de Josselin est déterminé d'une manière conditionnelle ; que l'exemption qui en résulterait pour des bâtiments d'une ferme désignée, tant que ces bâtiments ne changeront pas de destination, serait absolument contraire au principe de généralité de l'impôt ;

Le Conseil d'Etat entendu,

DÉCRÈTE :

80. — *Le périmètre de l'octroi doit, autant que possible, concorder avec celui de la perception du droit d'entrée.* (Décret de suspension du 24 novembre 1883 ; octroi de Flers, Orne.)

Sur le rapport... etc...

Considérant que le rayon actuel de perception des taxes d'octroi comprend en totalité l'agglomération et coïncide exactement avec les limites de la perception du droit d'entrée ; que l'extension proposée, qui s'étendrait en grande partie sur des territoires agricoles, aurait pour résultat de rendre la perception plus difficile, en établissant un double rayon de surveillance, suivant qu'il s'agirait du recouvrement des taxes locales de l'Etat ou de celles de la commune ;

Le Conseil d'Etat entendu,

DÉCRÈTE :

81. — *Le périmètre ne doit pas trop s'éloigner de l'agglomération principale ni comprendre, par une disposition spéciale du règlement, les habitations construites à une certaine distance des chemins qui y aboutissent.* (Décret de suspension du 23 août 1882 ; octroi d'Antrain, Ille-et-Vilaine.)

Sur le rapport... etc...

Considérant que l'extension de périmètre approuvée par le conseil général aurait pour conséquence d'englober, non seulement les habitations qui se trouvent en bordure sur les routes et chemins aboutissant à la ville, mais encore les maisons situées à une distance de 20 mètres des différentes voies de communication ; qu'ainsi établi, le périmètre nouveau s'éloigne considérablement de l'agglomération principale où est établi le seul bureau de perception qui existe dans la commune ; que, dans ces conditions, la surveillance et la perception rencontreraient de graves difficultés ;

Le Conseil d'État entendu,

DÉCRÈTE :

82. — *Le plan mis à l'appui des propositions municipales doit être visé par le maire.* (Note du Conseil d'État du 10 décembre 1884 ; octroi d'Aubagne, Bouches-du-Rhône.)

La section a adopté le projet de décret approuvant la prorogation des actes constitutifs de l'octroi ; mais elle estime qu'il y a lieu de renvoyer à l'examen du conseil municipal le projet d'extension du périmètre....... Le plan joint à la délibération du conseil municipal aurait dû être visé pour annexe par le maire.

83. — *Le périmètre ne doit pas englober la population non agglomérée, qui ne participe pas aux avantages de l'agglomération.* (Avis du Conseil d'État du 20 décembre 1884 ; octroi de Draguignan, Var.)

La section. . . . . . etc.

Considérant que le périmètre de l'octroi de Draguignan, tel qu'il résulterait de la délibération du conseil municipal de cette ville, comprendrait une population non agglomérée répartie sur une surface très étendue et qui ne participe pas aux avantages de l'agglomération communale ;

Considérant que ce périmètre, qui est très étendu et ne s'appuie à aucun obstacle naturel, rendrait précaire la surveillance à exercer dans l'intérêt des droits de la ville et de ceux du Trésor ;

Est d'avis : qu'il n'y a pas lieu d'approuver.

§ XI. — Transit.

(Art. 38 à 40 de l'ordonnance du 9 décembre 1814.)

84. — *Est obligatoire l'insertion, dans les règlements d'octroi, de dispositions analogues à celles de l'ordonnance du 9 décembre 1814 concernant le transit.* (Décret de suspension du 2 juillet 1875 ; octroi de Villard-de-Lans, Isère.)

Sur le rapport... etc...

Considérant que le règlement de l'octroi de Villard-de-Lans ne renferme aucune disposition relative au transit, et......, dispositions prescrites par les articles 36 à 44 de l'ordonnance du 9 décembre 1814 ;

Considérant que ces prescriptions ont été rendues obligatoires dans les règlements d'octroi, par l'art. 101 de la même ordonnance ;

Le Conseil d'État entendu,

DÉCRÈTE :

85. — *Le transit ne peut être refusé pour aucun des objets compris au* *tarif.* (Décret de suspension du 16 août 1879; octroi d'Amiens, Somme.)

Sur le rapport... etc...

Considérant que l'art. 45 refuse le transit pour les volailles et le gibier, que cette restriction est contraire aux dispositions de l'art. 38 de l'ordonnance du 9 décembre 1814 ;

Le Conseil d'Etat entendu,

DÉCRÈTE :

86. — *Le crédit des droits résulte de l'entrepôt ; il ne peut être concédé au moyen d'un régime tenant à la fois du transit et de l'entrepôt.* (Décret de suspension du 22 novembre 1879; octroi de Dieppe, Seine-Inférieure.)

Sur le rapport... etc...

Considérant qu'une observation insérée à la marge du tarif organise, pour les bois du nord destinés à être réexpédiés au dehors, un régime tenant de l'entrepôt et du transit et qui n'est conforme ni au règlement local, en ces matières, ni à la réglementation générale sur les octrois ;

Le Conseil d'Etat entendu,

DÉCRÈTE :

TITRE II.

DÉCISIONS CONCERNANT LES OBJETS DONT L'IMPOSITION EST PRÉVUE PAR LE TARIF GÉNÉRAL.

Sommaire. — Abats et issues, n° 87. — Alcools, n°s 88 à 92. — Alcools dénaturés, n°s 93 et 94. — Bières, n° 95. — Bœufs, vaches, etc..., n°s 96 et 97. — Bois de chauffage, n° 98. — Bois de construction, n°s 99 à 102. — Bougies, n°s 103 et 104. — Briques, n°s 105 et 106. — Chandelles, n°s 107 et 108. — Charbon de terre, n° 109. — Charcuterie, n° 110. — Chaux, n° 111. — Cidres, n°s 112 et 113. — Cires, n° 114. — Coke, n° 115. — Conserves, n°s 116 à 118. — Fourrages, n°s 119 à 122. — Fromages, n° 123. — Glaces, n° 124. — Graisses, n° 125. — Huiles autres que les huiles minérales, n°s 126 à 133. — Huiles minérales, n°s 134 à 137. — Marbres, n°s 138 et 139. — Métaux, n°s 140 à 143. — Moellons, n° 144. — Plâtre, n° 145. — Poissons, n°s 146 à 148. — Porcs, n°s 149 et 150. — Sables, n°s 151 et 152. — Suifs, n°s 153 et 154. — Viandes dépecées, n°s 155 à 161. — Vins, n°s 162 à 169. — Vinaigres, n°s 170 et 171. — Volailles, n° 172.

Abats et issues.

87. — *Les abats et issues ne doivent pas être imposés à une taxe exagérée ni même égale à celle qui frappe les viandes.* (Décret de suspension du 6 juillet 1880 ; octroi de Cognac, Charente.)

Sur le rapport... etc...

En ce qui concerne les abats et issues :

Considérant que le projet de tarif les impose à 8 et 9 francs les 100 kilog., alors que le maximum fixé par le tarif général n'est que de 3 fr. 50 pour les villes de la 3ᵉ catégorie; qu'il ne serait d'ailleurs pas équitable de taxer ces denrées au même taux que les viandes qui ont une valeur commerciale beaucoup plus grande ;

Le Conseil d'Etat entendu,

DÉCRÈTE :

————

Alcools.

88. — *Les eaux de senteur à base alcoolique doivent être imposées pour la quantité d'alcool pur qu'elles contiennent.* (Décret de suspension du 16 août 1879; octroi d'Alais, Gard.)

Sur le rapport... etc...

Considérant que les eaux de senteur alcooliques sont assimilées aux autres spiritueux pour la perception du droit d'entrée au profit du Trésor et sont taxées d'après la quantité d'alcool pur qu'elles contiennent ; qu'en vertu de l'art. 150 de la loi du 28 avril 1816, la perception du droit d'octroi sur ces liquides doit être effectuée sur les mêmes bases que celles qui sont déterminées en matière de droit d'entrée pour les spiritueux en général ;

Considérant qu'en approuvant sur les eaux de senteur alcoolisées une taxe de 0 fr. 06 par flacon, alors que les autres spiritueux sont frappés d'un droit de 15 fr. par hectolitre d'alcool pur, le conseil général a méconnu les dispositions précitées de l'art. 150 de la loi du 28 avril 1816 ;

Le Conseil d'Etat entendu,

DÉCRÈTE :

89. — *Les eaux de senteur, vernis à l'alcool, etc... ne doivent jamais être imposés d'après leur volume, mais seulement pour la quantité d'alcool pur qu'ils contiennent et qui est énoncée aux expéditions de la Régie, dont ces produits doivent être accompagnés.* (Décret de suspension du 22 décembre 1882 ; octroi de Sens, Yonne.)

Sur le rapport... etc...

Considérant que les eaux de senteur et autres préparations à base alcoolique doivent, aux termes de l'art. 4 de la loi du 28 février 1872, être accompagnées d'une expédition de la Régie qui fait connaître la quantité d'alcool pur qu'elles contiennent; qu'en exécution de l'art. 150 de la loi du 28 avril 1816, c'est d'après les quantités ainsi déterminées pour la perception des droits du Trésor que doit être également effectuée la perception des droits d'octroi ; que, dès lors, en approuvant une observation marginale qui imposerait ces produits à raison de 50 p. 0[0 de leur volume, lorsque leur nature ne permet pas de déterminer la quantité d'alcool qu'ils renferment, le conseil général a méconnu les dispositions précitées des lois des 28 avril 1816 et 28 février 1872 ;

Le Conseil d'Etat entendu,

DÉCRÈTE :

90. — *Le droit d'octroi sur l'alcool ne peut dépasser le taux du droit d'entrée perçu en principal au profit du Trésor qu'en vertu d'une loi.* (Décret de suspension du 24 septembre 1881 ; octroi d'Epinal, Vosges.)

Voir ce décret sous le n° 270, au mot « *Surtaxes* ».

91. — *Les produits fabriqués avec de l'alcool mais dans lesquels ce liquide a été transformé ou a complètement disparu, ne peuvent être imposés comme alcool.* (Décret de suspension du 17 juillet 1882 ; octroi de Chartres, Eure-et-Loir.)

Sur le rapport.... etc....

En ce qui concerne l'imposition du chloral, du chloroforme, des éthers, des aldéhydes, du sulfate de quinine, du fulminate, de la digitaline, de la santonine, de la teinture d'arnica, de l'eau-de-vie camphrée, du savon transparent et en général de tous les produits pharmaceutiques et chimiques qui seraient à base d'alcool :

Considérant que ceux de ces produits qui sont réellement à base d'alcool sont imposés au profit du Trésor public et doivent être taxés à l'octroi d'après les mêmes règles, formes et quantités, à titre d'alcool pur ou d'alcool dénaturé, selon les cas ; que les autres produits, qui ne sont pas à base d'alcool, ne sauraient être taxés au profit de la ville, tout au moins à titre d'alcool ; que, dès lors, les dispositions diverses relatives à ces objets, insérées à la marge du tarif, ne sauraient être maintenues ;

Le Conseil d'Etat entendu,

Décrète :

92. — *Les vernis à l'alcool doivent toujours être imposés proportionnellement à la quantité d'alcool pur qu'ils renferment.* (Décret de suspension du 22 juillet 1881 ; octroi de Roanne, Loire.)

Sur le rapport.... etc....

Considérant que (*d'après une note marginale du tarif*) les vernis à l'esprit de vin, dont le degré ne ressortirait pas à l'alcoomètre, et dont le degré apparent serait au-dessous de 40 degrés, seront considérés comme contenant 58 parties d'alcool pur et que ceux dont le degré apparent s'élèverait à 40 degrés et au-dessus pourront être soumis à l'analyse aux frais du déclarant ;

Considérant que cette fixation est purement arbitraire et en opposition avec les règles suivies en ce qui concerne les droits du Trésor ;

Le Conseil d'Etat entendu,

Décrète :

Alcools dénaturés.

93. — *Le droit d'octroi sur les alcools dénaturés ne peut excéder en aucun*

lieu 7 francs 50 par hectolitre. (Décret de suspension du 7 juillet 1875 ;
octroi de Verdun, Meuse.)

Sur le rapport... etc...

Considérant qu'en approuvant une taxe de 8 fr. par hectolitre sur les
alcools dénaturés , le conseil général ne s'est pas conformé à l'art. 4 de
la loi du 2 août 1872 , qui limite à 7 fr. 50 (quart de 30 francs), les droits
à percevoir sur ces liquides au profit des communes ;

Le Conseil d'Etat entendu,

DÉCRÈTE :

94. — *Le droit à percevoir sur les alcools dénaturés doit être calculé en
raison de la quantité d'alcool pur qu'ils renferment.* (Décret de suspension
du 24 novembre 1876 ; octroi de Blaye, Gironde.)

Sur le rapport...etc...

Considérant qu'aux termes de l'art. 4 de la loi du 2 août 1872, les alcools
dénaturés doivent être imposés, au profit du Trésor et au profit des villes,
en raison de l'alcool pur qu'ils contiennent et non d'après les catégories
établies par l'ordonnance du 14 juin 1844 ; que le tarif approuvé par le
conseil général n'est pas conforme à ces prescriptions légales ;

Le Conseil d'Etat entendu ,

DÉCRÈTE :

Avoines (voyez « *Fourrages* »).

Bières.

95. — *Dans les pays où la bière est principalement consommée dans les
cafés, on peut admettre que cette boisson soit frappée d'une taxe supérieure
au maximum du tarif-type.* (Avis du Conseil d'Etat du 12 novembre 1876 ;
octroi d'Arles, Bouches-du-Rhône.)

La section des finances, etc... sur le renvoi... d'un décret de suspension
relatif à l'octroi d'Arles rendu au mois d'août dernier , au moment où le
délai de 3 mois prévu par l'art. 49 de la loi du 10 août 1871 allait expirer,
sans que le Conseil d'Etat ait pu être consulté ;

Considérant que le décret susvisé a été régulièrement rendu ;

Considérant toutefois que parmi les chefs de suspension se trouve la
taxe sur la bière qui serait réduite à 6 francs 50, taux fixé par le décret du
12 février 1870, au lieu de 10 francs qui était demandé par le conseil municipal ;

Considérant que s'il est désirable que les denrées , qui sont frappées
d'un droit au profit du Trésor , ne soient pas l'objet de la part des villes
de taxes exagérées , qui pourraient porter atteinte à la consommation , il
y a lieu cependant de rechercher quelle portée pourra avoir l'imposition
de taxes excédant le tarif du 12 février 1870 ;

Considérant que dans le Midi, notamment, la bière est en quelque sorte
une boisson de luxe , qui se consomme principalement dans les cafés ;
que, dans un assez grand nombre de localités , on a déjà admis des taxes
assez élevées sans que la consommation en ait diminué ; qu'il paraît sans

inconvénient de donner à la ville d'Arles une facilité qui a déjà été accordée à un certain nombre de communes de la même région ;

Est d'avis qu'il ne paraît pas indispensable de maintenir le décret de suspension, rendu au sujet de l'octroi d'Arles, en ce qui concerne la bière.

NOTA. — Un décret, reproduisant textuellement les considérants qui précèdent, a rapporté le chef de suspension sur la bière.

Bœufs, Vaches, Taureaux, Génisses.

96. — *Lorsque les bœufs sont imposés par tête, la taxe ne peut jamais excéder 8 fr. 00.* (Décret de suspension du 24 novembre 1876 ; octroi de Six-Fours, Var.)

Sur le rapport... etc...

Considérant que le tarif contient une taxe de 22 fr. 50 par tête sur les bœufs et vaches, qui est contraire aux prescriptions formelles de la loi du 10 mai 1846, encore en vigueur ;

Le Conseil d'Etat entendu,

DÉCRÈTE :

97. — *La détention de peaux d'animaux, non revêtues des marques prescrites par le règlement, ne constitue pas une présomption légale d'introduction de ces animaux.* (Décret de suspension du 16 août 1879 ; octroi de Bapaume, Pas-de-Calais.)

Voir ce décret, sous le n° 65, à l'article « *Perception sur les objets de l'intérieur* ».

Bois combustibles.

98. — *Les bois de déchirage provenant des navires doivent être imposés comme bois tendre à brûler d'après leur volume et non d'après le tonnage des bateaux.* (Décret de suspension du 22 novembre 1879 ; octroi de Dieppe, Seine-Inférieure.)

Sur le rapport... etc...

Considérant que l'art. 13 stipule que les bois provenant des navires ou barques dépecées seront imposés comme bois de chauffage durs ; que cet article est en opposition avec le tarif-type, qui prescrit l'imposition des bois de déchirage comme bois tendres à brûler ; que le tarif local reproduit en marge cette dernière disposition ; que, d'autre part, ces bois doivent être taxés au stère d'après leur volume effectif et non d'après une sorte de présomption basée sur le tonnage du navire dépecé ;

Le Conseil d'Etat entendu,

DÉCRÈTE :

Bois de construction.

99. — *Les bois de construction doivent être imposés non au mètre linéaire, mais au mètre cube, conformément aux indications du tarif général.* (Décret de suspension du 31 décembre 1877 ; octroi de Lorient, Morbihan.)

Sur le rapport... etc...

Vu la pétition adressée au préfet du Morbihan par les industriels et commerçants de bois de Lorient ;

En ce qui concerne les madriers, planches et autres bois qui sont imposés au mètre linéaire :

Considérant qu'en présence de la pétition susvisée jointe au dossier, il convient de revenir au mode normal de taxation indiqué par le tarif général , c'est-à-dire à la perception des droits d'après le volume des bois dont il s'agit ;

Le Conseil d'Etat entendu,

Décrète :

Art. 1er. Est suspendue...........

..... 5° L'imposition des madriers, bordages, planches, frises, etc...... d'après un mode de taxation différent de celui prescrit par le tarif général, pour les bois de toute essence en grume, équarris ou ouvrés.

100. — *Les bois de construction ne peuvent être imposés au mètre carré ou à la pièce ; ils doivent être taxés au mètre cube.* (Décret de suspension du 16 août 1879 ; octroi de Briare, Loiret.)

Sur le rapport... etc...

Considérant que le projet de tarif approuvé par la commission départementale impose la menuiserie confectionnée à l'extérieur à raison de 0 fr. 10c le mètre carré et les escaliers à raison de 0 fr. 10c la marche ; que ces fixations purement arbitraires sont contraires aux dispositions du tarif général, d'après lequel les bois de construction doivent être imposés au mètre cube ;

Le Conseil d'Etat entendu,

Décrète :

101. — *Dans la catégorie des bois de construction, les seuls imposables sont ceux qui sont employés à des constructions immobilières.* (Décret de suspension du 24 novembre 1876 ; octroi de Caen, Calvados, et octroi de Rennes, Ille-et-Vilaine.)

Voir ces décrets sous les nos 177 et 178 et d'autres dans le même sens aux mots « *Bois ouvrés non imposables* ».

102. — *Les bois ouvrés ne doivent pas être soumis à une taxe supérieure au double du droit sur les bois équarris.* (Décret de suspension du 28 décembre 1883 ; octroi de la Ferté-Macé, Orne.)

Sur le rapport... etc...

En ce qui concerne une taxe de six francs (6 fr. 00) sur les bois ouvrés :

Considérant que cette taxe est exagérée si on la compare aux droits sur les bois équarris de chêne, noyer, etc... ; qu'elle pourrait constituer une mesure de protection au profit des ouvriers établis dans l'intérieur du lieu sujet ; qu'il y a lieu de réduire au double du droit sur les bois équarris, la taxe sur les bois ouvrés ;

Le Conseil d'Etat entendu,

Décrète :

Bougies stéariques, Acide stéarique, etc.

103. — *Lorsque les bougies sont imposées, il n'est pas indispensable que les acides stéarique et margarique, etc., le soient également, la fabrication des bougies à l'intérieur devant être soumise à l'exercice des préposés.* (Avis du Conseil d'Etat du 16 novembre 1875 ; octroi de Châteaulin, Finistère.)

. . . . . Considérant que le conseil municipal n'a pas limité à la bougie de *l'extérieur* l'application du nouveau droit ;

Considérant que s'il existe ou s'il s'établit une fabrication de bougies à l'intérieur du rayon de l'octroi, elle se trouvera de plein droit assujettie à la taxe, conformément à la règle écrite dans l'art. 11 du règlement,

Est d'avis qu'il n'y a pas lieu de s'opposer à l'exécution.........

104. — *Les bougies étant imposées au profit du Trésor ne doivent pas être frappées d'une taxe d'octroi supérieure au maximum du tarif-type. La taxe sur les chandelles ne peut être supérieure à celle qui frappe les bougies.* (Décret de suspension du 19 novembre 1875 ; octroi de Saint-Pierre-lès-Calais, Pas-de-Calais.)

Sur le rapport... etc...

En ce qui concerne les bougies... (les vinaigres et la cire)...

Considérant qu'il convient de maintenir les maxima fixés par le tarif général, pour les objets frappés d'un droit au profit du Trésor ; que l'application d'une taxe supérieure aurait pour effet de diminuer la consommation, ce qui serait également préjudiciable aux intérêts de la ville et à ceux du Trésor ;

Considérant que le droit proposé de 20 fr. par 100 kilogr. sur les chandelles serait exagéré, surtout en présence d'une taxe de 15 fr. sur les bougies stéariques;

Le Conseil d'Etat entendu,

Décrète :

(*Réduction au taux du maximum réglementaire pour ces deux objets.*)

Briques, Tuiles, etc.

105. — *Les briques, tuiles, carreaux, etc... fabriqués à l'intérieur doivent être soumis aux mêmes taxes que ceux provenant de l'extérieur.* (Décret de suspension du 12 juillet 1881 ; octroi d'Ancenis, Loire-Inférieure.)

Sur le rapport... etc...

Considérant qu'aux termes d'une observation marginale du tarif, les taxes afférentes aux carreaux, briques, tuiles et autres objets de terre cuite, sont réduites d'un cinquième pour les quantités fabriquées à l'intérieur ; que cette réduction a sans doute pour objet de tenir compte aux fabricants de l'intérieur des droits par eux payés sur le combustible ; mais que, dans l'économie du décret du 12 février 1870, ce résultat doit être obtenu non pas au moyen d'une taxe différentielle, contraire à l'art. 10 de ce décret , mais par l'application des art. 8 et 9 sur l'entrepôt industriel et le précompte, dispositions reproduites d'ailleurs par les art. 34 et 35 du règlement local ;

Le Conseil d'Etat entendu,

Décrète :

Art. 1er. Est suspendue. . . . . . en tant qu'elle a maintenu sur les carreaux, briques, tuiles et autres objets de terre cuite venant de l'extérieur, une taxe supérieure à celle qui frappe les mêmes objets fabriqués à l'intérieur.

106. — *Les pots et tuyaux de terre cuite ne doivent pas être imposés au mètre courant.* (Décret de suspension du 22 novembre 1879 ; octroi de Dieppe, Seine-Inférieure.)

Sur le rapport... etc...

Considérant que les taxes graduées nouvellement établies sur les pots et tuyaux de terre cuite, à raison du mètre courant, paraissent exagérées, eu égard à la taxe de 2 fr. 70 par mille indiquée au tarif-type ; que d'ailleurs la taxation au mille est la seule prévue par ledit tarif-type et est obligatoire en vertu de l'art. 2 du règlement d'administration publique du 12 février 1870 ;

Le Conseil d'Etat entendu,

Décrète :

Chandelles.

107. — *La taxe sur les chandelles ne peut être supérieure à celle qui frappe les bougies.* (Décret de suspension du 19 novembre 1875 ; octroi de Saint-Pierre-lès-Calais, Pas-de-Calais.)

Voir ce décret sous le n° 104, α *Bougies* ».

108. — *Les chandelles de l'extérieur ne peuvent être imposées à l'exclusion de celles de l'intérieur.* (Décret de suspension du 16 août 1879 ; octroi de Moutiers, Savoie.)

Sur le rapport... etc...

Considérant que le conseil général a approuvé une taxe de 5 fr. par 100 kilog. sur les chandelles *du dehors*, ce qui implique pour les mêmes produits fabriqués à l'intérieur une immunité contraire à l'art. 10 du décret du 12 février 1870, rien n'indiquant que la fabrication soit imposée à l'intérieur dans les conditions de l'art. 9 du décret précité ;

Le Conseil d'Etat entendu,

DÉCRÈTE :

Charbon de terre.

109. — *Le tarif ne saurait frapper d'une taxe spéciale, même réduite, le charbon de terre et le coke employés dans l'industrie.* (Décret de suspension du 27 juillet 1881 ; octroi de Luçon, Vendée.)

Sur le rapport... etc...

Considérant qu'aux termes de l'art. 8 du décret du 12 février 1870, reproduits par l'art. 37 du règlement local, les combustibles employés dans les établissements industriels sont admis à l'entrepôt à domicile et sont exempts de tout droit lorsque l'emploi en est régulièrement justifié ;

Que, dès lors, on ne saurait admettre l'application d'une taxe spéciale au charbon et au coke destinés à l'industrie, ces combustibles devant, ou acquitter les droits fixés pour le charbon et le coke en général, ou être affranchis de l'impôt dans les conditions déterminées par ledit article ;

Le Conseil d'État entendu,

DÉCRÈTE :

Charcuterie.

110. — *Les taxes sur la charcuterie ne doivent pas dépasser les maxima du tarif général.* (Décret de suspension du 16 août 1879 ; octroi de Montauban, Tarn-et-Garonne.)

Sur le rapport... etc...

En ce qui concerne les viandes salées, les graisses et lards et certains articles de charcuterie :

Considérant que ces comestibles sont taxés à raison de 20 francs par cent kilogrammes ; que cette tarification est beaucoup trop élevée, eu égard au tarif général qui, pour les villes de la 3e catégorie, fixe le maximum des droits à 9 francs seulement par 100 kilogrammes, pour la charcuterie, et à 6 francs pour les graisses, lards et viandes salées ; que ces denrées, qui sont principalement consommées par la classe peu aisée de la population, ne sauraient être imposées sans inconvénient au delà des limites réglementaires ;

Le Conseil d'État entendu,

     DÉCRÈTE :

Chaux, Ciment.

111. — *La chaux et le ciment fabriqués à l'intérieur doivent être frappés de la même taxe que ceux qui sont introduits de l'extérieur.* (Décret de suspension du 6 juillet 1875 ; octroi de Quimper, Finistère.)

Sur le rapport... etc...

Considérant que le conseil général...... a approuvé une disposition du tarif qui accorde une modération d'un cinquième du droit pour la chaux, le ciment, les briques et carreaux de terre cuite fabriqués à l'intérieur ;

Considérant que ces taxes différentielles sont formellement interdites par l'art. 10 du décret du 12 février 1870 ;

Le Conseil d'État entendu,

     DÉCRÈTE :

Cidres, Poirés, Hydromels.

112. — *La taxe d'octroi sur les cidres ne peut dépasser le double du droit d'entrée perçu en principal au profit du Trésor ; une loi seule peut autoriser une taxe supérieure.* (Décret de suspension du 24 septembre 1881 ; octroi d'Epinal, Vosges.)

Voir ce décret, sous le n° 270, au mot « *Surtaxes* ».

---

113. — *Les fruits à cidre ne peuvent être imposés dans des conditions différentes de celles qui sont fixées par l'art. 23 de la loi du 28 avril 1816.* (Décret de suspension du 17 juillet 1882 ; octroi de Port-Philippe, Morbihan.)

Sur le rapport... etc...

Considérant qu'aux termes de l'art. 23 de la loi du 28 avril 1816, dont le texte est reproduit dans la colonne d'observations du tarif local, les fruits à cidre doivent acquitter le droit au profit du Trésor, à raison de 5 hectolitres de fruits pour 2 hectolitres de cidre ; qu'en vertu de l'art. 150 de la même loi, ces règles sont de plein droit applicables à la perception des taxes d'octroi ; que, dès lors, le conseil général du Morbihan ne s'est pas conformé aux prescriptions de la loi, en autorisant la perception à l'octroi de Port-Philippe, d'une taxe spéciale sur les fruits à cidre, qui n'est pas en rapport avec la taxe sur le cidre ;

Le Conseil d'État entendu,

     DÉCRÈTE :

Cires.

114. — *La cire transformée en cierges étant imposée au profit du Trésor,
cet article ne doit pas être frappé d'une taxe d'octroi supérieure au maximum
du tarif-type.* (Décret de suspension du 20 novembre 1875 ; octroi de Château-
Gontier, Mayenne.)

Sur le rapport... etc...

Considérant que la cire est déjà imposée à un droit au profit du Trésor,
que l'on s'exposerait à en faire diminuer la consommation, au détriment
du budget de l'État, en la soumettant à des taxes exagérées, et que, dès
lors, il convient de les réduire aux maxima fixés par le tarif joint au décret du 12 février 1870;

Le Conseil d'Etat entendu,

DÉCRÈTE :

Coke.

115. — *Le coke employé dans l'industrie n'est pas imposable, à une taxe
spéciale même réduite.* (Décret de suspension du 27 juillet 1881 ; octroi
de Luçon, Vendée.)

Voir ce décret sous le n° 109, au mot « *Charbon de terre* ».

Conserves.

116. — *Les conserves de viandes ne doivent pas être imposées à un droit
supérieur à celui qui est fixé pour les viandes salées.* (Décret de suspension
du 22 juillet 1881 ; octroi de Limoges, Haute-Vienne.)

Sur le rapport... etc...

(Voir la 1re partie des considérants aux mots « *Graisses, lards* », n° 125.)

Considérant, d'autre part, que le droit de 10 fr. par 100 kilogr., établi
sur les conserves de viandes, est également trop élevé ; que ces conserves
entrent dans l'alimentation des troupes et que le Trésor est intéressé à ce
qu'elles ne soient imposées au delà du maximum de 7 fr. autorisé pour les
viandes salées ;

Le Conseil d'Etat entendu,

DÉCRÈTE :

---

117. — *Même objet.* (Décret de suspension du 25 novembre 1882 ; octroi de Mayenne, Mayenne.)

Sur le rapport... etc...

Considérant que le droit de 20 fr. par 100 kilog. sur les conserves de toute

espèce est trop élevé, en tant qu'il s'appliquerait aux conserves de viande ;
que ces dernières entrent dans l'alimentation des troupes et que le Trésor est intéressé à ce qu'elles ne soient pas trop lourdement taxées ; qu'il
convient en conséquence de ramener ce droit au taux de 10 fr. perçu sur
les graisses et saindoux.

Cuivre (voyez « *Métaux* »).

Fagots et Cotrets.

118. — *Les fagots destinés à la consommation ou à l'entretien des navires ne peuvent être imposés.* (Décret de suspension du 6 juillet 1880 ;
octroi du Croisic, Loire-Inférieure.)

Sur le rapport... etc...

En ce qui concerne l'imposition des fagots :
Considérant que ce droit étant perçu sur les fagots destinés à la consommation ou à l'entretien des navires, cette imposition est faite contrairement aux articles 11 et 12 du décret du 12 février 1870, dont le
texte est reproduit au règlement local sous les nos 19 et 20, et aux termes desquels les combustibles embarqués pour être consommés en
mer ou destinés à la confection des objets de navigation doivent être affranchis, au moyen de l'entrepôt, du paiement de tout droit d'octroi ;

Le Conseil d'Etat entendu,
   DÉCRÈTE :

Fers, Fontes. (voyez « *Métaux* »).

Foin, Sainfoin (voyez « *Fourrages* »).

Fourrages (*foin, paille, avoine*, etc.).

119. — *Les fourrages verts ne peuvent être imposés.* (Décret de suspension du 7 juillet 1875 ; octroi de Verdun, Meuse.)

Sur le rapport... etc...

Considérant qu'aux termes du décret du 12 février 1870, les fourrages
verts doivent être exempts du droit ;

Le Conseil d'Etat entendu,
   DÉCRÈTE :

Voir décret dans le même sens au n° 122.

120. — *Lorsque les fourrages sont imposés, les cultivateurs ne peuvent être exonérés du droit sur les quantités employées, par eux, pour les besoins de leur culture.* (Décret de suspension du 20 novembre 1875 ; octroi de Tourcoing, Nord.)

Sur le rapport... etc...

Considérant que, d'après une disposition du tarif, les fourrages, avoines, etc., ne seront soumis à aucune taxe, lorsqu'ils seront employés par les cultivateurs pour la nourriture et l'entretien des animaux servant exclusivement à leur culture ;

Considérant que l'exemption ainsi formulée, qui soustrait à l'impôt une catégorie d'habitants, est contraire aux dispositions réglementaires de l'ordonnance du 9 décembre 1814 (art. 24) et du décret du 12 février 1870 (art. 10) ; qu'il convient, dès lors, de n'autoriser la perception des taxes approuvées par le conseil général qu'autant que la perception se fera sur tous les consommateurs sans exception ;

Le Conseil d'État entendu,

DÉCRÈTE :

Art. 1er. Est suspendue. . . .en tant qu'elle a approuvé une taxe sur les fourrages qui ne s'appliquerait pas aux produits de même nature employés par les cultivateurs pour la nourriture et l'entretien des animaux servant à la culture.

121. — *Les fourrages bottelés et les fourrages en vrac doivent être imposés au poids et à la même taxe.* (Décret de suspension du 20 août 1879 ; octroi de Falaise, Calvados.)

Sur le rapport... etc....

Considérant qu'aux termes d'une observation marginale du tarif, les foins en bottes sont taxés à raison de cinq centimes par chaque botte, qui est comptée pour 7,500 grammes, lorsqu'elle ne dépasse pas ce poids, ce qui fait ressortir le droit à 0 fr. 666 par 100 kilogrammes, alors que les foins figurent au tarif avec une taxe de 0 fr. 50 c. par 100 kilogrammes, qui excède déjà le maximum du tarif général ;

Considérant que cette annotation aurait pour résultat d'établir une taxe différentielle sur les fourrages, suivant qu'ils sont introduits en vrac ou en bottes, et de détruire la proportionnalité qui doit toujours exister dans les impôts de consommation ;

Le Conseil d'État entendu,

DÉCRÈTE :

Voir, pour l'avoine, un décret du 27 juillet 1881 (octroi de Melun), sous le n° 284.

122. — *Les fourrages verts doivent être exemptés du droit.* (Décret de suspension du 13 juillet 1877 ; octroi de Lyon, Rhône.)

Sur le rapport... etc...

En ce qui concerne l'imposition des trèfles, luzernes, sainfoin et foin de toute autre espèce :

Considérant que le tarif ne réserve pas l'affranchissement sur les fourrages verts qui, aux termes du décret du 12 février 1870, doivent être exempts du droit ;

Le Conseil d'État entendu,

DÉCRÈTE :

Fromages.

123. — *Les fromages ne peuvent être imposés, avec cette réserve que ceux du pays sont exemptés de toute taxe.* (Décret de suspension du 20 août 1879 ; octroi d'Orthez, Basses-Pyrénées.)

Sur le rapport.... etc...

Considérant que le libellé du tarif semble établir une distinction entre les fromages, non d'après leur qualité, mais d'après leur provenance, et qu'une pareille réserve constituerait une protection pour les produits locaux et serait contraire aux dispositions de l'article 10 du décret du 12 février 1870 ;

Le Conseil d'Etat entendu,

DÉCRÈTE :

Art. 1er. Est suspendue . . . .
en tant qu'elle a approuvé.... 2° la perception d'une taxe sur les fromages, à l'exception des fromages du pays.

Glaces.

124. — *L'imposition sur les glaces, qui est prévue par le tarif-type, ne doit pas s'étendre aux miroirs.* (Décret de suspension du 13 décembre 1883 ; octroi de Mont-de-Marsan, Landes.)

Considérant que les miroirs ne figurent pas dans la nomenclature du tarif-type ; que si les glaces fixées aux murs par des crochets et des ferrements sont des objets de construction immobilière imposables au profit des villes, il n'en est pas de même des miroirs qui sont des objets mobiliers de commerce général ;

Le Conseil d'Etat entendu,

DÉCRÈTE :

Graisses, lards, viandes salées.

125. — *Les graisses, lards, etc... étant principalement destinés à l'alimentation des classes peu aisées, ne doivent pas être imposés au delà du maximum*

(Décret de suspension du 22 juillet 1881 ; octroi de Limoges, Haute-Vienne.)

Sur le rapport... etc...

Considérant que la taxe sur ces denrées (*viandes salées, jambons, graisses, lards et conserves de viande de toute sorte*) a été portée de 7 fr. à 10 fr. par 100 kilog.; qu'il s'agit de comestibles consommés en grande partie par la classe peu aisée de la population ; qu'on ne saurait les laisser surtaxer sans inconvénient ; qu'il y a lieu en conséquence de ne pas dépasser le chiffre de 7 fr. fixé par le tarif général ;

Le Conseil d'Etat entendu,

DÉCRÈTE :

Voir au n° 116 un considérant spécial aux « conserves de viandes ».

Huiles comestibles et combustibles.

126. — *Il n'y a pas lieu d'autoriser les surtaxes sur les huiles.* (Avis du Conseil d'Etat du 13 juillet 1875 ; octroi de Bergerac, Dordogne.)

La section des finances, de la. . . . . etc.

Considérant que la loi du 31 décembre 1873, en rétablissant un droit d'entrée sur les huiles, a remis en vigueur l'art. 108 de la loi du 25 mars 1817, pour ménager les forces contributives des villes ;

Considérant que s'il peut être dérogé, par des lois spéciales, à une loi générale, il convient toutefois d'attendre, pour proposer ces modifications, que les effets de la loi du 31 décembre 1873 se soient produits, afin d'apprécier si la surélévation du droit au profit des communes est compatible avec les intérêts du Trésor;

Est d'avis :

Qu'il n'y a pas lieu de proposer à l'Assemblée nationale d'approuver... etc.

127. — *Le droit d'octroi sur les huiles ne peut excéder la taxe d'entrée perçue au profit du Trésor.* (Décret de suspension du 2 juillet 1875 ; octroi de Cholet, Maine-et-Loire.)

Sur le rapport... etc...

Considérant qu'en approuvant sur les huiles une taxe de 10 fr. par 100 kilog. supérieure au droit d'entrée de 7 fr. 00 en principal, perçu au profit du Trésor, le conseil général ne s'est pas conformé aux prescriptions de l'art. 108 de la loi du 25 mars 1817, remis en vigueur par la loi du 31 décembre 1873 ;

Le Conseil d'Etat entendu,

DÉCRÈTE :

128. — *Les huiles de poisson ne peuvent être imposées.* (2 décrets de suspension des 2 juillet 1875 et 20 novembre 1875 ; octroi de la Rochelle, Charente-Inférieure.)

I. Sur le rapport... etc...

Considérant que le tarif contient une taxe sur l'huile de poisson, contrairement aux dispositions du décret du 12 février 1870 ;

Le Conseil d'Etat entendu,
DÉCRÈTE: (2 juillet 1875.)

II. Sur le rapport... etc...

Considérant que, sans tenir compte de l'un des motifs de suspension énoncés dans le décret du 2 juillet 1875, le conseil général a maintenu une taxe sur l'huile de poisson au tarif de l'octroi de la Rochelle ;
Considérant que le tarif annexé au décret du 12 février 1870 prescrit d'une manière formelle l'exemption des huiles de poisson ;
Que, dès lors, la délibération susvisée du conseil général de la Charente-Inférieure a violé sur ce point les prescriptions du décret réglementaire du 12 février 1870 ;

Le Conseil d'Etat entendu,
DÉCRÈTE: (20 novembre 1875.)

Voir ci-après le décret relatif à l'octroi de Moulins, en date du 24 novembre 1876.

129. — *Les dégras et les huiles de poisson ne sont pas imposables.* (Décret de suspension du 24 novembre 1876 ; octroi de Moulins, Allier.)

Sur le rapport... etc...

Considérant que ces objets, qui figurent au tarif approuvé par le conseil général, ne peuvent être frappés de taxes d'octroi, en vertu de l'art. 148 de la loi du 28 avril 1816 et du tarif général du 12 février 1870 ;

Le Conseil d'Etat entendu,
DÉCRÈTE:

Il est donc bien définitivement établi que ces deux sortes d'huiles, qui sont passibles du droit d'entrée au profit du Trésor, ne peuvent être soumises à des taxes d'octroi.

130. — *Dans les villes d'une population agglomérée de moins de 4,000 âmes, le maximum du droit d'octroi applicable aux huiles est déterminé par le décret du 12 février 1870 et non par les lois des 25 mars 1817 et 31 décembre 1873.* (Avis du Conseil d'Etat du 28 décembre 1875 ; octroi du Pré-Saint-Gervais, Seine.)

La section . . . .
. . . . a pensé qu'il y avait lieu d'approuver le projet de décret en ce qui concerne la taxe de 7 fr. par hectol. d'huile, telle qu'elle a été votée par le conseil municipal du Pré-St-Gervais, par les motifs suivants :
1° La commune du Pré-St-Gervais a une population agglomérée inférieure à 4,000 âmes ; aucun droit d'entrée sur les huiles n'y est perçu au profit du Trésor public ; dès lors, il n'y a pas lieu d'appliquer au tarif de l'octroi

sur les huiles le maximum fixé par les lois des 25 mars 1817 et 31 décembre 1873;

2° Il y a lieu, dans ce cas, conformément à la jurisprudence du Conseil d'Etat, de faire application des maxima fixés par le décret du 12 février 1870. La commune, qui a une population agglomérée inférieure à 4,000 âmes, est comprise dans la 1re catégorie du tarif-type (et non dans la 2e catégorie, comme cela aurait lieu si l'on prenait la population totale). Dans cette catégorie (la 1re), le maximum des droits sur les huiles est fixé, par le décret du 12 février 1870, à 8 fr. par hectol., chiffre supérieur à celui voté par l'administration municipale du Pré-St-Gervais, dont les propositions peuvent être maintenues.

131. — *Dans les villes où il est perçu un droit d'entrée sur les huiles, la perception de la taxe d'octroi doit être opérée au poids et non d'après le volume.* (Décret de suspension du 16 juillet 1876; octroi d'Epinal, Vosges.)

Sur le rapport... etc...

Considérant qu'aux termes des dispositions de l'art. 4 de la loi du 31 décembre 1873, touchant le droit d'entrée sur les huiles, dispositions auxquelles l'application du droit d'octroi est également subordonnée, la perception doit être opérée au poids et non plus à l'hectolitre ; qu'il convient de faire retour à la règle ;

Le Conseil d'Etat entendu,
DÉCRÈTE :

132. — *L'oléine ne peut être imposée à une taxe supérieure à celle qui est autorisée pour les huiles ordinaires.* (Décret de suspension du 10 mars 1878 ; octroi d'Agde, Hérault.)

Sur le rapport... etc...

Considérant que l'oléine est assimilée aux huiles pour la perception du droit d'entrée et ne saurait, dès lors, être imposée à une taxe supérieure au maximum fixé par l'art. 108 de la loi du 25 mars 1817 ;

Le Conseil d'Etat entendu,
DÉCRÈTE :

133. — *Dans les villes où il est perçu un droit d'entrée au profit du Trésor, les graines oléagineuses ne peuvent être imposées.* (Décret de suspension du 7 juillet 1875 ; octroi de Verdun, Meuse.)

Voir ce décret aux mots « *Graines oléagineuses*, » n° 205.

Huiles minérales.

134. — *La taxe sur les huiles minérales ne doit pas excéder le maximum* *du tarif-type.* (Décret de suspension du 20 novembre 1875; octroi de Château-Gontier, Mayenne.)

Sur le rapport... etc...

Considérant que les huiles minérales sont déjà imposées à un droit au profit du Trésor ; que l'on s'exposerait à en faire diminuer la consommation, au détriment du budget de l'Etat, en les soumettant à des taxes exagérées, et que dès lors il convient de les réduire aux maxima fixés par le tarif joint au décret du 12 février 1870 ;
    Considérant, d'ailleurs, que le droit de 6 fr. 60 serait anormal pour cet objet destiné généralement à la classe peu aisée, alors que les autres huiles ne paieraient qu'un droit de 6 fr. 00 ;

Le Conseil d'Etat entendu,

    DÉCRÈTE :

135. — *Même objet; une taxe extra-réglementaire sur les huiles minérales est surtout inadmissible, lorsque les autres huiles ne sont pas imposées ou ne le sont qu'à un droit inférieur.* (Décret de suspension du 25 novembre 1882 ; octroi de Mayenne, Mayenne.)

Sur le rapport... etc...

En ce qui concerne les huiles minérales :
    Considérant que le droit de 15 fr. par 100 kilogrammes pour les huiles minérales serait exagéré, eu égard à la valeur du produit ; qu'il y aurait des inconvénients à frapper d'un droit aussi élevé un combustible servant principalement à l'éclairage de la classe peu aisée, alors que les autres huiles ne paieraient qu'un droit de 6 fr. par 100 kilog. ; que dès lors il convient de ramener la taxe sur les huiles minérales à 2 fr. 50, maximum fixé par le tarif général ;

Le Conseil d'Etat entendu,

    DÉCRÈTE :

136. — *Même objet; lorsque les huiles végétales ne sont pas imposées, les huiles minérales ne doivent pas être taxées au delà du maximum.* (Note du Conseil d'Etat du 3 juillet 1884 ; octroi d'Annonay, Ardèche.)

Le Conseil d'Etat, sur le renvoi. . . . . a remarqué que certaines taxes dépassent dans une proportion exagérée le chiffre maximum établi par le décret du 12 février 1870. Il estime, notamment, que le conseil municipal, qui s'occupe de reviser le tarif et le règlement de l'octroi, doit être invité à réduire le droit sur les huiles minérales au maximum fixé par le décret de 1870, conformément à la jurisprudence de la section des finances du Conseil d'Etat, qui n'admet pas que ce maximum soit dépassé quand les huiles végétales sont exemptes de droits.

Le vice-président du Conseil d'Etat,
                                        Signé : FAUSTIN-HÉLIE.

137. — *Même objet.* (Décret de suspension du 24 novembre 1883 ; octroi de Flers, Orne.)

Sur le rapport... etc...

Considérant que le tarif local n'imposant pas les huiles combustibles autres que les huiles minérales, il convient que ces dernières ne soient pas, du moins, taxées à un taux supérieur au maximum du tarif général ;

Le Conseil d'Etat entendu,

DÉCRÈTE :

Marbres.

138. — *Lorsque les marbres sont imposés au poids, la taxe ne doit pas être exagérée par rapport au droit, par mètre cube, prévu par le tarif général.* (Décret de suspension du 27 décembre 1879 ; octroi de Montmorillon, Vienne.)

Sur le rapport... etc...

En ce qui concerne les marbres :

Considérant que la taxe de cinquante centimes pour 100 kilogrammes est excessive, par rapport au droit de 6 francs par mètre cube, autorisé dans les villes de la 2ᵉ catégorie ;

Le Conseil d'Etat entendu,

DÉCRÈTE :

139. — *Même objet.* (Décret de suspension du 6 juillet 1880 ; octroi de Cognac, Charente.)

Sur le rapport... etc...

En ce qui concerne les marbres :

Considérant que la taxe du 2 fr. par 100 k., qui correspond à un droit de 54 fr. par mètre cube, a un caractère prohibitif et ne peut être maintenue ;

Le Conseil d'État entendu,

DÉCRÈTE :

Métaux (Fers, Zinc, etc.).

140. — *Parmi les fontes ornées, les seules imposables sont celles qui sont destinées à la construction des bâtiments.* (Décret de suspension du 17 juin 1875 ; octroi d'Avignon, Vaucluse.)

Sur le rapport... etc...

Considérant qu'en imposant d'une façon absolue les fontes ornées, le conseil général a méconnu les dispositions réglementaires du décret du 12 février 1870 et du tarif y annexé, qui n'admettent l'imposition d'une taxe d'octroi que sur les seuls métaux destinés à la construction des bâtiments ;

Le Conseil d'Etat entendu,

DÉCRÈTE :

141. — *Les fontes brutes ou en gueuses ne peuvent être imposées.* (Décret de suspension du 27 novembre 1876 ; octroi de Saint-Omer, Pas-de-Calais.)

Sur le rapport... etc...

Considérant que le tarif impose les fontes brutes ou en gueuses ; que les fontes brutes, comme tous les métaux, ne peuvent être imposées que lorsqu'elles servent à la construction des bâtiments ; que le tarif a pris soin d'ailleurs, dans un article spécial, d'imposer les fontes qui ont cette destination ; qu'il y a donc lieu de faire disparaître du tarif les fontes brutes ou en gueuses ;

Le Conseil d'Etat entendu,

DÉCRÈTE :

142. — *Les seuls métaux imposables sont ceux destinés à la construction des bâtiments.* (Décret de suspension du 12 novembre 1878 ; octroi d'Auray, Morbihan.)

Sur le rapport... etc...

Considérant qu'en imposant d'une façon absolue les métaux bruts ou travaillés, le conseil général a méconnu les dispositions réglementaires du décret du 12 février 1870 et du tarif y annexé, qui n'admettent l'imposition d'une taxe d'octroi que sur les seuls métaux destinés à la construction des bâtiments ;

Le Conseil d'Etat entendu,

DÉCRÈTE :

143. — *Dans la construction des machines fixes, les seuls métaux imposables sont ceux employés à fixer les machines ; les machines elles-mêmes ne peuvent pas être imposées.* (Décret de suspension du 22 juillet 1881 ; octroi de Tarbes, Hautes-Pyrénées.)

Sur le rapport... etc...

Considérant qu'une observation marginale du tarif assujettit à la taxe, comme matériaux de constructions immobilières, les métaux employés dans la construction des machines fixes ; que, si cette imposition est admissible en ce qui concerne les métaux employés dans les ouvrages de maçonnerie destinés à fixer les machines, il ne saurait en être de même à l'égard des fers, fontes, etc., entrant dans la construction des machines elles-mêmes, lesquelles sont des objets de commerce général sujets à exportation et non susceptibles d'être imposés au profit des communes ;

Le Conseil d'Etat entendu,

  DÉCRÈTE :

Art. 1er. Est suspendue. . . . .
. . . . 2° une observation marginale du tarif, d'après laquelle la taxe sur les métaux employés dans la construction des bâtiments serait applicable aux fers, fontes, etc., destinés à la construction des machines.

NOTA. — Voir, au titre des taxes extra-réglementaires, le § des métaux non imposables, nos 207 et suivants.

Orge (voyez « *Fourrages* »).

Paille (voyez « *Fourrages* »).

Moellons, platras, etc.

144. — *Les moellons, platras, pierres, etc..., doivent être imposés au mètre cube et non d'une manière arbitraire.* (Décret de suspension du 4 décembre 1879 ; octroi d'Arles, Bouches-du-Rhône.)

Sur le rapport... etc...

En ce qui concerne les pierres de toute espèce, les moellons, platras, gravois et sables :

Considérant qu'une observation marginale (A) du tarif admet, en ce qui concerne ces matériaux, un mode d'imposition arbitraire non autorisé par le tarif général ;

Le Conseil d'Etat entendu,

  DÉCRÈTE :

Plâtre.

145. — *Les pierres à plâtre doivent être imposées proportionnellement au plâtre qu'elles contiennent et à la taxe qui frappe le plâtre en poudre.* (Décret de suspension du 17 juillet 1882 ; octroi de Vernon, Eure.)

Sur le rapport... etc...

Considérant que la taxe de 0 fr. 20 par MÈTRE CUBE approuvée par le

---

(A) Cette observation disposait que chaque collier représenterait un mètre cube pour la perception du droit sur les pierres, moellons, etc.

conseil général sur les pierres à plâtre n'est nullement en rapport avec le droit de 0 fr. 10 par HECTOLITRE qui frappe le plâtre en poudre ; que, pour établir une proportion équitable entre ces deux taxes et fixer sur le plâtre en poudre un droit équivalent au droit voté par le conseil municipal de Vernon sur la pierre à plâtre, il y a lieu de réduire à 0 fr. 08 par hectol. le droit par hectol. de plâtre en poudre ;

Le Conseil d'État entendu,

     DÉCRÈTE :

Plomb (voyez « *Métaux* »).

Poissons de mer et d'eau douce.

146. — *La morue salée, le maquereau salé, le stockfisch, le hareng saur ou salé ne doivent jamais être imposés.* (Décret de suspension du 2 juillet 1875 ; octroi de Cholet, Maine-et-Loire.)

Sur le rapport... etc....

Considérant qu'il convenait de réserver l'exemption de la taxe à l'égard de la morue salée, du maquereau salé, du stockfisch, du hareng saur ou salé, conformément aux indications du décret du 12 février 1870 ;

Le Conseil d'État entendu,

     DÉCRÈTE :

147. — *Même objet.* (Décret de suspension du 30 décembre 1878 ; octroi de Bourges, Cher.)

Sur le rapport... etc...

Considérant que les harengs et maquereaux salés sont surtout destinés à l'alimentation des classes nécessiteuses et que, d'après le tarif général, et dans l'intérêt des pêches nationales, ils ne peuvent être imposés dans aucun cas ;

Le Conseil d'Etat entendu,

     DÉCRÈTE :

148. — *Pour les poissons vendus à la criée, il peut être établi une taxe* AD VALOREM, *mais à la condition qu'elle n'atteigne pas la morue salée, le maquereau salé, etc... et que la taxe perçue à l'entrée, sur les poissons adressés directement aux consommateurs, soit en rapport avec le droit* AD VALOREM. (Décret de suspension du 22 novembre 1879 ; octroi de Louviers, Eure.)

Sur le rapport... etc...

Voir les considérants, sous le n° 241, aux mots « *Modes de taxation* ».

Porcs.

149. — *Lorsque les porcs sont imposés, la perception doit s'effectuer chez tous les consommateurs sans exception.* (Décret de suspension du 6 juillet 1875; octroi de Quimper, Finistère.)

Sur le rapport... etc...

Considérant que, en stipulant, en dehors de l'intervention municipale, que les porcs provenant de cet établissement (*l'asile des aliénés de Quimper*) seraient exempts de la taxe d'octroi, le conseil général a méconnu les dispositions des articles 24 et 105 de l'ordonnance du 9 décembre 1814, dispositions qui sont reproduites aux articles 1 et 11 du règlement de l'octroi de Quimper ;

Le Conseil d'État entendu,

DÉCRÈTE :

150. — *Même objet.* (Décret de suspension du 2 juillet 1875 ; octroi de Villard-de-Lans, Isère.)

Sur le rapport... etc...

Considérant que dans la séance du. . . . le conseil municipal. en votant l'établissement d'une taxe nouvelle sur les porcs, a pris la délibération suivante : « Il sera perçu dorénavant un droit de 1 fr. 25 sur chaque « cochon qui serait abattu et dont la viande serait livrée au commerce ; il « n'y aura que celui qui sera abattu pour l'usage d'un particulier, pour « lequel il ne sera payé aucun droit » ;

Considérant que l'immunité accordée aux particuliers par la délibération précitée est contraire à l'art. 24 de l'ordonnance du 9 décembre 1814, qui stipule que les bestiaux abattus à l'intérieur seront toujours soumis au même droit que ceux introduits de l'extérieur ;

Considérant qu'en approuvant sans réserve la revision du tarif de l'octroi dont il s'agit, le conseil général de l'Isère a sanctionné une violation de la loi ;

Le Conseil d'État entendu.

DÉCRÈTE :

Sables, Cailloux, etc.

151. — *Les sables, cailloux et gravois destinés aux chemins publics ne peuvent être imposés.* (Décret de suspension du 7 juillet 1875 ; octroi de Verdun, Meuse.)

Sur le rapport... etc...

Considérant qu'aux termes du décret du 12 février 1870, les sables, cailloux et graviers destinés à la confection et à la réparation des chemins publics doivent être exempts de la taxe ;

Le Conseil d'État entendu,

DÉCRÈTE :

152. — *Même objet.* (Décret de suspension du 28 novembre 1878 ; octroi de Nevers, Nièvre.)

Sur le rapport... etc...

Considérant qu'en imposant les « sables à bâtir ou pour tout autre emploi », sans stipuler l'affranchissement de la taxe sur le sable destiné à la confection et à la réparation des chemins publics, le conseil général a méconnu les dispositions du tarif général annexé au décret du 12 février 1870 ;

Le Conseil d'Etat entendu,

DÉCRÈTE :

Sons et recoupes (voyez « *Fourrages* »).

Suifs.

153. — *Les suifs de l'extérieur ne peuvent être imposés à l'exclusion de ceux de l'intérieur.* (Décret de suspension du 20 août 1879 ; octroi de Falaise, Calvados.)

Sur le rapport... etc...

Considérant que les suifs et chandelles ne sont imposés que lorsqu'ils viennent de l'extérieur ; que l'immunité qui en résulte pour les mêmes produits de l'intérieur est contraire aux prescriptions formelles des art. 24 et 36 de l'ordonnance du 9 décembre 1814 et 10 du décret du 12 février 1870 ;

Le Conseil d'Etat entendu,

DÉCRÈTE :

---

154. — *Les suifs bruts doivent être imposés à une taxe inférieure d'un cinquième à celle qui frappe les suifs fondus.* (Décret de suspension du 22 novembre 1879 ; octroi de Dieppe, Seine-Inférieure.)

Sur le rapport... etc...

Considérant que la déduction de 15 0/0 accordée par une observation du tarif, en ce qui concerne les suifs bruts par rapport aux suifs fondus, ne saurait coexister avec la différence de droits sur ces deux objets, laquelle est d'un cinquième, conformément aux règles posées par le décret du 12 février 1870 ;

Le Conseil d'Etat entendu,

DÉCRÈTE :

Viandes dépecées.

155. — *Les taxes sur la viande dépecée doivent être proportionnelles à la taxe sur les animaux vivants et ne pas constituer une protection pour la boucherie urbaine.* (Décret de suspension du 22 novembre 1878; octroi de Montrevel, Ain.)

Sur le rapport... etc...

Considérant qu'aux termes des énonciations du tarif annexé au décret du 12 février 1870 la taxe d'octroi imposée sur les viandes dépecées ne doit pas excéder la moitié de la taxe par tête sur les bœufs, vaches, etc. ; qu'en approuvant un droit de 4 francs 65 par 100 kilog. sur la viande dépecée de bœufs, vaches, etc., alors que la taxe imposée par tête sur les animaux vivants n'est que de 3 francs 70, le conseil général a méconnu les dispositions du décret précité ;

Considérant, d'ailleurs, que la taxe exagérée de 4 francs 65 constitue, en fait, au profit de la boucherie urbaine, un privilège qu'il importe de faire disparaître ;

Le Conseil d'Etat entendu,

Décrète :

156. *Même objet.* (Décret de suspension du 28 novembre 1878; octroi de Varses, Isère.)

Sur le rapport... etc...

Considérant qu'aux termes des énonciations du tarif annexé au décret du 12 février 1870, la taxe d'octroi imposée sur la viande dépecée ne peut jamais excéder la moitié de la taxe par tête ; qu'en approuvant un droit de 5 francs par 100 kilog. sur la viande dépecée de bœuf, vache, etc., alors que la taxe imposée par tête sur les animaux vivants n'est que de 3 francs, le conseil général a méconnu les dispositions dudit décret ;

Considérant, d'ailleurs, que la taxe exagérée de 5 francs constitue, en fait, au profit de la boucherie urbaine, un privilège qu'il importe de faire disparaître ;

Le Conseil d'Etat entendu,

Décrète :

157. — *Les animaux abattus au dehors ne peuvent être soumis à une taxe d'abatage et le règlement ne doit pas interdire l'introduction des viandes dépecées.* (Décret de suspension du 23 novembre 1878 ; octroi de Boulogne-sur-Mer, Pas-de-Calais.)

Sur le rapport... etc...

Considérant que l'art. 18 du règlement impose un droit d'abatage sur les viandes provenant d'animaux abattus au dehors et prohibe l'introduction des veaux, moutons, boucs, chèvres, porcs , qui ne seraient pas présentés en entier ; que ces dispositions constituent en faveur de la boucherie locale une protection interdite par l'art. 10 du décret du 12 février 1870 ;

Le Conseil d'Etat entendu,

DÉCRÈTE :

158. — *Les taxes sur les viandes dépecées doivent être établies dans les conditions déterminées par le tarif-type.* (Décret de suspension du 15 juillet 1879 ; octroi de Beaupréau, Maine-et-Loire.)

Sur le rapport... etc...

Considérant que par une annotation inscrite en marge du tarif proposé pour la perception de l'octroi de Beaupréau, la taxe sur la viande dépecée a été établie contrairement au décret du 12 février 1870, qui dispose que : « Lorsque l'animal vivant est imposé par tête, si la taxe par tête..... » etc.... (*ici a été reproduite l'observation complète du tarif-type concernant les animaux dépecés*)...

Le Conseil d'Etat entendu,

DÉCRÈTE :

Art. 1er. Est suspendue... en tant qu'elle a approuvé sur les bestiaux dépecés la perception d'une taxe dépassant la proportion établie, par le décret du 12 février 1870, entre la taxe par tête et la taxe sur la viande dépecée.

NOTA. — Sous prétexte de difficultés de pesage, le tarif établissait des taxes graduées ($\frac{1}{75}$, $\frac{1}{50}$, $\frac{1}{25}$, etc.), qui devaient être perçues proportionnellement au droit fixé par tête.

159. — *Lorsque les viandes dépecées et les animaux vivants sont imposés au poids, la taxe d'octroi ne doit pas être la même dans les deux cas.* (Décret de suspension du 16 août 1879 ; octroi de Brest, Finistère.)

Sur le rapport... etc...

Considérant que les viandes de boucherie de toute espèce, crues ou cuites, sont imposées à une seule et même taxe de 5 fr. 60 par 100 kilog. ; que cette imposition s'étend également aux animaux introduits vivants pour être abattus dans l'intérieur, sous les conditions prévues par l'art. 12 du règlement, et à la viande introduite dépecée ;

Considérant que cette disposition est contraire aux énonciations du tarif-type qui stipule que, par rapport à la taxe des animaux vivants, le droit sur la viande dépecée sera doublé, pour les bœufs, vaches, moutons, chèvres, agneaux et chevreaux, augmenté d'un tiers pour les veaux et d'un cinquième pour les porcs ;

Le Conseil d'Etat entendu,

DÉCRÈTE :

160. — *Lorsque les animaux vivants sont imposés, les taxes correspondantes sur la viande dépecée doivent être inscrites au tarif, conformément aux perscriptions du tarif général.* (Note du Conseil d'Etat du 5 août 1879 ; octroi de Sault, Vaucluse.)

La section, etc. ﹒﹒﹒﹒﹒﹒﹒.a pensé qu'il n'y a pas lieu par le gouvernement de s'opposer à l'exécution de cette délibération, mais que l'attention de l'administration des finances doit être appelée sur une lacune du tarif qui ne mentionne pas la viande dépecée ;
Les autorités locales seraient utilement appelées à voter des taxes spéciales à chaque espèce de viande dépecée et, conformément aux indications du décret du 12 février 1870, proportionnelles aux droits qui frappent les animaux vivants.

161. — *Les taxes sur les viandes dépecées doivent être établies proportionnellement à celles qui frappent l'animal sur pied et conformément aux indications du tarif-type.* (Décret de suspension du 26 novembre 1881 ; octroi de Menton, Alpes-Maritimes.)

Sur le rapport... etc...
En ce qui concerne la viande dépecée de porc :
Considérant que cette viande est taxée, dans le projet de tarif, à raison de 20 fr. les 100 kilog., alors que le droit établi sur les mêmes animaux vivants est de 8 fr. ; que cette taxe de 20 fr. n'est pas conforme aux règles de proportionnalité tracées par le tarif-type. ﹒﹒﹒﹒﹒﹒
En ce qui concerne le filet de bœuf :
Considérant que le droit de 26 fr. par 100 kilog. approuvé par le conseil général sur cette espèce de viande est exagéré, par rapport à celui qui frappe l'animal vivant ; ﹒﹒﹒﹒﹒﹒﹒

Le Conseil d'Etat entendu,
DÉCRÈTE :

Vin.

162. — *La taxe d'octroi sur les vins ne peut dépasser le double du droit d'entrée perçu, en principal, au profit du Trésor ; une loi seule peut autoriser une taxe supérieure.* (Décret de suspension du 12 juillet 1881 ; octroi de Saint-Calais, Sarthe. — Décret de suspension du 23 novembre 1884 ; octroi de Caen, Calvados.)

Voir ces décrets au mot « *Surtaxes* », sous les nᵒˢ 267 et 271.

163. — *Les lies de vin ne peuvent être imposées que comme vin et que pour la quantité de vin qu'elles contiennent.* (Décret de suspension du 22 juillet 1884 ; octroi de Roanne, Loire.)

Sur le rapport... etc...

Considérant que la lie masse, c'est-à-dire qui pressée peut devenir liquide, est imposée au tiers du droit fixé pour les vinaigres, ainsi que les marcs de raisin non entièrement secs ;

Considérant qu'aux termes de l'art. 150 de la loi du 28 avril 1816, les lies et marcs doivent être imposés au profit des communes comme ils le sont pour le compte du Trésor, c'est-à-dire proportionnellement à la quantité de vins qu'ils renferment et au taux fixé pour les vins ;

Le Conseil d'État entendu,

DÉCRÈTE :

164. — *Les raisins frais introduits en quantités supérieures à 5 kilogrammes doivent être imposés comme vendanges.* (Décret de suspension du 16 août 1879 ; octroi de Lodève, Hérault.)

Sur le rapport... etc...

Considérant que les raisins introduits en quantités au-dessus de 5 kil. ne sont pas susceptibles d'être imposés comme raisins de table ; qu'ils doivent être considérés comme vendanges et soumis au droit d'octroi établi sur les vins, dans la proportion indiquée à l'art. 23 de la loi du 28 avril 1816 pour la perception du droit d'entrée, c'est-à-dire à raison de 3 hect. de vendanges pour 2 hect. de vin ;

Le Conseil d'État entendu,

DÉCRÈTE :

165. — *La taxe sur les raisins secs destinés à la fabrication du vin doit être inférieure à celle qui est prévue, par le tarif général, pour les raisins secs de table dits « conserves ».* (Décret de suspension du 29 juillet 1881 ; octroi de Saint-Etienne, Loire.)

Sur le rapport... etc...

Considérant que le taux d'une taxe à établir sur les raisins secs à raison de 10 fr. par 100 kilog. impose, dans une proportion excessive, des raisins destinés non à une consommation de luxe, tels que les raisins de table qu'avaient en vue les rédacteurs du tarif-type de 1870, mais à la préparation des boissons de ménage et surtout à la fabrication des vins de qualité inférieure ; que, pour atteindre cette fabrication, l'assujettissement des introducteurs à un contrôle, qui est un des objets que s'est proposés la municipalité de St-Etienne en créant la taxe, ne serait pas moins efficacement assuré par une taxe d'un taux inférieur ; que, dans ces conditions, le taux de 3 fr. (plus le décime) serait suffisant ;

Que, d'ailleurs, les droits sur les vins ainsi fabriqués ne seront perçus que sous la réserve des avantages qui résultent des règles en vigueur relatives à l'entrepôt ;

Le Conseil d'État entendu,

DÉCRÈTE :

Voir plus loin, sous le n° 169, une note du Conseil d'État du 29 décembre 1884.

166. — *Même objet.* (Décret de suspension du 13 juillet 1882; octroi de Saint-Nazaire, Loire-Inférieure.)

Sur le rapport... etc...

Considérant que la taxe de 5 fr. 00 par 100 kilog. sur les raisins à boisson paraît correspondre à peu près au droit d'octroi, dont serait passible, d'après le tarif local du vin, la quantité de boisson qui peut être obtenue avec ces 100 kilog. ;

Mais, considérant que les raisins à boisson sont destinés, soit à la préparation de boisson de ménage qu'il importe de ne pas trop imposer, soit surtout à la fabrication de vin de qualité inférieure ; que, pour atteindre cette dernière fabrication, l'assujettissement des introducteurs à un contrôle n'est pas moins efficacement assuré par une taxe d'un taux inférieur au droit qui devra être définitivement perçu sur le vin fabriqué;

Que, dans ces conditions, le taux de 3 fr. par 100 kilog. paraît être suffisant;

Le Conseil d'État entendu,

Décrète :

Voir plus loin, sous le n° 169, une note du Conseil d'État du 29 décembre 1884.

167. — *Le vin et les boissons fabriqués avec des raisins, vendanges ou fruits récoltés dans l'intérieur du rayon de l'octroi ne peuvent être exonérés du droit.* (Décret de suspension du 13 juillet 1876; octroi de Saint-Calais, Sarthe.)

Sur le rapport... etc...

Considérant que le conseil général a approuvé une disposition du tarif qui exonère du droit d'octroi : 1° le vin provenant des vendanges récoltées à l'intérieur, lorsque le produit total ne dépasse pas un hectol. par récoltant ; 2° les boissons fabriquées avec du raisin récolté dans les mêmes conditions ; 3° et les fruits secs destinés à la fabrication des boissons;

Considérant, d'une part, que l'art. 23 de la loi du 28 avril 1816 a fixé les proportions dans lesquelles doivent être imposés les vendanges et fruits secs, eu égard à la taxe sur les vins et sur les cidres, et, d'autre part, que l'art. 35 de l'ordonnance du 9 décembre 1814, aussi bien que l'art. 10 du décret du 12 février 1870, prescrivent d'une manière impérative la perception des taxes du tarif sur les objets récoltés ou préparés à l'intérieur ;

Le Conseil d'État entendu,

Décrète :

168. — *Les piquettes ne peuvent être soumises à une taxe spéciale ; lorsqu'elles sont imposables, elles doivent être taxées comme vin.* (Décret de suspension du 12 novembre 1878 ; octroi de Pertuis, Vaucluse.)

Sur le rapport... etc...

Considérant qu'aux termes de l'art. 42 de la loi du 28 avril 1816, les piquettes de vin ne sont imposables au profit du Trésor que lorsqu'elles ne sont pas consommées sur place ; que, lorsqu'elles sont imposées, elles sont taxées comme vins ; qu'en vertu de l'art. 150 de la même

loi, ces règles sont de plein droit applicables à la perception des taxes d'octroi ; que, dès lors, le conseil général du département de Vaucluse a méconnu les prescriptions combinées des articles 42 et 150 de la loi de 1816 en autorisant la perception, à l'octroi de Pertuis, d'une taxe spéciale sur les piquettes ;

Le Conseil d'État entendu,

DÉCRÈTE :

169. — *Les raisins secs destinés à la fabrication du vin doivent être imposés à une taxe proportionnée au droit applicable à la quantité de vin qui est présumée devoir être fabriquée avec ces raisins.* (Note du Conseil d'Etat du 29 décembre 1884 ; octroi de Besançon, Doubs.)

La section a élevé à 6 fr. 00 le droit sur le raisin destiné à la fabrication du vin, que l'administration proposait de réduire à 3 fr. 00. Elle a pensé que ce droit doit varier en proportion du droit perçu par hectolitre de vin naturel et, en supposant que 33 kilogrammes de raisin permettent de fabriquer un hectolitre de vin, comme le droit sur le vin est à Besançon de 2 fr. 00, le droit de 6 fr. 00 par 100 kilogr. de raisin sec correspond à peu près exactement au droit sur le vin naturel.

Vinaigres.

170. — *Les vinaigres ne doivent pas être taxés au delà du maximum prévu par le tarif général.* (Décret de suspension du 20 novembre 1875 ; octroi de Château-Gontier, Mayenne.)

Sur le rapport... etc...

Considérant que les vinaigres sont déjà soumis à un droit au profit du Trésor ; que l'on s'exposerait à en faire diminuer la consommation, au détriment du budget de l'État, en les soumettant à des taxes exagérées et que, dès lors, il convient de les réduire aux maxima fixés par le tarif joint au décret du 12 février 1870 ;

Le Conseil d'État entendu,

DÉCRÈTE :

171. — *Le vinaigrage des boissons potables ou des boissons gâtées ne doit plus être autorisé par le règlement, lors de l'introduction dans le rayon de l'octroi.* (Décret de suspension du 20 août 1879 ; octroi de Falaise, Calvados.)

Sur le rapport... etc...

Considérant que l'art. 11 du règlement autorise, lors de l'introduction, le vinaigrage des boissons gâtées et de celles de bonne qualité, avec faculté du simple paiement de la taxe d'octroi afférente au vinaigre ; que cette disposition est contraire aux art. 3 et 6 de la loi du 17 juillet 1875, qui

a établi un droit sur les vinaigres au profit du Trésor et limité les opérations de vinaigrage dans les fabriques soumises à l'exercice des
employés de la Régie ;

Le Conseil d'État entendu,

DÉCRÈTE :

Voir l'instruction ministérielle du 25 septembre 1809, qui avait autorisé le vinaigrage
des boissons gâtées (Trescaze, Recueil chronologique, tome 1, pages 312 et 313).

Volailles et lapins domestiqués.

172. — *Lorsque les volailles figurent au tarif, celles que l'on introduit
vivantes et celles de l'intérieur ne peuvent être exemptées de la taxe.*
(Décret de suspension du 13 juillet 1876 ; octroi de Saint-Calais, Sarthe.)

Sur le rapport... etc...

Considérant que le conseil général a approuvé une taxe sur les dindes,
poulardes, oies grasses, chapons morts venant de l'extérieur, alors que
ces mêmes volailles sont exemptes du droit lorsqu'elles sont introduites
vivantes ; que cette immunité accordée aux volailles de l'intérieur et à celles
introduites vivantes est contraire aux principes posés par les art. 24 de
l'ordonnance du 9 décembre 1814 et 10 du décret du 12 février 1870 ;

Le Conseil d'État entendu,

DÉCRÈTE :

Zinc (voyez « *Métaux* »).

TITRE III.

DÉCISIONS CONCERNANT LES TAXES EXTRA-RÈGLEMENTAIRES.

Amidon.

173. — *L'amidon ne peut être imposé.* (Décret de suspension du 23 novembre 1878; octroi de Tourcoing, Nord.)

Sur le rapport... etc...

Considérant que l'amidon ne figure pas au tarif-type, qu'il est employé dans une proportion importante à des usages industriels et à la fabrication de produits de commerce général ;

Que, dès lors, il convient de ne pas l'astreindre à la taxe d'octroi ;

Le Conseil d'État entendu,

DÉCRÈTE :

Bois non imposables.

174. — *Les sabots, chaises, cercles et instruments aratoires ne peuvent être imposés.* (Décret de suspension du 13 juillet 1876 ; octroi de Saint-Calais, Sarthe.)

Sur le rapport.... etc...

Considérant que les cercles et les bois destinés à la fabrication des sabots, chaises et instruments aratoires ne sont pas, à proprement parler, des objets de consommation locale ; que, par l'emploi auquel ils sont destinés, ils rentrent plutôt dans la catégorie des objets destinés au commerce général et qu'ils doivent dès lors être exempts des droits d'octroi, conformément aux prescriptions de l'art. 148 de la loi du 28 avril 1816 ;

Le Conseil d'État entendu,

DÉCRÈTE :

175. — *Les bois de charronnage et de sellerie ne peuvent être imposés.* (Décret de suspension du 20 juillet 1876 ; octroi de Sablé, Sarthe.)

Sur le rapport... etc...

Considérant que les bois de charronnage et de sellerie sont destinés à la fabrication de produits qui ne constituent pas des objets de consommation locale et qu'ils ne sauraient, pas plus que ces produits eux-mêmes, figurer au tarif de l'octroi ;

Le Conseil d'État entendu,

DÉCRÈTE :

176. — *Les meubles, les bois de rabattage pour barriques et les bois d'ébénisterie ne sont pas imposables.* (Décret de suspension du 30 juillet 1876 ; octroi de Bordeaux, Gironde.)

Sur le rapport.... etc....

En ce qui concerne : .... les meubles et les marbres qui en font partie (*voir au mot Meubles*) ;

Les planches destinées au rabattage des barriques, les bois d'ébénisterie de toute espèce ;

Considérant que ces articles ne constituent pas, à proprement parler, des objets de consommation locale et ne sauraient être maintenus au tarif de l'octroi;

Le Conseil d'État entendu,

DÉCRÈTE :

177. — *Les seuls bois imposables sont ceux qui sont employés comme combustibles ou comme matériaux de construction immobilière.* (Décret de suspension du 24 novembre 1876; octroi de Caen, Calvados.)

Sur le rapport... etc...

En ce qui concerne l'imposition des bois en grume ou façonnés, des rais, jantes et moyeux, etc., etc. :

Considérant que les bois ne peuvent figurer dans les tarifs d'octroi que comme combustibles ou matériaux de construction ; qu'ils ne peuvent être soumis à des droits de consommation locale, lorsqu'ils servent à la fabrication d'objets de commerce général, qui ne sont pas susceptibles eux-mêmes d'être imposés ;

Le Conseil d'État entendu,

DÉCRÈTE :

Art. 1er. Est suspendue.... 1°....

2° En tant qu'elle aurait implicitement ou explicitement autorisé la perception de taxes d'octroi sur des bois qui ne devraient pas être employés comme matériaux de construction ou comme combustibles.

178. — *Même objet.* (Décret de suspension du 24 novembre 1876; octroi de Rennes, Ille-et-Vilaine.)

Sur le rapport... etc...

Considérant que les caisses, tines et tinettes ne figurent pas au tarif-type et ne sont pas des articles de consommation locale ; que ces articles sont destinés à l'emballage ou au transport d'articles ou denrées de commerce général; qu'en conséquence ils ne sauraient être frappés de taxes d'octroi, contrairement aux prescriptions de l'art. 148 de la loi du 28 avril 1816 ; qu'il en est de même des étaux ;

Le Conseil d'État entendu,

DÉCRÈTE :

Art. 1er. Est suspendue en tant... 1°....2°...

3° Qu'elle a autorisé explicitement ou implicitement la perception des taxes d'octroi sur des bois qui ne seraient pas employés comme combustibles ou comme matériaux de construction immobilière.

179. — *Les bateaux ne peuvent être soumis à aucune taxe d'octroi.* (Décret de suspension du 28 novembre 1878; octroi de la Ciotat, Bouches-du-Rhône.)

Voir ce décret, sous le n° 41, aux mots « *Entrepôt industriel* ».

180. — *Les mâts, mâtereaux, vergues, etc.... ne peuvent être imposés.*
(Décret de suspension du 22 novembre 1879 ; octroi de Dieppe, Seine-Inférieure.)

Sur le rapport... etc...

Considérant que le tarif assujettit aux taxes d'octroi les mâts, mâtereaux, vergues, esparts... etc., contrairement aux dispositions formelles
de l'article 11 du décret du 12 février 1870, qui prescrit l'exonération
des bois employés aux constructions navales ; .

Le Conseil d'État entendu,

DÉCRÈTE :

Bouchons et Lièges.

181. — *Les bouchons de liège et le liège ne peuvent être soumis à l'octroi.*
(Décret de suspension du 16 août 1879 ; octroi de Brest, Finistère.)

Voir ce décret, sous le n° 183, au mot « *Bouteilles* ».

Bouteilles, cruchons, etc...

182. — *Les bouteilles ne doivent pas être imposées.* (Décret de suspension du 13 juillet 1876 ; octroi de Castres, Tarn.)

Sur le rapport... etc...

Considérant que les bouteilles ne sont pas comprises dans la nomenclature du tarif général ; que, par leur nature, elles peuvent servir à expédier
des objets de commerce général et que, comme telles, elles ne doivent
pas être imposées ; qu'alors même qu'elles seraient employées par les habitants à des usages domestiques, elles rentrent alors dans la catégorie des
ustensiles de ménage et des meubles facilement transportables en dehors
du rayon de l'octroi ;

Le Conseil d'État entendu,

DÉCRÈTE :

183. — *Les bouteilles et cruchons ne sont pas imposables.* (Décret de suspension du 16 août 1879 ; octroi de Brest, Finistère.)

Sur le rapport... etc...

Considérant que les bouteilles et cruchons (les cristaux et verroterie,
les bouchons de liège et le liège en planche) ne constituent pas, à proprement parler, des objets de consommation locale ; qu'alors même qu'ils seraient employés par les habitants à des usages domestiques, ils rentrent

alors dans la catégorie des ustensiles de ménage facilement transportables hors du rayon de l'octroi ;

Le Conseil d'État entendu,

DÉCRÈTE:

Cafés, chicorées.

184. — *Les cafés et chicorées ne sont pas imposables.* (Décret de suspension du 6 juillet 1875 ; octroi d'Avranches, Manche.)

Sur le rapport... etc...

Considérant que les cafés et chicorées ne figurent pas au tarif-type annexé au décret du 12 février 1870 ; que les cafés et *chicorées* (A) sont déjà frappés de droits au profit du Trésor et qu'en autorisant la perception des taxes d'octroi sur ces mêmes objets, on peut craindre d'en faire diminuer la consommation au détriment du budget de l'État ; attendu d'ailleurs qu'il est possible de trouver sur d'autres articles du tarif général des recettes équivalentes ;

Le Conseil d'État entendu,

DÉCRÈTE :

185. — *Les chicorées et similaires ne doivent pas être imposés à l'octroi.* (Décret de suspension du 20 novembre 1875 ; octroi de Château-Gontier, Mayenne.)

Sur le rapport.... etc...

Considérant que les chicorées et similaires (A) sont frappés de droits au profit de l'État , qu'ils ne sont pas prévus au tarif général et qu'il convient de ne pas les comprendre dans les tarifs d'octroi ;

Le Conseil d'État entendu,

DÉCRÈTE :

186. — *Alors même que l'imposition des cafés a été admise antérieurement, elle ne doit plus être prorogée.* (Décret de suspension du 31 décembre 1877 ; octroi de Lorient, Morbihan).

Voir ce décret, sous le nº 218, au mot « *Sucres* ».

187. — *La chicorée n'est pas imposable.* (Décret de suspension du 14 novembre 1881 ; octroi de Morlaix, Finistère.)

(A) Les chicorées ne sont plus imposées au profit du Trésor ; néanmoins le Conseil d'État n'admet pas qu'elles soient taxées au profit des communes. Voir plus loin un décret du 14 novembre 1881 (octroi de Morlaix, nº 187).

Sur le rapport... etc...

Considérant que la chicorée ne figure pas au tarif-type ; que cette denrée, qui est plus particulièrement consommée par les classes peu aisées, a été récemment dégrevée des droits perçus au profit du Trésor ; que cette imposition ne saurait être indirectement rétablie sous la forme de taxe communale ;

Le Conseil d'État entendu,

DÉCRÈTE :

Caisses, tonneaux, barriques.

188. — *Les caisses, tonneaux et barriques ne peuvent être soumis à un droit d'octroi.* (Décret de suspension du 20 novembre 1875 ; octroi de Cambrai, Nord.)

Sur le rapport... etc...

Considérant que les caisses, les tonneaux, barils à savon et autres, qui ne figurent pas au tarif-type, ne sont pas, à proprement parler, des articles de consommation locale ; que, par leur nature et leur emploi, ils sont plutôt destinés au commerce général et qu'en conséquence ils doivent être affranchis de toute taxe d'octroi, conformément aux prescriptions de l'art. 148 de la loi du 28 avril 1816 ;

Le Conseil d'État entendu,

DÉCRÈTE :

Cercles, barriques, etc.....

189. — *Les cercles et les barriques ne sont pas imposables.* (Décret de suspension du 6 juillet 1875 ; octroi d'Avranches, Manche.)

Sur le rapport... etc...

Considérant que les cercles doivent être affranchis, aussi bien que les tonneaux et barriques, à la confection desquels ils doivent être employés, et qu'ils ne sont pas, à proprement parler, des objets de consommation locale ;

Le Conseil d'État entendu,

DÉCRÈTE :

Voir des décisions dans le même sens, sous les nos 174 et 176 , aux mots « *Bois non imposables* ».

Cheval, âne, mulet.

190. — *La viande de cheval, d'âne et de mulet n'est pas imposable.* (Décret de suspension du 27 juillet 1881 ; octroi de Melun , Seine-et-Marne.)

Sur le rapport... etc...

Considérant que la viande de cheval, d'âne et de mulet ne figure pas au tarif-type annexé au décret du 12 février 1870 et que l'imposition de ces animaux présenterait dans son application des difficultés de perception ;

Le Conseil d'État entendu,
  DÉCRÈTE :

191. — *Même objet.* (Décret de suspension du 26 juillet 1881 ; octroi de Sézanne, Marne.)

Sur le rapport... etc...

Considérant que la viande de cheval, d'âne et de mulet ne figure pas au tarif-type annexé au décret du 12 février 1870, et que l'imposition de ces animaux présenterait dans l'application des difficultés de perception ;

Le Conseil d'État entendu,
  DÉCRÈTE :

192. — *La viande de cheval n'est pas imposable, même lorsque la perception est limitée aux chevaux abattus à l'abattoir public.* (Décret de suspension du 29 juillet 1881 ; octroi de Nancy, Meurthe-et-Moselle.)

Sur le rapport... etc...

En ce qui concerne la taxe sur la viande de cheval :

Considérant que, pour échapper aux difficultés de perception, le tarif n'impose que les chevaux abattus à l'abattoir public ; mais que, dans ces conditions, la taxe ne frapperait pas sur toutes les quantités livrées à la consommation, contrairement au principe d'égalité rappelé par l'art. 1er du règlement ;

Le Conseil d'État entendu,
  DÉCRÈTE :

Confitures.

193. — *Les confitures ne sont pas imposables.* (Décret de suspension du 12 juillet 1881 ; octroi de Saint-Calais, Sarthe.)

Sur le rapport... etc...

Considérant que les confitures ne sauraient être imposées, pas plus que les sucres et fruits frais qui servent à leur fabrication ;

Le Conseil d'État entendu,
  DÉCRÈTE :

Crin.

194. — *Le crin animal ou végétal ne peut être imposé.* (Décret de suspension du 5 décembre 1878 ; octroi de Toulon, Var.)

Sur le rapport... etc...

Considérant que les........., le crin animal et végétal ne figurent pas dans la nomenclature du tarif général ; que ces objets ne sont pas destinés à la consommation locale et, dès lors , ne sauraient être imposés à l'octroi ;

Le Conseil d'État entendu,

DÉCRÈTE :

Cristaux, faïences, porcelaines.

195. — *Les cristaux, faïences et porcelaines ne peuvent être imposés.* (Décret de suspension du 26 juillet 1876 ; octroi de Bordeaux, Gironde.)

Sur le rapport... etc...

Considérant que la verroterie et les cristaux, les poêles, la vaisselle, les vases et objets de toute espèce en porcelaine, faïence, grès ou terre de pipe ne sont pas, à proprement parler, des objets de consommation locale et ne sauraient être maintenus au tarif de l'octroi ;

Le Conseil d'État entendu,

DÉCRÈTE :

196. — *Les cristaux et verroteries ne sont pas imposables.* (Décret de suspension du 16 août 1879 ; octroi de Brest, Finistère.)

Sur le rapport.... etc...

Considérant que les . . . . ., cristaux et verroteries,. . . . . ne sont pas, à proprement parler, des objets de consommation locale ; qu'alors même qu'ils seraient employés par les habitants à des usages domestiques, ils rentrent alors dans la catégorie des ustensiles de ménage, meubles facilement transportables hors du rayon de l'octroi ;

Le Conseil d'État entendu,

DÉCRÈTE :

Cuirs et peaux.

197. — *Les cuirs ne doivent pas être imposés.* (Décret de suspension du 6 juillet 1875 ; octroi de Quimper, Finistère.)

Sur le rapport... etc...

Considérant que le cuir doit être regardé comme un objet de commerce général, bien qu'il soit employé en partie dans la localité ; qu'au surplus la perception offrirait de grandes difficultés, puisque la municipalité n'espère pouvoir recouvrer ce droit qu'au moyen d'un abonnement avec les tanneurs ;

Le Conseil d'État entendu,

DÉCRÈTE :

—

198. — *Même objet.* (Décret de suspension du 30 juillet 1876 ; octroi de Bordeaux, Gironde.)

Sur le rapport... etc...

En ce qui concerne les cuirs et peaux verts, secs, fabriqués ou ouvrés :
Considérant que ces articles ne constituent pas, à proprement parler, des objets de consommation locale et ne sauraient être maintenus au tarif de l'octroi ;

Le Conseil d'État entendu,

DÉCRÈTE :

—

Eaux minérales.

199. — *Les eaux minérales ne peuvent être imposées qu'à la condition que le tarif stipule l'exemption pour les eaux purement médicinales.* (Décret de suspension du 27 novembre 1876 ; octroi de Montbrison, Loire.)

Sur le rapport... etc...

En ce qui concerne l'imposition de l'eau minérale :
Considérant que le droit ne peut s'étendre aux eaux dont l'usage est exclusivement médicinal et dont l'exemption doit être, en conséquence, réservée dans le tarif ;

Le Conseil d'État entendu,

DÉCRÈTE :

—

200. — *Même objet.* (Décret de suspension du 13 juillet 1877 ; octroi de Lyon, Rhône.)

Sur le rapport... etc...

En ce qui concerne les eaux minérales de table :
Considérant que le règlement désigne nominativement certaines de ces eaux ;
Considérant qu'en présence des réclamations qui se sont produites, il importe que le tarif se borne à imposer les eaux de table, en spécifiant,

dans une note, que les eaux d'un usage exclusivement médicinal sont affranchies du droit, sauf aux intéressés à débattre avec l'administration municipale, devant la juridiction compétente, les questions de fait et d'application ;

Le Conseil d'État entendu,

DÉCRÈTE :

Farines, fécules, légumes secs, pâtes alimentaires, etc...

201. — *Les farines, le riz, les fécules alimentaires et les lentilles ne peuvent être imposés.* (Décret de suspension du 20 novembre 1875 ; octroi de Château-Gontier, Mayenne.)

Sur le rapport... etc...

En ce qui concerne les farines, riz, fécules alimentaires, lentilles :
Considérant que, si l'on peut admettre que les pâtes alimentaires de luxe soient frappées des droits d'octroi, il serait de mauvaise administration de taxer les farines, pâtes vulgaires et légumes secs, qui sont des objets de première nécessité ;

Le Conseil d'État entendu,

DÉCRÈTE :

Art. 1er. Est suspendue. . . . .
1° . . 2° un droit sur les farines, le riz, les fécules alimentaires et les lentilles ;

. . . . , ...

202. — *Les vermicelles, macaronis et semoules ne sont pas imposables.* (Décret de suspension du 16 août 1879 ; octroi de Brest, Finistère.)

Sur le rapport... etc...

Considérant que les pâtes alimentaires, vermicelle, macaroni, semoule, sont des objets de première nécessité non susceptibles de taxes d'octroi ;

Le Conseil d'État entendu,

DÉCRÈTE :

Gaz d'éclairage.

203. — *En raison des difficultés de perception, le gaz d'éclairage ne peut être soumis à une taxe d'octroi.* (Décret de suspension du 27 juillet 1881 ; octroi de Trouville, Calvados.)

Sur le rapport... etc...

Considérant que le règlement de l'octroi approuvé par le conseil général ne renferme aucune disposition en vertu de laquelle pourrait être assurée la perception de la taxe sur le gaz d'éclairage ;

Le Conseil d'État entendu ,

DÉCRÈTE:

204. — *Même objet.* (Décret de suspension du 22 août 1882 ; octroi de Trouville, Calvados.)

Sur le rapport... etc...

En ce qui concerne l'imposition du gaz d'éclairage :
Considérant que le règlement approuvé par le conseil municipal et par le conseil général ne renferme aucune disposition spéciale relative à la perception du droit d'octroi sur le gaz d'éclairage ; qu'une délibération du conseil municipal, en date du 7 novembre 1881, indique comme moyen de perception de cette taxe, soit l'interposition d'un compteur sur la conduite amenant le gaz de l'usine de Toucques à Trouville, soit, de préférence, le dépouillement de la comptabilité de ladite usine ;
Considérant que le procédé du compteur comporterait des études préalables, tant au point de vue de l'efficacité pratique qu'au point de vue du dégrèvement des consommateurs de gaz résidant en dehors du périmètre de l'octroi;
Considérant que si, en vertu des conventions intervenues entre les producteurs de gaz et la ville de Trouville, il appartient à l'administration municipale de cette commune de recevoir communication de la comptabilité desdits producteurs, cette communication n'a pas pour but, et ne saurait avoir pour conséquence, l'application des mesures fiscales étrangères à l'esprit des conventions primitives ; que ces conventions ne pourraient être modifiées dans le sens des prétentions de la ville de Trouville qu'en suite d'accords spéciaux ;
Considérant que, dans ces circonstances, la taxation du gaz d'éclairage serait dépourvue de toute sanction pratique; qu'elle ne saurait être maintenue ;

Le Conseil d'État entendu,

DÉCRÈTE:

Graines oléagineuses.

205. — *Dans les villes sujettes au droit d'entrée au profit du Trésor, les graines oléagineuses ne peuvent être frappées d'un droit d'octroi.* (Décret de suspension du 7 juillet 1875; octroi de Verdun, Meuse.)

Sur le rapport... etc...

Considérant que la loi du 31 décembre 1873, en rétablissant le droit d'entrée sur les huiles, a remis en vigueur, quant à la perception, la loi du 25 mars 1847; que l'art. 98 de cette dernière loi dispose que les fruits, graines ou autres substances destinés à faire de l'huile ne sont soumis à aucun droit et que le droit ne sera dû que sur l'huile en provenant ;

Considérant qu'aux termes de l'art. 150 de la loi du 28 avril 1816, cette règle doit s'appliquer à la perception des droits d'octroi ;

Le Conseil d'État entendu,

DÉCRÈTE :

Légumes et fruits frais.

206. — *Les légumes et fruits frais ne sont pas imposables.* (Décret de suspension du 18 février 1878 ; octroi de Roubaix, Nord.)

Sur le rapport... etc...

En ce qui concerne la taxe sur les melons :

Considérant que le tarif général annexé au décret du 12 février 1870 n'a pas compris les fruits et légumes frais parmi les articles qui peuvent faire l'objet de droits d'octroi ; qu'il n'y a aucun motif particulier de déroger à ce principe ; que le produit présumé n'est porté d'ailleurs qu'à 422 fr. ;

Le Conseil d'État entendu,

DÉCRÈTE :

Métaux non imposables.

207. — *Les métaux destinés à la construction des bâtiments sont seuls imposables ; on ne saurait insérer dans un tarif une disposition qui taxerait d'une manière générale les métaux bruts ou travaillés.* (Décret de suspension du 17 juin 1875 ; octroi d'Avignon, Vaucluse.)

Voir ce décret, au mot « *Métaux* », sous le n° 140 ; voir également le n° 141.

208 — *Les targettes, les serrures et clefs et les appareils de fumisterie et de chauffage ne sont pas imposables.* (Décret de suspension du 16 août 1879 ; octroi de Brest, Finistère.)

Sur le rapport... etc....

Considérant que les targettes, serrures et clefs et appareils de fumisterie et de chauffage, qui figurent dans une observation du tarif, parmi les objets imposables, sont des articles qui rentrent dans la catégorie des objets de commerce général non imposables ;

Le Conseil d'État entendu,

DÉCRÈTE :

209. — *L'étain n'est pas imposable.* (Décret de suspension du 8 décembre 1882 ; octroi de Dreux, Eure-et-Loir.)

Sur le rapport... etc...

Considérant que l'étain n'est employé qu'exceptionnellement aux constructions immobilières ; que, par suite, il ne doit pas être soumis aux droits d'octroi ;

Le Conseil d'État entendu,

DÉCRÈTE :

___

Meubles.

210. — *Les meubles ne doivent pas être imposés.* (Décret de suspension du 21 mai 1875 ; octroi de Perpignan, Pyrénées-Orientales.)

Sur le rapport... etc...

Considérant que le tarif général joint au décret du 12 février 1870, loin de comprendre les meubles dans sa nomenclature, en interdit formellement l'imposition par l'observation ainsi conçue : « Les marbres qui font partie des meubles ne sont pas imposables, pas plus que les meubles eux-mêmes » ;

Considérant, en effet, que les meubles ne constituent pas, à proprement parler, des objets de consommation locale, mais des objets de commerce général susceptibles d'être exportés en dehors du périmètre de l'octroi ;

Considérant que le but poursuivi par le conseil municipal de Perpignan, qui est de rétablir l'égalité entre l'ébénisterie de l'intérieur et celle de l'extérieur, est à la vérité conforme aux principes du décret du 12 février 1870, et à la règle écrite dans l'art. 10 dudit décret ; mais que le moyen approuvé par le conseil général serait en contradiction avec les principes généraux en matière d'octroi et le texte formel du tarif général, et que l'égalité entre la fabrication de l'intérieur et celle de l'extérieur ne saurait être obtenue que par l'affranchissement des bois qui servent à confectionner des meubles dans l'intérieur et l'application du tarif aux seuls bois de menuiserie employés dans le rayon de l'octroi à la construction des bâtiments ;

Le Conseil d'État entendu,

DÉCRÈTE :

___

Papiers.

211. — *Les papiers peints ne sont pas imposables.* (Décret de suspension du 20 novembre 1875 ; octroi de la Rochelle, Charente-Inférieure.)

Sur le rapport... etc...

Considérant que les papiers peints ne figurent pas au tarif général, qu'ils sont frappés de droits au profit de l'État ; que d'ailleurs il n'est donné aucun motif à l'appui de l'imposition, tout exceptionnelle, de taxes communales sur cet article qui pourraient avoir pour effet de restreindre la consommation et porter atteinte aux recettes du Trésor ;

Le Conseil d'État entendu,

DÉCRÈTE :

212. — *Les papiers et cartons ne sont pas imposables.* (Décret de suspension du 26 juillet 1876 ; octroi de Bordeaux, Gironde.)

Sur le rapport... etc...

Considérant que les papiers et cartons, autres que les papiers de tenture, ne sont pas, à proprement parler, des objets de consommation locale et ne sauraient être maintenus au tarif de l'octroi ;

Le Conseil d'État entendu,

DÉCRÈTE :

213. — *Les papiers de tenture étant imposés au profit du Trésor ne peuvent être frappés de taxes d'octroi.* (Décret de suspension du 2 juillet 1881 ; octroi de Melun, Seine-et-Marne.)

Sur le rapport... etc...

Considérant que les papiers ne figurent pas dans la nomenclature du tarif général annexé au décret du 12 février 1870 ; qu'ils sont imposés au profit du Trésor ; qu'il convient, dans l'intérêt des contribuables et des recettes de l'État, de ne pas les assujettir à des taxes locales ;

Le Conseil d'État entendu ;

DÉCRÈTE :

214. — *Même objet.* (Décret de suspension du 25 novembre 1882 ; octroi de Mayenne, Mayenne.)

Sur le rapport. . etc...

Considérant que les papiers de tenture sont déjà imposés au profit du Trésor et qu'il convient, dans l'intérêt des recettes de l'État, de ne pas les assujettir à des taxes locales ;

Le Conseil d'État entendu,

DÉCRÈTE :

Pommades.

215. — *En raison des difficultés de perception, les pommades et cosmétiques ne doivent pas être taxés.* (Décret de suspension du 20 juin 1883 ; octroi de Mayenne, Mayenne.)

Sur le rapport... etc...

En ce qui concerne l'imposition des pommades et cosmétiques :
Considérant que ces articles ne figurent pas au tarif général et que la perception impliquerait un exercice à l'intérieur, dont les inconvénients

et les difficultés ne seraient pas en rapport avec le produit espéré, qui est évalué à 30 fr. par l'administration municipale ;

Le Conseil d'État entendu,

DÉCRÈTE :

———

Raisins secs.

Voyez au mot « *Vins* » (tarif-type, n°ˢ 165, 166 et 169).

———

Sirops et Sucres.

216. — *Les sucres ne sont pas imposables.* (Décret de suspension du 6 juillet 1875 ; octroi d'Avranches, Manche.)

Sur le rapport... etc...

Considérant que les sucres ne figurent pas au tarif-type annexé au décret du 12 février 1870; qu'ils sont déjà frappés de droits au profit du Trésor, et qu'en autorisant la perception des taxes d'octroi sur ces mêmes objets, on peut craindre d'en faire diminuer la consommation au détriment du budget de l'État; attendu d'ailleurs qu'il est possible de trouver sur d'autres articles du tarif général des recettes équivalentes ;

Le Conseil d'État entendu,

DÉCRÈTE :

217. — *Le sucre et ses dérivés ne doivent pas être soumis à l'octroi.* (Décret de suspension du 6 juillet 1875 ; octroi de Quimper, Finistère.)

Sur le rapport... etc...

Considérant qu'il serait contraire aux intérêts de l'État d'assujettir aux taxes d'octroi les objets qui, comme le sucre et ses dérivés, sont frappés de droits au profit du Trésor et qui ne sont pas compris pour ce motif au tarif général ;

Le Conseil d'État entendu,

DÉCRÈTE :

218. — *Même objet.* (Décret de suspension du 31 décembre 1877 ; octroi de Lorient, Morbihan.)

Sur le rapport... etc...

Considérant que ces articles (*les cafés, sucres et sirops*) ne figurent pas au tarif annexé au décret du 12 février 1870, et qu'en présence des droits très élevés dont ils sont frappés au profit du Trésor, une jurisprudence constante en poursuit la radiation de tous les tarifs d'octroi ;

MAN. DES OCTROIS. 8

Considérant que leur maintien constituerait une exception à peu près unique aujourd'hui et qui ne serait pas d'ailleurs motivée par des raisons de nécessité absolue, car il serait possible à la ville de retrouver, sur d'autres articles du tarif, des recettes équivalentes à celles que la ville a trouvées jusqu'ici dans les taxes dont il s'agit ;

Le Conseil d'État entendu,

DÉCRÈTE :

219. — *Les sirops ne sont pas imposables.* (Décret de suspension du 27 juillet 1881 ; octroi de Trouville, Calvados.)

Sur le rapport... etc...

Considérant que les sirops, qui ne figurent pas dans la nomenclature du tarif annexé au décret du 12 février 1870, supportent des droits élevés au profit du Trésor, pour le sucre qui entre dans leur préparation ; que dès lors, dans l'intérêt des contribuables et des recettes de l'État, ils ne sauraient être soumis à des droits au profit des communes ;

Le Conseil d'État entendu,

DÉCRÈTE :

Tan.

220. — *Le tan et les écorces de chéne ne peuvent être imposés.* (Décret de suspension du 24 juillet 1876 ; octroi de Romans, Drôme.)

Sur le rapport... etc...

Considérant qu'en approuvant une taxe de 0 fr. 10 c. par 100 kilog. sur les écorces de chêne et autres produits destinés à la tannerie, le conseil général a méconnu les principes généraux en matière d'octroi ;

Le Conseil d'État entendu,

DÉCRÈTE :

221. — *Le tan et ses similaires ne sont pas imposables.* (Décret de suspension du 24 novembre 1876 ; octroi de Riom, Puy-de-Dôme.)

Sur le rapport... etc...

Considérant qu'en approuvant l'introduction au tarif du tan et des autres produits similaires, qui sont employés à la préparation des cuirs, lesquels sont des objets de commerce général, le conseil général a méconnu les principes généraux en matière d'octroi ;

Le Conseil d'État entendu,

DÉCRÈTE :

Thé, cacao, poivre. (Denrées coloniales.)

222. — *Le poivre, le thé, le cacao et les autres denrées coloniales ne doivent pas être frappés de taxes d'octroi.* (Décret de suspension du 31 décembre 1874 ; octroi de Brest, Finistère.)

Sur le rapport... etc...

En ce qui concerne l'imposition des poivres, sucres, cafés, mélasses et sirops, poudres de chicorée et autres poudres végétales destinées au même usage, thés, chocolats et cacaos :

Considérant que le tarif de l'octroi de Brest maintient les taxes existantes sur les poivres, sucres, cafés, mélasses et sirops, poudres de chicorée et autres poudres végétales destinées au même usage, et autorise la perception de droits sur les thés, chocolats et cacaos ; que le tarif réglementaire de 1870 ne fait pas mention de ces articles, qui figurent au contraire parmi les objets frappés de droits de diverses natures au profit de l'État ; qu'il y a donc lieu de repousser toute aggravation d'impôts qui aurait pour effet de restreindre la consommation et de porter atteinte aux intérêts du Trésor ;

Le Conseil d'État entendu,

Décrète :

Art. 1er. Est suspendue. . . . . 1°
. . . . 2° L'imposition des poivres, sucres, cafés, mélasses et sirops, poudres de chicorée et autres poudres végétales destinées au même usage, thés, chocolats et cacaos ; 3°. . . . . .

223. — *Le thé ne peut être imposé.* (Décret de suspension du 20 novembre 1875 ; octroi de Château-Gontier, Mayenne.)

Sur le rapport. . . . . .

En ce qui concerne le thé, (les chicorées.....) :

Considérant que ces objets sont frappés de droits au profit de l'État ; qu'ils ne sont pas prévus au tarif général et qu'il convient de ne pas les comprendre dans les tarifs d'octroi ;
. . . .

Le Conseil d'État entendu,

Décrète :

TITRE IV.

DÉCISIONS CONCERNANT DES DISPOSITIONS GÉNÉRALES.

Abattoir.

224. — *Les viandes sortant des abattoirs ne peuvent être imposées qu'autant qu'elles sont destinées à la consommation locale.* (Décret de suspension du 13 juillet 1876 ; octroi de Mens, Isère.)

Sur le rapport... etc...

Considérant que le conseil général a approuvé l'addition au règlement d'un article ainsi conçu : « Les droits d'octroi seront perçus sur tous les « animaux menés à l'abattoir pour y être abattus, lors même que la « viande en provenant serait sortie, en totalité ou en partie, du rayon de « l'octroi » ;

Considérant que l'article précité est en opposition avec l'art. 148 de la loi du 28 avril 1816, qui porte que les droits d'octroi ne devront être imposés que sur les objets destinés à la consommation locale ;

Le Conseil d'État entendu,

DÉCRÈTE :

225. — *Le droit d'abatage ne doit pas être perçu sur les animaux abattus au dehors.* (Décret de suspension du 23 novembre 1878 ; octroi de Boulogne-sur-Mer, Pas-de-Calais.)

Voir ce décret aux mots « *Viandes dépecées* », nᵒ 157.

226. — *Le règlement de l'octroi ne peut imposer aux bouchers et charcutiers l'obligation d'abattre leurs animaux dans l'abattoir communal.* (Décret de suspension du 22 juillet 1881 ; octroi de Roanne, Loire.)

Sur le rapport... etc...

Considérant que l'obligation de faire abattre dans l'abattoir tous les bestiaux destinés à la consommation locale ne saurait être imposée aux bouchers et charcutiers de l'intérieur que par le maire, ET A TITRE DE

MESURE DE POLICE, ainsi que le conseil municipal l'a reconnu relativement aux viandes des bouchers et charcutiers forains ;

Le Conseil d'État entendu,

DÉCRÈTE:

Abonnements avec les redevables.

227. — *Les abonnements, pour le paiement des droits sur les articles du tarif fabriqués à l'intérieur, ne peuvent être individuels ; ils doivent comprendre la corporation entière et être approuvés par le préfet.* (Décret de suspension du 16 août 1879 ; octroi d'Amiens, Somme.)

Sur le rapport... etc...

Considérant que l'art. 19 autorise le maire à contracter des abonnements individuels avec les fabricants d'articles compris au tarif ; que cette faculté doit être réservée pour les industriels qui jouissent de l'entrepôt à domicile et que, pour les objets de commerce local, l'abonnement doit être collectivement consenti à toute la corporation et soumis à l'approbation de l'autorité préfectorale, conformément aux prescriptions de l'art. 4 du décret du 12 février 1870 ;

Le Conseil d'État entendu,

DÉCRÈTE :

228. — *L'abonnement industriel prévu par l'article 14 du décret du 12 février 1870 ne peut être fixé , à priori, par le règlement, à un chiffre minimum déterminé; il doit représenter l'équivalent des droits dus pour la consommation de maison ou de famille des industriels.* (Décret de suspension du 16 août 1879 ; octroi de Bourbourg-ville, Nord.)

Sur le rapport... etc...

Considérant que le dernier alinéa de l'art. 22 du règlement, relatif à l'entrepôt des combustibles employés dans les établissements industriels, dispose que : « la consommation particulière pour les habitants de « l'usine sera évaluée par les employés, mais ne pourra être au-dessous « de 50 hectol. par année » ;

Considérant, d'une part, que l'art. 8 du décret du 12 février 1870 prononce, au moyen de l'entrepôt, l'affranchissement des droits pour toutes les quantités de combustibles employées dans ces établissements à la préparation ou à la fabrication de produits destinés au commerce général, à la seule condition que l'emploi de ces combustibles ait été déclaré et qu'il en ait été justifié aux préposés de l'octroi ;

Considérant, d'autre part, que l'art. 14 du même décret autorise la conclusion d'abonnements annuels réglés de gré à gré entre le maire et les redevables qui voudraient éviter les vérifications inhérentes au régime de l'entrepôt; que ces abonnements individuels doivent représenter exclusivement l'équivalent des taxes dues pour la consommation de maison ou de famille des industriels;

Considérant, dès lors, qu'en fixant à priori, et dans des conditions autres que celles déterminées par les dispositions précitées du décret de

1870, le minimum des quantités de combustibles qui ne pourront être affranchies des droits dans les établissements industriels, le dernier alinéa de l'art. 22 du règlement local a apporté une restriction à l'application desdites dispositions ;

Le Conseil d'État entendu,

DÉCRÈTE :

Art. 1er. Est suspendue : . . . en tant qu'elle a approuvé, à l'article 22 du règlement, une disposition qui fixe *à priori* et dans des conditions autres que celles déterminées par les art. 8 et 14 du décret du 12 février 1870, le minimum des quantités de combustibles qui ne pourront être affranchies des droits dans les établissements industriels.

Annulation.

229. — *Lorsqu'un conseil municipal a prorogé des taxes qui sont illégales, c'est au préfet qu'il appartient d'annuler sa délibération.* (Note du Conseil d'Etat du 25 juin 1884 ; octroi de Prats-de-Mollo, Pyrénées-Orientales.)

La section. . . . .
. . . . Quant aux taxes prorogées par le conseil municipal de Prats-de-Mollo statuant dans les limites de sa compétence, et qui seraient contraires aux lois et règlements en vigueur, il conviendra, conformément aux résolutions arrêtées par les sections réunies des finances et de l'intérieur, dans la séance du 25 juin 1884. de faire déclarer la nullité, en ce qui les concerne, de la délibération dudit conseil municipal, par application des dispositions combinées des art. 63 et 65 de la loi du 5 avril 1884.

Catégories des octrois.

230. — *La catégorie du tarif-type à laquelle appartient une commune est déterminée par le chiffre de sa population agglomérée.* (Avis du Conseil d'État du 28 décembre 1875 ; octroi du Pré-Saint-Gervais, Seine.)

Voir cet avis sous le n° 130, aux mots « *Huiles autres que les huiles minérales* ».

231. — *Dans les communes où il existe des agglomérations distinctes soumises à des droits d'entrée différents au profit du Trésor ; le maximum du droit d'octroi sur les boissons reste déterminé, pour l'ensemble du territoire, par le chiffre de la population de l'agglomération principale.* (Avis du Conseil d'État du 9 février 1881 ; octroi de Saint-Denis, Seine.)

La section des finances, des..... etc.. ... a pris connaissance de plusieurs délibérations du conseil municipal de Saint-Denis (Seine) relatives à l'octroi de cette commune ;

Vu lesdites délibérations en date des 9 avril, 19 juin et 24 août 1880 ;

Vu le rapport adressé à M. le ministre des finances par le conseiller d'État directeur général des contributions indirectes, le 22 janvier 1881 ;

Vu l'avis de la section de l'intérieur du 31 janvier 1881 ;

Ensemble les pièces du dossier ;

Considérant que les délibérations du conseil municipal de Saint-Denis tendent à l'établissement d'une surtaxe qui serait perçue sur les boissons à l'octroi de cette ville, dans la partie du territoire dite de la Plaine ;

Considérant que le périmètre de l'octroi de Saint-Denis, qui comprend tout le territoire de la commune, sans distinction, n'a pas été divisé, par un décret en la forme de règlement d'administration publique, en deux parties, perception de ville et perception de banlieue, comme le permet l'art. 152 de la loi du 28 avril 1816 ; que, dès lors, les mêmes taxes doivent être perçues dans tout le rayon de l'octroi ;

Considérant qu'il résulte des délibérations susvisées du conseil municipal de Saint-Denis que des taxes de 18 fr. par hectolitre d'alcool pur ; 2 fr. 10 par hect de vin ; 0 fr. 85 par hect. de cidre, applicables à tout le territoire de la commune, ont été votées par cette assemblée ;

Considérant que la commune de Saint-Denis est comprise dans le département de la Seine, qui appartient à la 2e classe établie par la loi du 12 décembre 1830 (A) ; qu'elle renferme une population agglomérée supérieure à 20,000 âmes ; que, dès lors, les taxes énumérées ci-dessus rentrent dans les limites fixées par la loi du 19 juillet 1880, au delà desquelles les droits sur les boissons doivent faire l'objet de lois spéciales,

Est d'avis :

Que les taxes de 18 fr. par hectol. d'alcool, 2 fr. 10 par hect. de vin, 0 fr. 85 par hect. de cidre, votées par le conseil municipal de Saint-Denis, doivent être perçues dans tout le rayon de l'octroi de cette ville et peuvent l'être sans avoir fait l'objet d'une loi de surtaxe.

Compétence des divers pouvoirs.

232. — Avis du Conseil d'État (sections réunies des finances et de l'intérieur) en date du 25 juin 1884.

Note des résolutions arrêtées par :

Les sections réunies des finances, des postes et des télégraphes, de la guerre, de la marine et des colonies, et de l'intérieur, des cultes, de l'instruction publique et des beaux-arts :

1° Sur la question de savoir en quelle forme doivent être rédigés les décrets relatifs aux affaires d'octroi, prévues sous les nos 1°, 2°, 3°, 4°, de l'article 137 de la loi du 5 avril 1884 :

Les sections ont été d'avis que ces décrets devaient, en vertu des articles 68 et 137 de la loi municipale, approuver les délibérations des conseils municipaux intervenues dans les cas spécifiés ci-dessus, et non les tarifs et règlements prorogés ou modifiés, qui doivent d'ailleurs être annexés auxdites délibérations, conformément au principe posé par l'art. 3 du décret du 12 février 1870 ;

2° Sur la question de savoir quelle conduite devait être tenue à l'égard de la partie des délibérations des conseils municipaux rentrant dans les limites de compétence de leur pouvoir propre (art. 139 de la loi) :

Les sections ont été d'avis que le Conseil d'État n'avait pas à en connaître, même au cas où ces délibérations renfermeraient des violations de

---

(A) Et par l'art. 1 de la loi du 19 juillet 1880.

lois ou de règlements ; qu'en vertu des articles 63 et 65 de la loi municipale, il appartenait au préfet de déclarer la nullité totale ou partielle des
délibérations totalement ou partiellement illégales ; que rien ne s'oppose,
d'ailleurs, à ce que, par des communications administratives, le Conseil d'E-
tat signale les violations de loi ou de règlement qui se rencontreraient dans
des délibérations de l'espèce dont il s'agit.

3° Sur la question de savoir quelle était l'autorité compétente pour rendre exécutoire la partie des délibérations des conseils municipaux relative
à des diminutions des tarifs d'octroi, lorsque le Gouvernement est compétent pour statuer sur une autre partie de la délibération, en vertu de l'art.
137 de la loi municipale :

Les sections ont été d'avis que, lorsque les délibérations des conseils
municipaux comporteraient le remaniement du tarif, au moyen d'atténua-
tions ou de suppressions, d'une part, et, d'autre part, au moyen d'additions
d'objets ou d'augmentations de droits, le Gouvernement, s'il devait être
saisi en vertu de l'art. 137 de la loi municipale, aurait à connaître, par
raison de connexité, de la partie de la délibération portant abaissement
des taxes, qui en général rentre dans la compétence prévue à l'art. 138
de la loi municipale ;

4° Sur la question de savoir quels sont les droits du Gouvernement lorsqu'il statue, en vertu de l'art. 137 de la loi municipale, sur des taxes spéciales d'octroi votées par les conseils municipaux en conformité de l'art. 134
de ladite loi :

Les sections ont été d'avis qu'il appartient au Gouvernement de s'assurer si ces taxes spéciales sont réellement affectées à des besoins déterminés et temporaires, sans que, d'ailleurs, il puisse modifier le caractère desdites taxes (arrêts du Conseil d'État, au Contentieux, des 16 décembre 1842,
ville de Troyes, et 5 juin 1848, ville d'Auch) ; que, dans l'intérêt du bon
ordre des finances communales et pour assurer l'exécution correcte du 4e §
de l'article 3 de la loi du 16 juin 1881 sur la gratuité de l'instruction primaire, il convient d'insérer dans les décrets d'approbation la clause suivante empruntée à la jurisprudence ancienne du Conseil d'État : « L'ad-
« ministration municipale sera tenue de justifier chaque année, à la pré-
« fecture, de l'emploi des taxes spéciales au paiement des dépenses en vue
« desquelles elles ont été autorisées. Le compte général de ce produit,
« tant en recette qu'en dépense, devra être présenté à l'expiration du dé-
« lai fixé pour la perception des taxes spéciales ».

5° Sur la question de savoir si la totalité de la taxe perçue sur un article déterminé pouvait être une taxe spéciale d'octroi, au sens de l'art. 134
de la loi municipale :

Les sections ont été d'avis que, le législateur ayant cessé d'employer les
expressions de « taxes additionnelles » ou de « centimes additionnels aux
taxes », rien ne s'oppose à ce que la totalité de la taxe frappant un objet
déterminé soit une taxe spéciale.

6° Sur la question de savoir à quelle autorité il appartient de statuer
sur les emprunts communaux remboursables au moyen de taxes spéciales
d'octroi :

Les sections ont été d'avis que, dans le silence de la loi du 5 avril 1884,
il convient de décider que les emprunts remboursables au moyen de taxes
spéciales d'octroi sont soumis aux mêmes règles de compétence que lesdites taxes ; que, lorsque le Conseil d'État est saisi en vertu de l'art. 137
de la loi municipale, il y a lieu, par raison de connexité, de le saisir en
même temps de la question de l'autorisation de l'emprunt corrélatif.

Création d'octrois.

233. — *La création d'un octroi doit être justifiée par l'insuffisance des
revenus ordinaires ou par l'impossibilité de recourir à des centimes addi-*

tionnels pour les dépenses extraordinaires. La quotité des frais de percep-
tion ne doit pas être exagérée. (Avis du Conseil d'Etat du 25 mai 1875 ;
commune de Gueugnon, Saône-et-Loire.)

La section. . . qui a examiné un projet de décret tendant à autoriser
la création d'un octroi dans la commune de Gueugnon, est d'avis qu'au
point de vue des voies et moyens, si les tarif et règlement présentés sont
régulièrement établis, les frais de perception, qui absorberaient 30 p. 0|0
du produit brut de l'octroi et représenteraient 12 centimes additionnels,
constituent une sérieuse objection à l'établissement de l'octroi, qui vient
s'ajouter aux observations de la section de l'intérieur (A) ;

Si le conseil municipal persistait néanmoins à réclamer l'établissement
d'un octroi, il y aurait intérêt pour la section :

1° A savoir s'il n'y a pas, soit dans la partie rurale de la commune, soit
même dans le rayon proposé pour l'octroi, de production vinicole ;

2° A obtenir des renseignements sur le mode de perception et de surveillance qui serait adopté.

(A) *Extrait des observations susvisées de la section de l'intérieur.*

« La section, tout en prenant en considération la situation financière de
« cette commune, est d'avis qu'il n'y a pas lieu de donner suite à ce pro-
« jet. Il ne paraît pas, en effet, résulter de l'examen du dossier que les
« insuffisances du budget réclament nécessairement la création deman-
« dée. Quant aux dépenses présentées comme urgentes, elles semblent au
« moins discutables, et il n'est nullement prouvé que, pour les autres, la
« commune ne puisse pas attendre l'époque très prochaine où les centi-
« mes facultatifs deviendront disponibles.

« Dans cette situation, la section de l'intérieur verrait un sérieux incon-
« vénient à autoriser, dans une commune d'une aussi faible population,
« l'établissement d'un octroi qui grèverait les contribuables d'une charge
« évidemment destinée à devenir permanente. »

234. —*La création d'un octroi ne doit pas avoir pour résultat principal
d'exonérer le département et l'État des dépenses légales qui leur incombent
dans le service de l'instruction primaire.* (Avis du Conseil d'État du 5 janvier
1876 ; communes de Pouldreuzic, d'Edern et de Berrien, Finistère.)

La section des finances. . . . . qui a pris
connaissance de trois projets de décret ayant pour objet de créer un octroi
sur les boissons dans les communes de Pouldreuzic, Edern et Berrien :

Vu la loi du 24 juillet 1867 ;
Vu le décret du 12 février 1870 ;
Vu toutes les pièces du dossier ;

Considérant que l'établissement des taxes d'octroi ne peut se justifier,
surtout dans les communes aussi peu importantes, que par la nécessité
de pourvoir aux dépenses communales et d'écarter notamment l'exagération du chiffre des contributions directes ;

Mais considérant qu'il est contraire , en principe, de créer des taxes
dans l'intérêt de l'Etat ou du département ;

Que le principal résultat de la création des octrois proposés serait d'exonérer le département de la part légale, qui lui incombe dans les dépenses de l'instruction primaire ;

Qu'il n'y a lieu, dès lors , de les autoriser , du moins dans les circonstances actuelles ; qu'ils ne pourraient être créés qu'à titre de recettes extraordinaires avec affectation spéciale ;

Est d'avis qu'il n'y a pas lieu, en l'état , d'adopter... etc...

235. — *Même objet.* (Avis du Conseil d'État du 16 mai 1876.)

La section des finances... qui a pris connaissance de quatre délibérations relatives à la création d'octrois ;

Vu les notes et avis de la section des finances du Conseil d'Etat en date des....

Vu...

Considérant qu'il résulte de l'examen attentif de la situation financière des quatre communes sus-indiquées que, si le budget de ces communes paraît se solder en déficit, l'excédent des dépenses ordinaires sur les recettes de même nature n'est qu'apparent, puisqu'il est entièrement comblé au moyen de la subvention qui, aux termes de la loi, est attribuée à ces communes pour les dépenses de l'instruction primaire sur les fonds du département et de l'État ;

Qu'en conséquence, toute augmentation de ressources ordinaires de ces communes, qui résulterait de l'établissement d'un octroi, pourrait être considérée comme supprimant ou diminuant l'insuffisance des ressources applicables à l'instruction primaire et, dans ce cas, ne servirait qu'à exonérer le département et l'Etat ;

Qu'il serait contraire à tous les principes d'approuver l'établissement d'impôts communaux dont le département et l'Etat seraient appelés à profiter ;

Considérant, d'ailleurs, que les communes de Pouldreuzic, Edern, Berrien et Cloître-Pleyben sont loin d'avoir épuisé la totalité des ressources que la loi met à leur disposition, puisqu'elles ne supportent aucun centime pour insuffisance de revenus et ne sont pas grevées du maximum des centimes extraordinaires ;

Qu'en outre, les revenus que les octrois demandés paraissent appelés à produire, d'après les évaluations présentées, sont généralement insignifiants ;

Considérant qu'il est toujours regrettable d'autoriser la création d'octrois, avec les inconvénients et les difficultés de perception que présente ce mode d'impôt, sans que la commune, où cette mesure est autorisée, ait au moins la compensation de trouver dans cet impôt un produit sérieux ;

Considérant que dans la situation des communes de Pouldreuzic, Edern, Berrien et Cloître-Pleyben, la création d'un octroi ne paraîtrait pouvoir se justifier qu'à titre de ressource extraordinaire et temporaire, destinée à pourvoir à une dépense extraordinaire et déterminée et à la condition que l'affectation spéciale du produit de l'octroi serait formellement demandée par la délibération du conseil municipal et consacrée par le décret d'autorisation ;

Est d'avis : qu'il n'y a pas lieu d'approuver la création des octrois demandés par les communes de Pouldreuzic, Edern, Berrien et Cloître-Pleyben.

Modes de taxation.

236. — *Les bois de menuiserie doivent être imposés au mètre cube et non au mètre carré ou à la pièce.* (Décret de suspension du 16 août 1879 ; octroi de Briare, Loiret.).

Voir ce décret, sous le n° 100, aux mots « *Bois de construction* ».

---

237. — *Les marbres doivent être imposés d'après le poids ou d'après le* *volume.* (Décret de suspension du 16 août 1879; octroi d'Argenteuil, Seine-et-Oise.)

Sur le rapport... etc...

Considérant que les chambranles de cheminées en marbre sont imposés à la pièce, d'après leur forme et leur ornementation, contrairement aux prescriptions combinées de l'art. 2 du décret du 12 février 1870 et du tarif général, qui n'admet l'imposition des marbres qu'à raison de leur poids ou de leur volume ;

Le Conseil d'État entendu,

DÉCRÈTE :

238. — *Pour les objets imposés d'après leur poids, c'est le poids net et non le poids brut qui doit servir de base à la perception.* (Décret de suspension du 16 août 1879 ; octroi d'Amiens, Somme.)

Sur le rapport... etc...

Considérant que le tarif approuvé par le conseil général impose les glaces et verres à vitres, y compris le poids de l'emballage ; que cette imposition « au poids brut » est contraire aux règles constitutives de l'octroi ;

Le Conseil d'État entendu,

DÉCRÈTE :

239. — *Même objet.* (Décret de suspension du 12 juillet 1881 ; octroi de Saint-Calais, Sarthe.)

Sur le rapport... etc...

En ce qui concerne les divers objets imposés au poids brut :
Considérant que les taxes d'octroi ne doivent frapper que les quantités réellement introduites ;

Le Conseil d'État entendu,

DÉCRÈTE :

240. — *Même objet ; l'imposition au poids brut ne peut être admise alors même que le tarif laisserait aux introducteurs la faculté de déballer les objets pour les faire peser.* (Décret de suspension du 29 juillet 1881 ; octroi de Saint-Étienne, Loire.)

Sur le rapport... etc...

Considérant qu'il résulte du nouveau tarif que « les droits sur les raisins « secs seront perçus sans déduction de tare, sauf la faculté réservée à « l'introducteur de déballer pour faire peser net, s'il lui convient » ; que cette disposition, qui a été approuvée implicitement par le conseil général, est contraire au principe d'après lequel les taxes ne doivent être acquittées que sur les quantités réellement introduites dans le lieu sujet;

Que l'usage de la faculté accordée aux introducteurs est souvent impossible dans la pratique ; que les déductions à opérer pour les tares et emballages sont des questions à régler, conformément à l'équité et aux usages locaux, entre l'administration municipale et les introducteurs ;

Le Conseil d'État entendu,

DÉCRÈTE :

241. — *Une taxe ad* valorem *peut, sous certaines conditions, être établie pour le poisson vendu à la criée.* (Décret de suspension du 22 novembre 1879 ; octroi de Louviers, Eure.)

Sur le rapport... etc...

Considérant que le conseil municipal a soumis à la taxe *ad valorem* établie sur le poisson vendu à la criée le maquereau salé, la morue salée, le stockfisch, le hareng saur ou salé, qui ne peuvent être imposés d'après les dispositions du tarif annexé au décret du 12 février 1870 ;

Considérant que la taxe de 0 fr. 10 par kilog. imposée aux poissons adressés directement aux consommateurs et particuliers ressort, d'après les évaluations mêmes de la municipalité, à plus du double du droit *ad valorem* ; que cette taxe différentielle est contraire au principe d'égalité devant l'impôt ; que, d'ailleurs, le tarif-type fixe à 0 fr. 05 par kilog. la taxe imposable sur les poissons à Louviers et qu'une surtaxe de 0 fr. 05 n'est nullement justifiée ;

Le Conseil d'État entendu,

DÉCRÈTE :

Art. 1er. Est suspendue . . . . en tant qu'elle a approuvé : 1° une taxe *ad valorem* sur les poissons qui s'appliquerait à la morue salée, au maquereau salé, au stockfisch, au hareng saur ou salé ; 2° une taxe supérieure à 0 fr. 05 par kilog. sur les poissons qui acquittent le droit à l'entrée.

242. — *La perception doit être proportionnée aux quantités effectivement introduites.* (Décret de suspension du 23 novembre 1881 ; octroi de Caen, Calvados.)

Sur le rapport... etc...

Considérant que la perception des taxes d'octroi doit avoir lieu proportionnellement aux quantités effectivement introduites ;

Que, dèslors, le conseil général du Calvados ne s'est pas conformé à cette prescription réglementaire, en décidant que les acides acétiques, vinaigres concentrés ou de toilette, etc.... seraient imposés, non à raison de la capacité des récipients, mais par litres ou demi-litres, selon la capacité approximative des flacons ;

Le Conseil d'État entendu,

DÉCRÈTE :

Voir des décrets dans le même sens, en date du 23 novembre 1878, aux mots « *Taxes différentielles* » (Pontivy), n° 278, et (le Bec-Hellouin), n° 279.

243. — *L'imposition des marbres au mètre linéaire ne peut être admise.*
(Décret de suspension du 25 novembre 1882; octroi de Lannion, Côtes-du-Nord.)

Sur le rapport... etc...

En ce qui concerne les marbres travaillés:
Considérant que le mode d'imposition au mètre linéaire, autorisé par le conseil général, n'est pas prévu par le tarif général annexé au décret du 12 février 1870; qu'il serait d'ailleurs peu rationnel de taxer ces matériaux sans tenir compte des dimensions de largeur et d'épaisseur; qu'il y a lieu de les soumettre au droit, soit au volume, soit au poids, conformément aux prescriptions du tarif local, en ce qui concerne les marbres en bloc;

Le Conseil d'État entendu,

DÉCRÈTE :

244.— *Les moellons, pierres, etc., doivent être imposés d'après leur volume réel; le tarif ne peut disposer que chaque collier sera compté pour un mètre cube.* (Décret de suspension du 4 décembre 1879; octroi d'Arles, Bouches-du-Rhône.)

Voir ce décret, sous le n° 144, au mot « *Moellons* ».

Prorogations et revisions.

245. — *Lorsque le tarif est prorogé avant expiration, (A) les surtaxes peuvent continuer à être perçues pendant la période pour laquelle elles ont été régulièrement autorisées, mais pas au delà.* (Décret de suspension du 20 novembre 1875 ; octroi de Douarnenez, Finistère.)

Sur le rapport... etc...

Considérant que le droit actuel de 19 fr. sur l'alcool comprend une surtaxe de 10 fr. qui n'a été autorisée par la voie législative que jusqu'au 31 décembre 1878 ;
Considérant que le droit actuel de 10 fr. sur les huiles, approuvé précédemment jusqu'au 31 décembre 1878, devait être également réduit, à partir de cette époque, à 6 fr. par 100 kg., taux du droit d'entrée perçu au profit du Trésor, conformément à l'art. 108 de la loi du 25 mars 1817 ;

Le Conseil d'État entendu,

DÉCRÈTE :

Art. 1er. Est suspendue la délibération du conseil général du Finistère en date du 20 août 1875 . . . . mais seulement en tant qu'elle a approuvé: 1° la prorogation, *au delà du 31 décembre 1878*, d'un droit sur l'alcool pur supérieur à 9 fr. l'hectol. et d'un droit sur les huiles soumises au droit d'entrée supérieur à 6 fr. par 100 kilog.

. . . .

(A) NOTA. — Voir, plus loin, un décret du 12 juin 1883 (octroi de Pont-de-Vaux), n° 250, qui paraît refuser aux communes le droit de proroger leur octroi par anticipation, même lorsque la durée totale de la perception n'excède pas 5 ans.

246. — *La date d'expiration des actes de perception doit concorder avec la fin d'une année.* (Décret de suspension du 12 décembre 1879 ; octroi de Sartène, Corse.)

Sur le rapport... etc...

Considérant qu'il parait résulter de la délibération du conseil municipal de Sartène, en date du 1er décembre 1878, que la prorogation de l'octroi de cette ville n'a été votée que pour cinq années à partir du 27 mars 1879 ; que, dès lors, la délibération susvisée du conseil municipal ne saurait avoir pour conséquence des perceptions postérieures au 27 mars 1884 ; que, d'autre part, il convient de n'autoriser les octrois que pour des périodes coïncidant avec celles des budgets et se terminant au 31 décembre ;

Le Conseil d'État entendu,

DÉCRÈTE :

Art. 1er. Est suspendue la délibération. . . . .
. . . . en tant : 1° qu'elle aurait approuvé la prorogation de cet octroi postérieurement au 31 décembre 1883...

247. — *Les règlements étant autorisés sans limitation de durée, il n'est pas nécessaire de les proroger en même temps que les tarifs.* — *Dans le cas où des modifications sont indispensables au règlement, il y a lieu de les provoquer par voie administrative.* (Avis du Conseil d'État du 23 février 1881 ; octroi de Château-Gontier, Mayenne.)

La section des finances.... qui a pris connaissance de deux rapports de M. le directeur général des contributions indirectes, en date du 26 janvier 1881, au sujet : 1°, de l'interprétation de l'art. 48 de la loi du 10 août 1871, § 4°, d'après lequel le conseil général délibère sur les modifications aux règlements d'octroi ; 2°. . . . . . . estime, en ce qui concerne la première question, que les conseils généraux ne peuvent régulièrement délibérer que sur les modifications apportées aux règlements d'octroi par les conseils municipaux des communes intéressées ; que le pouvoir de suspension réservé au Gouvernement, par l'art. 49 de la loi du 10 août 1871, ne doit s'exercer qu'à l'égard des délibérations prises par les conseils généraux dans les limites de leurs attributions. La section pense que, dans le cas où les dispositions anciennes d'un règlement sont contraires à la loi, il appartient à l'administration des contributions indirectes, par l'intermédiaire des préfets, d'obtenir des conseils municipaux la suppression desdites dispositions, en faisant remarquer que l'application d'un règlement illégal ne doit pas être continuée et peut donner lieu à un recours devant l'autorité judiciaire de la part des contribuables. La section estime que les règlements d'octroi établis par décrets en Conseil d'État, au moment de la création de l'octroi, ne sont pas autorisés pour une période limitée, comme les tarifs ; qu'ils doivent être appliqués tant que l'octroi existe, sans qu'il soit nécessaire de les proroger par mesure spéciale. La section a remarqué que cette interprétation peut seule se concilier avec l'art. 15 du décret du 12 février 1870, d'après lequel les règlements dans lesquels ne sont pas reproduits les art. 8 à 14 du décret de 1870 cessent d'avoir effet à l'expiration de la durée de l'octroi ; que cette disposition suppose nécessairement que les règlements qui ne se trouvent pas dans l'exception prévue à cet article, conservent indéfiniment leur force exécutoire ; que, dans le système indiqué par les rapports susvisés, il faudrait admettre que les conseils municipaux, dans le cas où ils peu-

vent proroger le tarif, auraient également le droit de proroger le règlement, qu'aucune disposition de la loi du 24 juillet 1867 (1) ne leur donne
une attribution semblable;

Sur la seconde question. . . . (*Voir aux mots* « *Entrepôt industriel* », n° 40.)

248. — *Les demandes de prorogation et de revision des tarifs doivent
être accompagnées d'un état présentant, par article, les recettes moyennes
de l'octroi.* (Avis du Conseil d'Etat du 20 octobre 1875; octroi de Moulins,
Allier.)

La section des finances. . . . .
Avant de statuer sur cette affaire, elle demande qu'il soit joint au dossier un état, par article, des recettes moyennes de l'octroi dont il s'agit.
Sans cette pièce qui doit TOUJOURS être produite, la section ne peut se
rendre compte des conséquences que pourraient avoir, pour les finances
des communes, les modifications qu'elle croirait devoir apporter aux délibérations.........

249. — *Lorsque des taxes nouvelles ou des augmentations de taxes sont
inscrites dans le tarif d'un octroi, dont la perception est encore autorisée
pour plus de 5 années, la délibération du conseil municipal doit stipuler
que ces nouvelles taxes ne seront perçues que pendant 5 ans.* (Décret de
suspension du 20 novembre 1875; octroi de Dinan, Côtes-du-Nord.)

Voir ce décret, sous le n° 286, aux mots « *Taxes extra-réglementaires* ».

250. — *Les prorogations de plus de 5 ans doivent être approuvées par
décret; il en est de même pour les prorogations anticipées.* (Décret de suspension du 12 juin 1883; octroi de Pont-de-Vaux, Ain.)

Sur le rapport... etc...
Considérant qu'en approuvant prématurément, dès le mois d'avril 1883,
la prorogation pour 10 ans des actes constitutifs de l'octroi de Pont-de-
Vaux, qui n'expirent que le 31 décembre 1885, le conseil général a donné,
en fait, à cet octroi une durée de 12 ans; qu'aux termes des dispositions
combinées des lois des 24 juillet 1867 et 10 août 1871 (1), les conseils généraux ne sauraient, sans excéder leurs pouvoirs, autoriser la perception
des taxes d'octroi pour une durée supérieure à 5 années; considérant d'ailleurs qu'une prorogation même pour une période normale de 5 ans ne saurait sans inconvénient être admise par anticipation;

Le Conseil d'État entendu,
DÉCRÈTE :

_____

(1) Les dispositions des lois des 24 juillet 1867 et 10 août 1871 visées ici sont abrogées; elles sont remplacées par les articles 137 et 139 de la loi du 5 avril 1884, qui
réservent encore au Gouvernement le droit d'approuver les modifications au règlement et les prorogations plus de 5 ans.

251. — *Lors de la revision d'un règlement, on ne doit pas y insérer des dispositions nouvelles étrangères à l'octroi ou contraires aux textes généraux en vigueur.* (Décret de suspension du 18 décembre 1877 ; octroi de Dreux, Eure-et-Loir.)

Sur le rapport... etc...

En ce qui concerne le règlement :

Considérant que le règlement nouveau contient des dispositions nouvelles, dont plusieurs sont étrangères à l'objet du règlement ou même contraires aux textes généraux en vigueur sur les octrois, et qu'il importe, dès lors, que le projet de l'administration municipale soit revu et réduit, de concert avec la direction générale des contributions indirectes ;

Le Conseil d'État entendu,

DÉCRÈTE :

Art. 1er. Est suspendue la délibération du conseil général d'Eure-et-Loir, en date du 11 septembre 1877 et relative à l'octroi de Dreux, mais seulement en tant qu'elle a approuvé :

1° L'introduction au règlement de dispositions nouvelles. . . . . .

. . . .

Voir un décret dans le même sens, sous le n° 257, pour l'octroi de Châteaudun.

252. — *En cas de revision ou de prorogation, il ne doit être inséré, dans la marge du tarif, que les observations absolument indispensables.* (Décret de suspension du 8 décembre 1882 ; octroi de Dreux, Eure-et-Loir.)

Sur le rapport... etc...

Considérant qu'il a été ajouté au tarif un grand nombre d'observations pour la plupart inutiles et dont quelques-unes constituent une aggravation de taxes ou sont de nature à créer de sérieuses difficultés pour la perception ; qu'il y a lieu de supprimer toutes les nouvelles observations marginales dont il s'agit ;

Le Conseil d'État entendu,

DÉCRÈTE :

Art. 1er. Est suspendue . . . .

. . . . . 4° l'insertion de nouvelles dispositions marginales dans le tarif.

253. — *Lorsque des propositions municipales ont été repoussées par le Gouvernement et qu'elles sont ultérieurement représentées avec des modifications, l'assemblée départementale doit être de nouveau saisie de l'affaire.* (Avis du Conseil d'Etat du 15 mai 1877 ; octroi de la Seyne, Var.)

La section, etc... qui a pris connaissance d'une délibération du conseil municipal de la Seyne, en date du. . . . , par laquelle ce conseil demande « à percevoir, au lieu d'un droit unique de 6 fr. sur les viandes dépecées, « les droits désignés à chaque espèce, au tarif général annexé au décret du « 12 février 1870 et proportionnellement à la population de la commune » ;

Vu les pièces du dossier, desquelles il résulte que la ville percevait précédemment une taxe uniforme de 12 fr. 50 par 100 kilog. de viande dépecée, que le conseil municipal avait demandé le maintien de cette taxe au tarif ;

Que ce maintien avait été approuvé par le conseil général, mais qu'un décret du 24 novembre 1876 a suspendu ladite délibération en tant qu'elle avait autorisé sur les viandes dépecées une taxe supérieure à 6 fr. par 100 kilog. ;

Considérant que ladite taxe uniforme de 6 fr. par 100 kilog. a dû remplacer l'ancienne à partir du 1ᵉʳ janvier 1877 et que la délibération du conseil municipal intervenue postérieurement à cette date constitue, dès lors, une demande nouvelle, non susceptible d'être portée directement au Conseil d'Etat ;

Est d'avis : qu'il n'y a pas lieu de statuer.

254. — *L'établissement de nouvelles taxes doit être justifié par la situation financière.* (Décret de suspension du 25 novembre 1882 ; octroi des Andelys, Eure.)

Sur le rapport... etc...

Vu les observations du ministre de l'intérieur ;

Considérant qu'il résulte de l'exposé de la situation financière présenté par le ministre de l'intérieur que la commune des Andelys n'a nullement besoin de nouvelles taxes d'octroi ;

Le Conseil d'État entendu,

DÉCRÈTE :

Art. 1ᵉʳ. Est suspendue. . . . .en tant qu'elle a approuvé. . . . .

1º La perception de nouvelles taxes sur divers objets non encore imposés ;

2º .....

255. — *Même objet.* (Décret de suspension du 28 juillet 1881 ; octroi de Questembert, Morbihan.)

Sur le rapport... etc...

Considérant que la revision proposée a pour objet d'imposer, pour la première fois, les viandes de boucherie et de porc ; qu'il ne résulte pas des délibérations du conseil général et du conseil municipal que la perception de ces nouveaux droits soit justifiée par la situation financière de la commune ou par quelque besoin extraordinaire ;

Le Conseil d'État entendu,

DÉCRÈTE :

(*Suspension totale*).

Voir des décrets analogues, sous les nᵒˢ 287 et 289, pour l'établissement ou la prorogation de taxes extra-réglementaires.

256. — *Il n'y a pas lieu de soumettre aux taxes les objets qui se trouvent* *dans le commerce au moment de l'application d'un nouveau tarif.* (Décret de suspension du 24 septembre 1881 ; octroi d'Épinal, Vosges.)

Sur le rapport... etc...

Considérant qu'une disposition insérée en marge du tarif, sous la rubrique « observations générales », porte que tous les objets qui se trouveront dans le commerce, au moment de la mise à exécution du nouveau tarif, seront taxés ou admis à l'entrepôt, suivant le cas ; qu'une pareille prescription aurait pour effet d'assujettir aux taxes revisées suivant le nouveau tarif des objets introduits antérieurement à la promulgation de ce tarif, ce qui est contraire aux principes généraux et à la jurisprudence en matière d'octrois ;

Le Conseil d'État entendu,

DÉCRÈTE :

257. — *On ne doit pas insérer dans le règlement des dispositions contraires à la législation, ou faisant double emploi avec des dispositions déjà existantes, ou ayant le caractère de mesures de police, ou ayant pour objet d'interpréter les lois générales en vigueur.* (Décret de suspension du 29 novembre 1883 ; octroi de Châteaudun, Eure-et-Loir.)

Sur le rapport... etc...

En ce qui concerne le règlement :

Considérant que les art. 20, 21, 22, 23, 24, 25, 26, 27, 28 et 29 établissent, relativement à la circulation et à l'imposition des bières, des formalités non prévues par la législation générale sur les octrois ; qu'il en est de même des prescriptions de l'art. 39 concernant le remboursement des consignations sur passe-debout ;

Considérant que le 2° § de l'art. 56 supprimerait toute déduction sur les marchandises en entrepôt, contrairement à l'art. 45 de l'ordonnance du 9 décembre 1844 ;

Considérant que les articles 6, 19 et 34 forment double emploi avec les articles 5, 11, 13, 31 et 40 du règlement, et que les articles 17 et 18 et le dernier § de l'art. 95 édictent de simples mesures de police ou d'ordre intérieur étrangères à l'objet du règlement ;

Considérant enfin que l'art. 12 a pour objet d'interpréter les dispositions de la loi du 22 juillet 1867, sur la contrainte par corps, et qu'il n'appartient pas aux assemblées départementales ou communales d'étendre ni de commenter les dispositions générales en vigueur à ce sujet ;

Le Conseil d'État entendu,

DÉCRÈTE :

Art. 1er. Est suspendu l'effet de la délibération. . . . . . . mais seulement en tant qu'elle a approuvé : 1°.

2° Les articles 6, 12, 17, 18, 19, 20, 21, 22, 23, 24, 25, 26, 27, 28, 29, 34, 39, le 2° § de l'art. 56 et le dernier § de l'art. 95 du nouveau règlement ;

258. — *La durée pour laquelle est votée la perception d'un nouveau droit ne peut être supérieure à celle des actes constitutifs de l'octroi.* (Décret de suspension du 22 décembre 1883 ; octroi de Loctudy, Finistère.)

Sur le rapport... etc...

Considérant que les actes de perception de l'octroi de Loctudy n'étant actuellement autorisés que jusqu'au 31 décembre 1885, la nouvelle taxe sur la bière ne saurait avoir d'existence légale pour une plus longue durée ;

Le Conseil d'État entendu,

DÉCRÈTE :

Art. 1er. . . . .
Est suspendu l'effet de ladite délibération, en tant qu'elle a approuvé la perception d'une taxe sur la bière au delà du 31 décembre 1885.

259. — *Lorsque les propositions municipales comportent de nombreuses modifications aux actes de perception, l'administration municipale doit être invitée à les opérer préalablement au décret d'approbation.* (Note du Conseil d'État du 30 juillet 1884 ; octroi de Mézières, Ardennes.)

La section des finances . . . . . . qui a pris connaissance d'un projet de décret relatif à l'octroi de Mézières, estime qu'en l'état il y a lieu d'inviter l'administration municipale à produire des actes nouveaux de perception, portant mention d'annexe à une nouvelle délibération, et modifiés conformément aux observations présentées dans le rapport du directeur général des contributions indirectes.

260. — *Les demandes de prorogation et de revision doivent être accompagnées d'un tarif et d'un règlement visés pour annexes.* (Note du Conseil d'État du 26 novembre 1884 ; octroi de Cholet, Maine-et-Loire.).

La section. . . . . . estime . . . .
En ce qui concerne l'établissement des taxes nouvelles sur les moellons et conserves, il lui paraît qu'il convient également, soit à raison du peu d'importance du produit, soit à raison des différences de texte qui existent, en ce qui concerne le dernier de ces articles, entre la délibération et le tarif « vu pour être annexé à ladite délibération », d'ajourner cette partie des propositions municipales, jusqu'à l'époque du renouvellement des actes de perception de l'octroi, qui doit avoir lieu dans le courant de l'année prochaine.

Il conviendra à ce moment que les délibérations à intervenir soient accompagnées d'un exemplaire du tarif et du règlement visé, avec mention d'annexe, par le maire, et qui présentera ainsi, ne *varietur*, l'ensemble des actes de perception de l'octroi, tels qu'ils devront résulter des propositions de la municipalité.

261. — *Les propositions qui tombent sous le coup de l'art. 137 de la loi du 5 avril 1884 doivent être transmises au Conseil d'État assez à temps pour que l'affaire puisse être sérieusement examinée. Autrement, s'il s'agit d'une prorogation, toutes les taxes devront, à compter du jour de leur expiration,* *être ramenées dans les conditions réglementaires par application des art.* 138 *et* 139 *de la loi précitée.* (Note du Conseil d'État du 29 décembre 1884; octroi de Saint-Dizier, Haute-Marne.)

La section des finances ...... sur le renvoi qui lui a été fait à la date du 29 décembre 1884, par le ministre des finances, d'un projet de décret relatif à l'octroi de Saint-Dizier, a communiqué le dossier à la section de l'intérieur, qui a déclaré, vu l'arrivée tardive de l'affaire, ne pouvoir émettre son avis avant le 1er janvier 1885.

Les conditions dans lesquelles se présente l'affaire impliquant un examen approfondi de la situation financière de la ville, la section des finances a dû surseoir elle-même à statuer.

En conséquence, la perception de l'octroi de Saint-Dizier devra continuer à s'opérer, postérieurement au 1er janvier 1885, conformément aux actes actuels de perception, avec les modifications, toutefois, qui ont pu être apportées auxdits actes par le conseil municipal, dans les termes des art. 138 et 139 de la loi du 5 avril 1884.

262. — *Les modifications au règlement qui n'ont pas été expressément votées par le conseil municipal sont considérées comme nulles et non avenues.* (Note du Conseil d'État du 29 décembre 1884; octroi de Besançon, Doubs.)

La section..... a remarqué que les modifications proposées au règlement n'avaient été ni examinées, ni votées par le conseil municipal, dans la délibération approuvée par le projet de décret. Elle pense, en conséquence, que ces modifications doivent être considérées comme nulles et non avenues et que l'ancien règlement seul doit être appliqué, sans qu'il soit nécessaire de déclarer par un article du décret que les dispositions nouvelles ne sont pas approuvées. La section désire que l'administration municipale soit avertie, par M. le préfet du Doubs, que le règlement doit être exécuté conformément au texte actuellement en vigueur.

263. — *Les modifications au règlement et aux observations marginales du tarif, qui n'ont pas été votées d'une manière explicite par le conseil municipal, ne peuvent être approuvées.* (Note du Conseil d'État du 23 décembre 1884 ; octroi d'Épinal, Vosges.)

La section des finances, des postes et télégraphes, de la guerre, de la marine et des colonies, du Conseil d'État, qui, sur le renvoi qui lui en a été fait par le ministre des finances, a pris connaissance d'un projet de décret relatif à la prorogation et à la revision des actes de perception de l'octroi d'Épinal (Vosges), estime qu'il y a lieu d'ajouter audit projet de décret une disposition relative au refus d'approbation des modifications au règlement autres que celles portant sur l'art. 26, et des modifications ou additions aux annotations marginales du tarif, sur lesquelles les délibérations du conseil municipal ne contiennent, non seulement aucune justification, mais encore aucune indication explicite.

Surtaxes.

264. — *Les surtaxes ne peuvent être autorisées pour une durée supérieure à celle des taxes principales.* (Avis du Conseil d'État du 21 décembre 1875 ; octroi de Vannes, Morbihan.)

La section des finances..... a pris connaissance d'un projet de loi renvoyé à l'examen du Conseil d'État par M. le ministre des finances et tendant à l'autorisation de la perception à l'octroi de la ville de Vannes d'une surtaxe de 3 francs par hectol. d'alcool.

La municipalité de cette ville a demandé la perception de cette surtaxe et la prorogation de la perception des surtaxes existantes jusqu'au 31 décembre 1887. Les actes de perception de l'octroi expirent au 31 décembre 1878 et aucune proposition de prorogation de ces actes constitutifs n'a été formulée par ladite municipalité. Dans ces conditions, la section a pensé, conformément aux propositions du département des finances, qu'il était impossible d'autoriser la perception au delà du 31 décembre 1878 de la surtaxe de 3 francs par hectol. d'alcool, qui ne saurait avoir d'existence légale en l'absence des taxes principales régulièrement autorisées.

265. — *Lorsqu'une surtaxe a été autorisée, dans le principe, pour assurer l'amortissement d'un emprunt, il n'y a pas lieu de la proroger, alors même que cet emprunt ne serait pas totalement remboursé, si la situation financière n'en justifie pas le maintien.* (Avis du Conseil d'État du 19 novembre 1878 ; octroi de Vannes, Morbihan.)

La section des finances.... etc... Vu...

Considérant que les budgets ordinaires de la ville de Vannes se soldent par des excédents de recettes qui permettent d'assurer le service des emprunts, sans avoir recours à la mesure exceptionnelle des surtaxes ; que ces surtaxes, autorisées seulement pour une durée de cinq années, ne constituent pas le gage spécial d'un emprunt contracté à la caisse des dépôts et consignations et remboursable en 12 années ; que, d'autre part, les travaux extraordinaires que la ville aurait l'intention de faire exécuter ne paraissent pas avoir donné lieu à des projets, plans et devis régulièrement approuvés, pour être joints au dossier soumis à l'examen du Gouvernement ; que, dans ces circonstances, la demande de l'administration communale n'est pas suffisamment justifiée ;

Est d'avis :

Qu'il n'y a pas lieu de donner suite à la délibération.

266. — *Dans les communes où il existe deux agglomérations distinctes, le maximum du droit d'octroi sur les boissons est déterminé par le chiffre de la population de l'agglomération principale.* (Avis du Conseil d'État du 9 juillet 1881 ; octroi de Saint-Denis, Seine.)

Voir cet avis sous le n° 231.

267. — *Dans les communes dont la population agglomérée n'atteint pas 4,000 âmes, le maximum des taxes d'octroi sur les boissons est le même que dans les communes de 4,000 à 6,000 âmes.* (Décret de suspension du 12 juillet 1881 ; octroi de Saint-Calais, Sarthe).

Sur le rapport... etc...

Considérant qu'aux termes du 2e § de l'art. 6 de la loi du 19 juillet 1880, dans les communes qui, comme Saint-Calais, comptent une population agglomérée de moins de 4,000 âmes, les taxes d'octroi sur les vins peuvent atteindre, mais non dépasser, la limite fixée pour les communes de 4,000 à 6,000 âmes, à moins qu'une loi spéciale n'en décide autrement ;

Considérant que, dans les communes de cette dernière catégorie des départements de 2e classe, à laquelle appartient le département de la Sarthe, le maximum des droits d'octroi est fixé à 0 fr. 88 par hectolitre ; que, dès lors, en approuvant la prorogation d'une taxe de 1 fr. à Saint-Calais, le Conseil général de la Sarthe a outrepassé ses pouvoirs ;

Le Conseil d'État entendu,

DÉCRÈTE :

268. — *Dans les communes d'une population agglomérée de moins de 4,000 âmes, le maximum de la taxe sur les huiles est déterminé par le tarif général et non par la loi du 31 décembre 1873.*

Voir, sous le n° 130, un avis du Conseil d'État en date du 28 décembre 1875.

269. — *Il n'est pas autorisé de surtaxes sur les huiles.* (Avis du Conseil d'État du 13 juillet 1875 ; octroi de Bergerac, Dordogne.)

Voir cet avis, sous le n° 126, au mot « *Huiles* ».

270. — *A moins qu'une loi spéciale n'en décide autrement, les taxes d'octroi sur l'alcool ne peuvent être supérieures au droit d'entrée, et, sur le cidre, elles ne peuvent dépasser le double de ce droit d'entrée.* (Décret de suspension du 24 septembre 1881 ; octroi d'Épinal, Vosges.)

Sur le rapport... etc...

Considérant qu'aux termes de l'art. 9 de la loi du 11 juin 1842, les droits d'octroi établis sur les boissons spiritueuses ne peuvent excéder ceux qui sont perçus aux entrées des villes au profit du Trésor (le décime non compris) ; que le droit à percevoir à l'entrée dans la ville d'Épinal, dont la population agglomérée est de 12,080 habitants, est fixé à 12 fr. par hectol. d'alcool pur, en vertu de l'art. 5 de la loi du 26 mars 1872 ;

Considérant qu'aux termes de l'art. 6 de la loi du 19 juillet 1880, la taxe d'octroi sur le cidre ne peut excéder le double des droits d'entrée perçus par le Trésor public ; qu'en raison du chiffre de la population agglomérée cette taxe, calculée proportionnellement au droit d'entrée, ne peut dépasser 0 fr. 96 à Épinal ;

Considérant dès lors qu'en approuvant la perception, à l'octroi de cette ville, de taxes de 15 fr. par hectol. sur l'alcool et de 1 fr. sur les cidres, la commission départementale a autorisé, en fait, des surtaxes qui ne pourraient être perçues qu'en vertu d'une loi spéciale ;

Le Conseil d'État entendu,

DÉCRÈTE :

271. — *Même objet. Pour le vin, le maximum est, comme pour le cidre, fixé au double du droit d'entrée.* (Décret de suspension du 23 novembre 1881 ; octroi de Caen, Calvados.)

Sur le rapport... etc...

Considérant qu'aux termes de l'art. 6 de la loi du 19 juillet 1880, les droits d'octroi à percevoir sur les vins ne peuvent excéder 4 fr. 16 par hectol., à Caen ; que, dès lors, en approuvant la prorogation d'une taxe de 4 fr. 20 à Caen, le conseil général du Calvados a, en fait, approuvé une surtaxe sur laquelle il appartenait au législateur de statuer ;

Le Conseil d'État entendu,

DÉCRÈTE

272. — *L'affectation des surtaxes à des dépenses extraordinaires doit être stipulée dans la loi d'autorisation.* (Note du Conseil d'État du 23 juillet 1884 ; octroi de Langres, Haute-Marne.)

La section. . . . . . . , qui a pris connaissance d'un projet de loi tendant à autoriser la prorogation des surtaxes sur le vin et sur l'alcool, à l'octroi de Langres, estime que, pour déterminer la nature desdites surtaxes, au point de vue de la répartition du produit des octrois, entre les recettes du budget ordinaire et celles du budget extraordinaire, il convient d'ajouter, à la disposition qui approuve la prorogation, un article qui affecte spécialement les surtaxes aux remboursements des emprunts précédemment contractés par la ville, et impose à l'administration municipale l'obligation de justifier de l'affectation de leur produit au dit emploi.

273. — *Même objet.* (Note du Conseil d'État du 30 juillet 1884 ; octroi de Mézières, Ardennes.)

La section. . . . .

Le projet de décret et le projet de loi de surtaxe à intervenir ultérieurement devront, pour l'application de l'art. 134 de la loi du 5 avril 1884, stipuler que l'administration municipale sera tenue de justifier, chaque année, au préfet, de l'emploi des droits votés comme recettes extraordinaires, à des dépenses extraordinaires pour travaux dûment autorisés. Le compte général de ces produits, tant en recette qu'en dépense, devra être présenté à l'expiration du délai fixé pour la perception.

Taxes différentielles.

274. — *Aucune exemption de droit ne peut être stipulée en faveur des animaux imposés par le tarif qui sont élevés à l'intérieur du rayon.* (Décret de suspension du 6 juillet 1875 ; octroi de Quimper, Finistère.)

Voir ce décret, sous le n° 149, au mot « *Porcs* ».

275. — *Aucune réduction de la taxe ne peut être accordée par le tarif pour les objets préparés ou fabriqués à l'intérieur.* (Décret de suspension du 6 juillet 1875 ; octroi de Quimper, Finistère.)

Sur le rapport... etc...

Considérant que, d'une part, le conseil général a décidé, en dehors de toute délibération municipale, que pour l'asile (*des aliénés*) le droit d'octroi sur la bière serait réduit à 3 fr., tandis qu'il est fixé à 5 fr. par hectolitre pour les autres consommateurs ; et d'autre part. . . . .

Considérant que ces taxes différentielles sont formellement interdites par l'art. 10 du décret du 12 février 1870 ;

Le Conseil d'État entendu,

Décrète :

276. — *Les simples consommateurs ne peuvent être exemptés du droit d'octroi sur les bestiaux qu'ils abattent pour leur consommation.* (Décret de suspension du 2 juillet 1875 ; octroi de Villard-de-Lans, Isère.)

Voir ce décret, sous le n° 150, au mot « *Porcs* ».

277. — *Les taxes doivent être appliquées à la généralité des consommateurs et sur la totalité du territoire compris dans le rayon de l'octroi.* (Décret de suspension du 20 novembre 1875 ; octroi d'Alais, Gard.)

Sur le rapport... etc...

Considérant que la suppression de la taxe sur les fourrages de toute espèce et sur les bois de service récoltés et consommés sur place, dans une certaine partie du rayon sujet, établit, au profit d'une catégorie d'habitants, une immunité contraire au principe d'égalité devant l'impôt (A) ;

Qu'une telle exemption est d'ailleurs formellement interdite par les art. 24 de l'ordonnance du 9 décembre 1814 et 10 du décret du 12 février 1870 ;

Considérant qu'en approuvant cette suppression le conseil général a sanctionné une violation de la loi ;

Le Conseil d'État entendu,

Décrète :

(A) Voir à ce sujet un avis du Conseil d'État, sous le n° 73.

278. — *Les taxes doivent être rigoureusement proportionnelles aux quantités introduites.* (Décret de suspension du 23 novembre 1878; octroi de Pontivy, Morbihan.)

Sur le rapport... etc...

Considérant que les beurres et graisses ne sont pas imposés proportionnellement à leur poids effectif et sont frappés d'un droit de 0 fr. 05 ou de 0 fr. 10, suivant qu'ils sont introduits en tourteaux d'un poids inférieur ou supérieur à 2 kilog. 500 gram. ; que ce mode de tarification s'écarte du principe de proportionnalité inhérente aux impôts indirects; qu'il pourrait d'ailleurs donner lieu à des abus au détriment de la commune; que le taux de 0 fr. 05 par 2 kil. 500 gram. correspond à 0 fr. 02 par kilog.; que cette tarification peut seule être mise en perception;

Le Conseil d'État entendu,

DÉCRÈTE :

279. — *Même objet.* (Décret de suspension du 23 novembre 1878; octroi du Bec-Hellouin, Eure.)

Sur le rapport... etc...

Considérant que, par une annotation inscrite en marge du résumé des propositions municipales, les avoines, sons, recoupes, foins, luzernes, etc... sont soumis, lorsqu'ils sont introduits en quantités inférieures à un minimum déterminé, à un taxe plus élevée que celle fixée d'une manière générale par le tarif local ; que cette annotation a pour résultat de détruire la proportionnalité qui doit toujours exister dans la perception des impôts indirects et même de faire ressortir ces taxes spéciales à un taux supérieur aux maxima du tarif-type ;

Le Conseil d'État entendu,

DÉCRÈTE :

280. — *Le tarif ne doit pas imposer les objets de l'extérieur seulement.* (Décret de suspension du 20 août 1879 ; octroi de Falaise, Calvados.)

Voir ce décret, sous le n° 153, au mot « *Suifs* ».

281. — *Même objet.* (Décret de suspension du 16 août 1879 ; octroi de Moutiers, Savoie.)

Voir ce décret, sous le n° 108, au mot « *Chandelles* ».

282. — *Un article du tarif ne peut être exempté, à raison de sa provenance.* (Décret de suspension du 20 août 1879; octroi d'Orthez, Basses-Pyrénées.)

Voir ce décret, sous le n° 123, au mot « *Fromages* ».

283. — *La taxe doit être la même pour les objets fabriqués à l'intérieur et pour ceux introduits de l'extérieur.* (Décret de suspension du 12 juillet 1881 ; octroi d'Ancenis, Loire-Inférieure.)

Voir ce décret, sous le n° 105, au mot « *Briques* ».

284. — *Les taxes inscrites au tarif ne peuvent être réduites pour les objets amenés aux marchés.* (Décret de suspension du 27 juillet 1881 ; octroi de Melun, Seine-et-Marne.)

Sur le rapport... etc...

Considérant qu'une observation insérée à la marge du tarif accorde une modération de la moitié du droit pour les avoines amenées sur le marché ; qu'ainsi les avoines introduites dans ces conditions ne paieraient que 0 fr. 20 c. par hectol. au lieu de 0 fr. 40 ; que cette disposition est contraire au principe de la généralité de l'octroi et à l'art. 1er du règlement local ;

Le Conseil d'État entendu,

DÉCRÈTE :

285. — *Lorsque le tarif impose les volailles mortes de* L'EXTÉRIEUR, *les volailles de* L'INTÉRIEUR *et celles qui sont introduites* VIVANTES *de l'extérieur ne peuvent être exemptées.* (Décret de suspension du 13 juillet 1876, octroi de Saint-Calais, Sarthe.)

Voir ce décret, sous le n° 172, au mot « *Volailles* ».

Taxes extra-réglementaires.

286. — *Lorsque des taxes nouvelles sont inscrites dans le tarif d'un octroi sans que le conseil municipal en ait fixé la durée, bien que la perception soit encore autorisée pour plus de cinq ans, la délibération du conseil municipal ne doit avoir son effet que pendant 5 années. On ne doit pas d'ailleurs soumettre à une augmentation de taxe des objets actuellement imposés, mais qui, d'après la jurisprudence, ne sauraient plus l'être à l'avenir.* (Décret de suspension du 20 novembre 1875 ; octroi de Dinan, Côtes-du-Nord.)

Sur le rapport... etc...

Considérant que la durée du nouveau tarif n'a été limitée ni par le conseil municipal, ni par le conseil général, et qu'on pourrait inférer de ce silence que la municipalité a eu l'intention de percevoir la nouvelle taxe jusqu'en 1904, date de l'expiration de l'octroi ;

Considérant qu'aux termes de l'art. 9 de la loi du 24 juillet 1867, le conseil municipal ne peut proroger les taxes d'octroi pour une durée supérieure à cinq années ;

Considérant que les cercles et douvelles ne sont pas des objets de consommation locale susceptibles de figurer dans les tarifs d'octroi ; que si, à la vérité, l'imposition de cet article a été précédemment autorisée , l'augmentation d'une taxe entachée d'irrégularité ne saurait être admise ;

Le Conseil d'État entendu,

DÉCRÈTE :

Art. 1er. Est suspendue.... 1° en tant qu'elle aurait approuvé pour plus de 5 ans les nouvelles taxes de l'octroi de Dinan ; 2° en tant qu'elle a augmenté de 14 à 20 centimes la taxe sur les cercles et douvelles.

287. — *L'établissement de taxes supérieures aux maxima doit être justifié par la situation financière de la commune.* (Décret de suspension du 24 novembre 1876 ; octroi de Fresnes, Nord.)

Sur le rapport... etc...

Considérant que le conseil général a approuvé des taxes de 1 fr. 50 par tête sur les chèvres et moutons vivants et de 8 fr. 00 par 100 kilog. de viande dépecée des mêmes animaux ; que ces droits excèdent les maxima fixés par le décret du 12 février 1870 de 0 fr. 20 par tête pour les moutons , de 1 fr. 05 pour les chèvres, et, en ce qui concerne la viande dépecée, de 1 fr. 15 par 100 kilog. pour les moutons et de 6 fr. 15 pour les chèvres ;
Considérant qu'il résulte de l'instruction, que la situation financière de la commune de Fresnes ne nécessite pas le recours à l'emploi des taxes d'octroi dépassant les maxima du tarif général ;

Le Conseil d'État entendu,

DÉCRÈTE :

288. — *Si les taxes dépassant les maxima doivent être supportées, pour la plus grande partie, par le budget de l'État, il y a lieu, lors de la prorogation du tarif, de ramener ces taxes à la limite fixée par le tarif général.* (Décret de suspension du 24 novembre 1876 ; octroi de la Seyne, Var.)

Sur le rapport... etc...

Considérant que le conseil général a approuvé une taxe uniforme de 12 fr. 50 sur les viandes dépecées, et que cette taxe exceptionnelle, dirigée uniquement contre le budget de l'État chargé de subvenir exclusivement aux dépenses de l'hôpital de la marine de Saint-Mandrier , dépasse dans une proportion exagérée les maxima fixés par le tarif-type dressé en exécution de l'art. 9 de la loi du 24 juillet 1867 ;

Le Conseil d'État entendu,

DÉCRÈTE :

Art. 1er. Est suspendue... er tant 1° ..... 2° qu'elle a établi sur les viandes dépecées une taxe uniforme supérieure à 6 fr. par 100 kilog.

289. — *Les taxes extra-réglementaires ne doivent pas être prorogées quand la situation financière n'en exige plus le maintien.* (Avis du Conseil d'État du 29 octobre 1884 ; octroi de Tréguier, Côtes-du-Nord.)

La section..... considérant que le tarif de l'octroi de Tréguier, dont le conseil municipal a voté la prorogation, contient des taxes sur les chèvres, agneaux, chevreaux et sur la viande dépecée de bœuf et de vache, supérieures au maximum fixé par le décret du 12 février 1870, et une taxe sur les ajoncs qui ne sont pas compris dans la nomenclature déterminée par le même décret ; que le produit de ces taxes ne dépasse pas 190 fr. ; que, d'un autre côté, la commune dispose d'un excédent de recettes évalué à 1,200 fr. ; que, dans ces conditions, la suppression des taxes, qui ne sont pas établies conformément au décret de 1870, peut être faite sans mettre en déficit le budget communal ;

Est d'avis : qu'il n'y a pas lieu d'approuver.

290. — *Même objet.* (Avis du Conseil d'État du 29 octobre 1884 ; octroi de Vallauris, Alpes-Maritimes.)

La section des finances... etc.....
Considérant que les taxes d'octroi supérieures aux maxima du tarif-type, dont le conseil municipal de Vallauris demande la prorogation, portent sur les viandes dépecées de toute espèce, ainsi que sur les graisses, lards, viandes salées et charcuteries ;
Que le produit de ces taxes n'est que de 4,888 francs, alors que le budget de la commune se solde, chaque année, par un excédent de recettes qui a été. en 1881, de 36,060 francs ; en 1882, de 45,146 francs ; en 1883, de plus de 50,000 francs ;

Est d'avis :

Qu'il n'y a pas lieu d'approuver la délibération susvisée du conseil municipal de Vallauris, en date du 17 février 1884, en tant qu'elle maintient dans le tarif d'octroi de cette commune des taxes supérieures aux maxima du tarif général annexé au décret du 12 février 1870.

291. — *On doit éviter d'établir ou de proroger des taxes supérieures aux maxima réglementaires sur les comestibles qui servent à l'alimentation de la classe la moins aisée.* (Avis du Conseil d'État du 2 décembre 1884 ; octroi d'Auriol, Bouches-du-Rhône.)

La section des finances. . . . .
Considérant que, parmi les taxes qui figurent au tarif de l'octroi d'Auriol, celles qui frappent la viande de porc dépassent, dans une sensible proportion. les indications portées au tarif général ; que l'on ne saurait admettre que des taxes dépassant ainsi les limites réglementaires continuent à être perçues précisément sur celle des viandes soumises aux droits qui sert à l'alimentation de la classe la moins aisée ;
Considérant que, sur tous les autres points, le conseil municipal d'Auriol a pris une délibération réglementaire aux termes de l'article 139 de la loi du 5 avril 1884 ;

Est d'avis :
Qu'il n'y a pas lieu d'adopter.

Taxes spéciales.

Voir au mot « Compétence » les §§ 4, 5 et 6 de l'avis du Conseil d'État du 25 juin 1884, n° 232.

292. — *L'emploi des taxes spécialement destinées à des dépenses extraordinaires doit être déterminé par le décret d'autorisation.* (Note du Conseil d'État du 30 juillet 1884 ; octroi de Mézières, Ardennes.)

Le projet de décret (et le projet de loi de surtaxe) à intervenir ultérieurement devront, pour l'application de l'art. 134 de la loi du 5 avril 1884, stipuler que «l'administration municipale sera tenue de justifier, chaque année, au préfet, de l'emploi des droits votés comme recettes extraordinaires pour travaux dûment autorisés. Le compte général de ces produits, tant en recette qu'en dépense, devra être présenté à l'expiration du délai fixé pour la perception ».

293. — *Les taxes spéciales destinées à gager un emprunt doivent être spécialement autorisées pour cet usage et, dès lors, le gouvernement doit être saisi, en même temps, et du projet d'emprunt et du projet d'approbation des nouvelles taxes, ces deux projets étant connexes.* (Avis du Conseil d'État du 25 juin 1884 ; octroi de Prats-de-Mollo, Pyrénées-Orientales.)

La section des finances. . . . . Vu . . . . .
Vu les lois des 11 frimaire an VII, 28 avril 1846, 17 août 1822, 3 juillet 1846 et 18 juillet 1837 ;
Vu les art. 65, 133, 134, 137, 142 et 143 de la loi du 5 avril 1884 ;
Vu la circulaire du ministre de l'intérieur du 15 mai 1884 relative à l'application de la loi municipale ;
Vu l'arrêt du Conseil d'État au contentieux du 4 juillet 1837 (ville de Metz) ;
Vu l'arrêt du Conseil d'État au contentieux du 16 décembre 1842 (ville de Troyes), annulant partiellement, pour excès de pouvoir, une ordonnance royale ayant approuvé, à titre de taxes principales, des taxes votées à titre de taxes additionnelles par un conseil municipal ;
Vu l'arrêt dans le même sens du Conseil d'État au contentieux, en date du 5 juin 1848 (ville d'Auch) ;
Considérant que par sa délibération du. . . . . ,
. . . . le conseil municipal de Prats-de-Mollo, après avoir constaté la convenance et l'utilité de certains travaux d'utilité communale, a voté la prorogation des taxes anciennes de son octroi et la perception, sous le nom de « supplément », de divers droits portant, soit sur des objets antérieurement compris au tarif, soit sur des objets non encore imposés ; qu'il a voté, de plus, que le produit de ces droits supplémentaires, qui figurent au tarif dans une colonne distincte, serait employé à l'amortissement d'un emprunt à contracter à la caisse des dépôts et consignations ;
Considérant qu'il résulte des termes de cette délibération que le conseil municipal de Prats-de-Mollo a entendu voter des taxes d'octroi ayant une affectation spéciale et, dès lors, de l'espèce de celles qui sont prévues à l'art. 134 de la loi du 5 avril 1884 ; que la perception de ces taxes ne saurait être autorisée par le gouvernement qu'à ce titre ;
Considérant que, d'après les art. 142 et 143 de la loi municipale, les emprunts et les contributions directes extraordinaires, destinés à les gager, sont soumis à l'approbation des mêmes autorités ;
Considérant qu'en l'absence de dispositions légales relatives aux em-

prunts·remboursables sur des taxes indirectes extraordinaires, il convient de décider, dans·l'intérêt d'une bonne administration et pour réserver la liberté d'appréciation du gouvernement, que les taxes spéciales d'octroi et les emprunts auxquels elles doivent servir de gage constituent des affaires connexes et sont soumis à l'approbation des mêmes autorités;

· Qu'en l'espèce le Conseil d'État ne peut statuer que s'il est saisi par l'administration compétente du projet d'emprunt à contracter par la commune de Prats-de-Mollo ;·

Est d'avis :

Qu'en l'état, il·n'y a pas lieu d'approuver le projet de˜ décret relatif à la perception du nouveau tarif de l'octroi de Prats–de-Mollo.

294. — *Les taxes spéciales destinées à gager un emprunt ne peuvent être autorisées qu'autant que le Conseil d'État est, en même temps, saisi du projet d'emprunt.* (Note du Conseil d'État du 2 juillet 1884; octroi de Vire, Calvados.)

La section. . . . a remarqué qu'il résulte des délibérations des 12 février et 7 mars 1884, que le conseil municipal a entendu affecter les taxes·votées au service de l'emprunt qu'il se propose de contracter·; que, dès lors, ces taxes ayant une affectation spéciale rentrent dans le cas prévu par l'art. 134 de la loi du 5 avril 1884. La section estime, par les motifs indiqués dans l'avis du 25 juin 1884 relatif à l'octroi de Prats-de-Mollo, que le Conseil d'État ne peut statuer sur les taxes d'octroi que s'il est saisi par l'administration compétente du projet d'emprunt à contracter par la commune de Vire. La section désire que l'instruction soit complétée·dans le sens de l'observation qui précède.

295. — *La demande d'établissement de taxes spéciales, en vue de l'amortissement d'un emprunt, doit être appuyée du projet de décret approbatif des conditions de cet emprunt.* (Avis du Conseil d'État du 28 octobre 1884 ; octroi de Pontivy, Morbihan.)

La section. . . . . considérant qu'il résulte des délibérations susvisées du conseil municipal de Pontivy et de la commission départementale du Morbihan, que les taxes d'octroi dont l'établissement résulterait desdites délibérations seraient affectées spécialement au service d'un emprunt ;

Considérant que, conformément à la jurisprudence du Conseil d'État, les emprunts municipaux remboursables au moyen de taxes spéciales d'octroi doivent être approuvés par l'autorité appelée à statuer sur lesdites taxes ;

Considérant que, dans l'espèce et par application du principe qui vient d'être rappelé, l'opération financière projetée par la ville de Pontivy doit faire l'objet d'un projet de décret spécial, préparé par le département de l'intérieur et soumis au Conseil d'État, en même temps que le projet de décret relatif aux taxes spéciales à établir à l'octroi de ladite ville ;

Est d'avis:·

Qu'en l'état il n'y a pas lieu de statuer sur le projet de décret soumis à son examen.

296. — *Lorsqu'une commune fait figurer dans ses budgets, parmi les recettes extraordinaires, le produit de taxes additionnelles d'octroi, elle doit indiquer à quelle dépense extraordinaire ces taxes seront spécialement affectées.* (Note du Conseil d'État, du 29 octobre 1884 ; octroi de Maubeuge, Nord.)

La section. . . . . . a remarqué que le conseil municipal a porté aux recettes extraordinaires, dans le budget de 1884, le produit des taxes additionnelles d'octroi, sans indiquer expressément et spécialement à quelles dépenses extraordinaires ces recettes sont affectées;

La section estime que, pour éviter toute difficulté sur la question de savoir à quel titre ont été votées les taxes additionnelles, le conseil municipal doit être invité à déterminer ses intentions, soit en supprimant toute distinction de taxes en principal et taxes additionnelles, soit en attribuant, au contraire, aux taxes additionnelles une affectation spéciale faite dans les termes du § 7 de l'art. 134 de la loi du 5 avril 1884.

297. — *Lorsqu'un tarif d'octroi est divisé en taxes principales et additionnelles, le conseil municipal doit faire connaître à quel usage sera employé le produit des taxes additionnelles.* (Note du Conseil d'État du 3 décembre 1884 ; octroi de Digne, Basses-Alpes.)

La section. . . . sur le renvoi. . . . .

Le tarif voté par le conseil municipal de cette ville est divisé en taxes principales et en taxes additionnelles. La délibération du 20 juillet 1884 semble affecter explicitement le produit de tout ou partie de l'octroi à des emprunts à contracter. En l'absence du budget de 1885, qui n'est pas joint au dossier, la section n'a pu constater si le produit total de l'octroi figure, comme avant la division du tarif en principal et additionnel, à la première partie du budget, ou si ce produit est partagé entre le budget ordinaire et le budget extraordinaire de la commune de Digne. Dans ces circonstances, elle estime que l'affaire n'est pas en état d'examen et qu'il convient d'appeler l'attention de l'administration municipale intéressée sur les observations suivantes :

Si la ville de Digne n'entend pas affecter le produit des taxes dites additionnelles à certaines dépenses temporaires et spéciales, elle devra faire disparaître du tarif une distinction de principal et d'additionnel qui, n'étant pas motivée, serait de nature à créer des difficultés graves relativement à l'application de l'art. 3 de la loi du 15 juin 1884 sur la gratuité de l'instruction primaire.

Si la ville de Digne entend affecter le produit des taxes sus-énoncées à des dépenses déterminées et temporaires, telles que l'amortissement d'emprunts, des délibérations formulées dans ce sens devront être prises ; de plus, les projets d'emprunts, précédés d'instructions réglementaires, devront être joints au dossier de l'octroi pour y être statué simultanément.

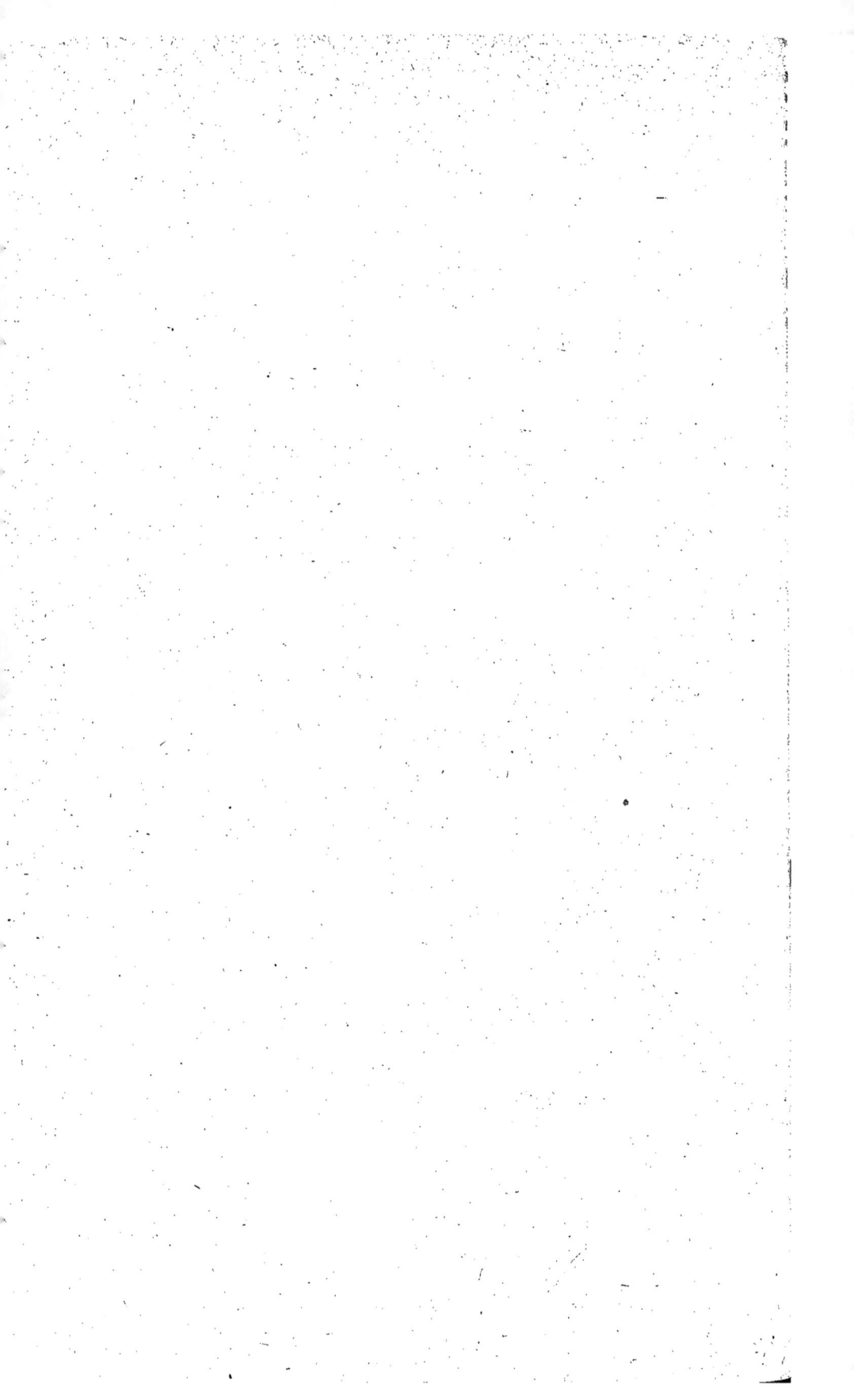

CHAPITRE III·

AVIS PRÉLIMINAIRE.

On ne s'est pas borné à donner ici la partie de la législation stricte-ment nécessaire pour l'intelligence de la JURISPRUDENCE et des NOTIONS GÉNÉRALES ; toutes les dispositions de lois, d'ordonnances et de décrets qui, par un point quelconque, se rattachent à la perception ou à l'ad-ministration des octrois, ont été insérées dans ce chapitre. Il a même paru intéressant d'y faire figurer, *in extenso*, la loi municipale du 5 avril 1884, à l'occasion de laquelle ce Manuel est publié, bien qu'un grand nombre d'articles de cette loi ne se rapportent pas directement à la ques-tion des octrois.

Sauf pour quelques documents qui, au point de vue historique, pré-sentent une grande importance, nous n'insérons que les dispositions en vigueur ; des caractères italiques font toujours ressortir, d'ailleurs, les articles et les parties d'articles modifiés ou abrogés par des lois plus récentes. De nombreuses notes et des renvois imprimés en petit texte établissent en outre la corrélation des diverses lois entre elles.

Ce recueil forme donc, en réalité, un code complet et annoté, dont l'utilité sera appréciée, nous l'espérons, par tous ceux qui sont appelés, soit à assurer directement, soit à surveiller ou à contrôler l'exécution d'une législation disséminée dans de nombreux textes, pendant l'espace de près d'un siècle.

Indépendamment de la table chronologique ci-après, on trouvera à la fin de ce volume une table alphabétique générale, au moyen de la-quelle il sera facile de rechercher les lois, ordonnances et décrets qui réglementent les diverses parties du service des octrois.

TABLE CHRONOLOGIQUE

DES LOIS, ORDONNANCES ET DÉCRETS de 1798 à 1884.

LÉGISLATION ANNOTÉE

LOI DU 27 VENDÉMIAIRE AN VII (18 OCTOBRE 1798).

Art. 1er. — Il sera perçu par la commune de Paris un octroi municipal et de bienfaisance, conformément au tarif annexé à la présente loi, spécialement destiné à l'acquit de ses dépenses locales, et de préférence à celles de ses hospices et de secours à domicile.

Art. 2. — Le directoire exécutif est chargé de faire les règlements généraux et locaux nécessaires pour l'exécution de la perception de l'octroi de bienfaisance établi par l'art. 1er.

Art. 3. . . . .

LOI DU 22 FRIMAIRE AN VII (12 DÉCEMBRE 1798)

CONCERNANT L'ENREGISTREMENT.

TITRE III.

Des délais pour l'enregistrement des actes et déclarations.

Art. 20. — Les délais pour faire enregistrer les actes publics sont, savoir :

De quatre jours pour ceux des huissiers et autres ayant pouvoir de faire des exploits et procès-verbaux ;

. . . .

. . . .

De vingt jours aussi pour les actes des administrations centrales et municipales assujettis à la formalité de l'enregistrement.

Art. 25. — Dans les délais fixés par les articles précédents pour l'enregistrement des actes et des déclarations, le jour de la date de l'acte ou celui de l'ouverture de la succession ne sera pas compté.

Si le dernier jour du délai se trouve être *un décadi* ou un jour de fête nationale, ou s'il tombe dans les *jours complémentaires*, ces jours-là ne seront pas comptés non plus.

Les décadi sont remplacés par les dimanches et les jours de fêtes légales.

LOI DU 19 FRIMAIRE AN VIII (10 DÉCEMBRE 1799).

Les objets saisis..... ne seront rendus aux propriétaires

ou conducteurs qu'après qu'ils auront payé, par forme d'indemnité envers les pauvres, une somme égale à la valeur des objets saisis.

NOTA. — Voir l'art. 28 de l'ordonnance du 9 décembre 1814. — Indépendamment de la confiscation de l'objet saisi ou du paiement d'une somme égale à sa valeur, toute contravention en matière d'octroi est maintenant punie d'une amende de 100 fr. à 200 fr. (art. 9 de la loi du 24 mai 1834).

LOI DU 27 FRIMAIRE AN VIII (18 décembre 1799).

. . . .

Art. 7. — Avant d'entrer en exercice, ils (*les employés de l'octroi*) prêteront serment.....

NOTA. — Disposition remplacée par l'art. 58 de l'ordonnance du 9 décembre 1814, et qui n'est reproduite ici que pour l'intelligence de l'article suivant.

Art. 8. — Leurs procès-verbaux constatant la fraude seront affirmés devant le juge de paix, dans les vingt-quatre heures de leur date, sous peine de nullité, et ils feront foi en justice jusqu'à l'inscription de faux.

Voir, pour la forme des procès-verbaux, l'art. 75 de l'ordonnance du 9 décembre 1814.

Art. 12. — Dans aucun cas, les citoyens entrant dans lesdites communes à pied, à cheval ou *en voitures de voyage*, ne pourront, sous prétexte de la perception de l'octroi, être arrêtés, questionnés ou visités sur leurs personnes, *ni à raison des malles qui les accompagnent.*

Tous actes contraires à la présente disposition seront réputés actes de violence ; les délinquants poursuivis par voie de police correctionnelle, et condamnés à 50 francs d'amende et à 6 mois de détention.

Voir l'art. 30 de l'ordonnance du 9 décembre 1814 et l'art. 9 de la loi du 24 mai 1834.

Art. 15. — Toute personne qui s'opposera à l'exercice des fonctions desdits préposés sera condamnée à une amende de 50 francs. En cas de voie de fait, il en sera dressé procès-verbal, qui sera envoyé au *directeur du jury*, pour en poursuivre les auteurs et leur faire infliger les peines portées par le code pénal contre ceux qui s'opposent avec violence à l'exercice des fonctions publiques.

Disposition à rapprocher de l'art. 65 de l'ordonnance du 9 décembre 1814.

LOI DU 5 VENTOSE AN VIII (24 février 1800).

Art. 1er. — *Il sera établi des octrois municipaux et de bienfaisance sur les objets de consommation locale, dans les villes dont les hospices civils n'ont pas de revenus suffisants pour leurs besoins.*

Voir l'art. 147 de la loi du 28 avril 1816.

Art. 2. — *Le conseil municipal de chacune de ces villes sera tenu de présenter, dans deux mois, les projets de tarifs et de règlements convenables aux localités* ; ils seront soumis à l'approbation du Gouvernement et par lui, s'il y a lieu, définitivement arrêtés.

Art. 3. — *La perception et l'emploi se feront conformément aux dispositions générales des lois des 19 et 27 frimaire dernier.*

Dispositions remplacées d'abord par le décret du 17 mai 1809, puis par l'ordonnance du 9 décembre 1814.

ARRÊTÉ DU 28 VENTOSE AN XII (19 MARS 1804).

Art. 4. — L'exécution des lois et arrêtés du Gouvernement sur les octrois municipaux et de bienfaisance, en tout ce qui concerne l'établissement des octrois et la surveillance de leur perception, est attribuée au ministère des finances.

Tout ce qui concerne les budgets des villes, l'administration des propriétés communales et leur comptabilité, continuera de faire partie des attributions du ministère de l'intérieur, et sera réuni à la division administrative.

EXTRAIT DE L'ARRÊTÉ DU 5 GERMINAL AN XII (26 MARS 1804),

CONCERNANT L'ORGANISATION DE LA RÉGIE DES DROITS RÉUNIS.

Art. 1er. — L'organisation et la surveillance des octrois municipaux et de bienfaisance, *et du droit de passe sur les routes*, et les perceptions provenant des droits réunis, seront dans les attributions du ministre des finances.

Art. 4. — Le directeur général dirigera et surveillera, sous les ordres du ministre des finances, toutes les opérations relatives aux droits réunis.

Il dirigera et surveillera tous les agents et préposés à ces recettes.

Il sera chargé, d'après les instructions du ministre des finances, de l'exécution des lois et règlements sur les octrois municipaux et de bienfaisance.

Voir les art. 1er et 88 de l'ordonnance du 9 décembre 1814.

EXTRAIT DU DÉCRET DU 1er GERMINAL AN XIII (22 mars 1805).

Art. 53. — Tous commis à la perception des octrois des villes, ayant serment en justice, sont autorisés à rendre leurs procès-verbaux de la fraude qu'ils découvrent contre les droits réunis, et de même les commis de la régie pour les fraudes qu'ils découvriront contre les octrois.

Voir l'art. 92 de l'ordonnance du 9 décembre 1814.

EXTRAIT DU DÉCRET DU 16 MESSIDOR AN XIII (5 juillet 1805.)

Art. 1er. — Les préposés des douanes et les préposés à la perception des droits d'octroi sont tenus de se faire représenter les lettres de voitures, connaissements, chartes-parties et polices d'assurance des marchandises et autres objets dont le transport se fait par terre ou par eau, et de vérifier si ces actes sont écrits sur papier *d'un franc*, ainsi qu'il est prescrit par l'art. 5 de la loi du 16 prairial an VII.

Voir le décret du 3 janvier 1809.

Art. 2. — En cas de contravention, ils en rédigeront des procès-verbaux pour faire condamner les souscripteurs et porteurs solidairement à l'amende fixée par l'art. 4 de la même loi.

Art. 3. — Pour indemniser les préposés des soins de cette vérification, il leur sera accordé la moitié des amendes qui auront été payées par les contrevenants.

EXTRAIT DE LA LOI DU 24 AVRIL 1806.

TITRE IV.

Cautionnement des préposés comptables.

Art. 19. — A l'avenir, aucun préposé comptable ne pourra être installé dans l'emploi dont il aura été pourvu, qu'après avoir versé le montant de son cautionnement et en avoir justifié......

TITRE XII.

Art. 73. — Le remplacement des taxes *somptuaire* et mobilière des villes ayant un octroi pourra être opéré, à compter de l'an 1807, par une perception sur les consommations.

Voir l'art. 20 de la loi du 21 avril 1832.

Art. 74. — Le mode de perception adopté pour le remplacement sera provisoirement exécuté et présenté en forme de projet de loi au Corps législatif, dans le courant de sa prochaine session.

TITRE XIII.

Prélèvement sur les octrois des villes pour le pain de soupe des troupes.

Art. 75. — *La retenue qui se fait sur les octrois des villes, pour le pain de soupe des troupes, s'opérera désormais sur les octrois de toutes les villes qui ont plus de 20,000 fr. de revenu, ou au moins quatre mille âmes de population, et sera portée à dix pour cent du produit net desdits octrois, à compter du 1er janvier 1806.*

Voir l'art. 153 de la loi du 28 avril 1816 et l'art. 25 du décret du 17 mars 1852.

DÉCRET DU 3 JANVIER 1809

CONCERNANT LE TIMBRE DES LETTRES DE VOITURE.

Art. 1er. — Les lettres de voiture, connaissements, chartes-parties et polices d'assurance continueront d'être assujettis au timbre de dimension. Les parties, pour rédiger ces actes, pourront se servir de telle dimension de papier timbré qu'elles jugeront convenable, sans être tenues d'employer exclusivement à cet usage du papier frappé du timbre d'un franc.

Art. 2. — Ne sont pas assujettis à se pourvoir de lettres de voiture timbrées, les propriétaires qui font conduire, par leurs voituriers et leurs domestiques ou fermiers, les produits de leurs récoltes.

Voir le décret du 16 messidor an XIII.

DÉCRET DU 17 MAI 1809.

RÈGLEMENT RELATIF AUX OCTROIS MUNICIPAUX ET DE BIENFAISANCE.

OBSERVATION ESSENTIELLE.

Sauf en ce qui concerne les dispositions du titre IX, qui règle les modes de perception désignés sous le nom de *ferme* ou de *régie intéressée,* la plupart des articles de ce décret figurent, avec des différences de rédaction cependant, dans l'ordonnance du 9 décembre 1814. Il en est toutefois quelques-uns qui sont virtuellement abrogés par cette ordonnance ; d'autres, qui ne s'y trouvent pas reproduits, doivent au contraire être considérés comme toujours en vigueur, parce que, pas plus que le décret du 17 mai 1809 dans son entier, ils n'ont jamais été abrogés par des lois ultérieures, soit implicitement, soit explicitement.

On aurait pu se borner à donner les articles encore en vigueur ; mais ce décret présente, au point de vue historique, un intérêt capital ; c'est, en effet, le premier règlement général promulgué par le Gouvernement, en vue de soumettre les divers règlements locaux à des dispositions communes. A ce titre, il nous a paru indispensable de le reproduire *in extenso,* ce qui permettra de rapprocher les dispositions analogues du décret de 1809 de celles de l'ordonnance de 1814, dont souvent on saisira ainsi plus facilement la portée.

Afin de faciliter ce rapprochement, on a annoté, à la suite de chaque article du décret de 1809, le numéro correspondant de l'ordonnance du 9 décembre 1814, auquel il convient de se reporter.

NOTA. — *Il peut être également très utile de se référer à l'instruction ministérielle du 25 septembre 1809, qui a interprété le décret dont il s'agit ; cette instruction, qui ne saurait être insérée ici, se trouve dans le Recueil chronologique de M. Trescaze, tome I, page 308.*

Au camp impérial de Schönbrunn, le 17 mai 1809.

NAPOLÉON, empereur des Français, roi d'Italie, et protecteur de la Confédération du Rhin ;

Sur le rapport de notre ministre des finances ;

Notre Conseil d'État entendu,

Nous avons décrété et décrétons ce qui suit :

TITRE Iᵉʳ.

Établissement des Octrois.

Art. 1ᵉʳ. — Les octrois sont établis pour subvenir aux dépenses qui sont à la charge des communes.

Voir l'art. 5 de l'ordonnance du 9 décembre 1814.

Art. 2. — Ils continueront d'être délibérés par les conseils municipaux.

Voir l'art. 5 de l'ordonnance du 9 décembre 1814.

Art. 3. — La surveillance immédiate de la perception des octrois appartient aux maires, sous l'autorité de l'administration supérieure.

Voir l'art. 147 de la loi du 28 avril 1816.

Art. 4. — Les préfets qui, à l'examen du budget d'une commune, reconnaîtront l'insuffisance de ses revenus ordinaires, pourront provoquer le conseil municipal à délibérer l'établissement d'un octroi, *après avoir reçu l'autorisation du ministre de l'intérieur pour les communes dont les revenus sont au-dessus de vingt mille francs.*

Art. 5 de l'ordonnance du 9 décembre 1814.

Art. 5. — En procédant à la rédaction des projets de règlements et tarifs des octrois, les conseils municipaux *appliqueront les dispositions du présent décret*, et choisiront celui des modes de perception ci-après indiqués qui paraîtra le mieux convenir à la population, au commerce, à l'industrie, à l'agriculture, aux arrivages par terre ou par eau, à la nature des lieux, et à l'espèce, quantité et qualité des objets qui s'y consomment.

Voir l'art. 147 de la loi du 28 avril 1816.

Art. 6. — Les préfets, après avoir pris les avis des sous-préfets, adresseront à nos ministres *des finances* et de l'intérieur les projets de règlements et de tarifs délibérés par les conseils municipaux, et y joindront leurs observations et les modifications qu'ils jugeront convenables.

Art. 6 et 7 de l'ordonnance du 9 décembre 1814.

Art. 7. — *Si les conseils municipaux refusent ou négligent de délibérer, s'ils votent négativement, les préfets en feront également leur rapport à nos ministres de l'intérieur et des finances ; ce dernier, après avoir pris l'avis de notre ministre de l'intérieur , nous fera, dans le plus court délai , son rapport, pour nous être soumis en Conseil d'État.*

Art. 9 de l'ordonnance du 9 décembre 1814.

Art. 8. —Dans tous les cas, les préfets appuieront leurs propositions du tableau comparatif des recettes et dépenses , de l'état des dettes arriérées et des besoins indispensables de la commune, de la déclaration des maires , et de l'avis des sous-préfets.

Art. 9. — Les banlieues et dépendances des villes, bourgs et villages, et, s'il y a lieu , les portions de banlieue appartenant à un autre territoire, pourront être assujetties à la perception des droits d'octroi, avec les modifications que les circonstances ou les localités pourraient exiger dans l'exécution.

Art. 152 de la loi du 28 avril 1816.

Art. 10. — Lorsqu'une ville ou commune se trouvera dans le cas de l'article précédent, les préfets provoqueront les conseils municipaux desdites communes à délibérer sur la réunion, ou autre moyen de garantir la perception des droits d'octroi établis ou à établir.

Art. 11. — Les préfets soumettront à nos ministres des finances et de l'intérieur, avec leurs observations et avis, et ceux des sous-préfets et des maires, les délibérations des conseils municipaux, pour être par nous définitivement statué.

Art. 12. — *Les maires, et même* les conseils municipaux , ne pourront faire ou permettre aucun changement *aux tarifs* et règlements d'octroi qui auront été approuvés, qu'il n'ait été délibéré et approuvé de la manière prescrite par les articles précédents.

Art. 8 de l'ordonnance du 9 décembre 1814.

Art. 13. — Le produit des amendes et confiscations prononcées pour cause de contravention aux règlements de l'octroi, soit par jugement, soit par suite de transaction, déduction faite des frais et prélèvements autorisés, sera partagé ainsi qu'il suit : une moitié appartiendra aux préposés de l'octroi, conformément au mode de partage qui sera déterminé ; et l'autre moitié sera versée dans la caisse municipale, pour être appliquée, *soit aux préposés, soit aux pauvres recevant des secours à domicile.*

Art. 84 de l'ordonnance du 9 décembre 1814.

Art. 14. — L'administration de l'octroi sera tenue d'avoir une comptabilité particulière pour le produit des amendes, et pour justifier de l'emploi de la recette.

Art. 15. — Il sera également tenu, par l'administration de l'octroi, une comptabilité particulière *pour le timbre*, les plombs et autres fournitures.

Les quittances des droits d'octroi sont aujourd'hui assujetties au timbre de 10 centimes établi par l'art. 243 de la loi du 28 avril 1816. (Voir l'art. 66 de l'ordonnance du 9 décembre 1814.)

TITRE II.

Des Tarifs (1).

Art. 16. — Aucun tarif ne pourra porter que sur les objets compris dans les cinq divisions suivantes ; savoir (1) :
1° Boissons et liquides ;
2° Comestibles ;
3° Combustibles ;
4° Fourrages ;
5° Matériaux.

Art. 11 de l'ordonnance du 9 décembre 1814. Voir aussi le décret du 12 février 1870.

Ire DIVISION. — *Des Boissons et Liquides.*

Art. 17. — Sont compris dans la première division, les vins, cidres, poirés, bières, hydromels, eaux-de-vie, esprits, liqueurs et eaux spiritueuses.

Art. 12 de l'ordonnance du 9 décembre 1814.

Art. 18. — Lorsque les vins, cidres et poirés seront imposés, les fruits servant à la confection de ces boissons seront taxés dans la proportion de ces liquides. Cette proportion sera la même que celle fixée pour les droits réunis.

Art. 12 de l'ordonnance du 9 décembre 1814.

Art. 19. — Les règlements détermineront l'espèce de raisins et de fruits susceptible de l'exemption des droits, et la quantité qui pourra jouir de cette exemption.

Art. 20. — Les eaux-de-vie et esprits de toute espèce *pourront être divisés, pour le paiement des droits, en deux et même en trois classes, suivant les degrés.*
Le droit sera fixe pour chaque classe ; sans taxe intermédiaire. Les degrés seront constatés d'après l'aréomètre.

Voir les art. 1 et 9 de la loi du 24 juin 1824.

Art. 21. — Les eaux dites de Cologne, de la reine de Hongrie, de mélisse et autres, dont la base est l'alcool, seront considérées comme esprits, et paieront les droits comme tels.

Art. 13 de l'ordonnance du 9 décembre 1814.

Art. 22. — Dans les pays où la bière est la boisson habituelle et générale, la taxe sur la bière importée, quelle que soit sa qualité, *ne pourra être au plus portée qu'au quart en sus du droit sur la bière fabriquée dans l'intérieur.*

Voir les art. 14 de l'ordonnance du 9 décembre 1814 et 10 du décret du 12 février 1870.

---

(1) Cette énumération des objets imposables a été maintenue et complétée ou modifiée par le tarif général annexé au décret du 12 février 1870, qui fixe, en outre, le maximum de la taxe applicable à chaque objet, suivant l'importance de la population de la commune.

Art. 23. — Lorsque les conseils municipaux voudront faire porter les octrois sur les huiles, ils seront tenus de les désigner nominativement, et de fixer la taxe selon leur qualité et leur emploi.

Art. 15 de l'ordonnance du 9 déc. 1814.

IIe DIVISION. — *Des comestibles.*

Art. 24. — Sont compris dans la deuxième division, et passibles des droits, les objets servant habituellement à la nourriture des hommes, à l'exception toutefois des grains et farines, fruits, *beurres*, lait, légumes et autres menues denrées.

Art. 16 de l'ordonnance du 9 décembre 1814.

Art. 25. — Les exceptions portées à l'article précédent ne sont point applicables aux fruits secs et confits, aux pâtes, aux oranges, limons et citrons, lorsque ces objets seront introduits dans les villes, en caisses, tonneaux, barils, paniers et sacs, ni *aux beurres et fromages venant de l'étranger.*

Art. 17 de l'ordonnance du 9 décembre 1814.

Art. 26. — Les bêtes vivantes seront taxées par tête. A l'égard des viandes dépecées, fraîches, séchées ou salées, le droit sera payé par kilogramme, conformément à la taxe qui sera déterminée par le tarif.

Art. 18 de l'ordonnance du 9 décembre 1814.

Art. 27. — Dans les communes où l'on élève des bestiaux, et dans celles où il s'en fait commerce sur les marchés publics, il sera accordé par les règlements, aux propriétaires et aux marchands, toutes les facilités compatibles avec la sûreté de la perception.

Art. 28. — Les coquillages, le poisson de mer frais, sec ou salé, de toute espèce, et celui d'eau douce, pourront être assujettis aux droits d'octroi, suivant les usages locaux, soit en raison de leur valeur vénale, soit en raison du nombre ou du poids, soit par panier, baril ou tonneau.

Art. 19 de l'ordonnance du 9 décembre 1814.

IIIe DIVISION. — *Des combustibles.*

Art. 29. — Sont compris dans la troisième division :
1° Toute espèce de bois à brûler, les charbons de bois, de terre, la houille, la tourbe, et généralement toutes les matières propres au chauffage ;
2° Les suifs, cires et huiles à brûler.

Art. 20 de l'ordonnance du 9 décembre 1814.

Art. 30. — Si les localités et la nature des combustibles ne permettent pas d'asseoir le droit par stère, hectolitre, cent ou millier, *il sera exactement déterminé par bateau, charge ou voiture.*

Voir l'art. 2 du décret du 12 février 1870.

IVᵉ DIVISION. — *Des fourrages.*

Art. 31. — Sont compris dans la quatrième division, les pailles, avoines, et tous les fourrages *verts* et secs, de quelque nature, espèce ou qualité qu'ils soient.

Le droit sur les pailles et fourrages sera réglé *par botte* et au poids.

Le droit sur l'avoine sera fixé par hectolitre.

Si lesdits droits ne peuvent être perçus ainsi, *ils seront réglés par voiture, charge ou bateau.*

Voir les art. 21 de l'ordonnance du 9 décembre 1814 et 2 du décret du 12 février 1870.

Vᵉ DIVISION. — *Des matériaux.*

Art. 32. — Sont compris dans la cinquième division, les bois, soit en grume, soit équarris, façonnés ou non, propres aux charpentes, constructions, menuiserie, *ébénisterie, tour, tonnellerie, vannerie et charronnage.*

Y sont également compris, les pierres de taille, moellons, pavés, marbres, ardoises, tuiles de toute espèce, briques, craies, plâtres.

Art. 22 de l'ordonnance du 9 décembre 1814.

Art. 33. — Les droits seront fixés et perçus par stère, hectolitre, mètre cube ou carré, et d'après les fractions du stère, de l'hectolitre ou du cube, par millier ou par cent.

Ils pourront être également perçus, s'il y a lieu, *par voiture, par charge ou par bateau.*

Voir l'art. 2 du décret du 12 février 1870.

DISPOSITIONS GÉNÉRALES POUR LES TARIFS.

Art. 34. — Les mesures décimales seront seules en usage dans la perception des droits d'octroi.

Art. 35. — Les poids, mesures et jauges, employés par les droits réunis, le seront également par l'octroi.

Art. 93 de l'ordonnance du 9 décembre 1814.

Art. 36. — Les préfets veilleront à ce que les objets portés au tarif soient, autant que possible, taxés à *la même quotité dans les communes d'un même arrondissement.*

Art. 100 de l'ordonnance du 9 décembre 1814. Voir le décret du 12 février 1870.

TITRE III.

Des Perceptions.

§ Iᵉʳ. — *Perception à l'entrée.*

Art. 37. — Tous les objets assujettis aux droits ne pourront être introduits que par les barrières ou bureaux désignés à cet effet, et après paiement des droits, ou soumission valable de les acquitter.

Art. 27 de l'ordonnance du 9 décembre 1814.

Art. 38. — Tout porteur ou conducteur d'objets assujettis aux droits d'octroi sera tenu d'en faire la déclaration *par écrit* au bureau de recette le plus voisin, et d'acquitter les droits avant de les faire entrer sous les peines énoncées au présent règlement.

S'il ne sait ou ne veut signer, il en sera fait mention au registre.

Art. 28 de l'ordonnance du 9 décembre 1814.

Art. 39. — *Pour éviter aux redevables toute surprise, relativement aux déclarations, les préposés de chaque bureau d'entrée sont tenus de demander aux conducteurs et voituriers, au moment où ils passent ou s'arrêtent devant le bureau, s'ils ont quelque chose à déclarer.*

Cette obligation a été beaucoup atténuée par l'art. 28 de l'ordonnance du 9 décembre 1814.

Art. 40. — Après cette demande, les préposés pourront faire toutes les recherches, visites et perquisitions nécessaires pour s'assurer de la sincérité et de l'exactitude des déclarations. Les conducteurs sont tenus de souffrir et même de faciliter toutes les opérations nécessaires auxdites vérifications. En cas de fraude, les préposés sont autorisés à arrêter et saisir tous les objets non déclarés ou faussement déclarés. *Dans le même cas, il sera fait mention au procès-verbal, de l'interpellation prescrite par l'article précédent.*

Art. 28 et 29 de l'ordonnance du 9 décembre 1814; voir l'annotation de l'art. précédent.

Art. 41. — Les individus voyageant à pied, à cheval, *ou en voiture de voyage*, ne pourront être arrêtés, questionnés ou visités sur leurs personnes, ni à raison de leurs malles.

Art. 30 de l'ordonnance du 9 décembre 1814 et 9 de la loi du 24 mai 1824.

Art. 42. — Tous actes contraires à la précédente disposition seront réputés actes de violence; les délinquants seront poursuivis correctionnellement, et condamnés aux peines prononcées par l'article 12 de la loi du 27 frimaire an VIII.

Art. 30 de l'ordonnance du 9 décembre 1814.

Art. 43. — Les diligences, fourgons, fiacres, cabriolets et autres voitures de louage sont soumis aux visites des préposés de l'octroi, ainsi que tout ce qui peut servir à transporter et conduire des matières soumises à l'octroi.

Art. 32 de l'ordonnance du 9 décembre 1814.

Art. 44. — Les individus soupçonnés de faire la fraude à la faveur de l'exemption prononcée, par l'article 41, pourront être conduits devant un officier de police, ou devant le maire, pour y être interrogés, et la visite de leurs effets autorisée, s'il y a lieu.

Art. 34 de l'ordonnance du 9 décembre 1814.

Art. 45. — Les courriers ne pourront être arrêtés à leur passage, sous prétexte de la perception ; mais ils seront obligés d'acquitter les droits des objets qui y sont sujets, dont le transport leur aura été confié.

Art. 33 de l'ordonnance du 9 décembre 1814.

Art. 46. — Des employés pourront assister à l'arrivée des courriers et à la remise des paquets, pour s'assurer qu'ils n'introduisent rien en fraude.

Art. 33 précité.

Art. 47. — Tous courriers et employés des postes et des administrations publiques, convaincus d'avoir fait ou favorisé la fraude, seront poursuivis comme fraudeurs ; et leur destitution sera prononcée par l'autorité compétente.

Art. 33 précité.

§ II. — Des perceptions dans l'intérieur d'une commune.

Art. 48. — Dans les communes où la perception à l'entrée ne peut avoir lieu sans de trop grands frais, il sera établi un bureau, autant que possible, au centre de la commune ; et en cas d'insuffisance, il en sera établi plusieurs. Les objets venant du dehors devront, avant d'être transportés à domicile, être conduits directement à ce bureau, pour y être déclarés et les droits y être acquittés, si la déclaration n'a été faite et les droits acquittés préalablement. *Les règlements particuliers fixeront, en outre, le nombre nécessaire de préposés ambulants pour la surveillance et la conservation des droits, et pour faciliter la perception dans les pays vignobles au temps des vendanges.*

Art. 34 de l'ordonnance du 9 décembre 1814.

Art. 49. — Devront également être déclarés, et seront passibles des droits, les objets compris au tarif qui seraient fabriqués, préparés ou récoltés dans l'intérieur de leur commune, ainsi que les bestiaux qui n'auraient pas acquitté le droit, et que l'on abattrait pour la consommation.

Art. 36 de l'ordonnance du 9 décembre 1814.

§ III. — Dispositions communes.

Art. 50. — Il sera placé au-dessus de la porte extérieure de chaque bureau, un tableau portant ces mots : BUREAU DE L'OCTROI.

Art. 27 de l'ordonnance du 9 décembre 1814.

Art. 51. — Toute introduction d'objets soumis à l'octroi par d'autres points que ceux désignés dans le règlement local sera considérée comme frauduleuse, et punie comme telle.

Art. 27 précité.

Art. 52. — Les tarifs et règlements seront affichés dans l'intérieur et à l'extérieur de chaque bureau.

Art. 27 précité.

Art. 53. — Les limites du territoire sujet à l'octroi seront indiquées par des poteaux, sur lesquels seront inscrits ces mots : OCTROI DE. . . .

Art. 26 de l'ordonnance du 9 décembre 1814.

Art. 54. — Il est défendu aux employés, sous peine de destitution et de dommages-intérêts, de faire usage de la sonde dans la visite des malles, caisses et ballots annoncés contenir des étoffes, linges et objets susceptibles d'être endommagés.

Art. 35 de l'ordonnance du 9 décembre 1814.

Art. 55. — Dans ce cas, comme dans tous ceux où le contenu des caissons ou ballots serait inconnu, et ne pourrait être vérifié immédiatement, la vérification en sera faite, soit à domicile, soit dans les emplacements à ce destinés.

Art. 35 précité.

Art. 56. — Tous conducteurs ou porteurs d'objets assujettis aux droits seront tenus, outre les déclarations prescrites, d'exhiber aux préposés de l'octroi les lettres de voiture, connaissements, chartes-parties, acquits-à-caution, congés, passavants, et toutes autres expéditions délivrées par les administrations des droits réunis, des douanes et tous autres.

Art. 28 de l'ordonnance du 9 décembre 1814.

Art. 57. — *Les expéditeurs qui voudront être exempts des visites des préposés d'octroi établis dans tous les lieux de passage, et qu'à leur arrivée au lieu de la destination, la visite des caisses, malles et ballots, ne se fasse qu'en présence du consignataire ou de son représentant, pourront demander que lesdites caisses, malles et ballots soient plombés ou marqués par les préposés du lieu du départ ou du lieu le plus voisin.*

Lesdites caisses, malles, ballots et paniers seront déclarés à leur arrivée, soit au bureau de l'octroi, soit à celui des droits réunis, pour être vérifiés en présence des propriétaires ou de leurs représentants, et les droits acquittés, s'il y a lieu.

Les frais de marque ou de plomb seront à la charge des expéditeurs, ainsi que les cordes qui pourront être employées. Ces frais seront déterminés par un règlement particulier.

Cette disposition n'a pas été reproduite par l'ordonnance du 9 décembre 1814 ; elle n'est plus en usage.

Art. 58. — La faculté accordée par l'article précédent ne pourra exempter les expéditeurs de satisfaire à la demande de congé, de passe-debout, de passavants, et autres expéditions qui peuvent être exigées par l'administration des droits réunis ou par celle des douanes, et des autres formalités prescrites par l'une ou l'autre administration.

Voir l'observation de l'art. précédent. A rapprocher de l'art. 70 ci-après.

Art. 59. — Les objets arrivant par eau ne pourront être déchargés avant la déclaration préalable, qui contiendra la désignation du lieu du déchargement, lequel ne pourra s'effectuer avant le paiement des droits, ou soumission valable de les acquitter.

§ 3° de l'art. 28 de l'ordonnance du 9 décembre 1814.

TITRE IV.

Du Passe-debout.

Art. 60. — Le passe-debout est le passage non interrompu par une commune, en exemption de droits.

Pour jouir de cette exemption, les propriétaires, conducteurs ou porteurs seront tenus de faire, au premier bureau, une déclaration, *par écrit*, indicative du lieu de départ, du nom de l'expéditeur, de sa qualité ou profession, de sa demeure, et des quantité, qualité, nature ou espèce des objets à passer debout, du lieu de leur destination, des noms, professions et domiciles des destinataires. Il leur sera remis une ampliation de leur déclaration, qu'ils seront tenus de présenter et faire visiter au bureau de sortie dans le délai qui aura été fixé.

Art. 87 de l'ordonnance du 9 décembre 1814.

Art. 61. — Les préposés de l'octroi pourront vérifier la sincérité de la déclaration ; ils pourront faire accompagner par l'un d'eux les objets introduits en passe-debout.

Art. 62. — On pourra, au bureau de sortie, faire une nouvelle vérification.

Art. 63. — Dans les communes où la perception se fait dans l'intérieur, les règlements détermineront les mesures propres à prévenir les abus qui pourraient résulter de la faculté du passe-debout.

Art. 64. — Si, par le résultat des vérifications, la déclaration est trouvée fausse dans la quantité, l'excédent non déclaré sera saisi. Toute fausse déclaration dans l'espèce, *et même dans la quantité, lorsque l'excédent non déclaré dépasse un tiers de cette quantité,* sera punie de la saisie totale.

Art. 87 de l'ordonnance du 9 décembre 1814.

Art. 65. — Toute soustraction ou décharge frauduleuse pendant la durée du passe-debout fera encourir la saisie des objets déchargés, ou la confiscation de la valeur des objets soustraits.

Art. 66. — Ne sont pas considérés comme contrevenants, les individus qui justifieront, par une déclaration faite devant les autorités locales, avoir été retenus au delà du délai fixé, par accident ou par force majeure.

Dans ce dernier cas, les objets en passe-debout seront mis sous la surveillance des préposés de l'octroi, jusqu'à leur sortie. Les frais de loyer ou de garde, s'il y en a, seront à la charge des déclarants.

TITRE V.

Du Transit.

Art. 67. — Le transit est la faculté de passer dans une commune, et d'y séjourner suivant les besoins des circonstances, mais seulement pendant un délai qui ne peut excéder trois jours, sauf les cas de prolongation dont l'administration de l'octroi sera juge.

Art. 38 de l'ordonnance du 9 décembre 1814.

Art. 68. — Les déclarations prescrites pour les objets en passe-debout auront également lieu pour le transit.

Art. 38 précité.

Art. 69. — Les objets admis en transit resteront sous la surveillance des préposés jusqu'au moment de leur départ: ils ne pourront être ni déchargés, ni changés de place, sans déclaration préalable.

Art. 38 précité.

Art. 70. — Les marchandises revêtues des plombs des douanes, ou des droits réunis, et accompagnées d'acquits-à-caution, passavants ou autres expéditions, jouiront de la faculté de transit sur le seul visa des expéditions en règle, sans autre vérification que celle des plombs ou marques, et sans qu'il y ait lieu à consignation ou à cautionnement des droits.

TITRE VI.

De l'Entrepôt.

Art. 71. — L'entrepôt est la faculté de faire entrer et séjourner en franchise, dans l'intérieur d'une commune, des marchandises sujettes par leur nature à l'octroi et auxquelles le propriétaire veut se réserver de donner une destination ultérieure.

L'entrepôt est réel ou fictif.

Art. 41 de l'ordonnance du 9 décembre 1814.

§ Ier. — *De l'Entrepôt réel.*

Art. 72. — L'entrepôt réel se fait dans un magasin public.

Art. 47 de l'ordonnance du 9 décembre 1814.

Art. 73. — L'administration des octrois sera tenue, à peine d'en répondre, de représenter les objets déposés à l'entrepôt réel.

Art. 47 précité.

Art. 74. — *La durée de l'entrepôt réel ne sera pas au-dessus de trois ans. L'administration de l'octroi autorisera, s'il y a lieu, des prolongations d'entrepôt.*

La durée de l'entrepôt est illimitée ; art. 41 de l'ordonnance du 9 décembre 1814.

Art. 75. — Les personnes qui voudront entreposer réellement, représenteront les lettres de voiture, connaissements, chartes-parties, et autres expéditions d'usage (pour ce qui arrivera du dehors), aux préposés de l'octroi. Elles feront en outre une déclaration détaillée des objets contenus dans les pièces, ballots et paquets, et de leur valeur. Les préposés feront la vérification avant l'entrée à l'entrepôt.

A l'égard des objets dont il est parlé aux articles 57 et 70, ils pourront être admis à l'entrepôt sans vérification préalable, si les marques et plombs sont trouvés sains et entiers ; mais, dans ce cas, l'administration de l'octroi ne sera tenue de représenter lesdits objets que dans l'état où ils lui auront été remis.

Art. 48 de l'ordonnance du 9 décembre 1814.

Art. 76. — Après la vérification faite des objets entreposés, les pièces seront marquées et rouannées, et les ballots et paquets empreints de marques particulières à l'octroi. Les entreposeurs pourront prendre des échantillons desdits objets : ces échantillons seront cachetés ou marqués par les préposés de l'entrepôt.

Art. 48 précité.

Art. 77. — Les objets reçus en entrepôt réel seront, aussitôt après la vérification et leur réception, inscrits sur un registre à souche. Une expédition détachée de la souche sera remise à l'entreposeur, dont elle énoncera les nom, prénoms, qualité, profession et demeure, ainsi que la qualité, la quantité, la valeur des objets entreposés, et toutes les autres circonstances propres à les faire reconnaître.

Art. 48 précité,

Art. 78. — *La souche du registre sera signée par l'entreposeur : s'il ne sait ou ne veut écrire, il en sera fait mention.*

Art. 79. — Les objets entreposés réellement ne pourront être retirés qu'en représentant l'expédition d'admission à l'entrepôt, et après une déclaration préalable, indicative de la destination desdits objets : dans le cas où cette expédition serait adirée, l'entreposeur se pourvoira à l'administration de l'octroi, qui statuera ce qu'il appartiendra.

Art. 49 de l'ordonnance du 9 décembre 1814.

Art. 80. — Ceux de ces objets déclarés sortir de la commune seront accompagnés d'une expédition particulière : ceux livrés pour l'intérieur acquitteront les droits avant de sortir de l'entrepôt.

Art. 49 précité.

Art. 81. — Les acheteurs ou cessionnaires d'objets entreposés seront admis à faire reconnaître leurs droits de propriété ; et *ladite reconnaissance sera constatée en marge de l'enregistrement prescrit par l'article 77.*

Voir l'art. 50 de l'ordonnance du 9 décembre 1814.

Art. 82. — Il sera établi, pour la sortie des objets entreposés, un registre à souche qui indiquera l'époque des sorties et la destination des objets sortis.

La souche du registre sera signée par l'entreposeur ou son représentant ; sa signature opérera la décharge du conservateur de l'entrepôt.

Art. 49 même ordonnance précitée.

Art. 83. — Les propriétaires ou leurs fondés de pouvoir pourront, en tout temps, demander l'entrée des entrepôts publics de l'octroi, tant pour y soigner les objets qu'ils y auront déposés, que pour y conduire les acheteurs, de la conduite desquels ils répondront.

Art. 51 de l'ordonnance du 9 décembre 1814.

Art. 84. — A défaut par les propriétaires ou les fondés de pouvoir, de veiller à la conservation des objets entreposés, les régisseurs de l'octroi se feront autoriser par le maire à y pourvoir.

Les dépenses d'entretien et de conservation seront remboursées aux régisseurs par lesdits propriétaires, sur les mémoires et états que ces premiers présenteront réglés par le maire.

Art. 53 de l'ordonnance du 9 décembre 1814.

Art. 85. — L'administration de l'octroi sera responsable des altérations ou avaries qui seront prouvées provenir de la faute de ses préposés.

Art. 47 de l'ordonnance du 9 décembre 1814.

Art. 86. — Les rouliers et conducteurs qui entreposeront réellement, faute d'acceptation de la part des destinataires ou de vente, pourront obtenir de l'administration de l'octroi le paiement de ce qui leur serait dû pour voiture et déboursés dont ils justifieront.

Art. 52 de l'ordonnance du 9 décembre 1814.

Art. 87. — Les marchandises entreposées pour les causes ci-dessus ne seront rendues aux propriétaires qu'après acquittement des avances, des frais de magasinage, et, s'il y a lieu, d'entretien.

Art. 88. — Il sera fait un règlement des frais de magasinage qui sera basé sur la dépense de location et d'entretien du magasin général. Ce règlement *sera fait sur les avis et observations des chambres de commerce*, et ne deviendra exécutoire que par l'approbation de notre ministre des finances.

Ou en vertu du règlement général de l'octroi ; art. 54 de l'ordonnance du 9 décembre 1814.

Art 89. — *Si, dans les trois mois après le délai fixé pour l'entrepôt, lesdites marchandises n'ont été réclamées et retirées, elles seront vendues publiquement et par ministère d'huissier. Le prix en provenant servira à payer les avances et frais faits par l'administration de l'octroi, les indemnités qui pourront être dues, et enfin cinq pour cent d'intérêt des sommes avancées.*

Cette dernière recette fera partie des produits de l'octroi.

Le surplus du prix de la vente sera déposé dans la caisse municipale, pour être remis aux propriétaires ou à leurs fondés de pouvoir, lorsqu'ils se présenteront.

Voir l'observation de l'art. 74 et l'art. 55 de l'ordonnance du 9 décembre 1814.

§ II. — De l'Entrepôt fictif.

Art. 90. — L'entrepôt fictif est l'admission en franchise des marchandises dans des magasins, caves et domiciles particuliers, *à défaut de magasin public pour l'entrepôt réel.*

Art. 41 de l'ordonnance du 9 décembre 1814.

Art. 91. — Les propriétaires domiciliés, les négociants, marchands facteurs et commissionnaires aussi domiciliés, et ayant patentes, pourront seuls être admis à recevoir chez eux et dans leurs magasins, à titre d'entrepôt, et sans acquittement préalable des droits, les marchandises soumises à l'octroi.

Art. 41 précité.

Art. 92. — Les règlements locaux détermineront les objets qui pourront être admis à la faveur de l'entrepôt à domicile. Ils détermineront les quantités qui devront être allouées pour ouillage et coulage.

Art. 41 et 45 de l'ordonnance du 9 décembre 1814.

Art. 93. — Les conditions pour l'entrepôt fictif ou à domicile sont : de faire une déclaration par écrit au bureau de l'octroi, avant l'entrée des objets à entreposer ; de permettre les visites, vérifications et exercices des préposés ; de leur ouvrir, en tout temps et à toute réquisition, les caves, magasins et autres lieux de dépôt ; de faire, de la manière et dans les formes voulues par les règlements locaux, les déclarations d'expédition pour le dehors ou pour l'intérieur ; de remplir les autres conditions imposées par lesdits règlements ; *de ne faire aucune altération des objets en entrepôt ; de les vendre et faire sortir tels qu'ils auront été constatés à l'arrivée* ; enfin de payer exactement les droits acquis à l'octroi.

Art. 42, 43, 44 de l'ordonnance du 9 décembre 1814, et art. 8 du décret du 12 février 1870.

Art. 94. — Les comptes de charge et décharge des objets entreposés à domicile seront réglés et arrêtés au moins une fois par trimestre.

Cette disposition n'est pas reproduite dans l'ordonnance du 9 décembre 1814.

Art. 95. — Toute déclaration reconnue infidèle , soit à l'entrée, soit à la sortie, soit lors des vérifications, visites et récolements que feront les préposés, soit dans l'apurement des comptes, *privera l'entreposeur du bénéfice de l'entrepôt.* Le droit sur les quantités restant en magasin sera de suite exigible, sans préjudice de l'amende pour celles soustraites, introduites en fraude, ou trouvées en contravention de toute autre manière.

L'entrepôt ayant maintenant une durée illimitée et ne pouvant être refusé pour les objets sujets à réexportation (art. 41 de l'ordonnance du 9 déc. 1814 et 8 du 12 fév. 1870), la privation du bénéfice de cette faculté ne peut s'étendre qu'aux quantités trouvées en magasin au moment de la constatation de la contravention. — Voir des arrêts de cassation du 6 juin 1835 et du 10 janvier 1868.

Art. 96. — Tout refus de souffrir les visites et vérifications des préposés de l'octroi, de les recevoir lorsqu'ils se présentent pour leurs exercices, entraînera, indépendamment des peines prononcées par la loi, *la déchéance de la faculté d'entrepôt*, et rendra exigibles les droits sur tous les objets existant en magasin, *comme sur ceux qui y seront introduits ultérieurement.*

Voir l'observation de l'article précédent.

Art. 97. — La durée de l'entrepôt à domicile *sera fixée, selon les circonstances, par les règlements locaux.*

La durée de l'entrepôt est illimitée ; art. 41 de l'ordonnance du 9 décembre 1814.

TITRE VII.

Dispositions générales sur les passe-debout, transit et entrepôt.

Art. 98. — Il sera établi des registres à souche, pour recevoir les déclarations de passe-debout et de transit.

Art. 99. — Les marchandises sur bâtiments, navires, bateaux, coches, barques, trains, diligences, et autres servant à la navigation, seront assujetties aux mêmes formalités que celles arrivant par roulage.

Néanmoins, dans les villes où il y a des bureaux spéciaux d'octroi auprès des lieux d'arrivée, elles pourront être conduites à ces bureaux, qui seront considérés, dans ce seul cas, comme point de départ.

Art. 100. — Les voitures et transports militaires chargés d'objets assujettis aux droits sont soumis aux conditions ci-dessus prescrites pour le transit et le passe-debout.

Art. 40 de l'ordonnance du 9 décembre 1814.

TITRE VIII.

Crédits et restitutions.

Art. 101. — *Il pourra être accordé aux marchands, négociants et autres faisant le commerce en gros, et ayant la patente, s'ils fournissent bonne et valable caution, un crédit plus ou moins long, suivant la nature et l'importance de leur commerce.*

Les règlements locaux détermineront les conditions d'après lesquelles le *crédit pourra* être obtenu et conservé.

L'ordonnance du 9 décembre 1814 n'admet pas le régime du crédit des droits ; elle prescrit le paiement des droits à l'entrée ou l'introduction sous le régime de l'entrepôt.

TITRE IX.

De l'administration des octrois.

§ Ier. — *De la Régie simple.*

Art. 102. — La régie simple est la perception de l'octroi, sous l'administration immédiate des maires.

Art. 103. — Les frais d'exploitation et de premier établissement seront réglés par les autorités locales, *et communiqués à l'administration des droits réunis, pour être soumis à l'approbation de notre ministre des finances, qui ne la donnera qu'après avoir pris l'avis de notre ministre de l'intérieur.*

Voir l'art. 10 de l'ordonnance du 9 décembre 1814 et l'art. 6 du décret du 12 février 1870.

§ II. — *Des Régies intéressées.*

Art. 104. — La régie intéressée consiste à traiter avec un régisseur, à la condition d'un prix fixe et d'une portion déterminée dans les produits excédant le prix principal et la somme abonnée pour les frais.

Art. 105. — L'abonnement pour les frais ne pourra excéder, autant que faire se pourra, douze pour cent du prix fixe du bail.

Art. 106. — Le partage des bénéfices sera fait à la fin de chaque année ; il ne sera que provisoire : à l'expiration du bail, il sera fait le compte de la totalité des bénéfices, pour établir une année commune, d'après laquelle la répartition sera définitivement arrêtée conformément aux proportions déterminées par le cahier des charges.

Art. 107. — Dans le premier mois de la deuxième année de sa jouissance, l'adjudicataire présentera son compte, à la vérification et à l'arrêté duquel il sera procédé le plus promptement possible, et au plus tard dans le deuxième mois de cette seconde année, en présence du directeur des droits réunis, ou d'un préposé de cette administration par lui désigné à cet effet ; de manière que ledit compte soit apuré avant la fin de ce deuxième mois.

Il en sera de même chaque année pour l'année précédente.

§ III. — *De la ferme.*

Art. 108. — La ferme est l'adjudication pure et simple des produits d'un octroi, moyennant un prix convenu, sans partage de bénéfice et sans allocation de frais.

Art. 109. — L'adjudicataire ne pourra transférer son droit au bail, en tout ou en partie, sans le consentement exprès de l'autorité locale, *approuvé par notre ministre des finances.* Il ne pourra, en aucun cas, faire aux contribuables les remises des droits ni consentir aucun abonnement avec eux.

C'est le préfet qui aujourd'hui approuve les adjudications des fermes d'octroi ; art. 5 du décret du 12 février 1870.

DISPOSITIONS COMMUNES AUX RÉGIES INTÉRESSÉES ET AUX FERMES.

Art. 110. — Les adjudications des octrois des villes ayant une population de cinq mille âmes et au-dessus seront faites par le maire, sur les lieux mêmes, à l'hôtel de la mairie : dans celles d'une population moindre, elles le seront à la sous-préfecture, par le sous-préfet, en présence du maire (1).

(1) Lettre du ministre des finances au directeur général des droits réunis du 28 décembre 1809.

Vous m'avez entretenu, Monsieur, par votre rapport du 20 novembre dernier, des réclamations qui vous ont été adressées par un grand nombre de préfets, relativement à l'exécution de l'art. 110 du décret impérial du 17 mai précédent.

J'ai l'honneur de vous prévenir que Sa Majesté, d'après le compte que je lui ai rendu de cet objet, a décidé le 7 décembre, présent mois, que les sous-préfets seront chargés d'aller procéder aux adjudications des octrois sur les lieux.

Signé : DUC DE GAETE.

Art. 111. — Aucune adjudication ne peut être faite qu'en présence du directeur des droits réunis, ou d'un préposé délégué par ce dernier, lesquels signeront le procès-verbal.

Art. 112. — Aucune adjudication ne pourra excéder trois ans, sauf les cas où l'on aura à y comprendre ce qui resterait à courir de l'année commencée ; et, dans tous les cas, elle devra toujours avoir pour terme le 31 décembre.

Art. 113. — Les adjudications seront toujours précédées au moins de deux affiches, de quinzaine en quinzaine, lesquelles seront insérées dans les journaux du département ; elles seront faites aux enchères publiques, à l'extinction des bougies, au plus offrant et dernier enchérisseur.

Art. 114. — Ne seront admises aux enchères que les personnes d'une moralité, d'une solvabilité et d'une capacité reconnues par le maire, sauf le recours au préfet.

Art. 115. — A cet effet, trois mois au moins avant le renouvellement du bail, il en sera donné avis dans les journaux, avec invitation à tous ceux qui voudraient concourir, de se présenter au secrétariat de la municipalité, pour satisfaire aux dispositions précédentes.

Art. 116. — Les adjudicataires feront par écrit, au moment de l'adjudication, avant de la signer, la déclaration indicative des noms, prénoms, professions et demeures de leurs associés, s'il y a lieu : ils joindront au procès-verbal l'acte de société, s'il en existe ; sinon les associés présents signeront, avec les adjudicataires, le procès-verbal.

Art. 117. — Après l'adjudication, aucune enchère ne sera reçue si elle n'est faite dans les vingt-quatre heures et signifiée, par le ministère d'un huissier, à l'autorité qui aura procédé à cette adjudication, et s'il n'est offert un douzième en sus du prix auquel cette adjudication aura été portée. Dans ce cas, les enchères seront rouvertes sur la dernière offre.

Art. 118. — Les adjudicataires se conformeront, pour la perception et pour tout ce qui est relatif à l'octroi, aux tarifs et règlements approuvés. Ils seront également tenus de se conformer, sous peine de dommages-intérêts, et même de résiliement, aux lois et règlements concernant les rapports des administrations d'octroi avec la régie des droits réunis.

Art. 119. — Les adjudicataires auront le libre choix de leurs préposés et pourront les révoquer à volonté. Néanmoins les préfets, sur la demande des sous-préfets, des maires ou des directeurs des droits réunis, et après avoir entendu les régisseurs, pourront donner ordre à ces derniers de destituer ceux des préposés qui auraient donné lieu à des plaintes fondées.

Art. 120. — Tout préposé qui, étant en fonctions depuis un an, ne sera pas conservé par le fermier au moment de sa mise en jouissance, recevra, à titre d'indemnité, aux frais du nouvel adjudicataire, deux mois de son traitement.

Art. 121. — L'adjudicataire sera tenu, avant d'être mis en possession, de fournir un cautionnement, dont la quotité et l'espèce auront été déterminées dans le cahier des charges.

Art. 122. — L'administration des droits réunis pourra charger, pour chaque octroi, un de ses préposés d'en surveiller la perception.

Art. 123. — Le prix de bail sera payé de mois en mois et d'avance : en cas de retard du paiement du prix stipulé du bail aux époques fixées, l'adjudicataire pourra être poursuivi par toutes voies de droit, *et même par corps.*

Voir le décret du 15 novembre 1810 et la loi du 22 juillet 1867 sur la contrainte par corps.

Art. 124. — L'adjudicataire sera tenu de donner connaissance au maire et aux préposés de l'administration des droits réunis, de tous les procès-verbaux de contravention. Il ne pourra transiger avec les contrevenants sans l'autorisation du maire : le préposé des droits réunis chargé de la surveillance de l'octroi sera présent à toutes les transactions, et donnera son avis.

Art. 125. — Dans tous les cas où l'adjudicataire en régie intéressée aura plaidé sans autorisation, les frais seront à sa charge : autrement ils seront à la charge de la commune.

Le fermier, quoique autorisé, supportera toujours les dépens auxquels il sera condamné.

Art. 126. — La moitié des produits nets des amendes, ainsi que ceux des ventes des objets saisis ou confisqués, soit que ces amendes aient été prononcées par jugement, soit qu'il y ait eu transaction, appartiendra à l'adjudicataire. Il versera l'autre moitié, *et le décime par franc,* aux époques et de la manière prescrites.

Art. 127. — Aucune personne attachée à l'administration des droits réunis, aux administrations civiles, ou aux tribunaux ayant une surveillance ou juridiction quelconque sur l'octroi, ne pourra, sous peine de résiliation du bail sans indemnité, et de tous dommages-intérêts, être adjudicataire ni associée de l'adjudicataire.

Art. 128. — Le cahier des charges portera la réserve, dans les cas où des changements ou des modifications seraient jugés nécessaires, de réduire ou d'augmenter le prix de bail en raison desdits changements ou modifications. On pourra imposer à l'adjudicataire l'obligation de compter de clerc à maître des augmentations faites aux tarifs.

Art. 129. — Hors ce cas, l'adjudicataire ne pourra être reçu, sous aucun prétexte que ce soit, à demander à compter de clerc à maître, ni le résiliement, ou des indemnités.

Il est même interdit aux conseils municipaux de délibérer sur les demandes qui pourraient en être faites.

Art. 130. — Le cahier des charges portera aussi la réserve des cas où le Gouvernement ordonnerait le résiliement d'un bail, et fixera l'indemnité qui pourrait être accordée à l'adjudicataire pour le temps de non-jouissance.

Art. 131. — A défaut d'exécution, de la part de l'adjudicataire, des

clauses du cahier des charges, la commune pourra, après une sommation ou commandement à lui fait, provoquer une nouvelle adjudication à
sa folle-enchère.

Art. 132. — Des copies des baux d'adjudication, des tarifs et règlements seront remises aux directeurs des droits réunis.

Et au directeur général des contributions indirectes ; art. 5 du décret du 12 février 1870.

Art. 133. — Tous les frais résultant de l'adjudication seront à la
charge de l'adjudicataire.

Art. 134. — *Les droits d'octroi sur les marchandises mises en entrepôt
appartiendront à l'adjudicataire sortant, si le terme de l'entrepôt est expiré
avant le terme de sa jouissance ; autrement ils appartiendront au nouvel
adjudicataire.*

La durée de l'entrepôt est illimitée ; art. 41 de l'ordonnance du 9 décembre 1814.

Art. 135. — L'adjudication ne sera définitive et l'adjudicataire mis
en possession, qu'après l'approbation de *notre ministre des finances.*

En cas de *ferme*, les adjudications sont maintenant approuvées par le préfet
(art. 5 du décret du 12 février 1870).

Art. 136. — Les contestations qui pourront s'élever sur l'administration ou la perception des octrois en régie intéressée entre les communes et les régisseurs de ces établissements, seront déférées au préfet,
qui statuera en conseil de préfecture, après avoir entendu les parties,
sauf le recours à notre Conseil d'État, dans la forme et le délai prescrits
par notre décret du 22 juillet 1806.

Il en sera de même des contestations qui pourraient s'élever entre
les communes et les fermiers des octrois, sur le sens des clauses des
baux.

Toutes autres contestations qui pourront s'élever entre les communes et les fermiers des octrois, seront portées devant les tribunaux.

TITRE X.

Rapport des octrois avec l'administration des droits réunis.

Art. 137. — Les fermiers, les régisseurs intéressés, et tous autres dirigeant les octrois, seront tenus de permettre le concours des employés des
droits réunis, dans tous les cas où il doit avoir lieu ; de leur laisser faire
toutes les vérifications et opérations relatives à leur service ; de leur
présenter et donner communication de tous états, bordereaux et renseignements dont ils auront besoin.

Ils seront, en outre, tenus de faire concourir au service des droits
réunis leurs propres préposés, toutes les fois qu'ils en seront requis, sous
les peines de droit, sans pourtant pouvoir les déplacer du lieu ordinaire de leur service.

Voir l'art. 92 de l'ordonnance du 9 décembre 1814.

TITRE XI.

Du Personnel.

Art. 138. — Les préposés de l'octroi seront âgés au moins de vingt ans accomplis ; ils seront tenus de prêter serment devant le tribunal civil de la ville dans laquelle ils exercent, et, dans les lieux où il n'y a pas de tribunal, devant le juge de paix : ce serment sera enregistré au greffe, et sans qu'il soit nécessaire d'employer le ministère d'avoués.

Il sera payé seulement un droit fixe d'enregistrement de trois francs.

Voir l'art. 58 de l'ordonnance du 9 décembre 1814.

Art. 139. — Le cas de changement de résidence ou de grade d'un préposé arrivant, il n'y a pas lieu à une nouvelle prestation de serment : il lui suffira de faire viser sa commission sans frais par le juge de paix ou le président du tribunal du lieu où il devra exercer.

Art. 59 de l'ordonnance du 9 décembre 1814.

Art. 140. — Ne pourront être nommés préposés d'octrois les individus qui ne justifieraient pas avoir satisfait à la conscription, ceux qui ne pourront pas présenter des certificats authentiques de capacité et de bonnes vie et mœurs.

Art. 141. — La nomination des préposés des octrois en régie simple sera faite par les préfets (1), sur une liste triple, présentée par les maires pour chaque place.

Les commissions leur seront données par les préfets.

Lorsqu'il s'agira de la nomination *du directeur ou* préposé en chef (2), la nomination du préfet *sera soumise à l'approbation de notre ministre des finances.*

Art. 56 de l'ordonnance du 9 décembre 1814.

Art. 142. — Les préposés de l'octroi seront toujours porteurs de leurs commissions, et tenus de les représenter lorsqu'ils en seront requis.

Art. 60 de l'ordonnance du 9 décembre 1814.

Art. 143. — Tout préposé de l'octroi qui favorisera la fraude, soit en recevant des présents, soit de toute autre manière, sera poursuivi et condamné aux peines portées par le Code pénal contre les fonctionnaires prévaricateurs.

Art. 63 de l'ordonnance du 9 décembre 1814.

Art. 144. — *Les préfets pourront autoriser la mise en jugement des simples préposés de l'octroi.*

Voir l'art. 244 de la loi du 28 avril 1816.

Art. 145. — Il est défendu aux fermiers, régisseurs ou préposés, de faire commerce des objets compris au tarif.

---

(1) Et par les sous-préfets ; art. 6 du décret du 13 avril 1861.
(2) Les préposés en chef sont nommés directement par le préfet ; art. 5 du décret du 25 mars 1852.

Art. 146. — Le port d'armes est accordé aux préposés de l'octroi, dans l'exercice de leurs fonctions.

Art. 60 de l'ordonnance du 9 décembre 1814.

Art. 147. — Il pourra être établi, sur la demande des communes, une caisse de retraite et de secours. Les fonds de cette caisse seront faits par une retenue sur les appointements fixes et remises, ainsi que sur le produit des amendes.

Art. 148. — Un règlement particulier déterminera le mode d'administration de cette caisse, et de distribution des pensions et secours auxquels elle sera affectée.

Art. 149. — Les créanciers des préposés des octrois ne pourront saisir que les sommes déterminées par les lois et décrets impériaux, sur les appointements des préposés des droits réunis.

Art. 150. — Les surnuméraires dans l'administration de l'octroi auront droit aux places vacantes, de préférence à tous autres.

Art. 151. — Tout préposé destitué ou démissionnaire sera tenu, sous peine d'y être contraint *par corps*, de remettre de suite sa commission, ainsi que les registres et autres effets dont il aura été chargé ; et, s'il est receveur, de rendre ses comptes.

Art. 69 de l'ordonnance du 9 décembre 1814.

Art. 152. — Tous les préposés comptables des octrois seront tenus de fournir un cautionnement, *soit en immeubles*, soit en numéraire, dont l'espèce et la quotité seront déterminées *par l'administration municipale et qui sera versé à la caisse communale.*

Voir l'art. 62 de l'ordonnance du 9 décembre 1814 et l'art. 159 de la loi du 28 avril 1816.

Art. 153. — Les préposés de l'octroi sont placés sous la protection de l'autorité publique ; il est défendu de les injurier, maltraiter, et même de les troubler dans l'exercice de leurs fonctions, sous les peines de droit.

Art. 65 de l'ordonnance du 9 décembre 1814.

Art. 154. — La force armée sera tenue de prêter secours et assistance aux préposés des octrois, dans l'exercice de leurs fonctions, toutes les fois qu'elle en sera requise.

Art. 65 précité.

Art. 155. — Tous les préposés à la perception des octrois, ayant serment en justice, sont *autorisés* à dresser procès-verbal des fraudes qu'ils découvriront contre les droits réunis ; et de même, les préposés de la régie des droits réunis pourront rapporter procès-verbal pour les fraudes qu'ils découvriront contre les octrois.

Art. 92 de l'ordonnance du 9 décembre 1814.

Art. 156. — Les préposés de l'octroi concourront, lorsqu'ils en seront requis, à la répression et à la découverte des délits de police.

TITRE XII.

De la Comptabilité.

§ Iᵉʳ. — De la Tenue des Registres.

Art. 157. — Tous les registres qui servent à la perception de l'octroi devront être à souche, préalablement cotés et paraphés par le maire : tous les actes y seront portés jour par jour, article par article, sans y laisser aucun blanc.

Voir les art. 66 et 70 de l'ordonnance du 9 décembre 1814.

Art. 158. — L'administration des droits réunis déterminera la forme et le modèle des registres et des expéditions, et prendra les mesures convenables pour s'assurer de leur uniformité.

Il ne pourra être exigé par l'administration de l'octroi, pour toute expédition ou bulletin qu'elle aurait délivré *plus de cinq centimes outre le remboursement du timbre de la quittance au-dessus de dix francs.*

Art. 66 et 68 de l'ordonnance du 9 décembre 1814.

Art. 159. — Les maires vérifieront ou feront vérifier la tenue exacte des registres de perception, et s'assureront du versememt des produits à la caisse municipale.

Art. 70 de l'ordonnance du 9 décembre 1814.

Art. 160. — Les registres de perception seront arrêtés par le maire, le dernier jour de chaque année ; ils seront renouvelés tous les ans, et les comptes, tant en quantités qu'en sommes, apurés dans les trois mois qui suivront l'expiration de chaque année.

Art. 70 précité.

§ II. — Des états de produits.

Art. 161. — Tous les états et bordereaux de recettes et de dépenses des octrois seront dressés aux époques déterminées par les instructions, en présence du maire, concurremment avec les préposés principaux des octrois et des droits réunis.

La forme et le modèle des états et bordereaux seront déterminés par l'administration des droits réunis.

Un double des états et bordereaux, signé du maire, sera remis aux préposés des droits réunis, pour être transmis au directeur, et par celui-ci à son administration.

Art. 71 de l'ordonnance du 9 décembre 1814.

Le versement de la retenue des dix pour cent sur le produit des octrois en régie simple, sera fait à la caisse des droits réunis, par le receveur de la commune, dans les trois premiers jours qui suivront l'expiration de chaque mois.

Pour les octrois en ferme ou régie intéressée, ce versement sera opéré aux époques fixées par les baux pour le paiement de chaque douzième du prix de l'adjudication.

Quant au versement de la retenue des dix pour cent sur les portions de bénéfices revenant aux communes, aux termes des traités de régie intéressée, il sera fait par les receveurs de la commune, aussitôt après que le montant de ces mêmes portions de bénéfices aura été versé dans la caisse municipale.

Voir l'art. 75 de l'ordonnance du 9 déc. 1814 et l'art. 25 du décret du 17 mars 1852.

Art. 162. — *Le recouvrement de la retenue des dix pour cent se poursuivra par la saisie des deniers de l'octroi, et même par voie de contrainte.*

Art. 74 de l'ordonnance du 9 déc. 1814.

Art. 163. — Les bordereaux dressés et arrêtés conformément aux dispositions du présent décret, seront la seule base régulière des comptes *du recouvrement de la retenue des dix pour cent.*

Voir l'annotation de l'art. 161.

TITRE XIII.

Du Contentieux.

Art. 164. — Il sera procédé pour les octrois conformément aux lois des 2 vendémiaire et 27 frimaire an VIII.

Néanmoins, dans le cas où une contestation, soit sur le fond du droit ou l'application du tarif, soit sur des contraventions, aurait à la fois pour objet des droits d'octroi et des droits réunis, il sera procédé sur le tout conformément aux dispositions du chapitre VI de la loi du 5 ventôse an XII, concernant les droits réunis.

Voir les art. nos 75 à 84 de l'ordonnance du 8 décembre 1814.

TITRE XIV.

Dispositions générales.

Art. 165. — La surveillance générale de la perception de tous les octrois de l'Empire est exercée, sous l'autorité de notre ministre des finances, par l'administration des droits réunis.

Art. 88 de l'ordonnance du 9 décembre 1814.

Art. 166. — Tous les tarifs et règlements seront successivement régularisés conformément aux dispositions du présent, et soumis par notre ministre des finances à notre approbation.

Art. 101 de l'ord. du 9 décembre 1814.

Art. 167. — Il ne pourra être renouvelé aucune adjudication que les tarifs et règlements n'aient été soumis à notre approbation par notre ministre des finances.

Art. 168. — Dans les trois mois de la publication du présent, les conseils municipaux des communes dont les octrois sont en régie simple, seront tenus de proposer la rectification des dispositions de leurs tarifs et règlements contraires aux dispositions du présent ; et, à leur défaut, lesdites rectifications devront être proposées par les préfets.

Art. 169. — Il sera fait un règlement particulier pour l'octroi de notre bonne ville de Paris, qui sera soumis à notre approbation par notre ministre des finances.

Art. 170. — Notre grand-juge ministre de la justice, et nos ministres des finances et de l'intérieur, sont chargés, chacun en ce qui le concerne, de l'exécution du présent décret.

DÉCRET DU 15 NOVEMBRE 1810.

Art. 1er. — Le recouvrement des droits d'octroi sera poursuivi par voie de contrainte *et par corps* contre tous régisseurs, fermiers, receveurs et autres préposés à la recette desdits droits.

Art. 2. — Les contraintes seront décernées par le receveur municipal, visées par le maire et rendues exécutoires par le juge de paix du canton où est située la commune ; elles seront signifiées à la requête du maire et exécutées conformément au titre XV de la première partie du code de procédure civile.

EXTRAIT DE LA LOI DU 8 DÉCEMBRE 1814.

. . . .

TITRE VIII.

Des Octrois.

Art. 121. — L'administration directe et la perception des octrois, à compter du 1er janvier 1815, rentreront dans les attributions des maires, sous la surveillance immédiate des sous-préfets et sous l'autorité du Gouvernement (1). *Dans aucun cas, et jusqu'à ce qu'il ait été statué par une loi sur le mode d'administration des revenus des communes, les octrois ne seront affermés ni confiés à des régies intéressées.*

L'art. 147 de la loi du 28 avril 1816 a rétabli les régimes de la ferme et de la régie intéressée.

Art. 122. — Les maires pourront, avec l'autorisation du ministre des finances, traiter de gré à gré avec la régie des impositions indirectes, pour qu'elle se charge de la perception de leurs octrois.

Voir les art. 94 à 98 de l'ordonnance du 9 décembre 1814 et l'art. 158 de la loi du 28 avril 1816.

---

(1) Cette disposition a eu pour but d'annuler celle des prescriptions d'un décret du 8 février 1812, qui avait chargé l'administration des droits réunis de la perception des octrois.

Art. 123. — *Les communes qui voudront supprimer leurs octrois en feront la demande, par l'intermédiaire des sous-préfets et des préfets, au ministre de l'intérieur, qui autorisera la suppression, s'il y a lieu.*

Voir l'art. 138 de la loi du 5 avril 1884.

Art. 125. — Les règlements d'octrois ne devront contenir aucune disposition contraire à celles relatives à la perception du droit d'entrée.

Les préposés des octrois seront tenus, sous peine de révocation immédiate, de percevoir le droit d'entrée pour le compte du Trésor public.

Voir les art. 150 et 154 de la loi du 28 avril 1816.

ORDONNANCE DU ROI DU 9 DÉCEMBRE 1814

PORTANT RÈGLEMENT SUR LES OCTROIS.

Louis, par la grâce de Dieu, Roi de France et de Navarre ;

Vu les lois et règlements généraux maintenus par la loi du 8 décembre 1814, pour l'administration et la perception des octrois ; voulant en assurer l'exécution pleine, entière et uniforme, et prévenir toute interprétation fausse ou abusive sur aucune de leurs dispositions, nous avons jugé indispensable de présenter, dans une seule et même ordonnance, toutes les mesures générales d'exécution qui dérivent des lois et règlements ci-dessus rappelés ;

Sur le rapport de notre ministre secrétaire d'État des finances,

Nous avons ordonné et ordonnons ce qui suit :

TITRE Ier.

Dispositions transitoires.

Art. 1er. — En exécution de l'article 121 de la loi du 8 décembre 1814, le service des octrois sera remis aux maires, le 1er janvier 1815, par la régie des impositions indirectes. Cette remise et celle des maisons, ustensiles, effets de bureau et autres, servant à la perception des octrois, seront constatées par un procès-verbal rédigé en quadruple expédition, lequel sera signé par le maire et le préposé en chef de la régie dans chaque résidence, ou par des commissaires délégués à cet effet, de part et d'autre, dans les villes où cela sera jugé nécessaire. Un des procès-verbaux sera déposé à la mairie ; un autre sera remis au directeur des impositions indirectes dans le département ; le troisième sera adressé au préfet, et le quatrième à la régie des impositions indirectes.

Art. 2. — Dans les communes où le maire voudra traiter de gré à gré avec cette régie pour la perception de l'octroi, conformément à l'article 122 de la loi précitée, la remise du service n'aura pas lieu ;

moyennant que le maire souscrive une déclaration formelle de cette intention, et que dans le mois de janvier, pour tout délai, il adresse sa demande au préfet, ainsi qu'il sera statué par l'article 94 ; jusqu'à ce que ce traité ait été conclu, les frais d'administration et de perception seront payés à la régie au prorata de ce qu'ils auront été en 1814.

Art. 3. — La régie des impositions indirectes fera rendre aux communes, par ses receveurs, dans le premier trimestre de 1815, le compte des perceptions de 1814, et verser immédiatement les sommes dont ils seront reliquataires. En cas d'avance de la régie ou de ses préposés, pour quelque cause que ce soit, elle exercera son recours contre le receveur de la commune, par toutes les voies de droit, même par forme de contrainte.

Art. 4. — Les registres, bordereaux et autres pièces relatives à l'administration ou à la perception des octrois, resteront déposés chez les contrôleurs principaux des impositions indirectes. Les maires ou leurs délégués pourront en prendre communication, toutes les fois qu'ils le jugeront convenable, mais sans déplacement.

TITRE II.

De l'Établissement des octrois.

Art. 5. — Les octrois sont établis pour subvenir aux dépenses qui sont à la charge des communes : ils doivent être délibérés d'office par les conseils municipaux. Cette délibération peut aussi être provoquée par le préfet, lorsqu'à l'examen du budget d'une commune, il reconnaît l'insuffisance de ses revenus ordinaires, soit pour couvrir les dépenses annuelles, soit pour acquitter les dettes arriérées, ou pourvoir aux besoins extraordinaires de la commune.

Voir l'art. 147 de la loi du 28 avril 1816.

Art. 6. — Les délibérations portant établissement d'un octroi sont adressées par le maire au sous-préfet, et renvoyées par celui-ci, avec ses observations, au préfet, qui les transmet également, avec son avis, à notre ministre de l'intérieur, lequel permet, s'il y a lieu, l'établissement de l'octroi demandé, et autorise le conseil municipal à délibérer les tarifs et règlements.

Art. 7. — Les projets de règlement et de tarif délibérés par les conseils municipaux, en vertu de l'autorisation de notre ministre de l'intérieur, parviennent de même aux préfets, avec l'avis des maires et des sous-préfets. Les préfets les transmettent à notre *directeur général des impositions indirectes* (1), pour être soumis à notre ministre des finances,

---

(1) La priorité d'examen des affaires qui sont sanctionnées par décret, appartient au ministre de l'intérieur, à qui le dossier complet doit être transmis. (Circ. du ministre de l'intérieur aux préfets, en date du 23 mars 1853.)

sur le rapport duquel nous accordons notre approbation, s'il y a lieu (1).

Art. 8. — Les changements proposés par les maires ou les conseils municipaux aux tarifs (2) ou règlements en vigueur, et ceux jugés nécessaires par l'autorité supérieure, ne peuvent être exécutés qu'ils n'aient été délibérés et approuvés de la manière prescrite par les articles précédents (1).

Voir les art. 137, 138 et 139 de la loi du 5 avril 1814.

Art. 9. — Si les conseils municipaux refusent ou négligent de délibérer sur *l'établissement d'un octroi reconnu nécessaire*, ou sur les changements à apporter aux tarifs et règlements, il nous en sera rendu compte, dans le premier cas, par notre ministre de l'intérieur, et, dans le deuxième, par notre ministre des finances, *sur les rapports desquels nous statuerons ce qu'il appartiendra.*

L'initiative des demandes de création d'octroi appartient aux conseils municipaux; art. 147 de la loi du 28 avril 1816.

Art. 10. — Les frais de premier établissement, de régie et de perception des octrois des *villes sujettes au droit d'entrée* seront proposés par le conseil municipal, *et soumis, par la régie des impositions indirectes, à l'approbation de notre ministre des finances : dans les autres communes,* ces frais seront réglés par les préfets. Dans aucun cas, et sous aucun prétexte, les maires ne pourront excéder les frais alloués, sous peine d'en répondre personnellement.

Voir l'art. 6 du décret du 12 février 1870.

TITRE III.

Des matières qui peuvent être soumises au droit d'octroi (3).

Art. 11. — Aucun tarif d'octroi ne pourra porter que sur des objets destinés à la consommation des habitants du lieu sujet. Ces objets seront toujours compris dans les cinq divisions suivantes ;

Voir l'art. 148 de la loi du 28 avril 1816.

SAVOIR (3) :

1° Boissons et liquides;
2° Comestibles;
3° Combustibles;
4° Fourrages;
5° Matériaux.

---

(1) Les décrets approbatifs des tarifs et règlements d'octrois ne peuvent être rendus qu'après avis du conseil général ou de la commission départementale et le Conseil d'État entendu. (Art. 137 de la loi du 5 avril 1884.)

(2) Les réductions ou suppressions de taxes et l'augmentation des taxes existantes, dans la limite des maxima du tarif général, ne sont plus aujourd'hui approuvées par décret. Voir les art. 138 et 139 de la loi du 5 avril 1884.

(3) Cette énumération des objets imposables a été maintenue et complétée ou modifiée sur quelques points, par le tarif général, annexé au décret du 12 février 1870, qui fixe en outre le maximum de la taxe applicable à chaque objet, en tenant compte de l'importance de la population de la commune.

Art. 12. — Sont compris dans la première division les vins, vinaigres, cidres, poirés, bières, hydromels, eaux-de-vie, esprits, liqueurs et eaux spiritueuses.

Les droits d'octroi sur les *vins, cidres, poirés*, eaux-de-vie et liqueurs *ne pourront excéder ceux perçus aux entrées des villes sur les mêmes boissons pour le compte du Trésor public (Paris excepté)* (1).

Les vendanges ou fruits à cidre ou à poiré seront assujettis aux droits, à raison de trois hectolitres de vendange pour deux hectolitres de vin, et de cinq hectolitres de pommes ou de poires pour deux hectolitres de cidre ou de poiré.

Voir l'article 23 de la loi du 28 avril 1816.

Art. 13. — Les eaux-de-vie et esprits *doivent être divisés*, pour la perception, d'après les degrés, conformément au tarif des droits d'entrée (2).

Les eaux dites de Cologne, de la reine de Hongrie, de mélisse et autres dont la base est l'alcool, doivent être tarifées comme les liqueurs (2).

Art. 14. — *Dans le pays où la bière est la boisson habituelle et générale, celle importée, quelle que soit sa qualité, ne pourra être, au plus, taxée qu'au quart en sus du droit sur la bière fabriquée dans l'intérieur.*

Abrogé par l'art. 10 du décret du 12 février 1870.

Art. 15. — Les huiles peuvent aussi, suivant les localités, être imposées : la *taxe en est déterminée suivant leur qualité ou leur emploi.*

Voir les art. 4 et 5 de la loi du 31 décembre 1873 et les art. 3 et 4 de la loi du 22 décembre 1878.

Art. 16. — Sont compris dans la deuxième division les objets servant habituellement à la nourriture des hommes, à l'exception toutefois des grains et farines, fruits, *beurre* (3), lait, légumes et autres menues denrées.

Art. 17. — Ne sont point compris dans ces exceptions les fruits secs et confits, les pâtes, les oranges, les limons et citrons, *lorsque ces objets sont introduits dans les villes en caisses, tonneaux, barils, paniers ou sacs, ni le beurre et les fromages venant de l'étranger.*

Voir l'art. 10 du décret du 12 février 1870.

Art. 18. — Les bêtes vivantes *doivent être taxées par tête.* Les bestiaux abattus au dehors et introduits par quartier paieront au prorata de la taxe par tête. A l'égard des viandes dépecées, fraîches ou salées, elles sont imposées au poids (4).

---

(1) Voir, pour les eaux-de-vie, l'art. 9 de la loi du 11 juin 1842 et, pour les vins et cidres, l'art. 6 de la loi du 19 juillet 1880.

(2) Voir l'art. 9 de la loi du 24 juin 1824 et l'art. 1er de la loi du 26 mars 1872.

(3) L'imposition du beurre est prévue par le tarif général annexé au décret du 12 février 1870.

(4) Voir l'ordonnance du 4 juillet 1830, qui autorise l'imposition des bêtes vivantes au poids ou par tête. Voir également l'art. 1er de la loi du 10 mai 1846 et le tarif général de 1870.

Art. 19. — Les coquillages, le poisson de mer frais, sec ou salé (1) de toute espèce, et celui d'eau douce, peuvent être assujettis au droit d'octroi, *suivant les usages locaux,* soit à raison de leur valeur vénale, *soit à raison du nombre* ou du poids, *soit par paniers, barils ou tonneaux* (2).

Art. 20. — Sont compris dans la troisième division : 1º toute espèce de bois à brûler, les charbons de bois et de terre, la houille, la tourbe et généralement toutes les matières propres au chauffage ; 2º les suifs, cires et huiles à brûler (3).

Art. 21. — La quatrième division comprend les pailles, foins et tous les fourrages *verts ou* secs, de quelque nature, espèce ou qualité qu'ils soient. Le droit doit être réglé *par botte ou* au poids (4).

Art. 22. — Sont compris dans la cinquième division les bois, soit en grume, soit équarris, façonnés ou non, propres aux charpentes, constructions, menuiserie, *ébénisterie, tour, tonnellerie, vannerie et charronnage* (5).

Y sont également compris les pierres de taille, moellons, pavés, ardoises, tuiles de toute espèce, briques, craies et plâtre.

Art. 23. — Pour toutes les matières désignées au présent titre, les droits doivent être imposés par hectolitre, kilogramme, mètre cube ou carré, ou stère, ou par fractions de ces mesures. *Cependant, lorsque les localités ou la nature des objets l'exigent, le droit peut être fixé au cent ou au millier, ou par voiture, charge ou bateau.*

Voir l'art. 2 du décret du 12 février 1870.

Art. 24. — Les objets récoltés, préparés ou fabriqués dans l'intérieur d'un lieu soumis à l'octroi, ainsi que les bestiaux qui y sont abattus, seront toujours assujettis par le tarif au même droit que ceux introduits de l'extérieur.

TITRE IV.

De la Perception.

Art. 25. — Les règlements d'octroi doivent déterminer les limites de la perception, les bureaux où elle doit être opérée, et les obligations et formalités particulières à remplir par les redevables ou les employés en raison des localités, sans toutefois que ces règles particulières puissent déroger aux dispositions de la présente ordonnance.

---

(1) La morue salée, le maquereau salé, le stockfisch, le hareng saur ou salé ne peuvent être imposés ; observation marginale du tarif-type.

(2) Voir l'art. 2 du décret du 12 février 1870 ; une taxe *ad valorem* sur le poisson vendu à la criée est cependant admise dans certains cas ; voir la jurisprudence, nº 241.

(3) Pour les huiles animales et végétales, voir les lois des 31 décembre 1873 et 22 décembre 1878.

(4) Les fourrages verts ne peuvent être imposés (observation marginale du tarif général) ; la perception doit avoir lieu au poids (art. 2 du décret du 12 février 1870).

(5) Les seuls bois imposables sont ceux qui sont employés comme combustibles ou comme matériaux de construction immobilière ; jurisp. nᵒˢ 174 à 180.

Art. 26. — *Les droits d'octroi seront toujours perçus dans les faubourgs des lieux sujets; mais les dépendances rurales entièrement détachées du lieu principal en seront affranchies* (1). Les limites du territoire auquel la perception s'étendra, seront indiquées par des poteaux, sur lesquels seront inscrits ces mots : OCTROI DE. . . . .

Art. 27. — Il ne pourra être introduit d'objets assujettis à l'octroi , que par les barrières ou bureaux désignés à cet effet. Les tarifs et règlements seront affichés dans l'intérieur et à l'extérieur de chaque bureau, lequel sera indiqué par un tableau portant ces mots : BUREAU DE L'OCTROI.

Art. 28. — Tout porteur ou conducteur d'objets assujettis à l'octroi sera tenu , avant de les introduire , d'en faire la déclaration au bureau, d'exhiber aux préposés de l'octroi les lettres de voiture, connaissements, chartes-parties , acquits-à-caution , congés, passavants et toutes autres expéditions délivrées par la régie des impositions indirectes, et d'acquitter les droits, sous peine (2) *d'une amende égale à la valeur de l'objet soumis au droit.* A cet effet, les préposés pourront , après interpellation , faire sur les bateaux, voitures et autres moyens de transport toutes les visites, recherches et perquisitions nécessaires, soit pour s'assurer qu'il n'y existe rien qui soit sujet aux droits, soit pour reconnaître l'exactitude des déclarations.

Les conducteurs seront tenus de faciliter toutes les opérations nécessaires auxdites vérifications.

La déclaration relative aux objets arrivant par eau contiendra la désignation du lieu de déchargement, lequel ne pourra s'effectuer que les droits n'aient été acquittés , ou au moins valablement soumissionnés.

Art. 29. — Tout objet sujet à l'octroi , qui, nonobstant l'interpellation faite par les préposés , serait introduit sans avoir été déclaré , ou sur une déclaration fausse ou inexacte, sera saisi.

Art. 30. — Les personnes voyageant à pied , à cheval *ou en voiture particulière suspendue* (3) ne pourront être arrêtées, questionnées ou visitées sur leurs personnes ou en raison de leurs *malles ou* effets. Tout acte contraire à la présente disposition sera réputé acte de violence ; et les préposés qui s'en rendront coupables, seront poursuivis correctionnellement , et punis des peines prononcées par les lois (4).

Art. 31. — Tout individu soupçonné de faire la fraude à la faveur de l'exception ordonnée par l'article précédent pourra être conduit devant un officier de police, ou devant le maire, pour y être interrogé , et la visite de ses effets autorisée , s'il y a lieu.

---

(1) Voir l'art. 147 de la loi du 28 avril 1816, qui laisse aux conseils municipaux le soin de voter les limites de la perception.

(2) De confiscation des objets introduits en fraude et d'une amende de 100 à 200 fr.; quand l'introduction ou la tentative d'introduction a été opérée à l'aide d'ustensiles ou de moyens préparés pour la fraude, il y a lieu de saisir les ustensiles, chevaux et voitures, etc..., et d'arrêter les fraudeurs (art. 9 de la loi du 24 mai 1834 et art. 8 et 9 de la loi du 29 mars 1832).

(3) Les voitures particulières suspendues sont soumises aux mêmes visites que les voitures publiques (art. 9 de la loi du 24 mai 1834 et art. 7 de la loi du 29 mars 1832).

(4) 50 fr. d'amende et 6 mois de détention (art. 12 de la loi du 27 frimaire an VIII).

Art. 32. — Les diligences, fourgons, fiacres, cabriolets et autres voitures de louage, sont soumis aux visites des préposés de l'octroi (1).

Art. 33. — Les courriers ne pourront être arrêtés à leur passage, sous prétexte de la perception ; mais ils seront obligés d'acquitter les droits sur les objets soumis à l'octroi qu'ils introduiront dans un lieu sujet. A cet effet, des préposés de l'octroi seront autorisés à assister au déchargement des malles.

Tout courrier, tout employé des postes, ou de toute autre administration publique, qui serait convaincu d'avoir fait ou favorisé la fraude, outre les peines résultant de la contravention, sera destitué par l'autorité compétente.

Art. 34. — Dans les communes où la perception ne pourra être opérée à l'entrée, il sera établi au centre, suivant les localités, un ou plusieurs bureaux. Dans ce cas, les conducteurs ne pourront décharger les voitures ni introduire au domicile des destinataires les objets soumis à l'octroi, avant d'avoir acquitté les droits auxdits bureaux.

Art. 35. — Il est défendu aux employés, sous peine de destitution et de tous dommages et intérêts, de faire usage de la sonde dans la visite des caisses, malles et ballots annoncés contenir des effets susceptibles d'être endommagés : dans ce cas, comme dans tous ceux où le contenu des caisses ou ballots sera inconnu ou ne pourrait être vérifié immédiatement, la vérification en sera faite, soit à domicile, soit dans les emplacements à ce destinés.

Art. 36. — Toute personne qui récolte, prépare ou fabrique dans l'intérieur d'un lieu sujet, des objets compris au tarif, est tenue, sous peine de l'amende prononcée *par l'article* 28 (2), d'en faire la déclaration, et d'acquitter immédiatement le droit, si elle ne réclame la faculté de l'entrepôt (3).

Les préposés de l'octroi peuvent reconnaître à domicile les quantités récoltées, préparées ou fabriquées, et faire toutes les vérifications nécessaires pour prévenir la fraude. A défaut de paiement du droit, il est décerné, contre les redevables, des contraintes, qui sont exécutoires nonobstant opposition et sans y préjudicier.

TITRE V.

Du passe-debout et du transit.

Art. 37. — Le conducteur d'objets soumis à l'octroi, qui voudra traverser seulement un lieu sujet, ou y séjourner moins de vingt-quatre heu-

---

(1) Ainsi que les voitures particulières. Voir l'annotation de l'art. 30 ci-dessus.
(2) Confiscation des objets récoltés, préparés ou fabriqués et amende de 100 fr. à 200 fr. (Art. 9 de la loi du 24 mai 1834 et de la loi du 29 mars 1832).
(3) Voir, pour la fabrication des produits industriels, les art. 8 et 9 du décret du 12 fév. 1870.

res, sera tenu d'en faire la déclaration au bureau d'entrée , conformément à ce qui est prescrit par l'article 28, et de se munir d'un permis de passe-debout, qui sera délivré sur le cautionnement ou la consignation des droits. La restitution des sommes consignées, ainsi que la libération de la caution, s'opéreront au bureau de la sortie (1).

Lorsqu'il sera possible de faire escorter les chargements, le conducteur sera dispensé de consigner ou de faire cautionner les droits.

Art. 38. — En cas de séjour au delà de vingt-quatre heures, dans un lieu sujet à l'octroi, d'objets introduits sur une déclaration de passe-debout, le conducteur sera tenu de faire, dans ce délai et avant le déchargement, une déclaration de transit, avec indication du lieu où lesdits objets seront déposés, lesquels devront être représentés aux employés à toute réquisition. La consignation et le cautionnement du droit subsisteront pendant toute la durée du séjour.

Art. 39. — Les règlements locaux d'octroi pourront désigner des lieux où les conducteurs d'objets en passe-debout ou en transit seront tenus de les déposer pendant la durée du séjour, ainsi que des ports ou quais où les navires, bateaux, coches, barques ou diligences devront stationner.

Art. 40. — Les voitures et transports militaires chargés d'objets assujettis aux droits sont soumis aux règles prescrites par les articles précédents, relativement au transit et au passe-debout.

TITRE VI.
De l'Entrepôt.

Art. 41. — L'entrepôt est la faculté donnée à un propriétaire ou à un commerçant (2) de recevoir et d'emmagasiner dans un lieu sujet à l'octroi, sans acquittement du droit, des marchandises qui y sont assujetties et auxquelles il réserve une destination extérieure.

L'entrepôt peut être réel, ou fictif, c'est-à-dire à domicile : il est toujours illimité. Les règlements locaux doivent déterminer les objets pour lesquels l'entrepôt est accordé, ainsi que les quantités au-dessous desquelles on ne peut l'obtenir (3).

Art. 42. — Toute personne qui fait conduire dans un lieu sujet à l'octroi, des marchandises comprises au tarif, pour y être entreposées, soit réellement, soit fictivement, est tenue, sous peine de l'amende prononcée par l'article 28 (4), d'en faire la déclaration préalable au bureau de l'octroi, de s'engager à acquitter le droit sur les quantités qu'elle ne justi-

---

(1) Pour le cas de soustraction ou de décharge frauduleuse, voir l'art. 65 du décret du 17 mai 1809.
(2) Ainsi qu'aux industriels, aux administrations de la guerre et de la marine, aux dépositaires d'objets pour la marine marchande et aux compagnies de chemins de fer. Voir les art. 8, 11, 12 et 13 du décret du 12 février 1870.
(3) Pour les boissons et liquides soumis à un droit d'entrée au profit du Trésor, le règlement de l'octroi ne peut fixer des quantités autres que celles qui sont déterminées pour les droits du Trésor (art. 150 de la loi du 28 avril 1816).
(4) Voyez la note 2 de la page précédente.

fierait pas avoir fait sortir de la commune , de se munir d'un bulletin d'entrepôt , et en outre , si l'entrepôt est fictif, de désigner les magasins, chantiers, caves, celliers ou autres emplacements où elle veut déposer lesdites marchandises.

Art. 43. — L'entrepositaire est tenu de faire une déclaration, au bureau de l'octroi, des objets entreposés qu'il veut expédier au dehors, et de les représenter aux préposés des portes ou barrières, lesquels, après vérification des quantités et espèces, délivrent un certificat de sortie.

Art. 44. —Les préposés de l'octroi tiennent un compte d'entrée et de sortie des marchandises entreposées : à cet effet, ils peuvent faire à domicile, dans les magasins, chantiers, caves, celliers des entrepositaires, toutes les vérifications nécessaires pour reconnaître les objets entreposés, constater les quantités restantes, et établir le décompte des droits dus sur celles pour lesquelles il n'est pas représenté de certificat de sortie. Ces droits doivent être acquittés immédiatement par les entrepositaires; et, à défaut, il est décerné contre eux des contraintes, qui sont exécutoires nonobstant opposition et sans y préjudicier.

Art. 45. — Lors du règlement de compte des entrepositaires, il leur est accordé une déduction sur les marchandises entreposées dont le poids ou la quantité est susceptible de diminuer. Cette déduction, pour les boissons, est la même que celle fixée par l'article 38 *de la loi du* 8 *décembre* 1814 (1), relativement aux droits d'entrée. La quotité doit en être déterminée, pour les autres objets, par les règlements locaux.

Art. 46. — Dans les communes où la perception des droits sur les vendanges, pommes ou poires, ne peut être opérée au moment de l'introduction, l'administration de l'octroi accordera l'entrepôt à tous les récoltants, et sera autorisée à faire faire un recensement général pour constater les quantités de vin, de cidre ou de poiré fabriquées. Les préposés de l'octroi se borneront, dans ce cas, à faire chaque année deux vérifications à domicile chez les propriétaires qui n'entreposent que les seuls produits de leur crû, l'une avant, l'autre après la récolte (2).

Art. 47. — Dans le cas d'entrepôt réel, les marchandises pour lesquelles il est réclamé, sont placées dans un magasin public, sous la garde d'un conservateur ou sous la garantie de l'administration de l'octroi, laquelle est responsable des altérations ou avaries qui proviennent du fait de ses préposés.

Art. 48. — Les objets reçus dans un entrepôt réel sont, après vérification, marqués ou rouannés, et inscrits par le conservateur sur un registre à souche, et avec indication de l'espèce, la qualité et la quantité de l'objet entreposé, des marques et numéros des futailles ou colis, et des noms et demeure du propriétaire: un récépissé détaché de la souche, contenant les mêmes indications, et signé par le conservateur, est remis à l'entrepositaire.

---

(1) La déduction est réglée, pour les vins et cidres, par l'ordonnance du 21 décembre 1838, et, en ce qui concerne les spiritueux, par le décret du 4 décembre 1872.
(2) Disposition à rapprocher de l'art. 40 de la loi du 28 avril 1816, lorsque les communes sont sujettes au droit d'entrée.

Art. 49. — Pour retirer de l'entrepôt les marchandises qui y ont été admises, l'entrepositaire est tenu de représenter le récépissé d'admission, de déclarer les objets qu'il veut enlever, et de signer sa déclaration pour opérer la décharge du conservateur : il est tenu, en outre, d'acquitter les droits pour les objets qu'il fait entrer dans la consommation de la commune, de se munir d'une expédition pour ceux destinés à l'extérieur et de rapporter au dos un certificat de sortie, délivré par les préposés aux portes.

Art. 50. — Les cessions de marchandises pourront avoir lieu dans l'entrepôt, moyennant une déclaration de la part du vendeur et la remise du récépissé d'admission : il en sera délivré un autre à l'acheteur, dans la forme prescrite par l'article 48.

Art. 51. — L'entrepôt réel sera ouvert en tout temps aux entrepositaires, tant pour y soigner leurs marchandises que pour y conduire les acheteurs.

Art. 52. — Les rouliers ou conducteurs qui déposeront à l'entrepôt réel, des marchandises refusées par les destinataires pourront obtenir de l'administration de l'octroi le paiement des frais de transport et des déboursés dûment justifiés.

Art. 53. — A défaut, par le propriétaire d'objets entreposés, de veiller à leur conservation, le conservateur se fera autoriser par le maire à y pourvoir. Les frais d'entretien et de conservation seront remboursés à l'administration de l'octroi sur les mémoires et états réglés par le maire.

Art. 54. — Les propriétaires d'objets entreposés sont tenus d'acquitter, tous les mois, les frais de magasinage, lesquels doivent être déterminés par le règlement général de l'octroi, ou par un règlement particulier, approuvé de notre ministre des finances.

Art. 55. — Si, par suite de dépérissement d'objets entreposés ou par toute autre cause, leur valeur, au dire d'experts appelés d'office par l'administration de l'octroi, n'excède pas moitié en sus des sommes qui peuvent être dues pour frais d'entretien, frais de transport ou magasinage, il sera fait sommation au propriétaire ou à son représentant de retirer lesdits objets, et, à défaut, ils seront vendus publiquement par ministère d'huissier. Le produit net de la vente, déduction des sommes dues, avec intérêt à raison de cinq pour cent par an, sera déposé dans la caisse municipale, et tenu à la disposition du propriétaire.

TITRE VII.

Du Personnel.

Art. 56. — *Conformément à l'article 4 de la loi du 27 frimaire an VIII, a nomination des préposés d'octroi sera faite de la manière suivante:*
Notre directeur général des impositions indirectes est autorisé à établir

et à commissionner, lorsqu'il le jugera nécessaire, un préposé en chef auprès de chaque octroi (1).

Notre ministre des finances est également autorisé à nommer et commissionner, sur la proposition du directeur général des impositions indirectes, un directeur et deux régisseurs pour l'octroi et l'entrepôt de Paris (2).

Les autres préposés d'octroi sont nommés par les préfets, sur une liste triple présentée par le maire (3).

Art. 57. — Les préfets sont tenus de révoquer immédiatement, sur la demande de notre directeur général des impositions indirectes, tout préposé d'octroi signalé comme prévaricateur dans l'exercice de ses fonctions, ou comme ne les remplissant pas convenablement (4).

Art. 58. — Les préposés de l'octroi doivent être âgés au moins de vingt-un ans accomplis. Ils sont tenus de prêter serment devant le tribunal civil de la ville dans laquelle ils exerceront, et, dans les lieux où il n'y a pas de tribunal, devant le juge de paix. Ce serment est enregistré au greffe, sans qu'il soit nécessaire d'employer le ministère d'avoué.

Il est dû seulement un droit fixe d'enregistrement de trois francs (5).

Art. 59. — Le cas de changement de résidence d'un préposé arrivant, il n'y a pas lieu à une nouvelle prestation de serment : il lui suffit de faire viser sa commission, sans frais, par le juge de paix ou le président du tribunal civil du lieu où il doit exercer.

Art. 60. — Les préposés d'octroi doivent toujours être porteurs de leur commission, et sont tenus de la représenter lorsqu'ils en seront requis.

Le port d'armes est accordé aux préposés d'octroi dans l'exercice de leurs fonctions, comme aux employés des impositions indirectes.

Art. 61. — Les créanciers des préposés d'octroi ne pourront saisir, sur les appointements et remises de ces derniers, que les sommes fixes déterminées par la loi du 21 ventôse an IX.

Art. 62. — Tous les préposés comptables des octrois sont tenus de fournir un cautionnement *en numéraire ou en cinq pour cent consolidés, dont la quotité est déterminée par le règlement, et qui ne peut être au-dessous de mille francs. Lorsque ces préposés font en même temps des perceptions pour le compte du Trésor public, leur cautionnement est fixé par notre ministre des finances. Ces cautionnements sont versés à la caisse d'amortissement, qui en paie l'intérêt au taux fixé pour les employés des impositions indirectes* (6).

---

(1) Voir les art. 155 de la loi du 28 avril 1816 et 5 du décret du 25 mars 1852.

(2) Modifié par les art. 1 et 2 de l'ordonnance du 22 juillet 1831 spéciale à l'octroi de Paris.

(3) Ou par les sous-préfets. Voir les art. 156 de la loi du 28 avril 1816 et 6, § n° 19°, du décret du 13 avril 1861.

(4) Disposition à rapprocher de l'art. 156 de la loi du 28 avril 1816.

(5) Plus les décimes.

(6) Dans tous les cas, le cautionnement est fourni en numéraire ; le chiffre en est fixé par le ministre des finances et le montant versé au Trésor (art. 159 de la loi du 28 avril 1816).

Art. 63. — Il est défendu à tous les préposés d'octroi, indistinctement, de faire le commerce des objets compris au tarif.

Tout préposé qui favorisera la fraude, soit en recevant des présents, soit de toute autre manière, sera mis en jugement, et condamné aux peines portées par le Code pénal contre les fonctionnaires publics prévaricateurs.

Art. 64. — Tout préposé destitué ou démissionnaire sera tenu, sous peine d'y être contraint *par corps* (1), de remettre immédiatement sa commission, ainsi que les registres et autres effets dont il aura été chargé, et, s'il est receveur, de rendre ses comptes.

Art. 65. — Les préposés de l'octroi sont placés sous la protection de l'autorité publique. Il est défendu de les injurier, maltraiter, et même de les troubler dans l'exercice de leurs fonctions, sous les peines de droit. La force armée est tenue de leur prêter secours et assistance, toutes les fois qu'elle en est requise.

TITRE VIII.

Des écritures et de la comptabilité des octrois.

Art. 66. — Tous les registres employés à la perception ou au service de l'octroi seront à souche. Les perceptions ou déclarations y seront inscrites sans interruption ni lacune. Les quittances ou expéditions qui en seront détachées, continueront à n'être marquées que du timbre de la régie des impositions indirectes, dont le prix, fixé par la loi à *cinq centimes* (2), sera acquitté par les redevables, et son produit versé dans les caisses de la régie.

Art. 67. — Les recettes de l'octroi seront versées à la caisse municipale tous les cinq jours au moins, et plus souvent même dans les villes où les perceptions seront importantes (3).

Art. 68. — La régie des impositions indirectes déterminera le mode de comptabilité des octrois, ainsi que la forme et le modèle des registres, expéditions, bordereaux, comptes et autres écritures relatives au service des octrois : elle fera faire la fourniture de toutes les impressions nécessaires, sur la demande des maires.

Art. 69. — Tous les registres servant à la perception des droits d'entrée sur les vins, cidres, poirés, esprits et liqueurs (4), aux déclarations

---

(1) La contrainte par corps est supprimée en matière civile (art. 1er de la loi du 22 juillet 1867).

(2) Le prix du timbre est aujourd'hui de 10 centimes (art. 243 de la loi du 28 avril 1816) ; voir la décision ministérielle du 4 mai 1881, qui exonère du paiement du timbre les quittances de 50 centimes et au-dessous.

(3) En cas de ferme, régime qui était interdit lorsque cette ordonnance a paru (art. 121 de la loi du 8 décembre 1814), le prix de l'adjudication est versé de mois en mois et d'avance (art. 123 du décret du 17 mai 1809). — Le recouvrement de ces recettes est poursuivi contre les préposés par voie de contrainte. (Décret du 15 novembre 1810.)

(4) A cette énumération il faut ajouter les huiles autres que les huiles minérales, lorsque le droit d'entrée sur ces liquides continue à être perçu dans les conditions prévues par l'art. 4 de la loi du 31 décembre 1873.

de passe-debout, de transit, d'entrepôt et de sortie pour les mêmes boissons; ceux employés pour recevoir les déclarations de mise de feu de la part des brasseurs et distillateurs; enfin les registres portatifs tenus pour l'exercice des redevables soumis en même temps aux droits d'octroi et à ceux dus au Trésor, seront communs aux deux services. La moitié des dépenses relatives à ces registres sera supportée par l'octroi, et payée sur les mémoires dressés par la régie des impositions indirectes, approuvés par nos ministres des finances.

Art. 70. — Les registres autres que ceux dont l'usage est commun aux octrois et aux droits d'entrée seront cotés et paraphés par le maire: ils seront arrêtés par lui le dernier jour de chaque année, déposés à l'administration municipale, et renouvelés tous les ans. A l'égard des autres registres, les maires pourront en prendre communication sans déplacement, et en faire faire des extraits, pour ce qui concerne les recettes des octrois.

Art. 71. — Les états et bordereaux de recettes et de dépenses des octrois seront dressés aux époques qui auront été déterminées par la régie des impositions indirectes. Un double de ces états et bordereaux, signé du maire, sera adressé au préposé supérieur de cette régie, pour être transmis au directeur du département, et par celui-ci à son administration.

Voir l'art. 3 du décret du 12 février 1870.

Art. 72. — *Les comptes des octrois seront rendus par les receveurs aux maires, et arrêtés par ces derniers dans les trois mois qui suivront l'expiration de chaque année* (1).

Art. 73. — *Le montant des dix pour cent du produit net des octrois revenant au Trésor royal, conformément à l'article 126 de la loi du 8 décembre 1814, sera établi sur les recettes brutes de toute nature, déduction faite des frais de perception et autres prélèvements autorisés. Les dix pour cent ne seront pas prélevés sur la partie des produits de l'octroi à verser au Trésor, en remplacement de la contribution mobilière* (2).

Art. 74. — Le recouvrement *des dix pour cent* se poursuivra par la saisie des deniers de l'octroi, et même par voie de contrainte à l'égard du receveur municipal (3).

TITRE IX.

Du Contentieux.

Art. 75. — Toutes contraventions aux droits d'octroi seront constatées par des procès-verbaux, lesquels pourront être rédigés par un seul

(1) Disposition abrogée par l'ordonnance du 23 juillet 1826.
(2) Voir l'art. 153 de la loi du 28 avril 1816 et l'art. 25 du décret du 17 mars 1852 qui a supprimé le prélèvement du dixième.
(3) Voir l'observation précédente et l'art. 157 de la loi du 28 avril 1816; bien que le prélèvement des 10 pour cent soit supprimé, les dispositions de l'art. 74 ne sont pas entièrement abrogées, parce que l'ordonnance du 5 août 1818 stipule que le prélèvement des frais de casernement s'opérera d'après le mode suivi pour le prélèvement du dixième de l'octroi.

préposé et auront foi en justice (1). Ils énonceront la date du jour où
ils sont rédigés, la nature de la contravention, et, en cas de saisie, la
déclaration qui en aura été faite au prévenu ; les noms, qualités et résidence de l'employé verbalisant et de la personne chargée des poursuites ; l'espèce, poids ou mesure des objets saisis ; leur évaluation
approximative ; la présence de la partie à la description, ou la sommation qui lui aura été faite d'y assister ; le nom, la qualité et l'acceptation du gardien ; le lieu de la rédaction du procès-verbal et l'heure de la
clôture.

Art. 76. — Dans le cas où le motif de la saisie portera sur le faux
ou l'altération des expéditions, le procès-verbal énoncera le genre de
faux, les altérations ou surcharges : lesdites expéditions, signées et para-
phées du saisissant, NE VARIETUR, seront annexées au procès-verbal,
qui contiendra la sommation faite à la partie de les parapher, et sa réponse.

Art. 77. — Si le prévenu est présent à la rédaction du procès-verbal, cet acte énoncera qu'il lui en a été donné lecture et copie : en cas
d'absence du prévenu, si celui-ci a domicile ou résidence connue dans
le lieu de la saisie, le procès-verbal lui sera signifié dans les vingt-
quatre heures de la clôture.

Dans le cas contraire, le procès-verbal sera affiché, dans le même
délai, à la porte de la maison commune.

Ces procès-verbaux, significations et affiches, pourront être faits tous
les jours indistinctement.

Art. 78. — L'action résultant des procès-verbaux en matière d'octroi, et les questions qui pourront naître de la défense du prévenu,
seront de la compétence exclusive, *soit du tribunal de simple police*,
soit du tribunal correctionnel du lieu de la rédaction du procès-verbal,
suivant la quotité de l'amende encourue (2).

Art. 79. — Les objets saisis par suite des contraventions aux règlements d'octroi seront déposés au bureau le plus voisin ; et si la partie saisie
ne s'est pas présentée dans les dix jours, à l'effet de payer la quotité de l'a-
mende par elle encourue, ou si elle n'a pas formé, dans le même délai,
opposition à la vente, la vente desdits objets sera faite par le receveur,
cinq jours après l'apposition à la porte de la maison commune et autres
lieux accoutumés, d'une affiche signée de lui, et sans aucune autre
formalité.

Art. 80. — Néanmoins, si la vente des objets saisis est retardée, l'opposition pourra être formée jusqu'au jour indiqué pour ladite vente. L'opposition sera motivée, et contiendra assignation à jour fixe devant le
tribunal désigné en l'article 78, *suivant la quotité de l'amende encourue* (2),
avec élection de domicile dans le lieu où siège le tribunal. Le délai de
déchéance de l'assignation ne pourra excéder trois jours.

---

(1) Voir l'article 8 de la loi du 27 frimaire an VIII.
(2) Depuis que les contraventions en matière d'octroi sont punies, indépendamment
de la confiscation, d'une amende de 100 fr. à 200 fr. (Loi du 24 mai 1884, art. 9), la
connaissance des procès-verbaux est toujours du ressort du tribunal correctionnel.

Art. 81. — S'il s'élève une contestation sur l'application du tarif ou sur la quotité du droit réclamé, le porteur ou conducteur sera tenu de consigner, avant tout, le droit exigé, entre les mains du receveur ; faute de quoi, il ne pourra passer outre, ni introduire dans le lieu sujet, l'objet qui aura donné lieu à la contestation, sauf à lui à se pourvoir devant le juge de paix du canton. Il ne pourra être entendu qu'en représentant la quittance de ladite consignation au juge de paix, lequel prononcera sommairement et sans frais, soit en dernier ressort, soit à la charge d'appel, suivant la quotité du droit réclamé (1).

Art. 82. — Dans le cas où les objets saisis seraient sujets à dépérissement, la vente pourra en être autorisée avant l'échéance des délais ci-dessus fixés, par une simple ordonnance du juge de paix sur requête.

Art. 83. — Les maires seront autorisés, sauf l'approbation des préfets, à faire remise, par voie de transaction, de la totalité ou de partie des condamnations encourues, même après le jugement rendu (2). Ce droit appartient exclusivement à la régie des impositions indirectes, et d'après les règles qui lui sont propres, toutes les fois que la saisie a été opérée dans l'intérêt commun des droits d'octroi et des droits imposés au profit du Trésor.

Art. 84. — Le produit des amendes et confiscations pour contravention aux règlements de l'octroi, déduction faite des frais et prélèvements autorisés, sera attribué, moitié aux employés de l'octroi pour être répartie d'après le mode qui sera arrêté, et moitié à la commune.

TITRE X.

Des Demandes en suppression ou en remplacement d'octroi.

Art. 85. — *Les communes qui voudront supprimer leur octroi, ou le remplacer par une autre perception, en feront parvenir la demande, par le maire, au préfet, qui, après en avoir reçu l'autorisation de notre ministre de l'intérieur, autorisera, s'il y a lieu, le conseil municipal à délibérer sur cette demande (3).*

Art. 86. — *La délibération du conseil municipal, accompagnée de l'avis du sous-préfet et du maire, sera adressée par le préfet, avec ses observations et l'état des recettes et des besoins des communes, à notre ministre de l'intérieur, qui statuera provisoirement sur lesdites propositions. Il fera connaître immédiatement sa décision à notre ministre des finances, pour que celui-ci, après avoir soumis le tout à notre approba-*

---

(1) Voir l'art. 1er de la loi du 25 mai 1838 ; les juges de paix ne statuent en dernier ressort que jusqu'à concurrence de 100 fr.
(2) Lorsque l'octroi est en ferme, voir l'art. 124 du décret du 17 mai 1809.
(3) Voir l'art. 133 de la loi du 5 avril 1884.

tion, prescrive, tant dans l'intérêt des communes que dans celui du Trésor, les mesures convenables d'exécution (1).

Art. 87. — Les droits d'octroi continueront à être perçus jusqu'à ce que la suppression de l'octroi ait été autorisée, ou jusqu'à la mise à exécution du mode de remplacement (1).

TITRE XI.

De la Surveillance attribuée à la Régie des impositions indirectes, et des obligations des employés de l'octroi, relativement aux droits du Trésor.

Art. 88. — La surveillance générale de la perception et de l'administration de tous les octrois du royaume est formellement attribuée à la régie des impositions indirectes : elle l'exercera sous l'autorité du ministre des finances, qui donnera les instructions nécessaires pour assurer l'uniformité et la régularité du service, et régler l'ordre de la comptabilité particulière à ces établissements.

Art. 89. — Les traitements et les frais de bureau des préposés en chef *nommés par le directeur général des impositions indirectes* seront à la charge des communes : ils seront proposés par les conseils municipaux, et approuvés par notre ministre des finances, qui pourra les réduire ou les augmenter, s'il y a lieu (2).

Art. 90. — Les receveurs d'octroi dans les communes sujettes au droit d'entrée seront tenus de faire en même temps la recette de ce droit (3). Le produit des remises qui seront accordées par la régie des impositions indirectes pour cette perception sera réparti entre tous les préposés d'octroi d'une même commune, dans la proportion qui sera déterminée par le maire.

Art. 91. — Les employés des impositions indirectes suivront dans l'intérêt des communes, comme dans celui du Trésor, les exercices, dans l'intérieur du lieu sujet, chez les entrepositaires de boissons, et chez les brasseurs et distillateurs. Il sera tenu compte par l'octroi, à la régie des impositions indirectes, de partie des dépenses occasionnées pour ces exercices.

Art. 92. — Les préposés des octrois sont tenus, sous peine de destitution, d'exiger de tout conducteur d'objets soumis aux impôts indirects, comme boissons, tabacs, sels et cartes, la représentation des congés, passavants, acquits-à-caution, lettres de voiture et autres expéditions, de vérifier les chargements, de rapporter procès-verbal des fraudes ou contraventions qu'ils découvriront (4) ; de concourir au service des impositions

---

(1) Aux termes de l'art. 138 de la loi du 5 avril 1884, la suppression des taxes d'octroi est aujourd'hui autorisée, après avis du conseil général ou de la commission départementale, par un arrêté du préfet.
(2) Voir l'art. 155 de la loi du 28 avril 1816 et l'art. 5 du décret du 25 mars 1852.
(3) Voir l'art. 154 de la loi du 28 avril 1816.
(4) Voir l'art. 4 de la loi du 21 juin 1873.

indirectes, toutes les fois qu'ils en seront requis, sans toutefois pouvoir être déplacés de leur poste ordinaire ; enfin, de remettre chaque jour à l'employé en chef des impositions indirectes un relevé des objets frappés du droit au profit du Trésor, qui auront été introduits.

Les employés des impositions indirectes concourront également au service des octrois, et rapporteront procès-verbal pour les fraudes et contraventions relatives aux droits d'octroi, qu'ils découvriront (1).

Art. 93. — Les préposés des octrois se serviront, pour l'exercice de leurs fonctions, des jauges, sondes, rouannes et autres ustensiles dont les employés des impositions indirectes font usage.

La régie leur fera fournir ces ustensiles, dont le prix sera payé par les communes.

TITRE XII.

De la Perception des octrois pour lesquels les Communes auront à traiter avec la Régie des impositions indirectes.

Art. 94. — Les maires qui *jugeront de l'intérêt de leur commune* (2) de traiter avec la régie des impositions indirectes, pour la perception et la surveillance particulière de leur octroi, adresseront, par l'intermédiaire du sous-préfet, leurs propositions au préfet : celui-ci les communiquera au directeur des impositions indirectes pour donner ses observations, et les soumettra ensuite, avec son avis, à notre directeur général des impositions indirectes, qui proposera, s'il y a lieu, à notre ministre des finances, d'y donner son approbation (3).

Art. 95. — Les conventions à faire entre la régie et les communes ne porteront que sur les traitements fixes ou éventuels des préposés ; tous les autres frais généralement quelconques seront intégralement acquittés par les communes sur les produits bruts des octrois.

La conséquence de ces conventions sera de remettre la perception et le service de l'octroi entre les mains des employés ordinaires des impositions indirectes. Cependant, dans les villes où il sera nécessaire de conserver des préposés affectés spécialement au service de l'octroi, ces préposés continueront à être nommés par les préfets (4), sur la proposition des maires, et après avoir pris l'avis des directeurs des impositions indirectes. Leur nombre et leur traitement seront fixés par cette régie : ils seront révocables, soit sur la demande du maire, soit sur celle du directeur. Lorsque le préfet ne jugera pas convenable de déférer à la demande de ce dernier, il fera connaître ses motifs à notre directeur général desdites impositions, qui prononcera définitivement.

Les maires conserveront le droit de surveillance sur les préposés, et

(1) Voir l'art. 53 de la loi du 1er germinal an XIII.
(2) C'est le conseil municipal qui doit décider si l'octroi sera géré par la Régie ; voir l'art. 147 de la loi du 28 avril 1816.
(3) Voir l'art. 158 de la loi du 28 avril 1816.
(4) Ou par les sous-préfets (art. 6 du décret du 13 avril 1861).

celui de transiger sur les contraventions, dans les cas déterminés par la présente ordonnance (1).

Art. 96. — Les traités conclus avec les communes subsisteront de plein droit, jusqu'à ce que la commune ou la régie en ait notifié la cessation : cette notification aura toujours lieu, de part ou d'autre, six mois au moins à l'avance.

Art. 97. — Les receveurs verseront le montant de leurs recettes, pour le compte de l'octroi, dans la caisse municipale, aux époques déterminées par l'article 67, sous la déduction des frais de perception convenus par le traité, et dont ils compteront comme de leurs autres recettes pour le Trésor.

Art. 98. — La remise du service des octrois pour la perception desquels il aura été conclu un traité avec la régie des impositions indirectes, lui sera faite de la manière prescrite par l'article 1er.

* * *

TITRE XIII.

Dispositions générales.

Art. 99. — Les règlements et tarifs d'octroi, en ce qui concerne les boissons, ne pourront contenir aucune disposition contraire à celles prescrites par les lois et ordonnances pour la perception des impositions indirectes (2).

Art. 100.— *Les préfets veilleront à ce que les objets portés aux tarifs des octrois de leur département soient, autant que possible, taxés au même droit dans les communes d'une même population* (3).

Art. 101. — Tous les tarifs et règlements d'octroi seront successivement revisés et régularisés conformément aux dispositions de la présente ordonnance, et soumis à notre approbation par notre ministre des finances.

Art. 102. — Il sera présenté à notre approbation par notre ministre des finances, avant le 1er janvier prochain, un règlement particulier d'organisation pour l'octroi et l'entrepôt de Paris.

Art. 103. — Les approvisionnements en vivres, destinés pour le service de la marine, ne seront soumis dans les ports à aucun droit d'octroi. Ces approvisionnements seront introduits dans les magasins de la marine de la manière prescrite pour les objets admis en entrepôt : le compte en sera suivi par les employés d'octroi, et les droits exigés sur les quantités qui seraient enlevées pour l'intérieur du lieu sujet et à toute autre destination que les bâtiments de l'État (4).

---

(1) Voir plus haut l'art. 83.
(2) Voir l'art. 150 de la loi du 28 avril 1816.
(3) Voir le tarif général annexé au décret du 12 février 1870 ; le maximum des taxes à établir dans les communes est déterminé d'après le chiffre de la population.
(4) Voir les art. 11 et 12 du décret du 12 février 1870, qui accordent la franchise des droits, non seulement aux approvisionnements en vivres, mais aux matières de toutes sortes et aux combustibles employés à la confection du matériel de la marine.

Art. 104. — Les matières servant à la confection des poudres ne seront également frappées d'aucun droit d'octroi.

Art. 105. — Nulle personne, quels que soient ses fonctions, ses dignités ou son emploi, ne pourra prétendre, sous aucun prétexte, à la franchise des droits d'octroi.

Art. 106. — Nos ministres de l'intérieur et des finances sont chargés, chacun en ce qui le concerne, de l'exécution de la présente ordonnance, qui sera insérée au Bulletin des lois.

———

EXTRAIT DE LA LOI DU 28 AVRIL 1816,

SUR LES FINANCES.

TITRE I.

Droits sur les boissons.

CHAPITRE I. — *Droit de circulation.*

Art. 17. — Les voituriers, bateliers et tous autres qui transporteront ou conduiront des boissons, seront tenus d'exhiber, à toute réquisition des employés des contributions indirectes, des douanes et des octrois (1), les congés, passavants, ou acquits-à-caution où laissez-passer dont ils devront être porteurs ; faute de représentation desdites expéditions, ou en cas de fraude ou de contravention, les employés saisiront le chargement ; ils saisiront aussi les voitures, chevaux et autres objets servant au transport, mais seulement comme garantie de l'amende, à défaut de caution solvable. Les marchandises faisant partie du chargement, qui ne seront pas en fraude, seront rendues au propriétaire.

Art. 18. — Les voyageurs ne seront pas tenus de se munir d'expéditions, pour les vins destinés à leur usage pendant le voyage, pourvu qu'ils n'en transportent pas au delà de trois bouteilles par personne.

. . . .

CHAPITRE II. — *Droits d'entrée sur les boissons.*

. . . .

Art. 23. — Les vendanges et les fruits à cidre ou à poiré seront soumis au même droit, à raison de trois hectolitres de vendanges pour deux hectolitres de vin, et de cinq hectolitres de pommes ou poires pour deux hectolitres de cidre ou de poiré.

Les fruits secs, destinés à la fabrication du cidre et du poiré, seront imposés à raison de vingt-cinq kilogrammes de fruits pour un hectolitre de cidre ou de poiré. Les eaux-de-vie, ou esprits altérés par un mélange quelconque, seront soumis au même droit que les eaux-de-vie ou esprits purs.

———

(1) La représentation doit être immédiate Lo du 23 avril 1836).

Art. 24. — Tout conducteur de boissons sera tenu, avant de les introduire dans un lieu sujet aux droits d'entrée, d'en faire la déclaration au bureau, de produire les congés, acquits-à-caution ou passavants dont il sera porteur, et d'acquitter les droits, si les boissons sont destinées à la consommation du lieu.

Art. 25. — Dans les lieux où il n'existera qu'un bureau central de perception, les conducteurs ne pourront décharger les voitures, ni introduire les boissons au domicile du destinataire, avant d'avoir rempli les obligations qui leur sont imposées par l'article précédent

Art. 26. — Les boissons ne pourront être introduites dans un lieu sujet aux droits d'entrée que dans les intervalles de temps ci-après déterminés, savoir :

Pendant les mois de janvier, février, novembre et décembre, depuis sept heures du matin jusqu'à six heures du soir.

Pendant les mois de mars, avril, septembre et octobre, depuis six heures du matin jusqu'à sept heures du soir.

Pendant les mois de mai, juin, juillet et août, depuis cinq heures du matin jusqu'à huit heures du soir.

Art. 27. — Toute boisson introduite sans déclaration dans un lieu sujet aux droits d'entrée sera saisie par les employés ; il en sera de même des voitures, chevaux et autres objets servant au transport, à défaut par le contrevenant de consigner le MAXIMUM de l'amende ou de donner caution solvable.

Voir l'annotation de l'art. 46 ci-après.

Art. 31. — Tout négociant ou propriétaire qui fera conduire dans un lieu sujet aux droits d'entrée, au moins neuf hectolitres de vin, dix-huit hectolitres de cidre ou poiré, ou quatre hectolitres d'eau-de-vie ou d'esprit, pourra réclamer l'admission de ces boissons en entrepôt et ne sera tenu d'acquitter les droits que sur les quantités non représentées, et qu'il ne justifiera pas avoir fait sortir de la commune.

La durée de l'entrepôt sera illimitée.

Ne seront pas tenus de faire entrer la quantité de boissons ci-dessus fixée, les négociants ou propriétaires jouissant déjà de l'entrepôt lors de l'introduction desdites boissons, en sorte qu'ils pourront n'en faire entrer qu'un hectolitre, s'ils le jugent à propos, sans qu'ils puissent être tenus d'en acquitter de suite les droits.

Art. 38. — *Lorsque les boissons auront été emmagasinées dans un entrepôt public, sous la clef de la Régie, il ne sera exigé aucun droit de l'entrepositaire pour les manquants à ses charges.*

Abrogé par la loi du 16 février 1875.

Art. 39. — Les personnes qui auront droit à l'entrepôt pourront l'obtenir à domicile, *lors même qu'il existerait dans le lieu un entrepôt public* (Paris excepté).

Aux termes de l'art. 9 de la loi du 28 juin 1833, l'entrepôt à domicile peut, sur la demande des conseils municipaux, être supprimé pour les boissons, lorsqu'il existe un entrepôt public dans la commune.

Art. 40. — Dans celles des villes ouvertes où la perception des droits d'entrée sur les vendanges, pommes ou poires, ne peut être opérée au moment de l'introduction, la régie sera autorisée à faire faire, après la récolte, chez tous les propriétaires récoltants, l'inventaire des vins ou cidres fabriqués. Il en sera de même à l'égard des vendanges et fruits récoltés dans l'intérieur d'un lieu sujet aux droits d'entrée. Tout propriétaire qui ne réclamera pas l'entrepôt, *ou qui n'aura pas récolté une quantité de boissons suffisante pour l'obtenir*, sera tenu de payer immédiatement les droits d'entrée sur les vins ou cidres inventoriés.

Voir l'art. 46 de l'ordonnance du 9 décembre 1814. Les propriétaires ont droit à l'entrepôt pour toute quantité provenant de leur récolte (art. 39 de la loi du 21 avril 1832).

Art. 42. — Les boissons dites PIQUETTES, faites par les propriétaires récoltants avec de l'eau jetée sur de simples marcs, sans pression, ne seront pas inventoriées chez eux, et seront conséquemment exemptes du droit, à moins qu'elles ne soient déplacées pour être vendues en gros ou en détail.

Art. 46. — Les contraventions aux dispositions du présent chapitre seront punies de la confiscation des boissons saisies, et d'une amende de 100 à 200 francs, suivant la gravité des cas, et sauf celui de fraude en voitures suspendues, lequel entraînera toujours la condamnation à une amende de 1,000 francs.

Dans le cas de fraude par escalade, par souterrain ou à main armée, il sera infligé aux contrevenants une peine correctionnelle de six mois de prison, outre l'amende et la confiscation.

Disposition rendue applicable aux contraventions en matière d'octroi ; voir les art. 8 et 9 de la loi du 29 mars 1832 et l'art. 9 de la loi du 24 mars 1834. Toutefois la fraude au moyen de voitures suspendues ne donne lieu qu'à l'amende de 100 fr. à 200 fr.

CHAPITRE III. — *Droit à la vente en détail des boissons.*

Art. 53. — . . . .
Les débitants domiciliés dans les lieux sujets aux droits d'entrée seront tenus en outre de produire aux employés, lors de leurs exercices, les quittances de ces droits pour les boissons qu'ils auront reçues, ainsi que celles des droits d'octroi ou de banlieue, lorsqu'ils auront d être acquittés.

Art. 73. — La régie devra également consentir dans les villes, avec les conseils municipaux, lorsqu'ils en feront la demande, un abonnement général pour le montant des droits de détail et de circulation dans l'intérieur, moyennant que la commune s'engage à verser dans les caisses de la régie, par vingt-quatrième, de quinzaine en quinzaine, la somme convenue pour l'abonnement, sauf à elle à s'imposer sur elle-même pour le recouvrement de cette somme, comme elle est autorisée à le faire pour les dépenses communales (1).

(1) Dispositions applicables aux abonnements que les villes sont autorisées à contracter, pour le paiement du droit d'entrée sur les huiles ; voir l'art. 5 de la loi du 31 décembre 1873.

Art. 74. — Ces abonnements, discutés entre les directeurs de la régie ou leurs délégués et les conseils municipaux, n'auront d'exécution qu'après qu'ils auront été approuvés par le ministre des finances, sur l'avis du préfet et le rapport du directeur général des contributions indirectes. Ils ne seront conclus que pour une année, et seront révocables de plein droit, en cas de non-paiement d'un des termes à l'époque fixée (1).

Art. 75. — La régie poursuivra le recouvrement des sommes dues au Trésor en raison desdits abonnements, par voie de contrainte sur le receveur municipal, et par la saisie des deniers et revenus de la commune (1).

DISPOSITIONS GÉNÉRALES APPLICABLES AU PRÉSENT TITRE.

Art. 145. — Dans toutes les opérations relatives aux taxes établies par le présent titre, les bouteilles seront comptées chacune pour un litre ; les demi-bouteilles chacune pour un demi-litre, et les droits perçus en raison de ces contenances (2).

___

TITRE II.

Des Octrois.

Art. 147. — Lorsque les revenus d'une commune seront insuffisants pour ses dépenses, il pourra y être établi, sur la demande du conseil municipal, un droit d'octroi sur les consommations (3). La désignation des objets imposés, le tarif, le mode et les limites de la perception, seront délibérés par le conseil municipal et réglés de la même manière que les dépenses et les revenus communaux. Le conseil municipal décidera si le mode de perception sera la régie simple, la régie intéressée, le bail à ferme ou l'abonnement avec la régie des contributions indirectes : dans tous les cas, la perception du droit se fera sous la surveillance du maire, du sous-préfet et du préfet.

Art. 148. — Les droits d'octroi continueront à n'être imposés que sur des objets destinés à la consommation locale. Il ne pourra être fait d'exception à cette règle que dans des cas extraordinaires, et en vertu d'une loi spéciale.

Art. 149. — *Les droits d'octroi qui seront établis à l'avenir sur les boissons, ne pourront excéder ceux qui seront perçus aux entrées des villes, au profit du Trésor. Si une exception à cette règle devenait nécessaire, elle ne pourrait avoir lieu qu'en vertu d'une ordonnance spéciale du roi.*

Abrogé par l'art. 9 de la loi du 11 juin 1842.

Art. 150. — Les règlements d'octrois ne pourront contenir aucune disposition contraire à celles des lois et règlements relatifs aux différents droits imposés au profit du Trésor.

___

(1) Voir la note 1 de la page précédente.
(2) Sauf en ce qui concerne les spiritueux en bouteilles, qui ne sont plus imposés que d'après la capacité réelle des bouteilles (art. 9 de la loi du 27 juillet 1870).
(3) Voir l'art. 137 de la loi du 5 avril 1884.

Art. 151. — En cas de quelque infraction de la part des conseils municipaux aux règles posées par les articles précédents, le ministre des finances, sur le rapport du directeur général des contributions indirectes, en référera au conseil du roi, lequel statuera ce qu'il appartiendra (1).

Art. 152. — Des perceptions pourront être établies dans les banlieues autour des grandes villes, afin de restreindre la fraude ; mais les recettes faites dans ces banlieues appartiendront toujours aux communes dont elles seront composées (2).

Art. 153. — *Le produit net des octrois, dans toutes les communes où il en est perçu, sera soumis, au profit du Trésor, à un prélèvement de 10 p. 0/0, à titre de subvention, pendant la durée de la présente loi.*

Il sera fait déduction sur les produits passibles de cette retenue, du montant de la contribution mobilière, dans les villes où elle est remplacée par une addition à l'octroi.

Il en sera de même du montant de l'abonnement que la régie pourrait consentir avec les villes, en remplacement du droit de détail, en exécution de l'article 73 de la présente loi (3).

A compter du 1ᵉʳ juillet 1816, il ne pourra être fait aucun autre prélèvement, soit sur le produit net des octrois, soit sur les autres revenus des communes, sous quelque prétexte que ce soit, et en vertu de quelques lois et ordonnances que ce puisse être. Elles sont expressément rapportées en ce qu'elles pourraient avoir de contraire à la présente loi (4).

Art. 154. — Les préposés des octrois seront tenus, sous peine de destitution, d'opérer la perception des droits établis aux entrées des villes au profit du Trésor, lorsque la régie le jugera convenable ; elle fera exercer, relativement à ces perceptions, tel genre de contrôle ou de surveillance qu'elle croira nécessaire d'établir.

Lorsque la régie chargera de la perception des droits d'entrée des préposés commissionnés par elle, les communes seront tenues de les placer avec leurs propres receveurs dans les bureaux établis aux portes des villes.

Art. 155. — Dans toutes les communes où les produits annuels du droit d'octroi s'élèveront à 20,000 fr. et au-dessus, il pourra être établi un préposé en chef de l'octroi. Ce préposé sera nommé par *le ministre des finances*, sur la présentation du maire, *approuvée par le préfet, et sur le rapport du directeur général des contributions indirectes (5).*

---

(1) Voir les art. 63 et 65 de la loi du 5 avril 1884.

(2) Voir les art. 9, 10 et 11 du décret du 17 mai 1809, qui indiquent les conditions dans lesquelles doivent être établis les octrois de banlieue.

(3) Le prélèvement du dixième du produit net des octrois a été supprimé par l'art. 25 du décret du 17 mars 1852.

(4) Voir l'art. 46 de la loi du 15 mai 1818, qui autorise un prélèvement sur les revenus des communes, pour l'acquittement de la subvention qu'elles ont à payer à l'État, à titre de frais de casernement. Voir également l'art. 3 de la loi du 16 juin 1884 qui soumet le produit net des taxes ordinaires d'octroi à un prélèvement de 20 p. 0/0, dont le montant est destiné à assurer la gratuité de l'enseignement primaire.

(5) Les préposés en chef sont aujourd'hui nommés par les préfets ; voir l'art. 5 du décret du 25 mars 1852 et l'arrêté du ministre des finances du 3 mai suivant. La création des emplois de préposés en chef et la fixation du traitement de ces agents restent dans les attributions du ministre des finances. (Circ. du ministre des finances du 7 mars 1861 ; Trescaze, page 365 du supplément général au Recueil chronologique.)

Le traitement du préposé surveillant sera fixé par le ministre des finances, sur la proposition du conseil municipal, et fera partie des frais de perception de l'octroi.

Les dispositions de cet article ne sont point applicables à l'octroi de Paris, dont l'administration reste soumise à des règlements particuliers.

Le ministre peut réduire ou augmenter le traitement; voir l'art. 89 de l'ordonnance du 9 décembre 1814.

Art. 156. — Les préposés de tout grade des octrois seront nommés par les préfets (1), sur la proposition des maires (2). Le directeur général des contributions indirectes pourra, dans l'intérêt du Trésor, faire révoquer ceux de ces préposés qui ne rempliraient pas convenablement leurs fonctions.

Art. 157. — *Les 10 pour 100 du produit net des octrois seront versés dans les caisses de la régie aux époques qu'elle aura déterminées ; le montant de ce prélèvement sera arrêté tous les mois par des bordereaux de recettes et dépenses, visés et vérifiés par le préposé surveillant de l'octroi* ; le recouvrement s'en poursuivra par la saisie des deniers de l'octroi, et même par voie de contrainte à l'égard du receveur municipal (3).

Art. 158. — La régie des contributions indirectes sera autorisée à traiter de gré à gré avec les communes pour la perception de leurs octrois ; les traités ne seront définitifs qu'après avoir été approuvés par le ministre des finances (4).

Art. 159. — Tous les préposés comptables des octrois sont tenus de fournir un cautionnement en numéraire, qui sera fixé par le ministre secrétaire d'État des finances, à raison du vingt-cinquième brut de la recette présumée.

Le MINIMUM ne pourra être au-dessous de 200 fr.

Pour les octrois des grandes villes, il sera présenté des fixations particulières.

Ces cautionnements seront versés au Trésor, qui en paiera l'intérêt au taux fixé pour ceux des employés des contributions indirectes.

Dans les communes dont l'octroi ne produit pas annuellement plus de 5,000 fr., les comptables sont, en vertu d'une décision ministérielle du 6 mars 1817, dispensés de la formalité du cautionnement.

TITRE V.

Tabacs.

CHAPITRE V. — *Dispositions générales applicables au présent titre.*

Art. 223. — Les employés des contributions indirectes, des douanes

---

(1) Et par les sous-préfets (art. 6, § n° 19°, du décret du 13 avril 1861).
(2) En cas de ferme, voir l'art. 119 du décret du 17 mai 1809, et en cas de gestion par la régie, voir l'art. 95 de l'ordonnance du 9 décembre 1814.
(3) Le prélèvement des 10 p. 0|0 est supprimé, mais le mode de recouvrement de ce prélèvement reste applicable à la perception des frais de casernement (art. 2 de l'ordonnance du 5 août 1818).
(4) Voir les art. 94 à 98 de l'ordonnance du 9 décembre 1814.

ou des octrois, les gendarmes, les préposés forestiers, les gardes champêtres, et généralement tout employé assermenté, pourront constater la vente des tabacs en contravention à l'article 172, le colportage, les circulations illégales, et généralement les fraudes sur le tabac ; procéder à la saisie des tabacs, ustensiles et mécaniques prohibés par la présente loi ; à celle des chevaux, voitures, bateaux et autres objets servant au transport, et constituer prisonniers les fraudeurs et colporteurs, dans le cas prévu par l'article précédent (1).

Art. 224. — Lorsque, conformément aux art. 222 et 223, les employés auront arrêté un colporteur ou fraudeur de tabac, ils seront tenus de le conduire sur-le-champ devant un officier de police judiciaire ou de le remettre à la force armée, qui le conduira devant le juge compétent, lequel statuera de suite, par une décision motivée, sur son emprisonnement ou sa mise en liberté.

Néanmoins, si le prévenu offre bonne et suffisante caution de se présenter en justice et d'acquitter l'amende encourue, ou s'il consigne lui-même le montant de ladite amende, il sera mis en liberté, s'il n'existe aucune autre charge contre lui (1).

Art. 225. — Tout individu condamné pour fait de contrebande en tabac sera détenu jusqu'à ce qu'il ait acquitté le montant des condamnations prononcées contre lui : *cependant le temps de la détention ne pourra excéder six mois, sauf le cas de récidive, où le terme pourra être d'un an* (1 — 2).

⸻

. . . .

TITRE VII.

Dispositions générales.

. . . .

Art. 235. — Les visites et exercices que les employés sont autorisés à faire chez les redevables, ne pourront avoir lieu que pendant le jour : cependant ils pourront aussi être faits la nuit dans les brasseries, distilleries, lorsqu'il résultera des déclarations que ces établissements sont en activité.....

Art. 236. — Les visites et vérifications que les employés sont autorisés à faire pendant le jour seulement, ne pourront avoir lieu que dans les intervalles de temps déterminés par l'article 26 de la présente loi.

Art. 237. — En cas de soupçon de fraude à l'égard de particuliers non sujets à l'exercice, les employés pourront faire des visites dans l'intérieur de leurs habitations, en se faisant assister du juge de paix, du maire, de son adjoint, ou du commissaire de police, lesquels seront tenus de déférer à la réquisition qui leur en sera faite, et qui sera trans-

⸻

(1) Les dispositions des trois articles nᵒˢ 223, 224 et 225, ont été rendues applicables aux introductions ou tentatives d'introductions d'objets soumis aux droits d'octroi à l'aide d'ustensiles ou de moyens disposés pour la fraude ; voir l'art. 9 de la loi du 29 mars 1832 et l'art. 9 de la loi du 24 mai 1834.

(2) Modifié par la loi du 22 juillet 1867 sur la contrainte par corps.

crite en tête du procès-verbal. Ces visites ne pourront avoir lieu que d'après l'ordre d'un employé supérieur , du grade de contrôleur au moins, qui rendra compte des motifs au directeur du département.

Les marchandises transportées en fraude , qui, au moment d'être saisies, seraient introduites dans une habitation pour les soustraire aux employés, pourront y être suivies par eux , sans qu'ils soient tenus, dans ce cas, d'observer les formalités ci-dessus prescrites.

Art. 238. — Les rébellions ou voies de fait contre les employés seront poursuivies devant les tribunaux, qui ordonneront l'application des peines prononcées par le Code pénal, indépendamment des amendes et confiscations qui pourraient être encourues par les contrevenants.

. . . .

. . . .

Art. 239. — A défaut du paiement des droits, il sera décerné contre les redevables des contraintes qui seront exécutoires , nonobstant opposition et sans y préjudicier.

Art. 240. — Les employés (de la régie) n'auront aucun droit au partage du produit net des amendes et confiscations ; un tiers de ce produit appartiendra à la caisse des retraites, les deux autres.....

Néanmoins les employés (de la régie) saisissants auront droit au partage du produit net des amendes et confiscations prononcées par suite de contraventions relatives aux octrois.....

A Paris, et dans les villes où l'abonnement général autorisé par l'article 73 sera consenti, les communes disposeront , relativement aux saisies faites aux entrées par les préposés de l'octroi, du tiers affecté ci-dessus à la caisse des retraites de la régie.

. . . .

Art. 242. — Les actes inscrits par les employés, dans le cours de leurs exercices , sur leurs registres portatifs , auront foi en justice jusqu'à incription de faux.

Art. 243. — Les expéditions et quittances délivrées par les employés seront marquées d'un timbre spécial dont le prix est fixé à dix centimes.

Art. 244. — Les préposés ou employés de la régie prévenus de crimes ou délits commis dans l'exercice de leurs fonctions , seront poursuivis et traduits , dans les formes communes à tous les citoyens , devant les tribunaux compétents, sans autorisation préalable de la régie : seulement le juge instructeur , lorsqu'il aura décerné un mandat d'arrêt , sera tenu d'en informer le directeur des impositions indirectes du département de l'employé poursuivi ; le tout conformément aux dispositions de la loi du 8 décembre 1814, article 144.

Art. 245. — Les autorités civiles et militaires, et la force publique prêteront aide et assistance aux employés pour l'exercice de leurs fonctions , toutes les fois qu'elles en seront requises.

. . . .

Art. 247. — Aucunes instructions , soit du ministre, soit du directeur général, ou de la régie des impositions indirectes, soit d'aucuns des préposés, ne pourront, sous quelque prétexte que ce soit, annuler, étendre, modifier ou forcer le vrai sens des dispositions de la présente loi.

Les tribunaux ne pourront prononcer de condamnations qui seraient fondées sur lesdites instructions, et qui ne résulteraient pas formellement de la présente loi.

Les contribuables de qui il aurait été exigé ou perçu quelques sommes au delà du tarif, ou d'après les seules dispositions d'instructions ministérielles, pourront en réclamer la restitution.

Leur demande devra être formée dans les six mois ; elle sera instruite et jugée dans les formes qui sont observées en matière de domaine.

EXTRAIT DE LA LOI DU 25 MARS 1817.

Art. 85. — L'hydromel sera compris au nombre des boissons soumises aux droits de circulation, d'entrée, de détail et de licence. Il sera imposé dans tous les cas comme le cidre.

En exécution de cette disposition, et par application de l'art. 150 de la loi du 28 avril 1816, l'hydromel doit être imposé au même droit d'octroi que le cidre.

Art. 93. — Les huiles ne pourront être introduites dans un lieu sujet au droit d'entrée que dans les intervalles de temps ci-après déterminés, savoir :

Pendant les mois de janvier, février, novembre et décembre, depuis 7 heures du matin jusqu'à 6 heures du soir ;

Pendant les mois de mars, avril, septembre et octobre, depuis 6 heures du matin jusqu'à 7 heures du soir ;

Pendant les mois de mai, juin, juillet et août depuis 5 heures du matin jusqu'à 8 heures du soir.

Art. 95. — Les huiles introduites dans un lieu sujet au droit d'entrée, pour le traverser seulement ou y séjourner moins de vingt-quatre heures, ne seront pas soumises à ce droit ; mais le conducteur sera tenu d'en consigner ou d'en faire cautionner le montant à l'entrée, et de se munir d'un permis de passe-debout.

La somme consignée ne sera rendue ou la caution libérée qu'au départ des huiles et après que la sortie du lieu en aura été justifiée.

Lorsqu'il sera possible de faire escorter les chargements, le conducteur sera dispensé de consigner ou de faire cautionner le droit.

Art. 97. — Tout négociant ou propriétaire qui fera conduire dans un lieu sujet au droit d'entrée *au moins un hectolitre d'huile*, pourra en réclamer l'admission en entrepôt, et ne sera tenu d'acquitter le droit que sur les quantités non représentées, et qu'il ne justifiera pas avoir fait sortir de la commune.

La durée de l'entrepôt est illimitée.

Aux termes de l'art. 5 de la loi du 31 décembre 1873, le minimum des quantités d'huiles à admettre en entrepôt est fixé pour les marchands, autres que les fabricants, à 500 kilogrammes.

Art. 98. — Les fruits, graines ou autres substances destinés à faire de l'huile ne seront soumis à aucun droit d'entrée ; le droit ne sera dû que sur l'huile en provenant. A cet effet, la fabrication aura lieu sous la surveillance de la régie.

Les visites des employés chargés de constater les produits de la fabrication pourront être faites de nuit et de jour, et sans l'assistance d'un officier public, dans les moulins ou autres établissements où l'huile sera fabriquée, pendant le moment de la fabrication.

Art. 108. — Les droits d'octroi qui seront établis à l'avenir sur les huiles ne pourront excéder ceux qui seront perçus aux entrées des villes, au profit du Trésor.

Les villes qui paient le droit d'entrée au moyen d'une redevance ou d'un abonnement peuvent percevoir des taxes d'octroi supérieures au droit d'entrée ; voir les art. 4 et 5 de la loi du 22 décembre 1878.

EXTRAIT DE LA LOI DU 15 MAI 1848.

. . . .

Art. 46. — Dans aucun cas et sous aucun prétexte, il ne pourra être fait, au profit du Trésor, aucun prélèvement sur les centimes ordinaires, extraordinaires ou facultatifs des communes, ni sur leurs autres revenus, à l'exception :

1° *Du dixième du produit net des octrois, ordonné par l'article* 153 *de la loi du 28 avril* 1816 ;

2° Des dépenses du casernement et des lits militaires, qui ne pourront, dans aucun cas, s'élever, par année, au-dessus de sept francs par homme et de trois francs par cheval, pendant la durée de l'occupation ; au moyen de quoi les réparations et loyers des casernes et de tous autres bâtiments ou établissements militaires, ainsi que l'entretien de la literie et l'occupation des lits militaires, seront à la charge du gouvernement.

Le prélèvement du dixième a été supprimé ; voir l'art. 25 du décret du 17 mars 1852. Quant au prélèvement pour frais de casernement, il a été limité aux seules villes qui perçoivent des octrois ; voir l'art 1er de l'ordonnance du 5 août 1818, qui ne prescrit aucun mode de recouvrement à l'égard des autres villes.
Voir également l'art. 3 de la loi du 16 juin 1881, qui ordonne un prélèvement sur les revenus ordinaires des communes, pour assurer la gratuité de l'enseignement primaire.

ORDONNANCE DU 3 JUIN 1848.

Art. unique. — Les octrois par abonnement établis en vertu de l'arrêté du 4 thermidor an X, et des autorisations qui avaient été postérieurement accordées, cesseront définitivement à dater du 1er janvier 1819.

On appelait « octrois par abonnement » ceux qui étaient perçus au moyen d'un rôle de répartition basé sur la consommation présumée de chaque habitant ; c'était, en réalité, une véritable contribution directe.

EXTRAIT DE L'ORDONNANCE DU 5 AOUT 1818.

Art. 1er. — Dans les villes qui perçoivent des octrois, les fonds nécessaires au paiement de l'abonnement stipulé par l'art. 46 de la loi du 15 mai dernier, pour le casernement et l'occupation des lits militaires, seront compris chaque année au budget des communes. . . . .

Art. 2. — La régie des contributions indirectes est chargée d'opérer le prélèvement des fonds d'abonnement d'après le mode suivi pour le prélèvement du dixième de l'octroi.

EXTRAIT DE LA LOI DE FINANCES DU 23 JUILLET 1820.

Art. 3. — Dans les communes qui, en vertu de l'art. 152 de la loi du 28 avril 1816, ont été ou seront soumises à un octroi de banlieue, les boissons seront admises en entrepôt aux mêmes conditions que dans l'intérieur de la ville.

EXTRAIT DE LA LOI DU 1er MAI 1822.

Art. 10. — La fabrication et la distillation des eaux-de-vie et esprits sont prohibées dans la ville de Paris.

Toute contravention à cette disposition sera punie d'une amende de 1,000 à 3,000 francs, indépendamment des autres peines portées par l'art. 129 de la loi du 28 avril 1816.

Une ordonnance royale (A) fixera l'époque à laquelle les établissements de cette nature actuellement existants cesseront toute opération et déterminera les bases de l'indemnité qui devra être préalablement accordée aux propriétaires de ces établissements.

Voir l'art. 14 de la loi du 21 juin 1873, qui édicte de nouvelles pénalités. Voir également l'art. 10 de la loi du 24 mai 1834, qui autorise l'application de cette prohibition dans les autres villes sujettes à l'octroi.

EXTRAIT DE LA LOI DU 17 AOUT 1822.

Art. 16. — A partir du 1er janvier 1823, le produit des centimes additionnels que les villes ont été ou seront autorisées à ajouter temporairement aux tarifs de leurs octrois, pour subvenir à des dépenses d'é-

---

(A) Cette ordonnance porte la date du 11 mai 1822 (Bulletin des lois. tome XIV, page 503).

tablissements d'utilité publique, *cessera d'être soumis au prélèvement de dix pour cent auquel sont assujettis les produits ordinaires des octrois.*

Ce prélèvement même sur les taxes ordinaires a été supprimé par l'art. 25 du décret du 17 mars 1852, mais il a paru utile de reproduire l'art. 16 ci-dessus, pour l'intelligence de la jurisprudence concernant les perceptions désignées aujourd'hui sous le nom de « taxes spéciales »; voir « NOTIONS GÉNÉRALES », page 16.

<hr>

EXTRAIT DE LA LOI DU 24 JUIN 1824, N° III,

RELATIVE A LA PERCEPTION DES DROITS SUR L'EAU-DE-VIE.

Art. 1er. — A partir du 1er janvier 1825, les droits sur les eaux-de-vie et esprits en cercles seront perçus en raison de l'alcool pur contenu dans ces liquides...

Voir l'art. 1er de la loi du 26 mars 1872, qui a établi la même règle pour la perception des droits sur les liqueurs, fruits à l'eau-de-vie et eaux-de-vie en bouteilles, lesquels étaient imposés précédemment en raison de leur volume.

Art. 9. — Les droits d'octroi sur les eaux-de-vie et esprits seront également perçus par hectolitre d'alcool pur, et, à cet effet, les tarifs seront revisés à la diligence des préfets, pour être mis en harmonie avec les dispositions de la présente loi.

<hr>

EXTRAIT DE L'ORDONNANCE DU 22 MAI 1825.

Art. 4. — Les comptables qui ne sont pas soumis directement à la juridiction de la cour des comptes, pourront obtenir le remboursement intégral des cautionnements qu'ils auront fournis en numéraire, en produisant, à l'appui de leur demande, le certificat de quitus définitif que les comptables supérieurs, sous la responsabilité desquels ils auront géré, devront leur délivrer dans les quatre mois qui suivront la cessation du service des titulaires.

Ce certificat sera visé au ministère des finances et par le fonctionnaire chargé de surveiller la gestion du titulaire.

Art. 5. — Les comptables qui réclameront . . . . la compensation du cautionnement d'une gestion avec le cautionnement exigé pour une nouvelle gestion qui serait confiée au même titulaire, seront tenus de fournir à l'appui de leur demande les justifications indiquées ci-après ; savoir :

1° Les comptables directs de la cour des comptes. . . . . . .

2° Les comptables subordonnés à des comptables supérieurs produiront les pièces prescrites par l'art. 4, quelle que soit d'ailleurs la quotité du nouveau cautionnement.

Art. 6. — Lorsqu'il y aura lieu d'appliquer les cautionnements des comptables au paiement des débets qu'ils auraient contractés, cette application aura lieu en vertu des décisions spéciales de notre ministre secrétaire d'État des finances.

ORDONNANCE DU 23 JUILLET 1826.

Art. 1er. — Les réceveurs municipaux seront, désormais, comptables de la totalité des recettes et des dépenses des octrois et en rendront compte aux mêmes époques et dans les mêmes formes que pour les autres recettes et dépenses communales.

Art. 2. — En conséquence, il ne sera plus établi de comptes particuliers pour cette branche de revenus, et les comptes rendus, en vertu de l'article précédent, après avoir été examinés et discutés par les conseils municipaux, seront jugés par notre cour des comptes, pour les communes dont les revenus ordinaires, y compris l'octroi, s'élèvent à . . . . (30,000 fr. 00 ; *art.* 157 *de la loi du* 5 *avril* 1884), et par les conseils de préfecture pour les autres communes.

Art. 3. — Lorsque l'octroi ne sera ni affermé ni en régie intéressée, les réceveurs municipaux produiront à l'appui de leur gestion les pièces justificatives du produit brut et des frais de perception.

Lorsqu'il sera en régie intéressée, ils devront, outre les justifications ordinaires de la recette et des frais, produire, selon les cas, le compte provisoire de fin d'année ou le compte définitif de fin de bail, des bénéfices partagés avec le régisseur, conformément au décret du 17 mai 1809.

Art. 4. — (*Dispositions transitoires.*)

Art. 5. — D'après ces dispositions, notre ordonnance du 15 juillet est abrogée, et l'art. 72 de notre ordonnance du 9 décembre 1814 se trouve rapporté.

———

ORDONNANCE DU 4 JUILLET 1830.

Article unique. — L'art. 18 de l'ordonnance réglementaire du 9 décembre 1814 sur les octrois, portant que les bêtes vivantes doivent être taxées par tête et que les bestiaux abattus au dehors et introduits par quartiers paieront au prorata de la taxe par tête, est modifié comme il suit : désormais les droits d'octroi sur les bestiaux vivants et sur ceux abattus au dehors, introduits par quartiers, pourront être établis au poids ou par tête.

NOTA. — Il résulte d'une lettre du ministre des finances, en date du 14 septembre 1830, que cette ordonnance doit être interprétée en ce sens que, quand les animaux vivants seront imposés par tête, les quartiers introduits du dehors devront continuer à payer au prorata de ce droit par tête ; la taxe au poids, par quartier, ne sera applicable qu'alors que l'animal sur pied sera également tarifé au poids.

Le tarif général annexé au décret du 12 février 1870 maintient les deux modes de taxation *au poids* et *par tête.*

———

EXTRAIT DE LA LOI DU 29 MARS 1832.

Art. 7. — Les voitures particulières suspendues seront, à l'avenir, soumises, aux entrées de Paris, aux mêmes visites que les voitures publiques.

MAN. DES OCTROIS.   14

Art. 8. — Les dispositions des articles 27 et 46 de la loi du 28 avril 1816 seront applicables à la fraude sur toutes les denrées sujettes aux droits d'octroi à l'entrée dans Paris; toutefois l'amende ne sera plus que de 100 à 200 francs pour la fraude dans les voitures particulières suspendues.

Art. 9. — L'introduction ou la tentative d'introduction dans Paris d'objets soumis aux droits d'octroi, à l'aide d'ustensiles préparés ou de moyens disposés pour la fraude, donnera lieu à l'application des articles 223, 224 et 225 de la même loi (1).

Les dispositions de ces 3 articles sont applicables à toutes les communes ayant un octroi. (Loi du 24 mai 1834, art. 9.)

LOI DU 21 AVRIL 1832.

TITRE II.

De la contribution personnelle et mobilière.

Art. 20. — Dans les villes ayant un octroi, le contingent personnel et mobilier pourra être payé en totalité ou en partie par les caisses municipales, sur la demande qui en sera faite aux préfets par les conseils municipaux. Ces conseils détermineront la portion du contingent qui devra être prélevée sur les produits de l'octroi. La portion à percevoir au moyen d'un rôle sera répartie en cote mobilière seulement.

Les délibérations prises par les conseils municipaux ne recevront leur exécution qu'après avoir été approuvées par ordonnance royale...

TITRE IV.

Boissons.

Art. 39. — Les récoltants de vins, de cidres ou de poirés, domiciliés dans les villes, pourront obtenir l'entrepôt pour les produits de leur récolte, quelle qu'en soit la quantité. La limite posée par l'art. 31 de la loi du 28 avril 1816 est abrogée en ce qui les concerne.....

Art. 40. — Dans les communes vignobles où les conseils municipaux voudront remplacer soit l'inventaire des vins nouveaux, soit le paiement immédiat ou par douzième du droit sur les vendanges, il devra, sur leur demande, être consenti un abonnement général pour

---

(1) S'il s'agit d'alcools ou spiritueux, l'introduction ou la tentative d'introduction prévue par l'art. 9 est, en outre, punie de l'emprisonnement (voir l'art. 14 de la loi du 21 juin 1873).

l'équivalent des sommes qui seraient dues pour l'année entière sur la consommation des vins fabriqués dans l'intérieur, moyennant que la commune s'engage à verser dans les caisses de la régie par vingt-quatrième, de quinzaine en quinzaine, la somme convenue pour l'abonnement, sauf à elle à s'imposer pour le recouvrement de cette somme comme elle est autorisée à le faire pour les dépenses communales.

Ces abonnements seront discutés, dans le mois qui précédera la récolte, entre le conseil municipal et le directeur des contributions indirectes ou son délégué. Ils auront pour base la quantité sur laquelle les récoltants auront payé le droit d'entrée dans une année de récolte complète, avec réduction, s'il y a lieu, dans la proportion des produits apparents de la récolte de l'année.

EXTRAIT DE LA LOI DU 28 JUIN 1833.

TITRE II.

Des Contributions indirectes.

Art. 9. — A compter du 1er janvier 1834, et lorsque les conseils municipaux en auront fait la demande, les entrepôts à domicile, pour les boissons, seront supprimés dans les communes sujettes aux droits d'entrée ou d'octroi, lorsqu'un entrepôt public y aura été régulièrement établi.

Cet article abroge la disposition de l'art. 39 de la loi du 28 avril 1816, aux termes de laquelle l'entrepôt à domicile pouvait être réclamé, lors même qu'il existait dans la commune un entrepôt public.

EXTRAIT DE LA LOI DU 24 MAI 1834,

PORTANT FIXATION DU BUDGET DES RECETTES DE L'EXERCICE 1835.

Art. 9. — Les dispositions des articles 7, 8 et 9 de la loi du 29 mars 1832, relative aux octrois de Paris, sont rendues applicables à toutes les communes du royaume ayant un octroi.

Art. 10. — Sur la demande des conseils municipaux, il pourra être fait application, dans les villes sujettes à l'octroi, des dispositions de l'art. 10 de la loi du 1er mai 1822, qui prohibe la fabrication et la distillation des eaux-de-vie dans Paris.

Voir le § 3e de l'art. 10 de la loi du 1er mai 1822, qui règle les conditions de cette prohibition.

ORDONNANCE DU 25 JUIN 1835.

Art. 1er. — A l'avenir, les cautionnements fournis par les préposés des administrations ou régies ressortissant au ministère des finances serviront de garantie pour tous les faits résultant des diverses gestions dont ils seront chargés par la même administration , quel que soit le lieu où ils exerceront ou auront exercé leurs fonctions.

Disposition applicable aux préposés d'octroi qui perçoivent des droits d'entrée au profit du Trésor, et aux employés de la Régie qui encaissent des droits d'octroi, soit sur les boissons au moment de la délivrance des expéditions, soit sur tous les articles du tarif, lorsque l'octroi est géré par la Régie.

LOI DU 25 MAI 1838

SUR LES JUSTICES DE PAIX.

Art. 1er. — Les juges de paix connaissent de toutes actions purement personnelles ou mobilières, en dernier ressort, jusqu'à la valeur de 100 francs, et, à charge d'appel, jusqu'à la valeur de 200 francs.

. . . .

ORDONNANCE DU 24 AOUT 1841.

Art. 1er. — Les ordonnances d'intérêt de capitaux de cautionnement seront exclusivement délivrées sur la caisse du payeur du département dans lequel les titulaires exerceront leurs fonctions.

Les remboursements des capitaux de cautionnement ne pourront être autorisés que dans le département où les titulaires auront exercé en dernier lieu.

. . . .

EXTRAIT DE LA LOI DU 11 JUIN 1842.

TITRE I.

Impôts autorisés pour l'exercice 1843.

. . . .

Art. 8. — A l'avenir, l'établissement des taxes d'octroi votées par les conseils municipaux, *la modification de celles qui existent actuellement*, ainsi que les règlements relatifs à leur perception, seront autorisés par ordonnances royales rendues dans la forme des règlements d'administration publique.

Voir les art. 137, 138 et 139 de la loi du 5 avril 1884.

Art. 9. — Les droits d'octroi qui seront établis sur *les boissons* (1) en vertu de ces ordonnances royales, ne pourront excéder ceux qui seront perçus aux entrées des villes au profit du Trésor (le décime non compris).

Dans les communes qui, à raison de leur population, ne sont pas soumises à un droit d'entrée sur les boissons, le droit d'octroi ne pourra dépasser le droit d'entrée déterminé par la loi pour les villes d'une population de quatre mille âmes.

Il ne pourra être établi aucune taxe d'octroi supérieure au droit d'entrée qu'en vertu d'une loi.

L'article 149 de la loi du 28 avril 1816 abrogé.

EXTRAIT DE LA LOI DU 24 JUILLET 1843,

QUI AFFRANCHIT DE TOUS DROITS LES ESPRITS ET EAUX-DE-VIE RENDUS IMPROPRES A LA CONSOMMATION.

Art. 1er. — Sont affranchis de tous droits d'entrée, de consommation ou détail, les eaux-de-vie et esprits dénaturés de manière à ne pouvoir être consommés comme boissons.

Art. 2. — Des règlements d'administration publique détermineront. . . . .

Art. 3. — *Les mêmes règlements pourront établir, au profit du Trésor public,* un droit qui sera perçu comme droit de dénaturation. Ils fixeront une quotité du même droit, que les villes auront la faculté de percevoir à titre d'octroi, *sans que cette quotité puisse excéder le tiers du droit du Trésor.*

Le droit de dénaturation est fixé à 80 fr. par hectol. en principal (art. 4 de la loi du 2 août 1872) et la taxe d'octroi ne peut excéder le quart du droit du Trésor (même article).

Art. 5. — Les alcools dénaturés suivant les procédés déterminés par les règlements, ainsi que ceux qui auront été soumis au droit de dénaturation, ne pourront, comme l'alcool pur, circuler qu'avec des expéditions de la régie (2).

. . . .

Les dispositions de l'art. 23 de la loi du 28 avril 1816 continueront de recevoir leur exécution en ce qui concerne les eaux-de-vie et esprits altérés par un mélange quelconque, ou dont la dénaturation n'aura pas eu lieu conformément aux prescriptions des règlements d'administration publique.

---

(1) En ce qui concerne les alcools, cette disposition est toujours en vigueur ; le droit d'octroi ne peut dépasser le droit d'entrée tel qu'il est fixé par l'art. 5 de la loi du 26 mars 1872. Quant aux taxes d'octroi sur les vins, sur les cidres, poirés et hydromels, elles peuvent atteindre actuellement le double du droit d'entrée (en principal), aux termes de l'art. 6 de la loi du 19 juillet 1880.
(2) Voir l'art. 4 de la loi du 28 février 1872.

EXTRAIT DE LA LOI DU 3 MAI 1844

SUR LA POLICE DE LA CHASSE.

Art. 4. — Dans chaque département, il est interdit de mettre en vente, de vendre, d'acheter, de transporter et de colporter du gibier pendant le temps où la chasse n'y est pas permise.

En cas d'infraction, le gibier sera saisi et immédiatement livré à l'établissememt de bienfaisance le plus voisin, en vertu, soit d'une ordonnance du juge de paix, si la saisie a eu lieu au chef-lieu de canton, soit d'une autorisation du maire, si le juge de paix est absent, ou si la saisie a été faite dans une commune autre que celle du chef-lieu. Cette ordonnance ou cette autorisation sera délivrée sur la requête des agents ou gardes qui auront opéré la saisie et sur la présentation du procès-verbal régulièrement dressé.

La recherche du gibier ne pourra être faite à domicile que chez les aubergistes, chez les marchands de comestibles et dans les lieux ouverts au public.

Art. 23. — Les procès-verbaux des employés des contributions indirectes et des octrois feront également foi jusqu'à preuve contraire lorsque, dans la limite de leurs attributions respectives, ces agents rechercheront et constateront les délits prévus par le paragraphe 1er de l'art. 4.

LOI DU 10 MAI 1846

RELATIVE A LA PERCEPTION DES DROITS D'OCTROI SUR LES BESTIAUX.

Art. 1er. — A partir du 1er janvier 1847, les droits d'octroi sur les bestiaux de toute espèce seront établis à raison du poids des animaux et perçus au kilogramme.

Néanmoins, ces mêmes droits pourront continuer à être fixés par tête pour les octrois où la taxe sur les bœufs n'excédera pas huit francs.

Art. 2, 3 et 4. — (*Dispositions transitoires.*)

Art. 5. — La viande dite A LA MAIN ou par quartiers ne pourra être soumise, à l'entrée des villes, à un droit supérieur *aux droits d'abattoir et d'octroi sur les bestiaux de toute espèce.*

Le tarif général annexé au décret du 12 février 1870 a réglé la corrélation qui doit exister entre les taxes que les communes peuvent établir sur les animaux vivants et sur la viande dépecée des mêmes animaux. Voir, pour les animaux abattus au dehors et introduits par quartiers, l'ordonnance du 4 juillet 1830.

EXTRAIT DE L'ORDONNANCE DU 15 NOVEMBRE 1846,

PORTANT RÈGLEMENT SUR LA POLICE, LA SURETÉ ET L'EXPLOITATION DES CHEMINS DE FER.

. . . .

TITRE VII.

Des mesures concernant les voyageurs et les personnes étrangères au service du chemin de fer.

Art. 61. — Il est défendu à toute personne étrangère au service du chemin de fer :

1° De s'introduire dans l'enceinte du chemin de fer, d'y circuler ou stationner;

2° D'y jeter ou déposer aucuns matériaux ni objets quelconques.

3° . . . .

Art. 62. — Sont exceptés de la défense portée au premier paragraphe de l'article précédent, les maires et adjoints, les commissaires de police, les officiers de gendarmerie, les gendarmes et autres agents de la force publique, les préposés aux douanes, aux contributions indirectes et aux octrois, les gardes champêtres et forestiers dans l'exercice de leurs fonctions, et revêtus de leurs uniformes ou de leurs insignes.

Dans tous les cas, les fonctionnaires et les agents désignés au paragraphe précédent seront tenus de se conformer aux mesures spéciales de précaution qui auront été déterminées par le ministre, la compagnie entendue.

. . . .

EXTRAIT DU DÉCRET DU 17 MARS 1852

PORTANT FIXATION DU BUDGET GÉNÉRAL DES DÉPENSES ET DES RECETTES DE L'EXERCICE 1852.

. . . .

OCTROIS.

Art. 25. — A dater du 1er mai prochain, le prélèvement de 10 p. 0|0 attribué au Trésor public sur le produit des octrois sera supprimé.

Les taxes quelconques d'octroi, autres que les taxes additionnelles et temporaires dont le produit est maintenant affranchi du prélèvement de 10 p. 0|0, seront simultanément et de plein droit réduites d'un dixième.

Relativement aux octrois affermés, les dispositions qui précèdent ne seront appliquées que lors de l'expiration ou de la résiliation des baux actuellement en vigueur.

EXTRAIT DU DÉCRET DU 25 MARS 1852

SUR LA DÉCENTRALISATION ADMINISTRATIVE.

. . . .

Art. 5. — Ils (*les préfets*) nommeront directement, sans l'intervention du gouvernement et sur la présentation des divers chefs de service, aux fonctions et emplois suivants :

. . . .

16° Les préposés en chef des octrois des villes.

. . . .

Art. 6. — Les préfets rendront compte de leurs actes au ministre compétent dans les formes et pour les objets déterminés par les instructions que ces ministres leur adresseront.

Ceux de ces actes qui seraient contraires aux lois et règlements, ou qui donneraient lieu aux réclamations des parties, pourront être annulés ou réformés par les ministres compétents.

Art. 7. — Les dispositions des articles...... *et 5 ne sont pas applicables au département de la Seine.*

L'art. 5 a été rendu applicable au département de la Seine par le décret du 9 janvier 1861.

EXTRAIT DE L'ARRÊTÉ DU MINISTRE DES FINANCES DU 3 MAI 1852,

RELATIF A L'EXÉCUTION DU DÉCRET DU 25 MARS 1852 SUR LA DÉCENTRALISATION ADMINISTRATIVE.

Art. 1er. — La nomination des préposés en chef des octrois des villes a lieu sur la présentation par le maire d'une liste de trois candidats, et sur l'avis du directeur des contributions indirectes du département.

Art. 11. — Les nominations de préposés en chef d'octrois et de...... seront portées immédiatement par les préfets à la connaissance du ministre.

. . . .

EXTRAIT DE LA LOI DU 9 JUIN 1853

SUR LES PENSIONS CIVILES.

. . . .

TITRE II.

Conditions du droit à pension.

Art. 5. — Le droit à la pension de retraite est acquis par ancienneté à soixante ans d'âge et après trente ans accomplis de services.

Il suffit de 55 ans d'âge et de 25 ans de services pour les fonctionnaires qui ont passé 15 ans dans la partie active.

La partie active comprend les emplois et grades indiqués au tableau annexé à la présente loi sous le n° 2

NOTA. — Dans le tableau visé au dernier § de l'art. 5 ci-dessus se trouvent compris les préposés en chef des octrois.

DÉCRET DU 9 JANVIER 1861.

Art. 1er. — L'article 7 de notre décret du 25 mars 1852 sur la décentralisation administrative est rapporté.

En conséquence, les dispositions de ce décret actuellement en vigueur sont applicables au département de la Seine, en ce qui concerne l'administration départementale proprement dite et celle de la ville et des établissements de bienfaisance de Paris.

Art. 2. — Les budgets de la ville de Paris ..., etc.

EXTRAIT DU DÉCRET DU 13 AVRIL 1861

SUR LA DÉCENTRALISATION ADMINISTRATIVE.

. . . .

Art. 6. — Les sous-préfets statueront désormais, soit directement, soit par délégation des préfets, sur les affaires dont la nomenclature suit :

. . . .

19°.............. Les sous-préfets nommeront les simples préposés d'octroi.

EXTRAIT DE LA LOI DU 31 MAI 1865

RELATIVE A LA PÊCHE.

. . . .

. . . .

Art. 10. — Les infractions concernant la pêche, la vente, l'achat, le transport, le colportage, l'exportation et l'importation du poisson, seront recherchées et constatées par les agents des douanes, les employés des contributions indirectes et des octrois, ainsi que par les autres agents autorisés par la loi du 15 avril 1829 et par le décret du 9 janvier 1852.

Des décrets détermineront la gratification qui sera accordée aux rédacteurs des procès-verbaux ayant pour objet de contrôler les délits. Cette gratification sera prélevée sur le produit des amendes.

LOI DU 24 JUILLET 1867

SUR LES CONSEILS MUNICIPAUX.

Art. 8. — L'établissement des taxes d'octroi votées par les conseils municipaux, ainsi que les règlements relatifs à leur perception, sont autorisés par décrets impériaux rendus sur l'avis du Conseil d'État.

Il en sera de même en ce qui concerne :

1° Les modifications aux règlements ou aux périmètres existants ;

2° L'assujettissement à la taxe d'objets non encore imposés dans le tarif local ;

3° L'établissement ou le renouvellement d'une taxe sur des objets non compris dans le tarif général indiqué ci-après ;

4° L'établissement ou le renouvellement d'une taxe excédant le maximum fixé par ledit tarif général.

Disposition abrogée et remplacée par l'art. 137 de la loi du 5 avril 1884, sauf en ce qui concerne l'octroi de Paris (art. 168, §§ nᵒˢ 15° et 28° de la loi précitée). Voir « Notions générales », page 28.

Art. 9. — Sont exécutoires, dans les conditions déterminées par l'article 18 de la loi du 18 juillet 1837 (1), les délibérations prises par les conseils municipaux, concernant :

1° La suppression ou la diminution des taxes d'octroi ;

2° La prorogation des taxes principales d'octroi pour cinq ans au plus ;

3° L'augmentation des taxes jusqu'à concurrence d'un décime, pour cinq ans au plus.

Sous la condition, toutefois, qu'aucune des taxes ainsi maintenues ou modifiées n'excédera le maximum déterminé dans un tarif général qui sera établi, après avis des conseils généraux, par un règlement d'administration publique, ou qu'aucune desdites taxes ne portera sur des objets non compris dans ce tarif.

En cas de désaccord entre le maire et le conseil municipal, la délibération ne sera exécutoire qu'après approbation du préfet.

Sauf en ce qui concerne l'octroi de Paris, le 5ᵉ paragraphe de cet article, qui est relatif à l'établissement du tarif général, reste seul en vigueur (art. 168, § nᵒ 15° de la loi du 5 avril 1884) ; le § nᵒ 1° est remplacé par l'art. 138 de la loi du 5 avril 1884, et les §§ nᵒˢ 2° et 3° sont remplacés par l'art. 139 de la même loi. Il faut remarquer en outre que, bien que l'art. 9 soit maintenu pour l'octroi de Paris, le dernier § dudit article n'est pas applicable à cette ville, parce qu'en cas de désaccord entre le conseil municipal de Paris et le préfet, qui remplit les fonctions de maire, c'est un décret qui doit trancher le différend ; voir le 2° paragraphe de l'art. 17 ci-après.

Art. 10. — Son exécutoires, sur l'approbation du préfet, lesdites délibérations ayant pour but :

La prorogation des taxes additionnelles actuellement existantes ;

_____

(1) *Loi du 18 juillet 1837.*
Art. 18. — Expédition de toute délibération sur un des objets énoncés en l'article précédent est immédiatement adressée par le maire au sous-préfet, qui en délivre ou fait délivrer récépissé. La délibération est exécutoire si, dans les trente jours qui suivent la date du récépissé, le préfet ne l'a pas annulée, soit d'office, pour violation d'une disposition de la loi ou d'un règlement d'administration publique, soit sur la réclamation de toute partie intéressée. Toutefois le préfet peut suspendre l'exécution de la délibération pendant un autre délai de trente jours.

L'augmentation des taxes principales au delà d'un décime,

Dans les limites du maximum des droits et de la nomenclature des objets fixés par le tarif général.

Voir l'art. 139 de la loi du 5 avril 1884 et l'observation consignée à l'art. 8 ci-dessus.

Art. 17. — Les dispositions de la présente loi et celles de la loi du 18 juillet 1837 et du décret du 25 mars 1852, qui sont encore en vigueur, sont applicables à l'administration de la ville de Paris *et de la ville de Lyon* (1).

Les délibérations prises par les conseils municipaux desdites villes sur les objets énumérés dans les articles 1er et 9 de la présente loi ne sont exécutoires, en cas de désaccord entre le préfet et le conseil municipal, qu'en vertu d'une autorisation donnée par décret impérial.

Aucune imposition extraordinaire ne peut être établie dans ces villes (1), aucun emprunt ne peut être contracté par elles, sans qu'elles y soient autorisées par une loi.

Il n'est pas dérogé aux dispositions spéciales concernant l'organisation des administrations de l'assistance publique, du Mont-de-Piété et de l'octroi de Paris.

DÉCRET DU 12 FÉVRIER 1870,

PORTANT RÈGLEMENT D'ADMINISTRATION PUBLIQUE POUR L'EXÉCUTION, EN CE QUI CONCERNE LES OCTROIS, DES ARTICLES 8, 9 ET 10 DE LA LOI DU 24 JUILLET 1867, SUR LES CONSEILS MUNICIPAUX.

NAPOLÉON, par la grâce de Dieu et la volonté nationale, empereur des Français,

A tous présents et à venir, salut.

Sur le rapport de notre ministre secrétaire d'État au département des finances ;

Vu les articles 8, 9 et 10 de la loi du 24 juillet 1867, ainsi conçus :

Voir ces art. plus haut, à la date de la loi.

. . . .

Vu le décret du 17 mai 1809 ;

Vu l'ordonnance du 9 décembre 1814 et les dispositions des lois des 28 avril 1816 et 24 juin 1824, relatives aux octrois ;

Vu la loi du 12 décembre 1830 et le tarif y annexé pour la perception du droit d'entrée sur les boissons ;

Vu la loi du 24 mai 1834 ;

Vu la loi du 18 juillet 1837, sur l'administration municipale ;

Vu la loi du 11 juin 1842 ;

Vu la loi du 10 mai 1846 ;

---

(1) Disposition maintenue pour la ville de Paris seulement, l'art. 17 ne concerne plus la ville de Lyon (art. 168, § n° 15° de la loi du 5 avril 1884.

Vu le décret du 17 mars 1852;

Vu l'article 18 de la loi de finances du 22 juin 1854;

Vu les observations de nos ministres secrétaires d'État aux départements de l'intérieur et de la marine;

Vu les avis émis par les conseils généraux dans leurs sessions de 1867 et 1868 ;

Notre Conseil d'État entendu,

Avons décrété et décrétons ce qui suit :

Art. 1er. — Le maximum des taxes d'octroi que les conseils municipaux peuvent établir et la nomenclature des objets sur lesquels ils peuvent maintenir ces taxes, dans les conditions des *articles 8 , 9 et 10 de la loi du 24 juillet* 1867, sont fixés conformément au tarif général ci-annexé.

Voir les art. 137, 138 et 139 de la loi du 5 avril 1884.

Art. 2. — Les communes devront choisir entre les divers modes de tarification admis par le tarif général pour les objets qui sont de nature à être imposés, soit d'après le poids, soit d'après la mesure, soit à raison du nombre.

Elles ont le droit de détailler et de subdiviser les articles, dans les cas où la désignation au tarif général d'un objet imposable comprend plusieurs espèces ou variétés de nature à comporter des taxes différentes dans la limite du maximum.

Art. 3. — Toutes les fois qu'une commune aura prorogé son octroi ou modifié les taxes de son tarif dans les limites déterminées par les articles 9 *et* 10 *de la loi du 24 juillet* 1867 (1), le maire adressera au préfet, dans le délai de trente jours, la délibération du conseil municipal et trois exemplaires du tarif prorogé ou modifié.

Le premier de ces exemplaires sera conservé par le préfet, qui remettra le second au directeur des contributions indirectes du département et transmettra le troisième au directeur général des contributions indirectes (2).

Le maire continuera d'ailleurs, conformément à l'article 71 de l'ordonnance du 9 décembre 1814, de remettre au préposé supérieur de l'administration des contributions indirectes résidant dans la localité, qui les transmettra au directeur du département, les états et les bordereaux de recettes et dépenses de l'octroi.

Art. 4. — Les abonnements collectifs que les communes sont autorisées à consentir avec certaines classes de redevables seront désormais exécutoires sur l'approbation des préfets.

_____

(1) Dispositions remplacées par les art. 138 et 139 de la loi du 5 avril 1884.
(2) Aux termes de la circulaire du ministre de l'intérieur, en date du 15 mai 1884, le préfet doit transmettre à la direction générale des contributions indirectes : 1°, pour les délibérations qui sont exécutoires par elles-mêmes (art. 139 de la loi du 5 avril 1884), une expédition desdites délibérations, appuyées des actes de perception ; 2° et, en ce qui concerne les délibérations exécutoires sur l'approbation du préfet (art. 138 de la même loi), un exemplaire du tarif et du règlement de l'octroi, une copie de l'avis du conseil général ou de la commission départementale et une ampliation de l'arrêté approbatif.

Une ampliation de chacun de ces traités sera remise au directeur des contributions indirectes du département, qui la fera parvenir à la direction générale des contributions indirectes , avec l'arrêté du préfet qui l'aura approuvé.

Art. 5. — Les communes qui auront adopté la ferme comme mode de perception continueront à procéder à l'adjudication de cette ferme dans la forme prescrite par le décret du 17 mai 1809.

Les préfets transmettront au directeur des contributions indirectes du département et au directeur général des contributions indirectes ampliation de l'arrêté par lequel ils auront approuvé l'adjudication , après en avoir reconnu la régularité, et copie du procès-verbal d'adjudication et du cahier des charges.

Voir le § 3 de l'art. 89 de la loi du 5 avril 1884.

Art. 6. — Les frais de premier établissement, de régie et de perception des octrois, qui étaient soumis à l'approbation de notre ministre des finances, aux termes de l'article 10 de l'ordonnance du 9 décembre 1814, seront désormais arrêtés par le préfet, qui transmettra à la direction générale des contributions indirectes une ampliation de son arrêté, avec une copie de la délibération du conseil municipal.

La fixation du traitement du préposé en chef reste dans les attributions du ministre (art. 156 de la loi du 28 avril 1816).

Art. 7. — Les marchands en gros et en demi-gros pourront jouir de l'entrepôt à domicile, alors même qu'ils feraient dans les mêmes magasins des ventes au détail.

Art. 8. — Les combustibles et les matières premières à employer dans les établissements industriels et dans les manufactures de l'Etat sont admis à l'entrepôt à domicile.

Toutefois l'entrepôt ne sera pas accordé pour les matières premières dans le cas où la somme à percevoir à raison des quantités pour lesquelles elles entrent dans un produit industriel n'atteindrait pas un quart pour cent de la valeur de ce produit (1).

Décharge sera accordée aux entrepositaires pour toutes les quantités de combustibles et de matières premières employées, dans ces établissements, à la préparation ou à la fabrication de produits qui ne sont frappés d'aucun droit par le tarif de l'octroi du lieu sujet, pourvu que l'emploi ait été préalablement déclaré et qu'il en ait été justifié aux préposés de l'octroi chargés de l'exercice des entrepôts ; à défaut de quoi le droit sera perçu sur les quantités manquantes.

Si le produit industriel à la préparation ou à la fabrication duquel sont employés les combustibles ou les matières premières est imposé au tarif de l'octroi, l'entrepositaire n'en obtiendra pas moins l'affranchissement pour le combustible et la matière première employés à la fabri-

(1) Un quart pour cent, c'est-à-dire 0 fr. 25 c. par 100 fr.

cation ; mais il paiera le droit dû par les produits industriels, pour ceux de ces produits qu'il ne justifiera pas avoir fait sortir du lieu sujet.

Art. 9. — Lorsque des droits d'octroi auront été acquittés à l'entrée pour des combustibles ou des matières premières qui, dans l'intérieur du lieu sujet, seront employés à la préparation ou à la fabrication d'un produit industriel livré à la consommation intérieure et imposable, s'il est régulièrement justifié de ce paiement, le montant desdits droits sera précompté sur celui des droits dus pour le produit fabriqué.

Toutefois il n'y aura jamais lieu à remboursement d'aucune portion des droits payés à l'entrée, dans le cas où ils se trouveraient excéder ceux qui sont dus pour le produit fabriqué lui-même.

Art. 10. — En aucun cas, les objets inscrits au tarif ne pourront être soumis à des taxes différentes à raison de ce qu'ils proviendraient de l'extérieur ou de ce qu'ils seraient récoltés ou fabriqués dans l'intérieur du lieu sujet.

L'article 14 de l'ordonnance du 9 décembre 1814 est abrogé.

Art. 11. — Ne seront soumis à aucun droit d'octroi : les approvisionnements en vivres destinés au service de l'armée de terre ainsi que de la marine militaire ou marchande et qui ne doivent pas être consommés dans le lieu sujet ; les bois, fers, graisses, huiles, et généralement toutes les matières employées pour la confection et l'entretien du matériel de l'armée de terre, dans les constructions navales ou pour la fabrication d'objets servant à la navigation ; les combustibles et toutes autres matières embarqués sur les bâtiments de l'État et du commerce pour être consommés ou employés en mer.

Ces approvisionnements et matières seront introduits dans les magasins de la guerre, de la marine impériale et de la marine marchande de la manière prescrite pour les objets en entrepôt.

Le compte en sera suivi par les employés et préposés désignés à cet effet, et les droits d'octroi ne seront dus que sur les quantités enlevées pour l'intérieur du lieu sujet et pour toute autre destination que celle qui est spécifiée ci-dessus.

Art. 12. — Les charbons de terre, le coke et tous autres combustibles employés tant par l'administration de la guerre, pour la fabrication ou l'entretien du matériel de guerre et pour la confection d'objets destinés à être consommés hors du lieu sujet, que par la marine impériale et par la marine marchande, pour la confection d'objets destinés à la navigation, seront, comme ceux qui sont employés dans les établissements industriels pour la préparation ou la fabrication d'objets destinés au commerce général, affranchis, au moyen de l'entrepôt, du paiement de tous droits d'octroi.

Art. 13. — Les combustibles et matières destinés au service de l'exploitation des chemins de fer, aux travaux des ateliers et à la construction de la voie, seront affranchis de tous droits d'octroi.

En conséquence, les dispositions relatives à l'entrepôt à domicile des combustibles et matières premières employés, dans les établissements industriels, à la préparation et à la fabrication des objets destinés au commerce général, sont applicables aux fers, bois, charbons, coke, graisses, huiles, et en général à tous les matériaux employés dans les conditions ci-dessus indiquées.

En dehors de ces conditions, tous les objets portés au tarif qui seront consommés dans les gares, salles d'attente et bureaux, seront soumis aux taxes locales (1).

Voir le décret du 8 décembre 1882.

Art. 14. — L'abonnement annuel pourra être demandé pour les combustibles et matières admis à l'entrepôt, aux termes des articles 8, 11, 12 et 13.

Les conditions de l'abonnement seront réglées de gré à gré entre le maire et le redevable.

Art. 15. — Tout règlement d'octroi aujourd'hui en vigueur qui ne contiendrait pas de dispositions conformes à celles des articles 8, 9, 10, 11, 12, 13 et 14 ci-dessus, cessera d'avoir son effet à l'expiration de la durée fixée pour cet octroi par le décret qui l'aurait autorisé.

Art. 16. — Le présent décret n'est pas applicable à l'octroi de Paris.

Art. 17. — Nos ministres secrétaires d'État aux départements des finances et de l'intérieur sont chargés, chacun en ce qui le concerne, de l'exécution du présent décret, qui sera inséré au Bulletin des lois.

_____

(1) Les dispositions de cet article sont applicables à la construction et à l'exploitation des lignes télégraphiques (décret du 8 décembre 1882).

Tarif général dressé en exécution de l'article 9 de la loi

NOMENCLATURE DES OBJETS qui peuvent être imposés.	MESURES, POIDS ou nombres.	MAXIMUM DES TAXES		
		de 4,000 âmes et au-dessous. 1ʳᵉ catégorie	de 4,001 à 10,000 âmes. 2ᵉ catégorie	de 10,001 à 20,000 âmes. 3ᵉ catégorie
		fr. c.	fr. c.	fr. c.
BOISSONS ET LIQUIDES.				
Vins en cercles et en bouteilles, cidres, poirés, hydromels (1 et 2).	L'hectolitre.	* Les maxima fixés par l'article		
Alcool pur contenu dans les eaux-de-vie, esprits, liqueurs et fruits à l'eau-de-vie (3 et 4).	Idem.	Les maxima fixés par l'article		
Alcool pur contenu dans les alcools dénaturés.	Idem.	Le maximum est fixé à 7 fr. 50 pour du 2 août 1872.		
Bières 1° Dans les départements suivants : Aisne, Ardennes, Marne, Marne (Haute-), Meurthe, Meuse, Moselle, Nord, Oise, Pas-de-Calais, Rhin (Bas-), Rhin (Haut-), Saône, Vosges.	Idem.	3 00	4 00	4 50
2° Dans les départements suivants : Allier, Aube, Calvados, Charente-Inférieure, Cher, Côtes-du-Nord, Creuse, Eure, Eure-et-Loir, Finistère, Ille-et-Vilaine, Indre, Indre-et-Loire, Loire-Inférieure, Loir-et-Cher, Loiret, Maine-et-Loire, Manche, Mayenne, Morbihan, Nièvre, Orne, Puy-de-Dôme, Sarthe, Seine, Seine-et-Marne, Seine-et-Oise, Seine-Inférieure, Sèvres (Deux-), Vendée, Vienne, Vienne (Haute-), Yonne.	Idem.	4 00	5 00	5 50
3° Dans les départements suivants : Ain, Alpes (Basses-), Alpes (Hautes-), Alpes-Maritimes, Ardèche, Ariège, Aude, Aveyron, Bouches-du-Rhône, Cantal, Charente, Corrèze, Corse, Côte-d'Or, Dordogne, Doubs, Drôme, Gard, Garonne (Haute-), Gers, Gironde, Hérault, Isère, Jura, Landes, Loire, Loire (Haute-), Lot, Lot-et-Garonne, Lozère, Pyrénées (Basses-), Pyrénées (Hautes-), Pyrénées-Orientales, Rhône, Saône-et-Loire, Saône (Haute-), Savoie, Savoie (Haute-), Tarn, Tarn-et-Garonne, Var, Vaucluse.	Idem.	5 00	6 00	6 50
Vinaigres de toute espèce et conserves au vinaigre (5).	Idem.	1 50	2 00	3 00
Limonades gazeuses.	Idem.	4 00	5 00	6 00
COMESTIBLES.				
Bœufs, vaches, taureaux, génisses.	Les 100 kil. / Par tête.	2 50 / Le maximum de 8 francs	3 00	4 00
Moutons.	Les 100 kil. / Par tête.	3 00 / 1 00	4 00 / 1 30	4 50 / 1 50
Chèvres.	Les 100 kil. / Par tête.	4 00 / 0 35	1 30 / 0 45	1 50 / 0 50
Agneaux et chevreaux.	Les 100 kil. / Par tête.	3 50 / 0 50	5 00 / 0 60	5 00 / 0 80
Veaux.	Les 100 kil. / Par tête.	3 00 / 2 35	4 00 / 3 40	4 50 / 4 25
Porcs.	Les 100 kil. / Par tête.	3 00 / 2 50	3 50 / 3 70	4 50 / 4 75
Cochons de lait.	Les 100 kil. / Par tête.	2 00 / 0 30	4 00 / 0 40	5 00 / 0 50

du 24 juillet 1867, sur les conseils municipaux (*).

DANS LES VILLES			OBSERVATIONS.
de 20,001 à 50,000 âmes. 4ᵉ catégorie	de 50,001 à 100,000 âmes. 5ᵉ catégorie	au-dessus de 100,000 âmes. 6ᵉ catégorie	
fr. c.	fr. c.	fr. c.	
6 de la loi du 12 juillet 1880.			* **Nota.**—À l'occasion des demandes de prorogation ou de révision des taxes locales, le tarif général devant être incessamment consulté, et a paru préférable, au lieu d'indiquer simplement les dispositions abrogées ou modifiées, d'y substituer celles qui sont actuellement en vigueur. On a cru ainsi, toutefois, de faire précéder des astérisques (*) toute indication qui ne se trouve pas originairement dans le tarif annexé au décret du 12 février 1870, ou qui ne reproduit pas littéralement le texte primitif.
2 de la loi du 11 juin 1842.			La catégorie à laquelle appartient chaque commune est déterminée à raison de sa population municipale agglomérée, constatée par la dernière colonne du tableau n° 3 annexé au décret impérial qui déclare authentiques les tableaux de la population de l'Empire. Lorsque, dans une catégorie, aucune qualité n'est indiquée pour un article de la nomenclature, c'est que cet article ne peut figurer au tarif des octrois de cette catégorie.
tous les octrois, par l'art. 4 de la loi			(1) Le maximum est le double du droit d'entrée perçu au profit du Trésor et, pour les communes au-dessous de 4,000 âmes où le Trésor ne perçoit pas de droit d'entrée, le double du droit d'entrée déterminé pour les villes de 4,000 âmes. (Voir le tableau annexé à la loi du 12 décembre 1830, qui range les départements en quatre classes, et les art. 1ᵉʳ, 3 et 6 de la loi du 12 juillet 1880.)
5 00	5 50	6 00	Les départements sont maintenant divisés en 3 classes seulement : voir à ce sujet, et pour le maximum des taxes, le chapitre des Boissons précédé, page 11.
6 00	6 50	7 00	(2) Pour la perception, la bouteille est considérée comme litre et la demi-bouteille comme demi-litre, en ce qui concerne les vins, cidres, poirés et hydromels (art. 145 de la loi du 28 avril 1816).
			Les vendanges et les fruits à cidre ou à poiré seront soumis au droit d'octroi à raison de 2 hectolitres de vendanges pour 2 hectolitres de vin, et 5 hectolitres de pommes ou poires pour 2 hectolitres de cidre ou de poiré. Les fruits secs destinés à la fabrication du cidre ou du poiré seront imposés à raison de 25 kilogrammes de fruits pour 1 hectolitre de cidre ou de poiré.
7 00	7 50	8 00	(3) Le droit d'octroi ne peut être supérieur au droit d'entrée perçu au profit du Trésor, si, dans les communes où le Trésor ne perçoit pas de droit d'entrée, il ne peut être supérieur au droit d'entrée déterminé pour les villes de 4,000 âmes. * (Voir le tableau annexé à la loi du 26 mars 1872, art. 5, qui détermine les droits d'entrée sur les alcools.)
4 00	4 50	5 00	* (4) Nonobstant les dispositions de l'art. 145 de la loi du 28 avril 1816, les eaux-de-vie, esprits et liqueurs expédiés en bouteilles seront imposés d'après la quantité des bouteilles (art. 3 de la loi du 27 juillet 1870). — * Les vins présentant une force alcoolique supérieure à 15 degrés sont passibles du double droit d'octroi pour la quantité d'alcool comprise entre 15 et 21 degrés. Les vins présentant une force alcoolique supérieure à 21 degrés seront imposés comme alcool pur (art. 3 de la loi du 1ᵉʳ septembre 1871). — * Toutefois, les vins qui présentent naturellement une force alcoolique supérieure à 15 degrés, sans dépasser 18 degrés, et dont la provenance est indiquée sur l'expédition de la régie, seront affranchis des doubles droits d'octroi (art. 3 de la loi du 2 août 1872).
7 00	7 50	8 00	(5) Les vinaigres concentrés, acides lactiques, ainsi que les vinaigres de toilette, pourront être soumis à des taxes sept fois plus fortes que celles mentionnées ci-contre.
fixé par la loi du 10 mai 1846.			(6) Pour les viandes dépecées : Lorsque l'animal vivant est imposé au poids, les taxes portées aux tarifs seront doublées pour les bœufs, taureaux, vaches, génisses, moutons, chèvres, agneaux et chevreaux, augmentées d'un tiers pour les veaux et d'un cinquième pour les porcs ;
5 00 / 4 70	7 00 / 2 00	7 00 / 2 00	Lorsque l'animal vivant est imposé par tête, et la taxe par tête est de 8 francs, physique, pour les bœufs, taureaux, vaches et génisses, le maximum de la taxe pour les bœufs, taureaux, vaches et génisses ne pourra excéder 4 francs par 100 kilogrammes ; et la taxe par tête sur les mêmes animaux est inférieure à 8 francs, le droit sera établi proportionnellement et d'après la base ci-dessus indiquée, de
1 70 / 0 55	2 00 / 0 05	2 30 / 0 80	
6 00 / 1 00	7 00 / 1 10	8 00 / 1 30	
7 00 / 6 00	8 00 / 6 50	8 00 / 7 00	
5 00 / 6 80	6 50 / 6 80	7 00 / 7 35	
6 00 / 0 60	7 00 / 0 70	8 00 / 0 80	

MAN. DES OCTROIS.   15

NOMENCLATURE DES OBJETS qui peuvent être imposés.	MESURES, POIDS ou nombres.	MAXIMUM DES TAXES			DANS LES VILLES			OBSERVATIONS
		de 4,000 âmes et au-dessous. 1ʳᵉ catégorie	de 4,001 à 10,000 âmes. 2ᵉ catégorie	de 10,001 à 20,000 âmes. 3ᵉ catégorie	de 20,001 à 50,000 âmes. 4ᵉ catégorie	de 50,001 à 100,000 âmes. 5ᵉ catégorie	au-dessus de 100,000 âmes. 6ᵉ catégorie	
		fr. c.	fr. c.	fr. c.	fr. c.	fr. c.	fr. c.	
COMESTIBLES (Suite).								telle sorte que les 100 kilogrammes ne payent jamais plus de la moitié de la taxe par tête. Quant aux animaux autres que les bœufs, taureaux, vaches et génisses, pour obtenir le droit afférent au kilogramme de viande déposée, la taxe établie par tête sera divisée par le poids moyen de l'animal, tel qu'il est déterminé ci-après : Moutons et chèvres . . . 34 kilogrammes — Agneaux et chevreaux . . 18 — Veaux . . . 85 — Porcs . . . 105 — Cochons de lait . . . 10 — Le résultat sera doublé pour les moutons, agneaux et chevreaux, augmenté d'un tiers pour les veaux et d'un cinquième pour les porcs.
Charcuterie	Les 100 kil.	7 00	8 00	9 00	10 00	10 00	10 00	
Graisses, lards et viandes salées	Idem . . .	5 00	6 00	6 00	7 00	7 00	7 00	
Abats et issues	Idem . . .	2 00	3 00	3 50	4 00	4 50	5 00	
Truffes, volailles et gibiers truffés, pâtés et terrines truffés . . .	Le kilog.	»	0 00	0 75	1 00	1 00	1 20	(1) Dans les communes où l'on voudra imposer les volailles, les lapins domestiques ou le gibier de toute espèce, par tête ou à la douzaine, on établira les calculs de conversion d'après les poids ci-après :
Volailles de toute espèce et lapins domestiques (1) . . .	Idem . . .	0 05	0 10	0 15	0 15	0 20	0 25	1ᵉ Dindes ou oies grasses . . . . . . 5ᵏ 000 par tête.
Poissons de mer (2)	Idem . . .	0 05	0 06	0 10	0 15	0 20	0 25	2ᵉ Poulets gras et ordinaires, canards, barboteaux . . . 1 000
Huîtres fraîches ou marinées (3)	La cent.	»	0 05	0 05	0 10	0 10	0 10	3ᵉ Dindes et oies communes, chapons gras, canards gras, lapins domestiques . . 2 500
		»	1 10	1 10	1 20	1 20	2 30	4ᵉ Pigeons de volière et bisets . . 0 550
Poissons d'eau douce	Le kilog.	0 05	0 05	0 10	0 15	0 15	0 15	5ᵉ Cerfs, biches et sangliers . . . 55 000
Gibier (1)	Idem . . .	0 10	0 15	0 20	0 25	0 30	0 30	6ᵉ Chevreuils et daims . . . 30 000
Beurre de toute espèce, frais ou en fondu, salé ou non . .	Idem . . .	0 05	0 06	0 10	0 10	0 10	0 10	7ᵉ Lièvres . . . 3 000
Fromages secs	Idem . . .	0 05	0 05	0 10	0 10	0 10	0 10	8ᵉ Lapins de garenne . . . 1 000
Conserves et fruits confits, olives, fruits secs de table, tels que raisins, figues, dattes, pruneaux, etc.	Idem . . .	0 05	0 10	0 10	0 10	0 15	0 20	9ᵉ Coqs de bruyère . . . 2 500 10ᵉ Oies et canards sauvages, faisans (coqs ou poules) . . . 1 000
Huiles comestibles de toute espèce (A) . .	L'hectolitre. ou L'hectolitre	8 00	* Les maxima fixés par					11ᵉ Pilets et râles rouges . . . 0 500
Oranges, citrons et limons	Les 100 kil.	»	»	5 00	l'art. 108 de la loi du 25 mars 1817.	6 00	6 00	12ᵉ Bécasses, perdrix, pigeons, ramiers, poules d'eau, sarcelles . . . 0 400
COMBUSTIBLES.								13ᵉ Bécassines, cailles, grives, merles, pluviers, pionçons, râles de genêts et vanneaux . . . 0 125
Bois à brûler { dur, ...	Le stère.	0 50	0 80	1 00	1 25	1 50	1 20	14ᵉ Alouettes et orioleaux . . . 0 300 les dix.
(4) { tendre	Idem . . .	0 40	0 05	0 80	1 00	1 20	1 40	
Fagots et cotrets	La cent.	1 00	2 00	2 50	2 50	2 50	2 50	(2) La morue salée, le maquereau salé, le stockfisch, le hareng saur ou salé ne pourront pas être imposés.
Charbon de bois et ses dérivés	Les 100 kil.	0 50	1 00	1 25	1 70	2 00	2 00	
	L'hectolitre.	0 10	0 20	0 25	0 35	0 40	0 40	(3) Les huîtres d'Ostende et de Marennes pourront être imposées au double.
Charbon de terre, tourbe, anthracite, lignite et tous les autres combustibles minéraux . . .	Les 100 kil.	0 15	0 25	0 30	0 35	0 40	0 40	
	L'hectolitre.	0 10	0 20	0 25	0 30	0 30	0 30	(A) Voir le note placée en tête de la page 226. Dans les villes au-dessus de 4,000 âmes, les huiles ne peuvent être imposées qu'au poids ; le maximum du droit d'octroi pour chacune de ces villes est égal au droit d'entrée perçu au profit du Trésor, tel qu'il est fixé par l'art. 4 de la loi du 31 décembre 1873. — Voir les indications du chapitre des BOISSONS GÉNÉRALES, page 22.
Coke (5)	Les 100 kil.	0 20	0 30	0 35	0 40	0 45	0 45	
	L'hectolitre.	0 10	0 10	0 15	0 20	0 20	0 20	
Huiles à brûler, animales ou végétales, à l'exception du degré et de l'huile de poisson.	Les 100 kil. ou L'hectolitre.	4 00	* Les maxima fixés par		l'art. 108 de la loi du 25 mars 1817.			(4) Les bois ou planches de déchirage seront imposés comme bois à brûler tendre.
Huiles à brûler minérales (A) . .	Idem . . .	2 00	2 50	2 70	3 50	4 00	5 00	
Chandelles	Les 100 kil.	5 00	6 00	7 00	8 00	10 00	10 00	(5) Le coke fabriqué à l'intérieur avec du charbon qui aura payé le droit sera affranchi de la taxe.
Suifs de toute espèce (6)	Idem . . .	5 00	6 00	7 00	8 00	10 00	10 00	
Cires blanches ou jaunes	Idem . . .	13 00	15 00	18 00	22 00	25 00	25 00	(6) Pour les suifs bruts ou en branches, les taxes devront être inférieures d'un cinquième à celles des suifs fondus.
Spermaceti. { brut, ...	Idem . . .	4 50	6 00	7 00	8 00	9 00	9 00	
{ raffiné . . .	Idem . . .	9 00	12 00	14 00	16 00	18 00	18 00	
Bougie stéarique, acide stéarique et margarique et autres substances pouvant remplacer la cire . .	Idem . . .	10 00	13 00	18 00	18 00	21 00	21 00	

NOMENCLATURE DES OBJETS qui peuvent être imposés.	MESURES, poids ou nombres.	MAXIMUM DES TAXES			DANS LES VILLES			OBSERVATIONS.
		de 4,000 âmes et au-dessous. 1re catégorie	de 4,001 à 10,001 âmes. 2e catégorie	de 10,001 à 20,000 âmes. 3e catégorie	de 20,001 à 50,000 âmes. 4e catégorie	de 50,001 à 100,000 âmes. 5e catégorie	au-dessus de 100,000 âmes. 6e catégorie	
		fr. c.	fr. c.	fr. c.	fr. c.	fr. c.	fr. c.	
FOURRAGES.								
Foin, sainfoin, trèfle, luzerne et autres fourrages (1).	Les 100 kil.	0 30	0 40	0 50	0 55	0 60	0 60	(1) Les fourrages verts ne peuvent pas être imposés.
Pailles de toute espèce.	Idem.	0 25	0 30	0 35	0 45	0 50	0 60	
Avoine.	Les 100 kil. / L'hectolitre.	0 80 / 0 35	1 00 / 0 45	1 20 / 0 55	1 75 / 0 80	2 00 / 0 90	2 50 / 1 13	
Sons et recoupes.	Les 100 kil. / L'hectolitre.	0 08 / 0 90	0 90 / 0 90	1 00 / 0 95	1 30 / 0 40	1 60 / 0 40	2 00 / 0 80	
Orge.	Les 100 kil. / L'hectolitre.	» / »	0 50 / 0 30	0 70 / 0 45	0 80 / 0 50	1 25 / 0 80	1 50 / 1 00	
MATÉRIAUX.								
Chaux et mortier de toute espèce (2).	Les 100 kil. ou l'hectolitre.	0 15	0 25	0 30	0 40	0 40	0 45	(2) Les pierres à chaux ou à plâtre seront imposées en raison de la chaux ou du plâtre qu'elles contiennent.
Ciment de toute espèce.	Les 100 kil. / l'hectolitre.	0 45 / 0 25	0 80 / 0 50	0 90 / 0 55	1 20 / 1 00	1 50 / 1 00	1 50 / 1 00	
Plâtre.	Les 100 kil. ou l'hectolitre.	0 20	0 30	0 40	0 75	0 80	0 70	
Moellons, plâtras, pavés et meulières de toute dimension, travaillés ou non.	Le mètre cube	0 25	0 35	0 45	0 55	0 60	0 65	(3) Lorsque le cubage du marbre présentera des difficultés, la taxe sera appliquée au poids, à raison de 2,700 kilogrammes par mètre cube. Les marbres qui font partie des meubles ne seront pas imposables, pas plus que les meubles eux-mêmes.
Pierres de taille dures.	Idem.	1 00	2 00	2 50	3 00	3 50	3 50	
Pierres de taille tendres.	Idem.	0 80	1 60	2 00	2 40	2 80	2 80	
Dalles et carreaux de pierre de toute espèce.	Le mètre sup.	0 15	0 25	0 40	0 60	0 55	0 65	
Marbres et granits (3).	Le mètre cube	»	6 00	10 00	12 00	14 00	15 00	(4) Pour les cuivres, les taxes pourront être doublées.
Fers de toute espèce. Zinc, Plomb, Cuivre, Fonte (4). destinés à la construction des bâtiments, façonnés ou non.	Les 100 kil.	»	1 30	2 60	2 50	2 50	2 50	
Ardoises pour toitures.	Le mille.	2 00	3 00	3 00	3 50	4 00	4 00	(5) Le sable, les cailloux, et graviers destinés à la confection et à la réparation des chemins publics sont affranchis de la taxe.
Briques, tuiles, carreaux, mitres, tuyaux et poteries destinés à la construction des bâtiments.	Idem.	1 50	2 00	2 70	3 00	3 50	4 00	
Argile, terre glaise, sable, gravois et cailloux (5).	Le mètre cube	0 15	0 20	0 25	0 30	0 35	0 40	
Bois de charpente ou de menuiserie ouvré, dur / tendre (6).	Idem. / Idem.	2 00 / 1 50	3 00 / 2 25	4 00 / 3 00	4 50 / 3 50	5 00 / 3 75	5 50 / 4 00	(6) Les lattes, treillages, voliges, échalas, berceaux, perches de toute nature pourront être imposés comme bois tendre et au cent, en tenant compte du rapport avec le mètre cube.
Bois en grume, dur / tendre.	Idem. / Idem.	1 50 / 1 20	2 25 / 1 80	3 00 / 2 25	3 50 / 2 80	3 75 / 2 90	4 00 / 3 00	
Verres à vitres.	Les 100 kil.	1 00	1 50	2 00	2 50	3 00	4 00	
Glaces.	Idem.	»	»	6 00	7 50	9 00	12 00	
OBJETS DIVERS.								
Savons (7).	Les 100 kil.	»	4 00	6 00	8 00	8 00	8 00	(7) Pour les savons de parfumerie, les taxes pourront être élevées au triple.
Vernis de toute espèce autres que ceux à l'alcool, blanc de céruse et de zinc et autres couleurs; essences de toute nature, goudrons liquides, résidus de gaz et autres liquides pouvant être employés comme essence.	Les 100 kil. ou l'hectolitre.	2 00	4 00	6 00	8 00	8 00	9 00	

EXTRAIT DE LA LOI DU 27 JUILLET 1870,

PORTANT FIXATION DU BUDGET GÉNÉRAL DES RECETTES ET DES DÉPENSES DE L'EXERCICE 1871.

TITRE Ier.

Impôts autorisés.

Art. 9. — Nonobstant les dispositions de l'art. 145 de la loi du 28 avril 1816, les eaux-de-vie, esprits et liqueurs expédiés en bouteilles seront imposés d'après la capacité des bouteilles.

. . . .

DÉCRET DU 5 NOVEMBRE 1870,

RELATIF A LA PROMULGATION DES LOIS ET DÉCRETS.

Le Gouvernement de la défense nationale,

Considérant qu'il importe de prévenir les difficultés que peut faire naître le mode actuel de promulgation des lois et décrets, et d'établir d'une manière certaine l'époque où les actes législatifs sont obligatoires,

DÉCRÈTE:

Art. 1er. — Dorénavant, la promulgation des lois et des décrets résultera de leur insertion au JOURNAL OFFICIEL DE LA RÉPUBLIQUE FRANÇAISE, lequel, à cet égard, remplacera le BULLETIN DES LOIS.

Le BULLETIN DES LOIS continuera à être publié, et l'insertion qui y sera faite des actes non insérés au JOURNAL OFFICIEL en opérera la promulgation.

Art. 2. — Les lois et les décrets seront obligatoires, à Paris, un jour franc après la promulgation ; partout ailleurs, dans l'étendue de chaque arrondissement, un jour franc après que le JOURNAL OFFICIEL qui les contient sera parvenu au chef-lieu de cet arrondissement.

Le Gouvernement, par une disposition spéciale, pourra ordonner l'exécution immédiate d'un décret.

Art. 3. — Les préfets et sous-préfets prendront les mesures nécessaires pour que les actes législatifs soient imprimés et affichés partout où besoin sera.

. . . .

EXTRAIT DE LA LOI DU 10 AOUT 1871

SUR LES CONSEILS GÉNÉRAUX.

Art. 1er. — Il y a dans chaque département un conseil général.

Art. 2. Le conseil général élit dans son sein une commission départementale.

. . . .

Art. 46. — Le conseil général statue définitivement sur les objets ci-après désignés :

25° Délibération des conseils municipaux ayant pour but la prorogation des taxes additionnelles d'octroi actuellement existantes, ou l'augmentation des taxes principales au delà d'un décime, le tout dans les limites du maximum des droits et de la nomenclature des objets fixés par le tarif général, établi conformément à la loi du 24 juillet 1867.

Le paragraphe 25° de l'art. 46 de la loi du 10 août 1871 a été abrogé par la loi du 5 avril 1884 (art. 168, § n°17°). Voir l'art. 139 de cette dernière loi.

Art. 47. — Les délibérations par lesquelles les conseils généraux statuent définitivement sont exécutoires si, dans le délai de vingt jours à partir de la clôture de la session, le préfet n'en a pas demandé l'annulation pour excès de pouvoir ou pour violation de la loi ou d'un règlement d'administration publique.

Le recours formé par le préfet doit être notifié au président du conseil général et au président de la commission départementale. Si dans le délai de deux mois, à partir de la notification, l'annulation n'a pas été prononcée, la délibération est exécutoire.

Cette annulation ne peut être prononcée que par un décret rendu dans la forme des règlements d'administration publique.

Disposition reproduite, pour l'intelligence de l'article précédent et des décrets de suspension insérés dans le chapitre de la jurisprudence, mais qui n'est plus susceptible de recevoir son application en matière d'octroi.

Art. 48. — Le conseil général délibère :

. . . .

4° Sur les demandes des conseils municipaux:
1° Pour l'établissement ou le renouvellement d'une taxe d'octroi sur des matières non comprises dans le tarif général indiqué à l'article 46 ;
2° Pour l'établissement ou le renouvellement d'une taxe excédant le maximum fixé par le ledit tarif ;
3° Pour l'assujettissement à la taxe d'objets non encore imposés dans le tarif local ;
4° Pour les modifications aux règlements ou aux périmètres existants.

Disposition abrogée dans les mêmes conditions que le § 25° de l'article 46. Voir l'art. 137 de la loi du 5 avril 1884.

Art. 49. — Les délibérations prises par le conseil général sur les matières énumérées à l'article précédent sont exécutoires si, dans le délai de trois mois à partir de la clôture de la session, un décret motivé n'en a pas suspendu l'exécution.

Même observation qu'en ce qui concerne l'art. 47.

Art. 50. — Le conseil général donne son avis :

1° Sur les changements proposés à la circonscription du territoire du département, des arrondissements, des cantons et des communes, et à la désignation des chefs-lieux, sauf le cas où il statue définitivement, conformément à l'article 46, n° 26 ;

Et généralement sur tous les objets sur lesquels il est appelé à donner son avis en vertu des lois et règlements, ou sur lesquels il est consulté par les ministres.

Voir les art. 137 et 138 de la loi du 5 avril 1884, qui disposent que l'assemblée départementale est appelée à donner son avis sur diverses propositions concernant les octrois. Dans le département de la Seine, où la loi du 10 août 1871 n'est pas applicable (art. 94), c'est en exécution de l'art. 6, § 4, de la loi du 10 mai 1838 (1), que le conseil général est appelé à donner son avis, dans les cas stipulés aux art. 137 et 138 susvisés, sur les demandes des municipalités (Paris excepté).

Art. 77. — La commission départementale règle les affaires qui lui sont renvoyées par le conseil général, dans les limites de la délégation qui lui est faite.

Elle délibère sur toutes les questions qui lui sont déférées par la loi, et elle donne son avis au préfet sur toutes les questions qu'il lui soumet ou sur lesquelles elle croit devoir appeler son attention dans l'intérêt du département.

Voir les art. 137 et 138 de la loi du 5 avril 1884.

Art. 94. — La présente loi n'est pas applicable au département de la Seine. Il sera statué à son égard par une loi spéciale.

Cette loi spéciale n'a pas encore été faite.

EXTRAIT DE LA LOI SUR LE TIMBRE DU 23 AOUT 1871.

Art. 18. — A partir du 1er décembre 1871, sont soumis à un droit de timbre de 10 centimes :

1° Les quittances ou acquits donnés au pied des factures et mémoires, les quittances pures et simples, reçus ou décharges de sommes, titres, valeurs ou objets, et généralement tous les titres, de quelque nature qu'ils soient, signés ou non signés, qui emporteraient libération, reçu ou décharge.

Le droit est dû pour chaque acte, reçu, décharge ou quittance : il peut être acquitté par l'apposition d'un timbre mobile.

Le droit de timbre de 10 centimes n'est applicable qu'aux actes faits

_____

(1) Loi du 10 mai 1838, art. 6. — Le conseil général donne son avis : 1° sur les changements proposés. . . . 4° et généralement sur tous les objets sur lesquels il est appelé à donner son avis en vertu des lois et règlements, ou sur lesquels est consulté par l'administration.

sous signatures privées et ne contenant pas de dispositions autres que celles spécifiées au présent article.

Art. 20. — Sont seuls exceptés du droit de timbre de 10 centimes :

1º.

2º Les quittances de 10 francs et au-dessous , quand il ne s'agit pas d'un à-compte ou d'une quittance finale sur une plus forte somme ;

3º Les quittances énumérées en l'article 16 de la loi du 13 brumaire an VII, à l'exception de celles relatives aux traitements et émoluments des fonctionnaires, officiers de terre et de mer , et employés salariés par l'État , les départements , les communes et tous les établissements publics ;

4º Les quittances délivrées par les comptables de deniers publics, celles des douanes, des contributions directes et des postes, qui restent soumises à la législation qui leur est spéciale.

Toutes autres dispositions contraires sont abrogées.

EXTRAIT DE LA LOI DU 1er SEPTEMBRE 1871,

PORTANT MODIFICATION DES TARIFS DE DIVERS IMPOTS INDIRECTS.

Art. 3. — Les vins présentant une force alcoolique supérieure à 15 degrés sont passibles du double droit de consommation, d'entrée ou d'octroi pour la quantité d'alcool comprise entre 15 et 21 degrés. Les vins présentant une force alcoolique supérieure à 21 degrés seront imposés comme alcool pur.

Voir l'art. 3 de la loi du 12 août 1872, qui affranchit des doubles droits les vins présentant *naturellement* une force alcoolique supérieure à 15 degrés, sans dépasser 18 degrés.

EXTRAIT DE LA LOI DU 28 FÉVRIER 1872,

CONCERNANT LA RÉPRESSION DE LA FRAUDE.

Art. 4. — Sont assujettis aux formalités à la circulation prescrites par le chap. Ier, titre Ier, de la loi du 28 avril 1816, les vernis, eaux de senteur , éthers , chloroformes et toutes autres préparations à base alcoolique.

EXTRAIT DE LA LOI DU 26 MARS 1872,

CONCERNANT... ET LA PERCEPTION DU DROIT D'ENTRÉE SUR LES SPIRITUEUX.

Art. 1er. — Les liqueurs, les fruits à l'eau-de-vie et les eaux-de-vie en bouteilles seront taxés comme les eaux-de-vie et les esprits en cercles, proportionnellement à leur richesse alcoolique.

Voir, pour les spiritueux en cercles, les art. 1er et 9 de la loi du 24 juin 1824, et, en ce qui concerne les absinthes, l'art. 2 de la loi du 19 juillet 1880.

Art. 5. — Le droit d'entrée par hectolitre d'alcool pur que contiennent ou que représentent les spiritueux quelconques est fixé, en principal, ainsi qu'il suit :

Dans les communes ayant une population agglomérée de	4,000 âmes à 6,000.	6 fr.
	6,000 âmes à 10,000.	9
	10,000 âmes à 15,000.	12
	15,000 âmes à 20,000.	15
	20,000 âmes à 30,000.	18
	30,000 âmes à 50,000.	21
	50,000 âmes et au-dessus.	24

Voir l'art. 9 de la loi du 11 juin 1842, qui dispose que le droit d'octroi ne peut excéder le droit d'entrée.

EXTRAIT DE LA LOI DU 2 AOUT 1872,

CONCERNANT L'IMPOT DES BOISSONS (.... VINAGES, ALCOOLS DÉNATURÉS.....)

. . . .

Art. 3. — Les vins qui seront connus comme présentant naturellement une force alcoolique supérieure à 15 degrés sans dépasser 18 degrés seront marqués au départ chez le récoltant expéditeur avec mention sur l'acquit-à-caution et seront affranchis des doubles droits de consommation, d'entrée et d'octroi.

Voir l'art. 3 de la loi du 1er septembre 1871.

Art. 4. — Les alcools dénaturés de manière à ne pouvoir être consommés comme boissons seront soumis en tous lieux à une taxe spéciale dite de DÉNATURATION, dont le taux est fixé en principal à 30 fr. par hectolitre d'alcool pur.

Le droit d'octroi sur les alcools dénaturés ne pourra pas excéder le quart du droit du Trésor.

Art. 5. — Le comité des arts et manufactures déterminera pour chaque branche d'industrie les conditions dans lesquelles la dénaturation des alcools devra être opérée en présence des employés de la régie.

. . . .

EXTRAIT DE LA LOI DU 21 JUIN 1873

SUR LES CONTRIBUTIONS INDIRECTES.

Art. 4. — Les procès-verbaux dressés avec l'accomplissement des formalités indiquées par les articles 21 à 24 du décret du 1er germinal an XIII, par deux des employés des contributions indirectes, dont l'un sera majeur, des douanes ou des octrois, et affirmés par eux, conformément à l'article précédent, feront foi en justice jusqu'à inscription de faux, conformément à l'article 26 du décret précité.

Art. 11. — Les contraventions constatées en matière de boissons

. . . .

aux entrées de Paris et de Lyon et qui constituent une fraude, soit au droit général de consommation sur les alcools ou spiritueux, soit au droit de circulation sur les vins, cidres, poirés ou hydromels, en même temps qu'au droit d'entrée compris dans la taxe unique dite DE REM-PLACEMENT, sont passibles de la double amende fixée par l'article 46 de la loi du 28 avril 1816 et par les articles 6 et 7 de la présente loi, sans préjudice des pénalités d'octroi et des autres peines spéciales à la récidive et aux cas de fraude par escalade, par souterrain ou à main armée, prévus par le deuxième paragraphe de l'article 46 de la loi du 28 avril 1816.

Art. 12. — En cas de fraude dissimulée sous vêtements, ou au moyen d'engins disposés pour l'introduction ou le transport frauduleux d'alcools ou de spiritueux, soit à l'entrée, soit dans un rayon de un myriamètre à partir de la limite de l'octroi, pour les villes de cent mille âmes et au-dessus, et de cinq kilomètres pour les villes au-dessous de cent mille âmes, d'un lieu sujet au droit d'entrée, les contrevenants encourront une peine correctionnelle de six jours à six mois d'emprisonnement.

Seront considérés comme complices de la fraude et passibles comme tels des peines ci-dessus, tous individus qui auront concerté, organisé ou sciemment procuré les moyens à l'aide desquels la fraude a été commise ; ceux qui, soit à l'intérieur du lieu sujet, soit à l'extérieur dans les limites du rayon indiqué au paragraphe précédent, auront formé ou sciemment laissé former dans leurs propriétés ou dans les locaux tenus par eux à location des dépôts clandestins destinés à opérer le vidage ou le le remplissage des engins de fraude.

Art. 13. — Dans les cas de fraudes prévues par l'article précédent et par les lois antérieures, les transporteurs ne seront pas considérés, eux et leurs préposés ou agents, comme contrevenants, lorsque, par une désignation exacte et régulière de leurs commettants, ils mettront l'administration en mesure d'exercer des poursuites contre les véritables auteurs de la fraude.

Art. 14. — La pénalité ci-dessus de six jours à six mois d'emprisonnement sera appliquée aux contrevenants qui, contrairement à la prohibition de l'article 10 de la loi du 1er mai 1822 (1) et de l'ordonnance

---

(1) La prohibition prévue par l'art. 10 de la loi du 1er mai 1822 peut, sur la demande du conseil municipal, être étendue à toute ville sujette à l'octroi (art. 10 de la loi du 24 mai 1834).

royale du 20 juillet 1825, auront fabriqué, distillé , revivifié à l'intérieur de Paris ou de toute autre localité soumise au même régime prohibitif, des eaux-de-vie ou esprits, ou revivifié des alcools dénaturés préalablement introduits avec paiement de la taxe réduite.

Art. 15. — Dans les cas prévus par les articles 12 et 14 de la présente loi et dans ceux prévus par l'article 46 de la loi du 28 avril 1846, les procès-verbaux constatant les contraventions seront transmis au procureur de la République et déférés aux tribunaux compétents. Dans ces divers cas, le droit de transaction ne pourra s'exercer qu'après le jugement rendu et seulement sur le montant des condamnations pécuniaires prononcées.

Dans tous ces mêmes cas où la peine d'emprisonnement est prononcée par la loi contre les délinquants, les tribunaux pourront appliquer, mais seulement en ce qui concerne cette peine d'emprisonnement, l'article 463 du Code pénal.

EXTRAIT DE LA LOI DU 31 DÉCEMBRE 1873,

ÉTABLISSANT UNE AUGMENTATION D'IMPOTS SUR LES BOISSONS ET UN DROIT D'ENTRÉE SUR LES HUILES.

. . . .

Art. 3. — *A moins qu'une loi spéciale n'en décide autrement, les taxes d'octroi sur les vins, cidres, poirés et hydromels ne peuvent excéder de plus d'un tiers les droits d'entrée perçus pour le Trésor public.*

Dans les communes de moins de 4,000 âmes, les taxes d'octroi peuvent atteindre, mais non dépasser, la limite fixée pour les communes de 4,000 à 6,000 âmes.

Disposition remplacée par l'art. 6 de la loi du 19 juillet 1880.

Art. 4. — Il est perçu au profit du Trésor public, sur les huiles de toute sorte, à l'exception des huiles minérales, qui seront introduites ou fabriquées dans les communes ayant au moins 4,000 âmes de population agglomérée, un droit fixé en principal conformément au tarif ci-après :

POPULATION AGGLOMÉRÉE.	HUILES ET AUTRES LIQUIDES pouvant être employés comme huile, à l'exception des huiles minérales.
De 4,000 à 10,000 âmes.	6 f les 100 kilog.
De 10,001 à 20,000 âmes.	7
De 20,001 à 50,000 âmes.	8
De 50,001 à 100,000 âmes.	10
Au-dessus de 100,000 âmes.	12

Ce droit est perçu dans les faubourgs des lieux sujets, mais les habitations éparses et les dépendances rurales entièrement détachées du lieu principal en sont exemptées.

Voir la loi du 22 décembre 1878, qui supprime le droit d'entrée dans les villes où il n'est pas perçu de taxes d'octroi sur les huiles (art. 3) et qui, dans le cas où la taxe d'octroi est maintenue, autorise les communes à s'exonérer de ce droit d'entrée au moyen du paiement d'une redevance (art. 4).

Art. 5. — Sont remises en vigueur, pour la perception du droit d'entrée sur les huiles, les dispositions des articles 90, 91, 92, 93, 94, 95, 96, 97, 98, 99, 100, 101, 102, 103, 104, 105, 106, 107 et 108 (1) de la loi du 25 mars 1817, sauf les modifications suivantes :

Les filateurs de laine . . . . et autres industriels peuvent recevoir en entrepôt les huiles qui sont nécessaires à leur fabrication ou à l'entretien de leurs machines, et elles sont exemptes de droit.

. . . .

Aux entrées des villes sujettes, les employés peuvent, après interpellation, faire sur les bateaux, voitures et autres moyens de transport, toutes les visites et recherches nécessaires.

Les marchands autres que les fabricants établis à l'intérieur ne peuvent réclamer l'admission en entrepôt que s'ils ont en magasin au moins 500 kilogrammes d'huiles diverses passibles de l'impôt.

Il sera facultatif aux villes frappées de l'impôt sur les huiles de le payer par voie d'abonnement.

En cas d'abonnement, seront applicables à l'impôt sur les huiles les articles 73, 74 et 75 de la loi du 28 avril 1816.

Dans les villes où l'abonnement sera accordé, l'entrée et la fabrication des huiles seront affranchies de toute formalité.

Voir l'art. 5 de la loi du 22 décembre 1878.

LOI DU 16 FÉVRIER 1875.

PORTANT ABROGATION DE L'ART. 38 DE LA LOI DU 28 AVRIL 1816.

Article unique. — L'article 38 de la loi du 28 avril 1816 est abrogé.

Les commerçants et les entrepositaires de boissons dans les entrepôts réels de Paris sont soumis à toutes les obligations déterminées par la législation générale qui régit hors de Paris le commerce en gros et l'entrepôt des boissons, y compris le paiement de la licence.

---

(1) Aux termes de l'article 108 de la loi du 25 mars 1817 (voir cette loi à sa date), les droits d'octroi qui seront établis sur les huiles ne peuvent excéder ceux perçus aux entrées des villes, au profit du Trésor.

EXTRAIT DE LA LOI DU 17 JUILLET 1875,

PORTANT ÉTABLISSEMENT D'UN IMPOT SUR LES VINAI-GRES ET SUR L'ACIDE ACÉTIQUE.

Art. 1er. — Il est établi un droit de consommation intérieure sur les vinaigres de toute nature et sur les acides acétiques fabriqués en France.

Ce droit est fixé ainsi qu'il suit :

. . . .

Art. 2. — Le droit sur les vinaigres et sur les acides acétiques produits en France sera perçu à l'enlèvement des fabriques et assuré, au moyen de l'exercice des fabriques, des magasins de gros et des débits, par les employés des contributions indirectes, et au moyen des formalités à la circulation prescrites par le chapitre 1er, titre I de la loi du 28 avril 1816.

Art. 3. —. . . . .

Les fabricants de vinaigre ou d'acide acétique sont soumis à un droit annuel de licence de vingt francs en principal par établissement.

————

DÉCRET DU 23 AVRIL 1878,

QUI INTERDIT AUX BUREAUX D'OCTROI LA VÉRIFICATION PENDANT LA NUIT DES CHARGEMENTS DE PÉTROLE, HUILES DE SCHISTE....

Art. 1er. — Le pétrole et ses dérivés ; les huiles de schiste et de goudron ; les essences et autres hydrocarbures liquides pour l'éclairage et le chauffage, la fabrication des couleurs et vernis, le dégraissage des étoffes ou tout autre emploi ; l'éther et le sulfure de carbone, ne peuvent être présentés qu'à la clarté du jour aux bureaux d'octroi pour la vérification, soit à l'entrée, soit à la sortie. En conséquence, toute vérification pendant la nuit est interdite.

Il est également interdit d'approcher des chargements de quelques-unes des matières indiquées ci-dessus du feu, de la lumière ou des allumettes.

————

LOI DU 22 DÉCEMBRE 1878,

PORTANT FIXATION DU BUDGET DES RECETTES DE L'EXERCICE 1879.

TITRE Ier.

Budget général.

§ Ier. — *Impôts et revenus autorisés.*

. . . .

Art. 3. — Dans les villes ayant une population agglomérée de 4,000 âmes et au-dessus, qui n'ont aucune taxe d'octroi sur les huiles autres que les huiles minérales, l'impôt établi par la loi du 31 décembre 1873 sur les huiles de toutes sortes, à l'exception des huiles minérales, est supprimé à partir du 1er janvier 1879 (1).

Art. 4. — Les villes d'une population agglomérée de 4,000 âmes et au-dessus, qui conservent ou établissent une ou diverses taxes d'octroi sur les huiles spécifiées au précédent article, sont admises, sur la demande de leurs conseils municipaux, à s'affranchir des droits établis par la loi du 31 décembre 1873, au moyen du versement au Trésor d'une redevance égale à la moyenne des perceptions effectuées par le Trésor, pendant les deux derniers exercices, sans toutefois que cette redevance puisse dépasser le montant du produit des taxes d'octroi sur lesdites huiles. A cet effet, ces communes sont autorisées à augmenter leurs taxes d'octroi sur les huiles autres que les huiles minérales jusqu'à concurrence du double des taxes actuelles.

Le versement de cette redevance a lieu par vingt-quatrième, de quinzaine en quinzaine.

Art. 5. — Les villes qui paient l'impôt sur les huiles par voie d'abonnement, conformément à l'article 5 de la loi du 31 décembre 1873, ont la faculté, pour se récupérer, de percevoir des taxes d'octroi dépassant le maximum fixé par l'article 108 de la loi du 25 mars 1817.

Art. 6. — Les dispositions de la loi du 31 décembre 1873 demeurent applicables dans les cas autres que ceux prévus par la présente loi.

LOI DU 19 JUILLET 1880,

PORTANT DÉGRÈVEMENT DES DROTIS SUR LES SUCRES ET SUR LES VINS.

TITRE Ier.

Art. 1er. — Les départements sont rangés en trois classes pour la perception des droits de circulation et d'entrée sur les vins.

Il n'est rien changé à la composition actuelle de la 1re classe ; les départements rangés dans les 2e et 3e classes actuelles forment la 2e classe nouvelle ; la 4e classe devient la 3e.

Voir la liste des départements au chap. des *Notions générales*, page 21.

---

(1) Les huiles employées dans l'industrie n'étant pas passibles du droit d'entrée au profit du Trésor, il a été convenu, au cours de la discussion de la loi, que, dans les villes où les huiles lampantes ou comestibles ne paient pas de droits d'octroi, le Trésor ne réclamera aucune redevance en raison des taxes qui seraient perçues, au profit des communes, sur les huiles exclusivement destinées à des usages industriels. Ces villes devront, dès lors, être considérées comme se trouvant dans la catégorie de celles que vise l'article 3, et affranchies du paiement de toute taxe d'entrée au profit du Trésor. (Circulaire de l'administration des contributions indirectes en date du 27 décembre 1887, n° 253.)

Art. 2. — Les vins en bouteilles sont soumis aux mêmes taxes que les vins en cercles, sans préjudice des dispositions de l'article 145 de la loi du 28 avril 1816.

Les eaux-de-vie en bouteilles, les fruits à l'eau-de-vie, les liqueurs et l'absinthe sont soumis au mêmes droits de consommation et aux mêmes taxes de remplacement que les eaux-de-vie et esprits en cercles, proportionnellement à leur richesse alcoolique.

L'article 17 de la loi du 21 juin 1873, les articles 2 et 3 et le dernier paragraphe de l'article 6 de la loi du 26 mars 1872 et la loi du 4 mars 1875 sont abrogés.

Les manquants reconnus imposables chez les marchands en gros, bouilleurs et distillateurs de profession sont taxés d'après le régime antérieur à la loi du 4 mars 1875.

Art. 3. Les droits de circulation et d'entrée actuellement établis sur les vins, cidres, poirés et hydromels, sont réduits d'un tiers et fixés en principal et décimes, conformément au tarif ci-après :

DÉSIGNATION DES DROITS ET POPULATION DES COMMUNES sujettes au droit d'entrée.	TARIF PAR HECTOLITRE EN PRINCIPAL ET DÉCIMES.			
	Vins en cercles et en bouteilles dans les départements de			CIDRES, POIRÉS et hydromels.
	1re classe.	2e classe.	3e classe.	
	fr. c.	fr. c.	fr. c.	fr. c.
Entrée dans les communes de :				
4,000 à 6,000 âmes.	0 40	0 55	0 75	0 35
6,001 à 10,000 —	0 60	0 85	1 10	0 50
10,001 à 15,000 —	0 75	1 15	1 50	0 60
15,001 à 20,000 —	0 95	1 40	1 90	0 85
20,001 à 30,000 —	1 10	1 70	2 25	0 95
30,001 à 50,000 —	1 30	2 00	2 60	1 15
50,001 et au-dessus.	1 50	2 25	3 00	1 25
Circulation suivant le lieu de destination.	1 00	1 50	2 00	0 80
Taxe de remplacement aux entrées de Paris.	8 25			4 50

Art. 6. — A moins qu'une loi spéciale n'en décide autrement, les taxes d'octroi sur les vins, cidres, poirés et hydromels ne peuvent excéder le double des droits d'entrée perçus pour le Trésor public (A).

Dans les communes de moins de 4,000 âmes, les taxes d'octroi peuvent atteindre, mais non dépasser, la limite fixée pour les communes de 4,000 à 6,000 âmes.

(A) Il s'agit du double droit d'entrée *en principal* et non du double des taxes indiquées par l'art. 3, qui sont fixées en principal et décimes (deux décimes et demi). Voir l'art. 9 de la loi du 11 juin 1842 et le chap. des *Notions générales*, page 20.

Dans les communes où les taxes ne sont pas en harmonie avec les dispositions de la présente loi, les tarifs actuels seront revisés à l'expiration de la période pour laquelle ils ont été approuvés.

ARRÊTÉ DU MINISTRE DES FINANCES DU 20 NOVEMBRE 1880.

Le Ministre des finances,
Vu les art. 90 et 91 de l'ordonnance du 9 décembre 1814 ;
Vu l'art. 154 de la loi du 28 avril 1816 ;.....
Vu la loi de finances du 23 juillet 1820.....,

ARRÊTE :

Art. 1er. — L'indemnité pour suite d'exercices que les communes ont à payer à la Régie, en vertu de l'art. 91 de l'ordonnance du 9 décembre 1814, est fixée ainsi qu'il suit :

4 p. % ... sur les constatations de   10,000 fr. et au-dessous.
3 1/2 p. %. —   —   de   10,001 à   20,000 francs.
3 p. %...   —   —   de   20,001 à   50,000   »
2 1/2 p. % —   —   de   50,001 à 100,000   »
2 p. %...   —   —   de 100,001 à 200,000   »
1 1/2 p. % —   —   au-dessus de 200,000   »

Art. 2. — Les remises que la Régie alloue annuellement aux receveurs d'octroi chargés de la perception des droits du Trésor à l'entrée des villes seront calculées d'après les tarifs suivants :

1° Villes placées sous le régime de la taxe unique :

2 p. %   sur les sommes de   50,000 fr. et au-dessous.
1 1/2 p. %   —   —   de   50,001 à 100,000 francs.
1 p. %   —   —   de 100,001 à 200,000   »
1/2 p. %   —   —   au-dessus de 200,000   »

2° Villes simplement sujettes au droit d'entrée :

5 p. %   sur les recettes de   5,000 fr. et au-dessous.
4 1/2 p. %   —   —   de   5,001 à   10,000 francs.
4 p. %   —   —   de 10,001 à   20,000   »
3 1/2 p. %   —   —   au-dessus de 20,000   »

Lettre du Ministre des finances à M. le Directeur général des contributions indirectes, portant fixation à 50 centimes du maximum des perceptions d'octroi non passibles du droit de timbre.

DU 4 MAI 1881.

Monsieur le Directeur général, j'ai l'honneur de vous informer que, d'après les considérations exposées dans votre lettre du 4 avril dernier, et sur l'avis conforme de votre collègue de la comptabilité publique, je fixe d'une manière générale et absolue, à 50 centimes, ainsi que vous le proposez, le maximum des droits d'octroi dont la quittance n'est pas passible du droit de timbre.

MAN. DES OCTROIS.   16

EXTRAIT DE LA LOI DU 16 JUIN 1881

SUR LA GRATUITÉ DE L'ENSEIGNEMENT PRIMAIRE DANS LES ÉCOLES PUBLIQUES.

Art. 1ᵉʳ. — Il ne sera plus perçu de rétribution scolaire dans les écoles primaires publiques, ni dans les salles d'asile publiques.

Le prix de pension dans les écoles normales est supprimé.

Art. 2. — Les quatre centimes spéciaux créés par les art. 40 de la loi du 15 mars 1850 et 7 de la loi du 19 juillet 1875, pour le service de l'instruction primaire, sont obligatoires, pour toutes les communes, compris dans leurs ressources ordinaires et votés sans le concours des plus imposés.

Les communes auront la faculté de s'exonérer de tout ou partie de ces quatre centimes, en inscrivant au budget, avec la même destination, une somme égale au produit des centimes supprimés, somme qui pourra être prise soit sur le revenu des dons et legs, soit sur une portion quelconque de leurs ressources ordinaires et extraordinaires.

Art. 3. — Les prélèvements à effectuer en faveur de l'instruction primaire sur les revenus ordinaires des communes en vertu de l'art. 40 de la loi du 15 mars 1850, porteront exclusivement sur les ressources ci-après énumérées :

1° Les revenus en argent des biens communaux ;

2° La part revenant à la commune sur l'imposition des chevaux et voitures et sur les permis de chasse ;

3° La taxe sur les chiens ;

4° Le produit net des taxes ordinaires d'octroi ;

5° Les droits de voirie et les droits de location aux halles, foires et marchés.

Ces revenus sont affectés, jusqu'à concurrence d'un cinquième, aux dépenses ordinaires et obligatoires afférentes à la commune pour le service des écoles primaires publiques.

Sont désormais exemptes de tout prélèvement sur les revenus ordinaires, les communes dans lesquelles la valeur du centime additionnel au principal des quatre contributions directes n'atteint pas vingt francs.

Art. 4. — (*Centimes des départements*). . . . .

Art. 5. — En cas d'insuffisance des ressources énumérées aux art. 2, 3 et 4 de la présente loi, les dépenses seront couvertes par une subvention de l'État.

DÉCRET DU 8 DÉCEMBRE 1882,

QUI EXEMPTE DES TAXES D'OCTROI LES COMBUSTIBLES ET LES MATIÈRES DESTINÉS AU SERVICE TÉLÉGRAPHIQUE.

Art. 1ᵉʳ. — L'article 13 du décret du 12 février 1870 est complété ainsi qu'il suit:

Les combustibles et matières destinés au service de l'exploitation des chemins de fer, aux travaux des ateliers et à la construction de la voie seront affranchis de tous droits d'octroi.

En conséquence, les dispositions relatives à l'entrepôt à domicile des combustibles et matières premières employés, dans les établissements industriels, à la préparation et à la fabrication des objets destinés au commerce général, sont applicables aux fers, bois, charbons, coke, graisses, huiles, et, en général, à tous les matériaux employés dans les conditions ci-dessus indiquées.

En dehors de ces conditions, tous les objets portés au tarif qui seront consommés dans les gares, salles d'attente et bureaux, seront soumis aux taxes locales.

Les dispositions qui précèdent sont applicables à la construction et à l'exploitation des lignes télégraphiques.

LOI DU 5 AVRIL 1884

SUR L'ORGANISATION MUNICIPALE.

TITRE I.

Des communes.

Art. 1er. — Le corps municipal de chaque commune se compose du conseil municipal, du maire et d'un ou de plusieurs adjoints.

Art. 2. — Le changement de nom d'une commune est décidé par décret du Président de la république, sur la demande du conseil municipal, le conseil général consulté et le Conseil d'État entendu.

Art. 3. — Toutes les fois qu'il s'agit de transférer le chef-lieu d'une commune, de réunir plusieurs communes en une seule, ou de distraire une section d'une commune, soit pour la réunir à une autre, soit pour l'ériger en commune séparée, le préfet prescrit dans les communes intéressées une enquête sur le projet en lui-même et sur ses conditions.

Le préfet devra ordonner cette enquête lorsqu'il aura été saisi d'une demande à cet effet, soit par le conseil municipal de l'une des communes intéressées, soit par le tiers des électeurs inscrits de la commune ou de la section en question. Il pourra aussi l'ordonner d'office.

Après cette enquête, les conseils municipaux et les conseils d'arrondissement donnent leur avis, et la proposition est soumise au conseil général.

Art. 4. — Si le projet concerne une section de commune, un arrêté du préfet décidera la création d'une commission syndicale pour cette section, ou pour la section du chef-lieu, si les représentants de la première sont en majorité dans le conseil municipal, et déterminera le nombre des membres de cette commission.

Ils seront élus par les électeurs domiciliés dans la section.

La commission nomme son président. Elle donne son avis sur le projet.

Art. 5. — Il ne peut être procédé à l'érection d'une commune nouvelle qu'en vertu d'une loi, après avis du conseil général et le Conseil d'État entendu.

Art. 6. — Les autres modifications à la circonscription territoriale des communes, les suppressions et les réunions de deux ou de plusieurs communes, la désignation des nouveaux chefs-lieux, sont réglées de la manière suivante :

Si les changements proposés modifient la circonscription du département, d'un arrondissement ou d'un canton, il est statué par une loi, les conseils généraux et le Conseil d'État entendus.

Dans tous les autres cas, il est statué par un décret rendu en Conseil d'État, les conseils généraux entendus.

Néanmoins, le conseil général statue définitivement s'il approuve le projet, lorsque les communes ou sections sont situées dans le même canton et que la modification projetée réunit, quant au fond et quant aux conditions de la réalisation, l'adhésion des conseils municipaux et des commissions syndicales intéressés.

Art. 7. — La commune réunie à une autre commune conserve la propriété des biens qui lui appartenaient.

Les habitants de cette commune conservent la jouissance de ceux de ces mêmes biens dont les fruits sont perçus en nature.

Il en est de même de la section réunie à une autre commune pour les biens qui lui appartenaient exclusivement.

Les édifices et autres immeubles servant à un usage public et situés sur le territoire de la commune ou de la section de commune réunie à une autre commune, ou de la section érigée en commune séparée, deviennent la propriété de la commune à laquelle est faite la réunion ou de la nouvelle commune.

Les actes qui prononcent des réunions ou des distractions de communes en déterminent expressément toutes les autres conditions.

En cas de division, la commune ou la section de commune réunie à une autre commune ou érigée en commune séparée reprend la pleine propriété de tous les biens qu'elle avait apportés.

Art. 8. — Les dénominations nouvelles qui résultent soit d'un changement de chef-lieu, soit de la création d'une commune nouvelle, sont fixées par les autorités compétentes pour prendre ces décisions.

Art. 9. — Dans tous les cas de réunion ou de fractionnement de communes, les conseils municipaux sont dissous de plein droit. Il est procédé immédiatement à des élections nouvelles.

TITRE II.

Des conseils municipaux.

CHAPITRE Ier. — *Formation des conseils municipaux.*

Art. 10. — Le conseil municipal se compose de dix membres dans les communes de cinq cents habitants et au-dessous ;

De douze dans celles de cinq cent un à mille cinq cents habitants ;

De seize dans celles de mille cinq cent un à deux mille cinq cents habitants ;

De vingt et un dans celles de deux mille cinq cent un à trois mille cinq cents habitants ;

De vingt-trois dans celles de trois mille cinq cent un à dix mille habitants ;

De vingt-sept dans celles de dix mille un à trente mille habitants ;

De trente dans celles de trente mille un à quarante mille habitants ;

De trente-deux dans celles de quarante mille un à cinquante mille habitants ;

De trente-quatre dans celles de cinquante mille un à soixante mille habitants ;

De trente-six dans celles de soixante mille un habitants et au-dessus.

Dans les villes divisées en plusieurs mairies, le nombre des conseillers sera augmenté de trois par mairie.

Art. 11. — L'élection des membres du conseil municipal a lieu au scrutin de liste pour toute la commune.

Néanmoins, la commune peut être divisée en sections électorales, dont chacune élit un nombre de conseillers proportionné au chiffre des électeurs inscrits, mais seulement dans les deux cas suivants :

1° Quand elle se compose de plusieurs agglomérations d'habitants distinctes et séparées ; dans ce cas, aucune section ne peut avoir moins de deux conseillers à élire ;

2° Quand la population agglomérée de la commune est supérieure à dix mille habitants ; dans ce cas, la section ne peut être formée de fractions de territoire appartenant à des cantons ou à des arrondissements municipaux différents. Les fractions de territoire ayant des biens propres ne peuvent être divisées en plusieurs sections électorales.

Aucune de ces sections ne peut avoir moins de quatre conseillers à élire.

Dans tous les cas où le sectionnement est autorisé, chaque section doit être composée de territoires contigus.

Art. 12. — Le sectionnement est fait par le conseil général, sur l'initiative soit d'un de ses membres, soit du préfet, soit du conseil municipal ou d'électeurs de la commune intéressée.

Aucune décision en matière de sectionnement ne peut être prise qu'après avoir été demandée avant la session d'avril ou au cours de cette session au plus tard. Dans l'intervalle entre la session d'avril et la session d'août, une enquête est ouverte à la mairie de la commune intéressée, et le conseil municipal est consulté par les soins du préfet.

Chaque année, ces formalités étant observées, le conseil général, dans la session d'août, prononce sur les projets dont il est saisi. Les sectionnements ainsi opérés subsistent jusqu'à une nouvelle décision. Le tableau de ces opérations est dressé chaque année par le conseil général, dans la session d'août. Ce tableau sert pour les élections intégrales à faire dans l'année.

Il est publié dans les communes intéressées avant la convocation des électeurs, par les soins du préfet, qui détermine, d'après le chiffre des électeurs inscrits dans chaque section, le nombre des conseillers que la loi lui attribue.

Le sectionnement, adopté par le conseil général, sera représenté par un plan déposé à la préfecture et à la mairie de la commune intéressée. Tout électeur pourra le consulter et en prendre copie.

Avis de ce dernier dépôt sera donné aux intéressés par voie d'affiche à la porte de la mairie.

Dans les colonies régies par la présente loi, toute demande ou proposition de sectionnement doit être faite trois mois au moins avant l'ouverture de la session ordinaire du conseil général. Elle est instruite par les soins du directeur de l'intérieur, dans les formes indiquées ci-dessus.

Les demandes et propositions, délibérations de conseils municipaux et procès-verbaux d'enquête sont remis au conseil général, à l'ouverture de la session.

Art. 13. — Le préfet peut, par arrêté spécial publié dix jours au moins à l'avance, diviser la commune en plusieurs bureaux de vote qui concourront à l'élection des mêmes conseillers.

Il sera délivré à chaque électeur une carte électorale. Cette carte indiquera le lieu où doit siéger le bureau où il devra voter.

Art. 14. — Les conseillers municipaux sont élus par le suffrage direct universel.

Sont électeurs tous les Français âgés de vingt et un ans accomplis et n'étant dans aucun cas d'incapacité prévu par la loi.

La liste électorale comprend : 1° tous les électeurs qui ont leur domicile réel dans la commune ou y habitent depuis six mois au moins ; 2° ceux qui y auront été inscrits au rôle d'une des quatre contributions directes ou au rôle des prestations en nature, et, s'ils ne résident pas dans la commune, auront déclaré vouloir y exercer leurs droits électoraux. Seront également inscrits, aux termes du présent paragraphe, les membres de la famille des mêmes électeurs compris dans la cote de la prestation en nature, alors même qu'ils n'y sont pas personnellement portés, et les habitants qui, en raison de leur âge ou de leur santé, auront cessé d'être soumis à cet impôt ; 3° ceux qui, en vertu de l'article 2 du traité du 10 mai 1871, ont opté pour la nationalité française et déclaré fixer leur résidence dans la commune, conformément à la loi du 19 juin 1871 ; 4° ceux qui sont assujettis à une résidence obligatoire dans la commune en qualité soit de ministres des cultes reconnus par l'État, soit de fonctionnaires publics.

Seront également inscrits les citoyens qui, ne remplissant pas les conditions d'âge et de résidence ci-dessus indiquées lors de la formation des listes, les rempliront avant la clôture définitive.

L'absence de la commune résultant du service militaire ne portera aucune atteinte aux règles ci-dessus édictées pour l'inscription sur les listes électorales.

Les dispositions concernant l'affichage, la libre distribution des bulletins, circulaires et professions de foi, les réunions publiques électorales, la communication des listes d'émargement, les pénalités et poursuites en matière législative, sont applicables aux élections municipales.

Sont également applicables aux élections municipales les paragraphes 3 et 4 de l'article 3 de la loi organique du 30 novembre 1875 sur les élections des députés.

Art. 15. — L'assemblée des électeurs est convoquée par arrêté du préfet.

L'arrêté de convocation est publié dans la commune quinze jours au moins avant l'élection, qui doit toujours avoir lieu un dimanche. Il fixe le local où le scrutin sera ouvert, ainsi que les heures auxquelles il doit être ouvert et fermé.

Art. 16. — Lorsqu'il y aura lieu de remplacer des conseillers municipaux élus par des sections, conformément à l'article 11 de la présente loi, ces remplacements seront faits par les sections auxquelles appartiennent ces conseillers.

Art. 17. — Les bureaux de vote sont présidés par le maire, les adjoints, les conseillers municipaux, dans l'ordre du tableau, et, en cas d'empêchement, par des électeurs désignés par le maire.

Art. 18. — Le président a seul la police de l'assemblée. Cette assemblée ne peut s'occuper d'autres objets que de l'élection qui lui est attribuée. Toute discussion, toute délibération lui sont interdites.

Art. 19. — Les deux plus âgés et les deux plus jeunes des électeurs présents à l'ouverture de la séance, sachant lire et écrire, remplissent les fonctions d'assesseurs. Le secrétaire est désigné par le président et par les assesseurs. Dans les délibérations du bureau, il n'a que voix consultative. Trois membres du bureau au moins doivent être présents pendant tout le cours des opérations.

Art. 20. — Le scrutin ne dure qu'un jour.

Art. 21. — Le bureau juge provisoirement les difficultés qui s'élèvent sur les opérations de l'assemblée. Ses décisions sont motivées.

Toutes les réclamations et décisions sont insérées au procès-verbal ; les pièces et les bulletins qui s'y rapportent y sont annexés, après avoir été parafés par le bureau.

Art. 22. — Pendant toute la durée des opérations, une copie de la liste des électeurs, certifiée par le maire, contenant les nom, domicile, qualification de chacun des inscrits, reste déposée sur la table autour de laquelle siège le bureau.

Art. 23. — Nul ne peut être admis à voter s'il n'est inscrit sur cette liste.

Toutefois seront admis à voter, quoique non inscrits, les électeurs porteurs d'une décision du juge de paix ordonnant leur inscription, ou d'un arrêt de la cour de cassation annulant un jugement qui aurait prononcé leur radiation.

Art. 24. — Nul électeur ne peut entrer dans l'assemblée porteur d'armes quelconques.

Art. 25. — Les électeurs apportent leurs bulletins préparés en dehors de l'assemblée.

Le papier du bulletin doit être blanc et sans signe extérieur.

L'électeur remet au président son bulletin fermé.

Le président le dépose dans la boîte du scrutin, laquelle doit, avant le commencement du vote, avoir été fermée à deux serrures, dont les clefs restent, l'une entre les mains du président, l'autre entre les mains de l'assesseur le plus âgé.

Le vote de chaque électeur est constaté sur la liste, en marge de son nom, par la signature ou le parafe avec initiales de l'un des membres du bureau.

Art. 26. — Le président doit constater, au commencement de l'opération, l'heure à laquelle le scrutin est ouvert.

Le scrutin ne peut être fermé qu'après avoir été ouvert pendant six heures au moins.

Le président constate l'heure à laquelle il déclare le scrutin clos ; après cette déclaration, aucun vote ne peut être reçu.

Art. 27. — Après la clôture du scrutin, il est procédé au dépouillement de la manière suivante :

La boîte du scrutin est ouverte, et le nombre de bulletins vérifié.

Si ce nombre est plus grand ou moindre que celui des votants, il en est fait mention au procès-verbal.

Le bureau désigne parmi les électeurs présents un certain nombre de scrutateurs.

Le président et les membres du bureau surveillent l'opération du dépouillement.

Ils peuvent y procéder eux-mêmes, s'il y a moins de trois cents votants.

Art. 28. — Les bulletins sont valables, bien qu'ils portent plus ou moins de noms qu'il n'y a de conseillers à élire.

Les derniers noms inscrits au delà de ce nombre ne sont pas comptés.

Les bulletins blancs ou illisibles, ceux qui ne contiennent pas une désignation suffisante, ou dans lesquels les votants se font connaître, n'entrent pas en compte dans le résultat du dépouillement, mais ils sont annexés au procès-verbal.

Art. 29. — Immédiatement après le dépouillement, le président proclame le résultat du scrutin.

Le procès-verbal des opérations est dressé par le secrétaire; il est signé par lui et les autres membres du bureau. Une copie, également signée du secrétaire et des membres du bureau, en est aussitôt envoyée, par l'intermédiaire du sous-préfet, au préfet, qui en constate la réception sur un registre et en donne récépissé. Extrait en est immédiatement affiché par les soins du maire.

Les bulletins autres que ceux qui doivent être annexés au procès-verbal sont brûlés en présence des électeurs.

Art. 30. — Nul n'est élu au premier tour de scrutin s'il n'a réuni : 1° la majorité absolue des suffrages exprimés; 2° un nombre de suffrages égal au quart de celui des électeurs inscrits. Au deuxième tour de scrutin, l'élection a lieu à la majorité relative, quel que soit le nombre des votants. Si plusieurs candidats obtiennent le même nombre de suffrages, l'élection est acquise au plus âgé.

En cas de deuxième tour de scrutin, l'assemblée est de droit convoquée pour le dimanche suivant. Le maire fait les publications nécessaires.

Art. 31. — Sont éligibles au conseil municipal, sauf les restrictions portées au dernier paragraphe du présent article et aux deux articles suivants, tous les électeurs de la commune et les citoyens inscrits au rôle des contributions directes ou justifiant qu'ils devaient y être inscrits au 1er janvier de l'année de l'élection, âgés de vingt-cinq ans accomplis.

Toutefois le nombre des conseillers qui ne résident pas dans la commune au moment de l'élection ne peut excéder le quart des membres du conseil. S'il dépasse ce chiffre, la préférence est déterminée suivant les règles posées à l'article 49.

Ne sont pas éligibles les militaires et employés des armées de terre et de mer en activité de service.

Art. 32. — Ne peuvent être conseillers municipaux :

1° Les individus privés du droit électoral;

2° Ceux qui sont pourvus d'un conseil judiciaire;

3° Ceux qui sont dispensés de subvenir aux charges communales et ceux qui sont secourus par les bureaux de bienfaisance;

4° Les domestiques attachés exclusivement à la personne.

Art. 33. — Ne sont pas éligibles dans le ressort où ils exercent leurs fonctions :

1° Les préfets, sous-préfets, secrétaires généraux, conseillers de préfecture ; et, dans les colonies régies par la présente loi, les gouverneurs, directeurs de l'intérieur et les membres du conseil privé;

2° Les commissaires et les agents de police;

3° Les magistrats des cours d'appel et des tribunaux de première instance, à l'exception des juges suppléants auxquels l'instruction n'est pas confiée;

4° Les juges de paix titulaires ;

5° Les comptables des deniers communaux et les entrepreneurs de services municipaux;

6° Les instituteurs publics;

7° Les employés de préfecture et de sous-préfecture;

8° Les ingénieurs et les conducteurs des ponts et chaussées chargés du service de la voirie urbaine et vicinale, et les agents voyers;

9° Les ministres en exercice d'un culte légalement reconnu;

10° Les agents salariés de la commune, parmi lesquels ne sont pas compris ceux qui, étant fonctionnaires publics ou exerçant une profession indépendante, ne reçoivent une indemnité de la commune qu'à raison des services qu'ils lui rendent dans l'exercice de cette profession.

Art. 34. — Les fonctions de conseiller municipal sont incompatibles avec celles :

1° De préfet, de sous-préfet et de secrétaire général de préfecture;

2° De commissaire et d'agent de police;

3° De gouverneur, directeur de l'intérieur et de membre du conseil privé dans les colonies.

Les fonctionnaires désignés au présent article qui seraient élus membres d'un conseil municipal auront, à partir de la proclamation du résultat du scrutin, un délai de dix jours pour opter entre l'acceptation du mandat et la conservation de leur emploi. A défaut de déclaration adressée dans ce délai à leurs supérieurs hiérarchiques, ils seront réputés avoir opté pour la conservation dudit emploi.

Art. 35. — Nul ne peut être membre de plusieurs conseils municipaux.

Un délai de dix jours à partir de la proclamation du résultat du scrutin est accordé au conseiller municipal nommé dans plusieurs communes pour faire sa déclaration d'option. Cette déclaration est adressée aux préfets des départements intéressés.

Si dans ce délai le conseiller élu n'a pas fait connaître son option, il fait partie de droit du conseil de la commune où le nombre des électeurs est le moins élevé.

Dans les communes de cinq cent un habitants et au-dessus, les ascendants et les descendants, les frères et les alliés au même degré ne peuvent être simultanément membres du même conseil municipal.

L'article 49 est applicable aux cas prévus par le paragraphe précédent.

Art. 36. — Tout conseiller municipal qui, pour une cause survenue postérieurement à sa nomination, se trouve dans un des cas d'exclusion ou d'incompatibilité prévus par la présente loi, est immédiatement déclaré démissionnaire par le préfet, sauf réclamation au conseil de préfecture dans les dix jours de la notification, et sauf recours au Conseil d'État, conformément aux articles 38, 39 et 40 ci-après.

Art. 37. — Tout électeur et tout éligible a le droit d'arguer de nullité les opérations électorales de la commune.

Les réclamations doivent être consignées au procès-verbal, sinon être déposées, à peine de nullité, dans les cinq jours qui suivent le jour de l'élection, au secrétariat de la mairie, ou à la sous-préfecture, ou à la préfecture. Elles sont immédiatement adressées au préfet et enregistrées par ses soins au greffe du conseil de préfecture.

Le préfet, s'il estime que les conditions et les formes légalement prescrites n'ont pas été remplies, peut également, dans le délai de quinzaine à dater de la réception du procès-verbal, déférer les opérations électorales au conseil de préfecture.

Dans l'un et l'autre cas, le préfet donne immédiatement connaissance de la réclamation, par la voie administrative, aux conseillers dont l'élection est contestée, les prévenant qu'ils ont cinq jours pour tout délai, à l'effet de déposer leurs défenses au secrétariat de la mairie, de la sous-préfecture ou de la préfecture, et de faire connaître s'ils entendent user du droit de présenter des observations orales.

Il est donné récépissé soit des réclamations, soit des défenses.

Art. 38. — Le conseil de préfecture statue, sauf recours au Conseil d'État.

Il prononce sa décision dans le délai d'un mois à compter de l'enregistrement des pièces au greffe de la préfecture, et le préfet la fait notifier dans la huitaine de sa date. En cas de renouvellement général, le délai est porté à deux mois.

S'il intervient une décision ordonnant une preuve, le conseil de préfecture doit statuer définitivement dans le mois à partir de cette décision.

Les délais ci-dessus fixés ne commencent à courir, dans le cas prévu à l'article 39, que du jour où le jugement sur la question préjudicielle est devenu définitif.

Faute par le conseil d'avoir statué dans les délais ci-dessus fixés, la réclamation est considérée comme rejetée. Le conseil de préfecture est dessaisi ; le préfet en informe la partie intéressée, qui peut porter sa réclamation devant le Conseil d'État. Le recours est notifié dans les cinq jours au secrétariat de la préfecture par le requérant.

Art. 39. — Dans tous les cas où une réclamation, formée en vertu de la présente loi, implique la solution préjudicielle d'une question d'état, le conseil de préfecture renvoie les parties à se pourvoir devant les juges compétents, et la partie doit justifier de ses diligences dans le délai de quinzaine ; à défaut de cette justification, il sera passé outre, et la décision du conseil de préfecture devra intervenir dans le mois à partir de l'expiration du délai de quinzaine.

Art. 40. — Le recours au Conseil d'État contre la décision du conseil de préfecture est ouvert soit au préfet, soit aux parties intéressées.

Il doit, à peine de nullité, être déposé au secrétariat de la sous-préfecture ou de la préfecture dans le délai d'un mois qui court, à l'encontre du préfet, à partir de la décision, et, à l'encontre des parties, à partir de la notification qui leur est faite.

Le préfet donne immédiatement, par la voie administrative, connaissance du recours aux parties intéressées, en les prévenant qu'elles ont quinze jours pour tout délai à l'effet de déposer leurs défenses au secrétariat de la sous-préfecture ou de la préfecture.

Aussitôt ce nouveau délai expiré, le préfet transmet au ministre de l'intérieur, qui les adresse au Conseil d'État, le recours, les défenses, s'il y a lieu, le procès-verbal des opérations électorales, la liste qui a servi aux émargements, une expédition de l'arrêté attaqué, et toutes les autres pièces visées dans ledit arrêté ; il y joint son avis motivé.

Les délais pour la constitution d'un avocat et pour la communication au ministre de l'intérieur sont d'un mois pour chacune de ces opérations et de trois mois en ce qui concerne les colonies.

Le pourvoi est jugé comme affaire urgente et sans frais, et dispensé du timbre et du ministère de l'avocat.

Les conseillers municipaux proclamés restent en fonctions jusqu'à ce qu'il ait été définitivement statué sur les réclamations.

Dans le cas où l'annulation de tout ou partie des élections est devenue définitive, l'assemblée des électeurs est convoquée dans un délai qui ne peut excéder deux mois.

Art. 41. — Les conseils municipaux sont nommés pour quatre ans. Ils sont renouvelés intégralement le premier dimanche de mai, dans toute la France, lors même qu'ils ont été élus dans l'intervalle.

Art. 42. — Lorsque le conseil municipal se trouve, par l'effet des vacances survenues, réduit aux trois quarts de ses membres, il est, dans le délai de deux mois à dater de la dernière vacance, procédé à des élections complémentaires.

Toutefois, dans les six mois qui précèdent le renouvellement intégral, les élections complémentaires ne sont obligatoires qu'au cas où le conseil municipal aurait perdu plus de la moitié de ses membres.

Dans les communes divisées en sections, il y a toujours lieu à faire des élections partielles, quand la section a perdu la moitié de ses conseillers.

Art. 43. — Un conseil municipal ne peut être dissous que par décret motivé du Président de la république, rendu en conseil des ministres et publié au JOURNAL OFFICIEL, et, dans les colonies régies par la présente loi, par arrêté du gouverneur en conseil privé, inséré au JOURNAL OFFICIEL DE LA COLONIE.

S'il y a urgence, il peut être provisoirement suspendu par arrêté motivé du préfet, qui doit en rendre compte immédiatement au ministre de l'intérieur. La durée de la suspension ne peut excéder un mois. Dans les colonies ci-dessus spécifiées, le conseil municipal peut être suspendu par arrêté motivé du gouverneur. La durée de la suspension ne peut excéder un mois.

Le gouverneur rend compte immédiatement de sa décision au ministre de la marine et des colonies.

Art. 44. — En cas de dissolution d'un conseil municipal ou de démission de tous ses membres en exercice, et lorsque aucun conseil municipal ne peut être constitué, une délégation spéciale en remplit les fonctions.

Dans les huit jours qui suivent la dissolution ou l'acceptation de la démission, cette délégation spéciale est nommée par décret du Président de la république, et, dans les colonies, par arrêté du gouverneur.

Le nombre des membres qui la composent est fixé à trois dans les communes où la population ne dépasse pas trente-cinq mille habitants. Ce nombre peut être porté jusqu'à sept dans les villes d'une population supérieure.

Le décret ou l'arrêté qui l'institue en nomme le président, et, au besoin, le vice-président.

Les pouvoirs de cette délégation spéciale sont limités aux actes de pure administration conservatoire et urgente. En aucun cas, il ne lui est permis d'engager les finances municipales au delà des ressources disponibles de l'exercice courant. Elle ne peut ni préparer le budget communal, ni recevoir les comptes du maire ou du receveur, ni modifier le personnel ou le régime de l'enseignement public.

Art. 45. — Toutes les fois que le conseil municipal a été dissous, ou que, par application de l'article précédent, une délégation spéciale a été nommée, il est procédé à la réélection du conseil municipal dans les deux mois à dater de la dissolution ou de la dernière démission.

Les fonctions de la délégation spéciale expirent de plein droit dès que le conseil municipal est reconstitué.

CHAPITRE II. — *Fonctionnement des conseils municipaux.*

Art. 46. — Les conseils municipaux se réunissent en session ordinaire quatre fois l'année : en février, mai, août et novembre.

La durée de chaque session est de quinze jours ; elle peut être prolongée avec l'autorisation du sous-préfet.

La session pendant laquelle le budget est discuté peut durer six semaines.

Pendant les sessions ordinaires, le conseil municipal peut s'occuper de toutes les matières qui rentrent dans ses attributions.

Art. 47. — Le préfet ou le sous-préfet peut prescrire la convocation extraordinaire du conseil municipal. Le maire peut également réunir le conseil municipal chaque fois qu'il le juge utile. Il est tenu de le convoquer quand une demande motivée lui en est faite par la majorité en exercice du conseil municipal. Dans l'un et l'autre cas, en même temps qu'il convoque le conseil, il donne avis au préfet ou au sous-préfet de cette réunion et des motifs qui la rendent nécessaire.

La convocation contient alors l'indication des objets spéciaux et déterminés pour lesquels le conseil doit s'assembler, et le conseil ne peut s'occuper que de ces objets.

Art. 48. — Toute convocation est faite par le maire. Elle est mentionnée au registre des délibérations, affichée à la porte de la mairie, et adressée par écrit et à domicile, trois jours francs au moins avant celui de la réunion.

En cas d'urgence, le délai peut être abrégé par le préfet ou le sous-préfet.

Art. 49. — Les conseillers municipaux prennent rang dans l'ordre du tableau.

L'ordre du tableau est déterminé, même quand il y a des sections électorales : 1° par la date la plus ancienne des nominations ; 2° entre conseillers élus le même jour, par le plus grand nombre de suffrages obtenus ; 3° et, à égalité de voix, par la priorité d'âge.

Un double du tableau reste déposé dans les bureaux de la mairie, de la sous-préfecture et de la préfecture, où chacun peut en prendre communication ou copie.

Art. 50. — Le conseil municipal ne peut délibérer que lorsque la majorité de ses membres en exercice assiste à la séance.

Quand, après deux convocations successives, à trois jours au moins d'intervalle et dûment constatées, le conseil municipal ne s'est pas réuni en nombre suffisant, la délibération prise après la troisième convocation est valable, quel que soit le nombre des membres présents.

Art. 51. — Les délibérations sont prises à la majorité absolue des votants. En cas de partage, sauf le cas de scrutin secret, la voix du président est prépondérante. Le vote a lieu au scrutin public sur la demande du quart des membres présents ; les noms des votants, avec la désignation de leurs votes, sont insérés au procès-verbal.

Il est voté au scrutin secret toutes les fois que le tiers des membres présents le réclame, ou qu'il s'agit de procéder à une nomination ou présentation.

Dans ces derniers cas, après deux tours de scrutin secret, si aucun des candidats n'a obtenu la majorité absolue, il est procédé à un troisième tour de scrutin, et l'élection a lieu à la majorité relative ; à égalité de voix, l'élection est acquise au plus âgé.

Art. 52. — Le maire, et à défaut celui qui le remplace, préside le conseil municipal.

Dans les séances où les comptes d'administration du maire sont débattus, le conseil municipal élit son président.

Dans ce cas, le maire peut, même quand il ne serait plus en fonction, assister à la discussion ; mais il doit se retirer au moment du vote. Le président adresse directement la délibération au sous-préfet.

Art. 53. — Au début de chaque session et pour sa durée, le conseil municipal nomme un ou plusieurs de ses membres pour remplir les fonctions de secrétaire.

Il peut leur adjoindre des auxiliaires pris en dehors de ses membres, qui assisteront aux séances, mais sans participer aux délibérations.

Art. 54. — Les séances des conseils municipaux sont publiques. Néanmoins, sur la demande de trois membres ou du maire, le conseil municipal, par assis et levé, sans débats, décide s'il se formera en comité secret.

Art. 55. — Le maire a seul la police de l'assemblée. Il peut faire expulser de l'auditoire ou arrêter tout individu qui trouble l'ordre. En cas de crime ou de délit, il en dresse un procès-verbal et le procureur de la république en est immédiatement saisi.

Art. 56. — Le compte rendu de la séance est, dans la huitaine, affiché par extrait à la porte de la mairie.

Art. 57. — Les délibérations sont inscrites par ordre de date sur un registre coté et parafé par le préfet ou le sous-préfet.

Elles sont signées par tous les membres présents à la séance, ou mention est faite de la cause qui les a empêchés de signer.

Art 58. — Tout habitant ou contribuable a le droit de demander communication sans déplacement, de prendre copie totale ou partielle des procès-verbaux du conseil municipal, des budgets et des comptes de la commune, des arrêtés municipaux.

Chacun peut les publier sous sa responsabilité.

Art. 59. — Le conseil municipal peut former, au cours de chaque session, des commissions chargées d'étudier les questions soumises au conseil soit par l'administration, soit par l'initiative d'un de ses membres.

Les commissions peuvent tenir leurs séances dans l'intervalle des sessions.

Elles sont convoquées par le maire, qui en est le président de droit, dans les huit jours qui suivent leur nomination, ou à plus bref délai sur la demande de la majorité des membres qui les composent. Dans cette première réunion, les commissions désignent un vice-président, qui peut les convoquer et les présider si le maire est absent ou empêché.

Art. 60. — Tout membre du conseil municipal qui, sans motifs reconnus légitimes par le conseil, a manqué à trois convocations successives, peut être, après avoir été admis à fournir ses explications, déclaré démissionnaire par le préfet, sauf recours, dans les dix jours de la notification, devant le conseil de préfecture.

Les démissions sont adressées au sous-préfet; elles sont définitives à partir de l'accusé de réception par le préfet, et, à défaut de cet accusé de réception, un mois après un nouvel envoi de la démission constaté par lettre recommandée.

CHAPITRE III. — *Attributions des conseils municipaux.*

Art. 61. — Le conseil municipal règle par ses délibérations les affaires de la commune.

Il donne son avis toutes les fois que cet avis est requis par les lois et règlements, ou qu'il est demandé par l'administration supérieure.

Il réclame, s'il y a lieu, contre le contingent assigné à la commune dans l'établissement des impôts de répartition.

Il émet des vœux sur tous objets d'intérêt local.

Il dresse chaque année une liste contenant un nombre double de celui des répartiteurs et des répartiteurs suppléants à nommer ; et, sur cette liste, le sous-préfet nomme les cinq répartiteurs visés dans l'article 9 de la loi du 3 frimaire an VII et les cinq répartiteurs suppléants.

Art. 62. — Expédition de toute délibération est adressée, dans la huitaine, par le maire au sous-préfet, qui en constate la réception sur un registre et en délivre immédiatement récépissé.

Art. 63. — Sont nulles de plein droit :

1° Les délibérations d'un conseil municipal portant sur un objet étranger à ses attributions ou prises hors de sa réunion légale ;

2° Les délibérations prises en violation d'une loi ou d'un règlement d'administration publique (1).

Art. 64. — Sont annulables les délibérations auxquelles auraient pris

_____

(1) Il n'y a plus de délai pour l'annulation des délibérations prises en violation d'une loi ou d'un règlement d'administration publique, et, en ce qui concerne les dispositions illégales introduites dans les tarifs d'octroi, c'est le préfet qui doit prononcer l'annulation; voir un avis du Conseil d'État en date du 25 juin 1884, jurisprudence n° 229.

part des membres du conseil intéressés, soit en leur nom personnel, soit comme mandataires, à l'affaire qui en a fait l'objet.

Art. 65. — La nullité de droit est déclarée par le préfet en conseil de préfecture. Elle peut être prononcée par le préfet et proposée ou opposée par les parties intéressées, à toute époque (1).

Art. 66. — L'annulation est prononcée par le préfet en conseil de préfecture.

Elle peut être provoquée d'office par le préfet dans un délai de trente jours à partir du dépôt du procès-verbal de la délibération à la sous-préfecture ou à la préfecture.

Elle peut aussi être demandée par toute personne intéressée et par tout contribuable de la commune.

Dans ce dernier cas, la demande en annulation doit être déposée, à peine de déchéance, à la sous-préfecture ou à la préfecture, dans un délai de quinze jours à partir de l'affichage à la porte de la mairie.

Il en est donné récépissé.

Le préfet statuera dans le délai d'un mois.

Passé le délai de quinze jours sans qu'aucune demande ait été produite, le préfet peut déclarer qu'il ne s'oppose pas à la délibération.

Art. 67. — Le conseil municipal et, en dehors du conseil, toute partie intéressée peut se pourvoir contre l'arrêté du préfet devant le Conseil d'État. Le pourvoi est introduit et jugé dans les formes du recours pour excès de pouvoir.

Art. 68. — Ne sont exécutoires qu'après avoir été approuvées par l'autorité supérieure les délibérations portant sur les objets suivants :

1° Les conditions des baux dont la durée dépasse dix-huit ans;

2° Les aliénations et échanges de propriétés communales ;

3° Les acquisitions d'immeubles, les constructions nouvelles, les reconstructions entières ou partielles, les projets, plans et devis des grosses réparations et d'entretien, quand la dépense totalisée avec les dépenses de même nature pendant l'exercice courant dépasse les limites des ressources ordinaires et extraordinaires que les communes peuvent se créer sans autorisation spéciale ;

4° Les transactions (2) ;

5° Le changement d'affectation d'une propriété communale déjà affectée à un service public ;

6° La vaine pâture ;

7° Le classement, le déclassement, le redressement ou le prolongement, l'élargissement, la suppression, la dénomination des rues et places publiques, la création et la suppression des promenades, squares ou jardins publics, champs de foire, de tir ou de course, l'établissement des plans d'alignement et de nivellement des voies publiques municipales, les modifications à des plans d'alignement adoptés, le tarif des droits de voirie, le tarif des droits de stationnement et de location sur

_____

(1) Voir la note de la page précédente.

(2) Pour les transactions sur les contraventions aux droits d'octroi, voir l'art. 83 de l'ordonnance du 9 décembre 1814.

les dépendances de la grande voirie, et, généralement, les tarifs des droits divers à percevoir au profit des communes en vertu de l'article 133 de la présente loi ;

8° L'acceptation des dons et legs faits à la commune, lorsqu'il y a des charges ou conditions, ou lorsqu'ils donnent lieu à des réclamations des familles ;

9° Le budget communal ;

10° Les crédits supplémentaires ;

11° Les contributions extraordinaires et les emprunts, sauf dans le cas prévu par l'article 141 de la présente loi ;

12° Les octrois, dans les cas prévus aux articles 137 et 138 de la présente loi ;

13° L'établissement, la suppression ou les changements des foires et marchés autres que les simples marchés d'approvisionnement.

Les délibérations qui ne sont pas soumises à l'approbation préfectorale ne deviendront néanmoins exécutoires qu'un mois après le dépôt qui aura été fait à la préfecture ou à la sous-préfecture. Le préfet pourra, par un arrêté, abréger ce délai (1).

Art. 69. — Les délibérations des conseils municipaux sur les objets énoncés à l'article précédent sont exécutoires, sur l'approbation du préfet (2), sauf le cas où l'approbation par le ministre compétent, par le conseil général, par la commission départementale, par un décret ou par une loi, est prescrite par les lois et règlements.

Le préfet statue en conseil de préfecture dans les cas prévus aux nos 1, 2, 4, 6 de l'article précédent.

Lorsque le préfet refuse son approbation ou qu'il n'a pas fait connaître sa décision dans un délai d'un mois à partir de la date du récépissé, le conseil municipal peut se pourvoir devant le ministre de l'intérieur.

Art. 70. — Le conseil municipal est toujours appelé à donner son avis sur les objets suivants :

1° Les circonscriptions relatives aux cultes ;

2° Les circonscriptions relatives à la distribution des secours publics ;

3° Les projets d'alignement et de nivellement de grande voirie dans l'intérieur des villes, bourgs et villages ;

4° La création des bureaux de bienfaisance ;

5° Les budgets et les comptes des hospices, hôpitaux et autres établissements de charité et de bienfaisance, des fabriques et autres administrations préposées aux cultes dont les ministres sont salariés par l'État ; les autorisations d'acquérir, d'aliéner, d'emprunter, d'échanger, de plaider ou de transiger, demandées par les mêmes établissements ; l'acceptation des dons et legs qui leur sont faits ;

6° Enfin, tous les objets sur lesquels les conseils municipaux sont appelés par les lois et règlements à donner leur avis, et ceux sur lesquels ils seront consultés par le préfet.

Lorsque le conseil municipal, à ce régulièrement requis et convoqué, refuse ou néglige de donner avis, il peut être passé outre.

Art. 71. — Le conseil municipal délibère sur les comptes d'administration qui lui sont annuellement présentés par le maire, conformément à l'article 151 de la présente loi.

Il entend, débat et arrête les comptes de deniers des receveurs, sauf règlement définitif, conformément à l'article 157 de la présente loi.

Art. 72. — Il est interdit à tout conseil municipal soit de publier des proclamations et adresses, soit d'émettre des vœux politiques, soit, hors les cas prévus par la loi, de se mettre en communication avec un ou plusieurs conseils municipaux.

La nullité des actes et des délibérations prises en violation de cet article est prononcée dans les formes indiquées aux articles 63 et 65 de la présente loi.

TITRE III.

Des Maires et des adjoints.

Art. 73. — Il y a dans chaque commune un maire et un ou plusieurs adjoints élus parmi les membres du conseil municipal.

Le nombre des adjoints est d'un dans les communes de deux mille cinq cents habitants et au-dessous, de deux dans celles de deux mille cinq cent un à dix mille habitants. Dans les communes d'une population supérieure, il y aura un adjoint de plus par chaque excédent de vingt-cinq mille habitants, sans que le nombre des adjoints puisse dépasser douze, sauf en ce qui concerne la ville de Lyon, où le nombre des adjoints sera porté à dix-sept.

La ville de Lyon continue à être divisée en six arrondissements municipaux. Le maire délègue spécialement deux de ses adjoints dans chacun de ces arrondissements. Ils sont chargés de la tenue des registres de l'état civil et des autres attributions déterminées par le règlement d'administration publique du 11 juin 1881, rendu en exécution de la loi du 21 avril 1881.

Art. 74. — Les fonctions de maires, adjoints, conseillers municipaux sont gratuites. Elles donnent seulement droit au remboursement des frais que nécessite l'exécution des mandats spéciaux. Les conseils municipaux peuvent voter, sur les ressources ordinaires de la commune, des indemnités aux maires pour frais de représentation.

Art. 75. — Lorsqu'un obstacle quelconque ou l'éloignement rend difficiles, dangereuses ou momentanément impossibles les communications entre le chef-lieu et une fraction de commune, un poste d'adjoint spécial peut être institué, sur la demande du conseil municipal, par un décret rendu en Conseil d'État.

Cet adjoint, élu par le conseil, est pris parmi les conseillers, et, à défaut d'un conseiller résidant dans cette fraction de commune, ou s'il est empêché, parmi les habitants de la fraction. Il remplit les fonctions d'officier de l'état civil, et il peut être chargé de l'exécution des lois et des règlements de police dans cette partie de la commune. Il n'a pas d'autres attributions.

Art. 76. — Le conseil municipal élit le maire et les adjoints parmi ses membres au scrutin secret et à la majorité absolue.

Si, après deux tours de scrutin, aucun candidat n'a obtenu la majorité absolue, il est procédé à un troisième tour de scrutin et l'élection a lieu à la majorité relative. En cas d'égalité de suffrages, le plus âgé est déclaré élu.

Art. 77. — La séance dans laquelle il est procédé à l'élection du maire est présidée par le plus âgé des membres du conseil municipal.

Pour toute élection du maire ou des adjoints, les membres du conseil municipal sont convoqués dans les formes et délais prévus par l'article 48 ; la convocation contiendra la mention spéciale de l'élection à laquelle il devra être procédé.

Avant cette convocation, il sera procédé aux élections qui pourraient être nécessaires pour compléter le conseil municipal. Si, après les élections complémentaires, de nouvelles vacances se produisent, le conseil municipal procédera néanmoins à l'élection du maire et des adjoints, à moins qu'il ne soit réduit aux trois quarts de ses membres. En ce cas, il y aura lieu de recourir à de nouvelles élections complémentaires. Il y sera procédé dans le délai d'un mois à dater de la dernière vacance.

Art. 78. — Les nominations sont rendues publiques dans les vingt quatre heures de leur date, par voie d'affiche à la porte de la mairie. Elles sont, dans le même délai, notifiées au sous-préfet.

Art. 79. — L'élection du maire et des adjoints peut être arguée de nullité dans les conditions, formes et délais prescrits pour les réclamations contre les élections du conseil municipal. Le délai de cinq jours court à partir de vingt-quatre heures après l'élection.

Lorsque l'élection est annulée ou que, pour tout autre cause, le maire ou les adjoints ont cessé leurs fonctions, le conseil, s'il est au complet, est convoqué pour procéder au remplacement dans le délai de quinzaine.

S'il y a lieu de compléter le conseil, il sera procédé aux élections complémentaires dans la quinzaine de la vacance, et le nouveau maire sera élu dans la quinzaine qui suivra. Si, après les élections complémentaires, de nouvelles vacances se produisent, l'article 77 sera applicable.

Art. 80. — Ne peuvent être maires ou adjoints ni en exercer même temporairement les fonctions :

Les agents et employés des administrations financières, les trésoriers-payeurs généraux, les receveurs particuliers et les percepteurs ; les agents des forêts, ceux des postes et des télégraphes, ainsi que les gardes des établissements publics et des particuliers.

Les agents salariés du maire ne peuvent être adjoints.

Art. 81. — Les maires et adjoints sont nommés pour la même durée que le conseil municipal.

Ils continuent l'exercice de leurs fonctions, sauf les dispositions des articles 80, 86, 87 de la présente loi, jusqu'à l'installation de leurs successeurs.

Toutefois, en cas de renouvellement intégral, les fonctions de maire et d'adjoint sont, à partir de l'installation du nouveau conseil jusqu'à l'élection du maire, exercées par les conseillers municipaux dans l'ordre du tableau.

Art. 82. — Le maire est seul chargé de l'administration; mais il peut, sous sa surveillance et sa responsabilité, déléguer par arrêté une partie de ses fonctions à un ou plusieurs de ses adjoints, et, en l'absence ou en cas d'empêchement des adjoints, à des membres du conseil municipal.

Ces délégations subsistent tant qu'elles ne sont pas rapportées.

Art. 83. — Dans le cas où les intérêts du maire se trouvent en opposition avec ceux de la commune, le conseil municipal désigne un autre de ses membres pour représenter la commune, soit en justice, soit dans les contrats.

Art. 84. — En cas d'absence, de suspension, de révocation ou de tout autre empêchement, le maire est provisoirement remplacé, dans la plénitude de ses fonctions, par un adjoint, dans l'ordre des nominations, et, à défaut d'adjoints, par un conseiller municipal désigné par le conseil, sinon pris dans l'ordre du tableau.

Art. 85. — Dans le cas où le maire refuserait ou négligerait de faire un des actes qui lui sont prescrits par la loi, le préfet peut, après l'en avoir requis, y procéder d'office par lui-même ou par un délégué spécial.

Art. 86. — Les maires et adjoints peuvent être suspendus par arrêté du préfet pour un temps qui n'excédera pas un mois et qui peut être porté à trois mois par le ministre de l'intérieur.

Ils ne peuvent être révoqués que par décret du Président de la république.

La révocation emporte de plein droit l'inéligibilité aux fonctions de maire et à celles d'adjoint pendant une année à dater du décret de révocation, à moins qu'il ne soit procédé auparavant au renouvellement général des conseils municipaux.

Dans les colonies régies par la présente loi, la suspension peut être prononcée par arrêté du gouverneur pour une durée de trois mois. Cette durée ne peut être prolongée par le ministre.

Le gouverneur rend compte immédiatement de sa décision au ministre de la marine et des colonies.

Art. 87. — Au cas prévu et réglé par l'article 44, le président et, à son défaut, le vice-président de la délégation spéciale remplit les fonctions de maire.

Ses pouvoirs prennent fin dès l'installation du nouveau conseil.

Art. 88. — Le maire nomme à tous les emplois communaux pour lesquels les lois, décrets et ordonnances actuellement en vigueur ne fixent pas un droit spécial de nomination (1).

Il suspend et révoque les titulaires de ces emplois.

Il peut faire assermenter et commissionner les agents nommés par lui, mais à la condition qu'ils soient agréés par le préfet ou le sous-préfet.

Art. 89. — Lorsque le maire procède à une adjudication publique pour le compte de la commune, il est assisté de deux membres du conseil municipal désignés d'avance par le conseil ou, à défaut de cette désignation, appelés dans l'ordre du tableau.

Le receveur municipal est appelé à toutes les adjudications. Toutes les difficultés qui peuvent s'élever sur les opérations préparatoires de l'adjudication sont résolues, séance tenante, par le maire et les deux assistants, à la majorité des voix, sauf le recours de droit.

Il n'est pas dérogé aux prescriptions du décret du 17 mai 1809, relatives à la mise en ferme des octrois (2).

Art. 90. — Le maire est chargé, sous le contrôle du conseil municipal et la surveillance de l'administration supérieure :

1° De conserver et d'administrer les propriétés de la commune et de faire, en conséquence, tous actes conservatoires de ses droits ;

2° De gérer les revenus, de surveiller les établissements communaux et la comptabilité communale ;

3° De préparer et proposer le budget et ordonnancer les dépenses ;

4° De diriger les travaux communaux ;

5° De pourvoir aux mesures relatives à la voirie municipale ;

6° De souscrire les marchés, de passer les baux des biens et les adjudications des travaux communaux dans les formes établies par les lois et règlements et par les articles 68 et 69 de la présente loi ;

7° De passer dans les mêmes formes les actes de vente, échange, partage, acceptation de dons ou legs, acquisition, transaction, lorsque ces actes ont été autorisés conformément à la présente loi ;

8° De représenter la commune en justice, soit en demandant, soit en défendant ;

9° De prendre, de concert avec les propriétaires ou les détenteurs du droit de chasse dans les buissons, bois et forêts, toutes les mesures nécessaires à la destruction des animaux nuisibles désignés dans l'arrêté du préfet pris en vertu de l'article 9 de la loi du 3 mai 1844 ;

De faire, pendant le temps de neige, à défaut des détenteurs du droit de chasse, à ce dûment invités, détourner les loups et sangliers remis sur le territoire ; de requérir, à l'effet de les détruire, les habitants avec armes et chiens propres à la chasse de ces animaux ;

De surveiller et d'assurer l'exécution des mesures ci-dessus et d'en dresser procès-verbal ;

_____

(1) Les préposés en chef des octrois sont nommés par le préfet (art. 5 du décret du 25 mars 1852) et les simples préposés par le préfet ou le sous-préfet (art. 156 de la loi du 28 avril 1816 et 6 du décret du 13 avril 1861).

(2) Voir ces prescriptions, pages 170 et suivantes.

10° Et, d'une manière générale, d'exécuter les décisions du conseil municipal.

Art. 91. —Le maire est chargé, sous la surveillance de l'administration supérieure, de la police municipale, de la police rurale et de l'exécution des actes de l'autorité supérieure qui y sont relatifs.

Art. 92.— Le maire est chargé, sous l'autorité de l'administration supérieure :

1° De la publication et de l'exécution des lois et règlements ;

2° De l'exécution des mesures de sûreté générale ;

3° Des fonctions spéciales qui lui sont attribuées par les lois.

Art. 93. — Le maire, ou à son défaut le sous-préfet, pourvoit d'urgence à ce que toute personne décédée soit ensevelie et inhumée décemment, sans distinction de culte ni de croyance.

Art. 94. — Le maire prend des arrêtés à l'effet:

1° D'ordonner les mesures locales sur les objets confiés par les lois à sa vigilance et à son autorité ;

2° De publier de nouveau les lois et les règlements de police et de rappeler les citoyens à leur observation.

Art. 95.— Les arrêtés pris par le maire sont immédiatement adressés au sous-préfet ou, dans l'arrondissement du chef-lieu du département, au préfet.

Le préfet peut les annuler ou en suspendre l'exécution.

Ceux de ces arrêtés qui portent règlement permanent ne sont exécutoires qu'un mois après la remise de l'ampliation constatée par les récépissés délivrés par le sous-préfet ou le préfet.

Néanmoins, en cas d'urgence, le préfet peut en autoriser l'exécution immédiate.

Art. 96. — Les arrêtés du maire ne sont obligatoires qu'après avoir été portés à la connaissance des intéressés, par voie de publications et d'affiches, toutes les fois qu'ils contiennent des dispositions générales, et, dans les autres cas, par voie de notification individuelle.

La publication est constatée par une déclaration certifiée par le maire.

La notification est établie par le récépissé de la partie intéressée, ou, à son défaut, par l'original de la notification conservé dans les archives de la mairie.

Les arrêtés, actes de publication et de notification sont inscrits à leur date sur le registre de la mairie.

Art. 97. — La police municipale a pour objet d'assurer le bon ordre, la sûreté et la salubrité publiques.

Elle comprend notamment :

1° Tout ce qui intéresse la sûreté et la commodité du passage dans les rues, quais, places et voies publiques, ce qui comprend le nettoiement, l'éclairage, l'enlèvement des encombrements, la démolition ou la réparation des édifices menaçant ruine, l'interdiction de rien exposer aux fenêtres ou aux autres parties des édifices qui puisse nuire par sa chute, ou celle de rien jeter qui puisse endommager les passants ou causer des exhalaisons nuisibles ;

2° Le soin de réprimer les atteintes à la tranquillité publique, telles que les rixes et disputes accompagnées d'ameutement dans les rues, le tumulte excité dans les lieux d'assemblée publique, les attroupements, les bruits et rassemblements nocturnes qui troublent le repos des habitants, et tous actes de nature à compromettre la tranquillité publique ;

3° Le maintien du bon ordre dans les endroits où il se fait de grands rassemblements d'hommes, tels que les foires, marchés, réjouissances et cérémonies publiques, spectacles, jeux, cafés, églises et autres lieux publics ;

4° Le mode de transport des personnes décédées, les inhumations et exhumations, le maintien du bon ordre et de la décence dans les cimetières, sans qu'il soit permis d'établir des distinctions ou des prescriptions particulières à raison des croyances ou du culte du défunt ou des circonstances qui ont accompagné sa mort ;

5° L'inspection sur la fidélité du débit des denrées qui se vendent au poids ou à la mesure, et sur la salubrité des comestibles exposés en vente ;

6° Le soin de prévenir par des précautions convenables, et celui de faire cesser, par la distribution des secours nécessaires, les accidents et les fléaux calamiteux, tels que les incendies, les inondations, les maladies épidémiques ou contagieuses, les épizooties, en provoquant, s'il y a lieu, l'intervention de l'administration supérieure ;

7° Le soin de prendre provisoirement les mesures nécessaires contre les aliénés dont l'état pourrait compromettre la morale publique, la sécurité des personnes ou la conservation des propriétés ;

8° Le soin d'obvier ou de remédier aux événements fâcheux qui pourraient être occasionnés par la divagation des animaux malfaisants ou féroces.

Art. 98. — Le maire a la police des routes nationales et départementales, et des voies de communication dans l'intérieur des agglomérations, mais seulement en ce qui touche à la circulation sur lesdites voies.

Il peut, moyennant le paiement de droits fixés par un tarif dûment établi, sous les réserves imposées par l'article 7 de la loi du 11 frimaire an VII, donner des permis de stationnement ou de dépôt temporaire sur la voie publique, sur les rivières, ports et quais fluviaux et autres lieux publics.

Les alignements individuels, les autorisations de bâtir, les autres permissions de voirie sont délivrés par l'autorité compétente, après que le maire aura donné son avis dans le cas où il ne lui appartient pas de les délivrer lui-même.

Les permissions de voirie à titre précaire ou essentiellement révocable sur les voies publiques qui sont placées dans les attributions du maire et ayant pour objet, notamment, l'établissement dans le sol de la voie publique des canalisations destinées au passage ou à la conduite soit de l'eau, soit du gaz, peuvent, en cas de refus du maire non justifié par l'intérêt général, être accordées par le préfet.

Art. 99. — Les pouvoirs qui appartiennent au maire en vertu de l'article 91, ne font pas obstacle au droit du préfet de prendre, pour toutes les communes du département ou plusieurs d'entre elles, et dans tous les cas où il n'y aurait pas été pourvu par les autorités municipales, toutes mesures relatives au maintien de la salubrité, de la sûreté et de la tranquillité publiques.

Ce droit ne pourra être exercé par le préfet à l'égard d'une seule commune qu'après une mise en demeure au maire restée sans résultats.

Art. 100. — Les cloches des églises sont spécialement affectées aux cérémonies du culte.

Néanmoins, elles peuvent être employées dans les cas de péril commun qui exigent un prompt secours et dans les circonstances où cet emploi est prescrit par des dispositions de lois ou règlements, ou autorisé par les usages locaux.

Les sonneries religieuses comme les sonneries civiles feront l'objet d'un règlement concerté entre l'évêque et le préfet, ou entre le préfet et les consistoires, et arrêté, en cas de désaccord, par le ministre des cultes.

Art. 101. — Une clef du clocher sera déposée entre les mains des titulaires ecclésiastiques, une autre entre les mains du maire, qui ne pourra en faire usage que dans les circonstances prévues par les lois ou règlements.

Si l'entrée du clocher n'est pas indépendante de celle de l'église, une clef de la porte de l'église sera déposée entre les mains du maire.

Art. 102. — Toute commune peut avoir un ou plusieurs gardes champêtres. Les gardes champêtres sont nommés par le maire ; ils doivent être agréés et commissionnés par le sous-préfet ou par le préfet dans l'arrondissement du chef-lieu. Le préfet ou le sous-préfet devra faire connaître son agrément ou son refus d'agréer dans le délai d'un mois. Ils doivent être assermentés. Ils peuvent être suspendus par le maire. La suspension ne pourra durer plus d'un mois ; le préfet seul peut les révoquer.

En dehors de leurs fonctions relatives à la police rurale, les gardes champêtres sont chargés de rechercher, chacun dans le territoire pour lequel il est assermenté, les contraventions aux règlements et arrêtés de police municipale. Ils dressent des procès-verbaux pour constater ces contraventions.

Art. 103. — Dans les villes ayant plus de quarante mille habitants, l'organisation du personnel chargé du service de la police est réglée, sur l'avis du conseil municipal, par décret du Président de la république.

Si un conseil municipal n'allouait pas les fonds exigés pour la dépense ou n'allouait qu'une somme insuffisante, l'allocation nécessaire serait inscrite au budget par décret du Président de la république, le Conseil d'État entendu.

Dans toutes les communes, les inspecteurs de police, les brigadiers et sous-brigadiers et les agents de police nommés par le maire doivent être agréés par le sous-préfet ou par le préfet. Ils peuvent être suspendus par le maire, mais le préfet seul peut les révoquer.

Art. 104. — Le préfet du Rhône exerce dans les communes de Lyon, Caluire-et-Cuire, — Oulins, Sainte-Foy, — Saint-Rambert, Villeurbanne, — Vaulx-en-Velin, Bron, Venissieux et Pierre-Bénite, du département du Rhône, et dans celle de Sathonay, du département de l'Ain, les mêmes attributions que celles qu'exerce le préfet de police dans les communes suburbaines de la Seine.

Art. 105. — Dans les communes dénommées à l'article 104, les maires restent investis de tous les pouvoirs de police conférés aux administrations municipales par les paragraphes 1, 4, 5, 6, 7 et 8 de l'article 97.

Ils sont, en outre, chargés du maintien du bon ordre dans les foires, marchés, réjouissances et cérémonies publiques, spectacles, jeux, cafés, églises et autres lieux publics.

Art. 106. — Les communes sont civilement responsables des dégâts et dommages résultant des crimes ou délits commis à force ouverte ou par violence sur leur territoire par des attroupements ou rassemblements armés, ou non armés, soit envers les personnes, soit contre les propriétés publiques ou privées.

Les dommages-intérêts dont la commune est responsable sont répartis entre tous les habitants domiciliés dans ladite commune, en vertu d'un rôle spécial comprenant les quatre contributions directes.

Art. 107. — Si les attroupements ou rassemblements ont été formés d'habitants de plusieurs communes, chacune d'elles est responsable des dégâts et dommages causés, dans la proportion qui sera fixée par les tribunaux.

Art. 108. — Les dispositions des articles 106 et 107 ne sont pas applicables :

1° Lorsque la commune peut prouver que toutes les mesures qui étaient en son pouvoir ont été prises à l'effet de prévenir les attroupements ou rassemblements, et d'en faire connaître les auteurs ;

2° Dans les communes où la municipalité n'a pas la disposition de la police locale ni de la force armée ;

3° Lorsque les dommages causés sont le résultat d'un fait de guerre.

Art. 109. — La commune déclarée responsable peut exercer son recours contre les auteurs et complices du désordre.

TITRE IV.

De l'administration des communes.

CHAPITRE Ier. — DES BIENS, TRAVAUX ET ÉTABLISSEMENTS COMMUNAUX.

Art. 110. — La vente des biens mobiliers et immobiliers des communes, autres que ceux servant à un usage public, peut être autorisée sur la demande de tout créancier, porteur de titre exécutoire, par un décret du Président de la république, qui détermine les formes de la vente.

Art. 111. — Les délibérations du conseil municipal ayant pour objet l'acceptation de dons et legs, lorsqu'il y a des charges ou conditions, sont exécutoires sur l'arrêté du préfet, pris en conseil de préfecture.

S'il y a réclamation des prétendants droit à la succession, quelles que soient la quotité et la nature de la donation ou du legs, l'autorisation ne peut être accordée que par décret rendu en Conseil d'État.

Si la donation ou le legs ont été faits à un hameau ou quartier d'une commune qui n'est pas encore à l'état de section ayant la personnalité civile, les habitants du hameau ou quartier seront appelés à élire une commission syndicale, conformément à l'article 129 ci-dessous. La commission syndicale délibérera sur l'acceptation de la libéralité, et, dans aucun cas, l'autorisation d'accepter ne pourra être accordée que par un décret rendu dans la forme des règlements d'administration publique.

Art. 112. — Lorsque la délibération porte refus de dons ou legs, le préfet peut, par un arrêté motivé, inviter le conseil municipal à revenir sur sa première délibération. Le refus n'est définitif que si, par une seconde délibération, le conseil municipal déclare y persister.

Si le don ou le legs a été fait à une section de commune et que le conseil municipal soit d'avis de refuser la libéralité, il sera procédé comme il est dit au paragraphe 3 de l'article 111.

Art. 113. — Le maire peut toujours, à titre conservatoire, accepter les dons ou legs et former avant l'autorisation toute demande en délivrance.

Le décret du Président de la république, l'arrêté du préfet ou la délibération du conseil municipal, qui interviennent ultérieurement, ont effet du jour de cette acceptation.

Art. 114. — Aucune construction nouvelle ou reconstruction ne peut être faite que sur la production des plans et devis approuvés par le conseil municipal, sauf les exceptions prévues par des lois spéciales.

Les plans et devis sont, en outre, approuvés par le préfet dans les cas prévus par l'article 68, paragraphe 3.

Art. 115. — Les traités de gré à gré à passer dans les conditions prévues par l'ordonnance du 14 novembre 1837, et qui ont pour objet l'exécution par entreprise des travaux d'ouverture des nouvelles voies publiques et de tous les autres travaux communaux, sont approuvés par le préfet, ou par décret, dans le cas prévu par l'article 145, paragraphe 3.

Il en est de même des traités portant concession à titre exclusif, ou pour une durée de plus de trente années, des grands services municipaux, ainsi que des tarifs et traités relatifs aux pompes funèbres.

Art. 116. — Deux ou plusieurs conseils municipaux peuvent provoquer entre eux, par l'entremise de leurs présidents, et après en avoir averti les préfets, une entente sur les objets d'utilité communale compris dans leurs attributions et qui intéressent à la fois leurs communes respectives.

Ils peuvent faire des conventions à l'effet d'entreprendre ou de conserver à frais communs des ouvrages ou des institutions d'utilité commune.

Art. 117. — Les questions d'intérêt commun seront débattues dans des conférences où chaque conseil municipal sera représenté par une commission spéciale nommée à cet effet et composée de trois membres nommés au scrutin secret.

Les préfets et les sous-préfets des départements et arrondissements comprenant les communes intéressées pourront toujours assister à ces conférences.

Les décisions qui y seront prises ne seront exécutoires qu'après avoir été ratifiées par tous les conseils municipaux intéressés et sous les réserves énoncées au chapitre III du titre IV de la présente loi.

Art. 118. — Si des questions autres que celles que prévoit l'article 116 étaient mises en discussion, le préfet du département où la conférence a lieu déclarerait la réunion dissoute.

Toute délibération prise après cette déclaration donnerait lieu à l'application des dispositions et pénalités énoncées à l'article 34 de la loi du 10 août 1871.

Art. 119. — Les délibérations des commissions administratives des hospices, hôpitaux et autres établissements charitables communaux concernant un emprunt sont exécutoires en vertu d'un arrêté du préfet, sur avis conforme du conseil municipal, lorsque la somme à emprunter ne dépasse pas le chiffre des revenus ordinaires de l'établissement et que le remboursement doit être effectué dans un délai de douze années.

Si la somme à emprunter dépasse ledit chiffre ou si le délai de remboursement excède douze années, l'emprunt ne peut être autorisé que par un décret du Président de la république.

Le décret est rendu en Conseil d'État si l'avis du conseil municipal est contraire, ou s'il s'agit d'un établissement ayant plus de cent mille francs de revenu.

L'emprunt ne peut être autorisé que par une loi lorsque la somme à emprunter dépasse cinq cent mille francs, ou lorsque ladite somme, réunie aux chiffres d'autres emprunts non encore remboursés, dépasse cinq cent mille francs.

Art. 120. — Les délibérations par lesquelles les commissions administratives chargées de la gestion des établissements publics communaux changeraient en totalité ou en partie l'affectation des locaux ou objets immobiliers ou mobiliers appartenant à ces établissements, dans l'intérêt d'un service public ou privé quelconque, ou mettraient à la disposition, soit d'un autre établissement public ou privé, soit d'un particulier, lesdits locaux et objets, ne sont exécutoires qu'après avis du conseil municipal, et en vertu d'un décret rendu sur la proposition du ministre de l'intérieur.

CHAPITRE II. — DES ACTIONS JUDICIAIRES.

Art. 121. — Nulle commune ou section de commune ne peut ester en justice sans y être autorisée par le conseil de préfecture, sauf les cas prévus aux articles 122 et 154 de la présente loi.

Après tout jugement intervenu, la commune ne peut se pourvoir devant un autre degré de juridiction qu'en vertu d'une nouvelle autorisation du conseil de préfecture.

Dans les cas prévus par les deux paragraphes précédents, la décision du conseil de préfecture doit être rendue dans les deux mois, à compter du jour de la demande en autorisation. A défaut de décision rendue dans ledit délai, la commune est autorisée à plaider (1).

Art. 122. — Le maire peut toujours, sans autorisation préalable, intenter toute action possessoire ou y défendre et faire tous actes conservatoires ou interruptifs des déchéances.

Il peut, sans autre autorisation, interjeter appel de tout jugement et se pourvoir en cassation ; mais il ne peut ni suivre sur son appel, ni suivre sur le pourvoi qu'en vertu d'une nouvelle autorisation.

Art. 123. — Tout contribuable inscrit au rôle de la commune a le droit d'exercer, à ses frais et risques, avec l'autorisation du conseil de préfecture, les actions qu'il croit appartenir à la commune ou section, et que celle-ci, préalablement appelée à en délibérer, a refusé ou négligé d'exercer.

La commune ou section est mise en cause et la décision qui intervient a effet à son égard.

Art. 124. — Aucune action judiciaire autre que les actions possessoires ne peut, à peine de nullité, être intentée contre une commune qu'autant que le demandeur a préalablement adressé au préfet ou au sous-préfet un mémoire exposant l'objet et les motifs de sa réclamation. Il lui en est donné récépissé.

L'action ne peut être portée devant les tribunaux que deux mois après la date du récépissé, sans préjudice des actes conservatoires.

La présentation du mémoire interrompt toute prescription ou déchéance, si elle est suivie d'une demande en justice dans le délai de trois mois.

Art. 125. — Le préfet ou sous-préfet adresse immédiatement le mémoire au maire, avec l'invitation de convoquer le conseil municipal dans le plus bref délai, pour en délibérer.

La délibération du conseil municipal est transmise au conseil de pré-

---

(1) Cette procédure n'est pas applicable aux instances sur les contraventions ou sur les contestations relatives aux droits d'octroi, instances qui, sans autorisation préalable, sont portées soit devant le tribunal correctionnel (art. 78 de l'ordonnance du 9 décembre 1814), soit devant le tribunal de simple police (art. 81, même ordonnance).

fecture, qui décide si la commune doit être autorisée à ester en justice.

La décision du conseil de préfecture doit être rendue dans le délai de deux mois à dater du dépôt du mémoire.

Art. 126. — Toute décision du conseil de préfecture portant refus d'autorisation doit être motivée.

La commune, la section de commune ou le contribuable auquel l'autorisation a été refusée peut se pourvoir devant le Conseil d'État.

Le pourvoi est introduit et jugé en la forme administrative. Il doit, à peine de déchéance, être formé dans le délai de deux mois à dater de la notification de l'arrêté du conseil de préfecture.

Il doit être statué sur le pourvoi dans le délai de deux mois à partir du jour de son enregistrement au secrétariat général du Conseil d'État.

Art. 127. — En cas de pourvoi de la commune ou section contre la décision du conseil de préfecture, le demandeur peut néanmoins introduire l'action ; mais l'instance est suspendue jusqu'à ce qu'il ait été statué par le Conseil d'État, ou jusqu'à l'expiration du délai dans lequel le Conseil d'État doit statuer. A défaut de décision rendue dans les délais ci-dessus impartis, la commune est autorisée à ester en justice. Mais, en cas d'appel ou de pourvoi en cassation, il doit être procédé comme il est dit à l'article 121.

Art. 128. — Lorsqu'une section se propose d'intenter ou de soutenir une action judiciaire, soit contre la commune dont elle dépend, soit contre une autre section de la même commune, il est formé, pour la section et pour chacune des sections intéressées, une commission syndicale distincte.

Art. 129. — Les membres de la commission syndicale sont choisis parmi les éligibles de la commune et nommés par les électeurs de la section qui l'habitent et par les personnes qui, sans être portées sur la liste électorale, y sont propriétaires fonciers.

Le préfet est tenu de convoquer les électeurs dans le délai d'un mois pour nommer une commission syndicale, toutes les fois qu'un tiers des habitants ou propriétaires de la section lui adresse à cet effet une demande motivée sur l'existence d'un droit litigieux à exercer au profit de la section contre la commune ou une autre section de la commune.

Le nombre des membres de la commission est fixé par l'arrêté qui convoque les électeurs.

Ils élisent parmi eux un président chargé de suivre l'action.

Art. 130. — Lorsque le conseil municipal se trouve réduit à moins du tiers de ses membres, par suite de l'abstention, prescrite par l'article 64, des conseillers municipaux qui sont intéressés à la jouissance des biens et droits revendiqués par une section, le préfet convoque les électeurs de la commune, déduction faite de ceux qui habitent ou sont propriétaires sur le territoire de la section, à l'effet d'élire ceux d'entre eux qui doivent prendre part aux délibérations au lieu et place des conseillers municipaux obligés de s'abstenir.

Art. 131. — La section qui a obtenu une condamnation contre la commune ou une autre section n'est point passible des charges ou contributions imposées pour l'acquittement des frais et dommages-intérêts qui résultent du procès.

Il en est de même à l'égard de toute partie qui plaide contre une commune ou section de commune.

CHAPITRE III. — DU BUDGET COMMUNAL.

SECTION Iʳᵉ. — *Recettes et dépenses.*

Art. 132. — Le budget communal se divise en budget ordinaire et en budget extraordinaire.

Art. 133. — Les recettes du budget ordinaire se composent :

1° Des revenus de tous les biens dont les habitants n'ont pas la jouissance en nature ;

2° Des cotisations imposées annuellement sur les ayants droit aux fruits qui se perçoivent en nature ;

3° Du produit des centimes ordinaires et spéciaux affectés aux communes par les lois de finances ;

4° Du produit de la portion accordée aux communes dans certains des impôts et droits perçus pour le compte de l'État ;

5° Du produit des octrois municipaux affecté aux dépenses ordinaires (1);

6° Du produit des droits de places perçus dans les halles, foires, marchés, abattoirs, d'après les tarifs dûment établis ;

7° Du produit des permis de stationnement et de location sur la voie publique, sur les rivières, ports et quais fluviaux et autres lieux publics ;

8° Du produit des péages communaux, des droits de pesage, mesurage et jaugeage, des droits de voirie et autres droits légalement établis ;

9° Du produit des terrains communaux affectés aux inhumations et de la part revenant aux communes dans le prix des concessions dans les cimetières ;

10° Du produit des concessions d'eau et de l'enlèvement des boues et immondices de la voie publique et autres concessions autorisées pour les services communaux ;

11° Du produit des expéditions des actes administratifs et des actes de l'état civil ;

12° De la portion que les lois accordent aux communes dans les produits des amendes prononcées par les tribunaux de police correctionnelle et de simple police ;

13° Du produit de la taxe de balayage dans les communes de France et d'Algérie où elle sera établie, sur leur demande, conformément aux dispositions de la loi du 26 mars 1873, en vertu d'un décret rendu dans la forme des règlements d'administration publique ;

14° Et généralement du produit des contributions, taxes et droits dont la perception est autorisée par les lois dans l'intérêt des communes et de toutes les ressources annuelles et permanentes ; en Algérie et dans

---

(1) Voir l'art. 3 de la loi du 16 juin 1881 et les *Notions générales*, page 17.

les colonies, des ressources dont la perception est autorisée par les lois et décrets.

L'établissement des centimes pour insuffisance de revenus est autorisé par arrêté du préfet lorsqu'il s'agit de dépenses obligatoires.

Il est approuvé par décret dans les autres cas.

Art. 134. — Les recettes du budget extraordinaire se composent :

1° Des contributions extraordinaires dûment autorisées ;

2° Du prix des biens aliénés ;

3° Des dons et legs ;

4° Du remboursement des capitaux exigibles et des rentes rachetées ;

5° Du produit des coupes extraordinaires de bois ;

6° Du produit des emprunts ;

7° Du produit des taxes ou des surtaxes d'octroi spécialement affectées à des dépenses extraordinaires et à des remboursements d'emprunt (1) ;

8° Et de toutes autres recettes accidentelles.

Art. 135. — Les dépenses du budget ordinaire comprennent les dépenses annuelles et permanentes d'utilité communale.

Les dépenses du budget extraordinaire comprennent les dépenses accidentelles ou temporaires qui sont imputées sur des recettes énumérées à l'article 134 ou sur l'excédent des recettes ordinaires.

Art. 136. — Sont obligatoires pour les communes les dépenses suivantes :

1° L'entretien de l'hôtel de ville, ou, si la commune n'en possède pas, la location d'une maison ou d'une salle pour en tenir lieu ;

2° Les frais de bureau et d'impression pour le service de la commune, de conservation des archives communales et du recueil des actes administratifs du département ; les frais d'abonnement au BULLETIN DES COMMUNES et, pour les communes chefs-lieux de canton, les frais d'abonnement et de conservation du BULLETIN DES LOIS ;

3° Les frais de recensement de la population ; ceux des assemblées électorales qui se tiennent dans les communes et ceux des cartes électorales ;

4° Les frais des registres de l'état civil et des livrets de famille et la portion de la table décennale des actes de l'état civil à la charge des communes ;

5° Le traitement du receveur municipal, du préposé en chef de l'octroi et les frais de perception (2) ;

6° Les traitements et autres frais du personnel de la police municipale et rurale et des gardes des bois de la commune ;

7° Les pensions à la charge de la commune, lorsqu'elles ont été régulièrement liquidées et approuvées ;

8° Les frais de loyer et de réparation du local de la justice de paix, ainsi que ceux d'achat et d'entretien de son mobilier dans les communes chefs-lieux de canton ;

(1) Voir le chapitre des *Notions générales*, page 18.
(2) Le traitement du préposé en chef de l'octroi est fixé par le ministre des finances (art. 155 de la loi du 28 avril 1816), les autres frais de perception de l'octroi sont arrêtés par le préfet (art. 6 du décret du 12 février 1870).

9° Les dépenses relatives à l'instruction publique, conformément aux lois ;

10° Le contingent assigné à la commune, conformément aux lois, dans la dépense des enfants assistés et des aliénés' ;

11° L'indemnité de logement aux curés et desservants et ministres des autres cultes salariés par l'État, lorsqu'il n'existe pas de bâtiment affecté à leur logement, et lorsque les fabriques ou autres administrations préposées aux cultes ne pourront pourvoir elles-mêmes au paiement de cette indemnité ;

12° Les grosses réparations aux édifices communaux, sauf, lorsqu'ils sont consacrés aux cultes, l'application préalable des revenus et ressources disponibles des fabriques à ces réparations, et sauf l'exécution des lois spéciales concernant les bâtiments affectés à un service militaire (1).

S'il y a désaccord entre la fabrique et la commune, quand le concours financier de cette dernière est réclamé par la fabrique dans les cas prévus aux paragraphes 11° et 12°, il est statué par décret, sur les propositions des ministres de l'intérieur et des cultes ;

13° La clôture des cimetières, leur entretien et leur translation dans les cas déterminés par les lois et règlements d'administration publique ;

14° Les frais d'établissement et de conservation des plans d'alignement et de nivellement ;

15° Les frais et dépenses des conseils de prud'hommes pour les communes comprises dans le territoire de leur juridiction et proportionnellement au nombre des électeurs inscrits sur les listes électorales spéciales à l'élection, et les menus frais des chambres consultatives des arts et manufactures pour les communes où elles existent ;

16° Les prélèvements et contributions établis par les lois sur les biens et revenus communaux (1);

17° L'acquittement des dettes exigibles ;

18° Les dépenses des chemins vicinaux dans les limites fixées par la loi;

19° Dans les colonies régies par la présente loi : le traitement du secrétaire et des employés de la mairie ; les contributions assises sur les biens communaux ; les dépenses pour le service de la milice qui ne sont pas à la charge du Trésor ;

20° Les dépenses occasionnées par l'application de l'article 85 de la présente loi, et généralement toutes les dépenses mises à la charge des communes par une disposition de loi.

Art. 137. — L'établissement des taxes d'octroi votées par les conseils municipaux, ainsi que les règlements relatifs à leur perception, sont autorisés par des décrets du Président de la république rendus en Conseil d'État, après avis du conseil général, ou de la commission départementale dans l'intervalle des sessions.

---

(1) Voir les dispositions combinées des art. 46 de la loi du 15 mai 1818 et 1er de l'ordonnance du 5 août de la même année, relativement au prélèvement pour frais de casernement dans les villes qui perçoivent des octrois.

Il en sera de même de toute délibération portant augmentation ou prorogation de taxe pour une période de plus de cinq ans.

Les délibérations concernant :

1° Les modifications aux règlements ou aux périmètres existants ;

2° L'assujettissement à la taxe d'objets non encore imposés au tarif local ;

3° L'établissement ou le renouvellement d'une taxe non comprise dans le tarif général (1) ;

4° L'établissement ou le renouvellement d'une taxe excédant le maximum fixé par ledit tarif général (1) ;

Doivent être pareillement approuvées par décret du Président de la république rendu en Conseil d'État, après avis du conseil général, ou de la commission départementale dans l'intervalle des sessions.

Les surtaxes d'octroi sur les vins, cidres, poirés et hydromels et alcools, au delà des proportions déterminées par les lois spéciales concernant les droits d'entrée du Trésor, ne peuvent être autorisées que par une loi.

Art. 138. — Sont exécutoires, sur l'approbation du préfet, conformément aux dispositions de l'article 69 de la présente loi, mais toutefois après avis du conseil général, ou de la commission départementale dans l'intervalle des sessions, les délibérations prises par les conseils municipaux concernant la suppression ou la diminution des taxes d'octroi.

Art. 139. — Sont exécutoires par elles-mêmes les délibérations prises par les conseils municipaux prononçant la prorogation ou l'augmentation des taxes d'octroi pour une période de cinq ans au plus, sous la réserve toutefois qu'aucune des taxes ainsi maintenues ou modifiées n'excédera pas le maximum déterminé par le tarif général (1) et ne portera que sur des objets compris dans ce tarif (2).

Art. 140. — Les taxes particulières dues par les habitants ou propriétaires en vertu des lois et des usages locaux sont réparties par une délibération du conseil municipal approuvée par le préfet.

Ces taxes sont perçues suivant les formes établies pour le recouvrement des contributions publiques.

Art. 141. — Les conseils municipaux peuvent voter, dans la limite du maximum fixé chaque année par le conseil général, des contributions extraordinaires n'excédant pas cinq centimes pendant cinq années, pour en affecter le produit à des dépenses extraordinaires d'utilité communale.

Ils peuvent aussi voter trois centimes extraordinaires exclusivement affectés aux chemins vicinaux ordinaires, et trois centimes extraordinaires exclusivement affectés aux chemins ruraux reconnus.

Ils votent et règlent les emprunts communaux remboursables sur

---

(1) Voir le décret du 12 février 1870, auquel est annexé le tarif général dont il s'agit.

(2) Les délibérations prises par application de l'art. 139 ne sont exécutoires qu'un mois après le dépôt du procès-verbal à la préfecture ou à la sous-préfecture (art. 68 de la présente loi) ; toutefois le préfet peut, par un arrêté, abréger ce délai.

les centimes extraordinaires votés comme il vient d'être dit au premier paragraphe du présent article, ou sur les ressources ordinaires, quand l'amortissement, en ce dernier cas, ne dépasse pas trente ans.

Art. 142. — Les conseils municipaux votent, sauf approbation du préfet :

1° Les contributions extraordinaires qui dépasseraient cinq centimes, sans excéder le maximum fixé par le conseil général, et dont la durée excédant cinq années ne serait pas supérieure à trente ans ;

2° Les emprunts remboursables sur les mêmes contributions extraordinaires ou sur les revenus ordinaires dans un délai excédant, pour ce dernier cas, trente ans.

Art. 143. — Toute contribution extraordinaire dépassant le maximum fixé par le conseil général et tout emprunt remboursable sur cette contribution sont autorisés par décret du Président de la république.

Si la contribution est établie pour une durée de plus de trente ans, ou si l'emprunt remboursable sur ressources extraordinaires doit excéder cette durée, le décret est rendu en Conseil d'État.

Il est statué par une loi si la somme à emprunter dépasse un million, ou si, réunie aux chiffres d'autres emprunts non encore remboursés, elle dépasse un million.

Art. 144. — Les forêts et les bois de l'État acquittent les centimes additionnels ordinaires et extraordinaires affectés aux dépenses des communes dans la même proportion que les propriétés privées.

SECTION II. — *Vote et règlement du budget.*

Art. 145. — Le budget de chaque commune est proposé par le maire, voté par le conseil municipal et réglé par le préfet.

Lorsqu'il pourvoit à toutes les dépenses obligatoires et qu'il n'applique aucune recette extraordinaire aux dépenses soit obligatoires, soit facultatives, ordinaires ou extraordinaires, les allocations portées audit budget pour les dépenses facultatives ne peuvent être modifiées par l'autorité supérieure.

Le budget des villes dont le revenu est de trois millions de francs au moins est toujours soumis à l'approbation du Président de la république, sur la proposition du ministre de l'intérieur.

Le revenu d'une ville est réputé atteindre trois millions de francs lorsque les recettes ordinaires constatées dans les comptes se sont élevées à cette somme pendant les trois dernières années.

Il n'est réputé être descendu au-dessous de trois millions de francs que lorsque, pendant les trois dernières années, les recettes ordinaires sont restées inférieures à cette somme.

Art. 146. — Les crédits qui seront reconnus nécessaires après le règlement du budget seront votés et autorisés conformément à l'article précédent.

Art. 147. — Les conseils municipaux peuvent porter au budget un crédit pour les dépenses imprévues.

La somme inscrite pour ce crédit ne peut être réduite ou rejetée qu'autant que les revenus ordinaires, après avoir satisfait à toutes les dépenses obligatoires, ne permettraient pas d'y faire face.

Le crédit pour dépenses imprévues est employé par le maire.

Dans la première session qui suivra l'ordonnancement de chaque dépense, le maire rendra compte au conseil municipal, avec pièces justificatives à l'appui, de l'emploi de ce crédit. Ces pièces demeureront annexées à la délibération.

Art. 148. — Le décret du Président de la république ou l'arrêté du préfet qui règle le budget d'une commune peut rejeter ou réduire les dépenses qui y sont portées, sauf dans les cas prévus par le paragraphe 2 de l'article 145 et par le paragraphe 2 de l'article 147 ; mais il ne peut les augmenter ni en introduire de nouvelles qu'autant qu'elles sont obligatoires.

Art. 149. — Si un conseil municipal n'allouait pas les fonds exigés par une dépense obligatoire, ou n'allouait qu'une somme insuffisante, l'allocation serait inscrite au budget par décret du Président de la république pour les communes dont le revenu est de trois millions et au-dessus, et par arrêté du préfet en conseil de préfecture pour celles dont le revenu est inférieur.

Aucune inscription d'office ne peut être opérée sans que le conseil municipal ait été, au préalable, appelé à prendre une délibération spéciale à ce sujet.

S'il s'agit d'une dépense annuelle et variable, le chiffre en est fixé sur sa quotité moyenne pendant les trois dernières années.

S'il s'agit d'une dépense annuelle et fixe de sa nature ou d'une dépense extraordinaire, elle est inscrite pour sa quotité réelle.

Si les ressources de la commune sont insuffisantes pour subvenir aux dépenses obligatoires inscrites d'office, en vertu du présent article, il y est pourvu par le conseil municipal, ou, en cas de refus de sa part, au moyen d'une contribution extraordinaire établie d'office par un décret, si la contribution extraordinaire n'excède pas le maximum à fixer annuellement par la loi de finances, et par une loi spéciale, si la contribution doit excéder ce maximum.

Art. 150. — Dans le cas où, pour une cause quelconque, le budget d'une commune n'aurait pas été définitivement réglé avant le commencement de l'exercice, les recettes et les dépenses ordinaires continuent, jusqu'à l'approbation de ce budget, à être faites conformément à celui de l'année précédente. Dans le cas où il n'y aurait eu aucun budget antérieurement voté, le budget serait établi par le préfet en conseil de préfecture.

CHAPITRE IV. — DE LA COMPTABILITÉ DES COMMUNES.

Art. 151. — Les comptes du maire, pour l'exercice clos, sont présentés au conseil municipal avant la délibération du budget.

Ils sont définitivement approuvés par le préfet.

Art. 152. — Le maire peut seul délivrer des mandats.

S'il refusait d'ordonnancer une dépense régulièrement autorisée et liquide, il serait prononcé par le préfet en conseil de préfecture, et l'arrêté du préfet tiendrait lieu du mandat du maire.

Art. 153. — Les recettes et dépenses communales s'effectuent par un comptable, chargé seul et sous sa responsabilité de poursuivre la rentrée de tous revenus de la commune et de toutes sommes qui lui seraient dues, ainsi que d'acquitter les dépenses ordonnancées par le maire, jusqu'à concurrence des crédits régulièrement accordés.

Tous les rôles de taxe, de sous-répartitions et de prestations locales doivent être remis à ce comptable.

Art. 154. — Toutes les recettes municipales pour lesquelles les lois et règlements n'ont pas prescrit un mode spécial de recouvrement s'effectuent sur les états dressés par le maire. Ces états sont exécutoires après qu'ils ont été visés par le préfet ou le sous-préfet.

Les oppositions, lorsque la matière est de la compétence des tribunaux ordinaires, sont jugées comme affaires sommaires, et la commune peut y défendre sans autorisation du conseil de préfecture.

Art. 155. — Toute personne autre que le receveur municipal qui, sans autorisation légale, se serait ingérée dans le maniement des deniers de la commune, sera par ce seul fait constituée comptable et pourra, en outre, être poursuivie, en vertu du Code pénal, comme s'étant immiscée sans titre dans les fonctions publiques.

Art. 156. — Le percepteur remplit les fonctions de receveur municipal.

Néanmoins, dans les communes dont les revenus ordinaires excèdent trente mille francs, ces fonctions peuvent être confiées, sur la demande du conseil municipal, à un receveur municipal spécial.

Ce receveur spécial est nommé sur une liste de trois noms présentée par le conseil municipal.

Il est nommé par le préfet dans les communes dont le revenu ne dépasse pas trois cent mille francs, et par le Président de la république, sur la proposition du ministre des finances, dans les communes dont le revenu est supérieur.

En cas de refus, le conseil municipal doit faire de nouvelles présentations.

Art. 157. — Les comptes du receveur municipal sont apurés par le conseil de préfecture, sauf recours à la cour des comptes pour les communes dont les revenus ordinaires dans les trois dernières années n'excèdent pas trente mille francs.

Ils sont apurés et définitivement réglés par la cour des comptes pour les communes dont le revenu est supérieur.

Ces distinctions sont applicables aux comptes des trésoriers des hôpitaux et autres établissements de bienfaisance.

Art. 158. — La responsabilité des receveurs municipaux et les formes de la comptabilité des communes sont déterminées par des règlements d'administration publique.

Les receveurs municipaux sont assujettis, pour l'exécution de ces règlements, à la surveillance des receveurs des finances.

Dans les communes où les fonctions de receveur municipal et de percepteur sont réunies, la gestion du comptable est placée sous la responsabilité du receveur des finances, d'après les conditions déterminées par un règlement d'administration publique.

Art. 159. — Les comptables qui n'ont pas présenté leurs comptes dans les délais prescrits par les règlements peuvent être condamnés, par l'autorité chargée de juger lesdits comptes, à une amende de dix francs à cent francs par chaque mois de retard pour les receveurs et trésoriers justiciables des conseils de préfecture, et de cinquante à cinq cents francs, également par mois de retard, pour ceux qui sont justiciables de la cour des comptes.

Ces amendes sont attribuées aux communes ou établissements que concernent les comptes en retard.

Elles sont assimilées, quant au mode de recouvrement et de poursuites, aux débets de comptables des deniers de l'État, et la remise n'en peut être accordée que d'après les mêmes règles.

Art. 160. — Les budgets et les comptes des communes restent déposés à la mairie ; ils sont rendus publics dans les communes dont le revenu est de cent mille francs et au-dessus, et dans les autres quand le conseil municipal a voté la dépense de l'impression.

TITRE V.

Des biens et droits indivis entre plusieurs communes.

Art. 161. — Lorsque plusieurs communes possèdent des biens ou des droits indivis, un décret du Président de la république instituera, si l'une d'elles le réclame, une commission syndicale composée de délégués des conseils municipaux des communes intéressées.

Chacun des conseils élira dans son sein, au scrutin secret, le nombre de délégués qui aura été déterminé par le décret du Président de la république.

La commission syndicale sera présidée par un syndic élu par les délégués et pris parmi eux. Elle sera renouvelée après chaque renouvellement des conseils municipaux.

Les délibérations sont soumises à toutes les règles établies pour les délibérations des conseils municipaux.

Art. 162. — Les attributions de la commission syndicale et de son président comprennent l'administration des biens et droits indivis et l'exécution des travaux qui s'y rattachent.

Ces attributions sont les mêmes que celles des conseils municipaux et des maires en pareille matière.

Mais les ventes, échanges, partages, acquisitions, transactions, demeurent réservés aux conseils municipaux, qui pourront autoriser le président de la commission à passer les actes qui y sont relatifs.

Art. 163. — La répartition des dépenses votées par la commission syndicale est faite entre les communes intéressées par les conseils municipaux.

Leurs délibérations seront soumises à l'approbation du préfet.

En cas de désaccord entre les conseils municipaux, le préfet prononcera, sur l'avis du conseil général ou, dans l'intervalle des sessions, de la commission départementale. Si les conseils municipaux appartiennent à des départements différents, il sera statué par décret.

La part de la dépense définitivement assignée à chaque commune sera portée d'office aux budgets respectifs, conformément à l'article 149 de la présente loi.

TITRE VI.

Dispositions relatives à l'Algérie et aux Colonies.

Art. 164. — La présente loi est applicable aux communes de plein exercice de l'Algérie. . . . .

TITRE VII.

Dispositions générales.

Art. 167. — Les conseils municipaux pourront prononcer la désaffectation totale ou partielle d'immeubles consacrés, en dehors des prescriptions de la loi organique des cultes du 18 germinal an X et des dispositions relatives au culte israélite, soit aux cultes, soit à des services religieux ou à des établissements quelconques ecclésiastiques et civils.

Ces désaffectations seront prononcées dans la même forme que les affectations.

Art. 168. — Sont abrogés :

1° Le titre XI, article 3, de la loi des 16-24 août 1790 ;

2° Les articles 1, 2, 3 et 5 de la loi du 20 messidor an III ;

3° Les titres I, IV et V de la loi du 10 vendémiaire an IV ;

4° La loi du 29 vendémiaire an V, la loi du 17 vendémiaire an X, l'arrêté du 21 frimaire an XII ;

5° Les articles 36, n° 4, 39, 49, 92 à 103 du décret du 30 décembre 1809 ; la loi du 14 février 1810 ;

6° La loi du 18 juillet 1837 ;

7° L'ordonnance du 18 décembre 1838 ;

8° L'ordonnance du 15 juillet 1840 ;

9° L'ordonnance du 7 août 1842 ;

10° La loi du 19 juin 1851, à l'exception de l'article 5 ;

11° Le décret des 4-11 septembre 1851 ;

12° L'article 5, n°s 13 et 21, du décret du 25 mars 1852 ;

13° La loi du 5 mai 1855 ;

14° Le décret du 13 avril 1861, tableau A, n°s 42, 48, 50, 51, 56, 59 ;

15° La loi du 24 juillet 1867, à l'exception de la disposition de l'article 9, relative à l'établissement du tarif général, et de l'article 17, lequel reste en vigueur provisoirement, mais seulement en ce qui concerne la ville de Paris ;

16° La loi du 22 juillet 1870 ;

17° Les articles 1, 2, 3, 4, 5, 6, 8, 9, 18, 19, 20 de la loi du 14 avril 1871, le paragraphe 25 de l'article 46 et le paragraphe 4 de l'article 48 de la loi du 10 août 1871 ;

18° La loi du 4 avril 1873 ;

19° La loi du 20 janvier 1874 ;

20° La loi du 12 août 1876 ;

21° La loi du 21 avril 1881 ;

22° La loi du 28 mars 1882.

Sont abrogés également pour les colonies, en ce qu'ils ont de contraire à la présente loi :

23° Le décret colonial du 12 juin 1827 (Martinique) ;

24° Le décret colonial du 20 septembre 1837 (Guadeloupe) ;

25° L'arrêté du 12 novembre 1848 (Réunion) ;

26° Le décret du 29 juin 1882 (Saint-Barthélemy) ;

27° L'article 116 du décret du 20 novembre 1882 sur le régime financier des colonies, pour les colonies soumises à la présente loi ;

28° Et, en outre, toutes dispositions contraires à la présente loi, sauf celles qui concernent la ville de Paris.

MODÈLES DE RÈGLEMENT.

RÈGLEMENT DE L'OCTROI

DE LA COMMUNE D. . . . . (1)

MODÈLE **U** (*spécial aux octrois à bureaux périphériques*).

MODÈLE **V** (*spécial aux octrois à bureau central unique*).

CHAPITRE I.

§ Ier. — *De la perception.*

Art. L'octroi municipal et de bienfaisance établi dans la commune d département d sera perçu conformément au tarif ci-annexé et d'après les dispositions du présent règlement.

La perception se fera indistinctement sur tous les objets compris au tarif et sur tous les consommateurs, sans aucune exception (2).

La surveillance immédiate de l'octroi appartient au maire, sous l'autorité de l'administration supérieure (3).

La surveillance générale sera exercée par la régie des contributions indirectes (4).

Art. Le rayon de l'octroi comprendra (5) :

Art. Les déclarations et la recette des droits se feront aux bureaux ci-après désignés,
Savoir :
Ces bureaux seront indiqués par un tableau portant ces mots : BUREAU DE L'OCTROI (6). Ils seront ouverts tous les jours, depuis (7)

Art. Il sera établi, dans le centre de la commune, un bureau pour les déclarations et la recette ; il sera indiqué par un tableau portant cette inscription : BUREAU DE L'OCTROI (6).
Ce bureau sera ouvert tous les jours, depuis (7)

Les présents tarif et règlement seront affichés dans l'intérieur et à l'extérieur desdits bureaux (6).

Les présents tarif et règlement seront affichés dans l'intérieur et à l'extérieur dudit bureau (6).

---

(1) NOTA. — Voir, au sujet de l'emploi de ces modèles, le chapitre des *Notions générales* (pages 7 et 8), et, pour toutes les dispositions légales visées en bas de page, le texte même des lois, décrets ou ordonnances, qui figurent à leur ordre chronologique dans le chap. III. Les dispositions qui s'étendent sur toute la page sont communes aux deux modèles. On donnera aux art. une série non interrompue de numéros.

(2) Art. 105 de l'ordonnance du 9 décembre 1814.

(3) Art. 147 de la loi du 28 avril 1816.

(4) Art. 88 de l'ordonnance du 9 décembre 1814.

(5) Voir le chapitre des *Notions générales*, page 9, et la *Jurisprudence*, nos 72 et suivants.

(6) Art. 25 et 27 de l'ordonnance du 9 décembre 1814.

(7) Voir *Jurisprudence*, nos 1, 2, 3 et 4.

§ II. — *Perception sur les objets venant de l'extérieur* (1).

Art. Tout porteur ou conducteur d'objets assujettis aux droits d'octroi sera tenu, avant de les introduire, d'en faire la déclaration au bureau; de produire les congés, acquits-à-caution, passavants, ainsi que les lettres de voiture, connaissements, chartes-parties ou toutes expéditions qui les accompagnent, et d'acquitter les droits si les objets sont destinés à la consommation du lieu, sous peine de la confiscation desdits objets (2) et d'une amende de 100 à 200 francs (3).

Toute déclaration devra indiquer la nature, la quantité, le poids, et le nombre des objets introduits.

Art. Tout porteur ou conducteur d'objets assujettis aux droits sera tenu, avant de les déposer ou remiser à domicile (2), de les conduire directement au bureau pour en faire la déclaration, produire les congés, acquits-à-caution, passavants, ainsi que les lettres de voiture, connaissements, chartes-parties ou toutes expéditions qui les accompagnent, et d'acquitter les droits si les objets sont destinés à la consommation du lieu, sous peine de la confiscation desdits objets (2) et d'une amende de 100 à 200 francs (3).

Toute déclaration devra indiquer la nature, la quantité, le poids et le nombre des objets introduits.

Art. Après la déclaration, les préposés pourront faire toutes les recherches, visites et vérifications nécessaires pour en constater l'exactitude. Les conducteurs seront tenus de souffrir et même de faciliter toutes les opérations relatives auxdites vérifications (2).

Tout objet soumis à l'octroi, qui n'aura pas été conduit directement au bureau, ou qui sera déchargé sans avoir été déclaré ou sur une déclaration fausse, sera saisi (4); les voitures, chevaux et autres moyens servant au transport seront également saisis, à défaut par les contrevenants de consigner le maximum de l'amende prononcée par l'article précédent, ou de fournir caution valable (5).

Art. Il est défendu aux employés, sous peine de destitution et de tous dommages-intérêts, de faire usage de la sonde dans la visite des malles, caisses et ballots annoncés contenir des étoffes, linges et autres objets susceptibles d'être endommagés.

Dans ce cas, comme dans tous ceux où le contenu des caisses et ballots serait inconnu et ne pourrait être vérifié immédiatement, la vérification en sera faite dans les emplacements à ce destinés et déterminés par l'autorité locale (6).

Art. L'introduction ou la tentative d'introduction, dans le rayon de l'octroi, d'objets soumis aux

Art. Le déchargement ou la tentative d'introduction à domicile (7), sans déclaration préalable, d'objets

---

(1) Voir *Jurisprudence*, nos 54 à 61.

(2) Art. 28 de l'ordonnance du 9 décembre 1814 et art. 34 de la même ordonnance, pour les octrois à bureau central.

(3) Art. 9 de la loi du 24 mai 1834.

(4) Art. 29 de l'ordonnance du 9 décembre 1814.

(5) Art. 9 de la loi du 24 mai 1834 et 8 de la loi du 29 mars 1832.

(6) Art. 35 de l'ordonnance du 9 décembre 1814.

(7) Art. 34 de l'ordonnance du 9 décembre 1814.

droits, à l'aide d'ustensiles préparés ou de moyens disposés pour la fraude, donnera lieu à l'arrestation du porteur ou conducteur desdits objets ; cette arrestation pourra être opérée par les préposés de l'octroi (1).

soumis aux droits, pourra donner lieu à l'arrestation des porteurs ou conducteurs desdits objets, lorsque le transport aura été effectué à l'aide d'ustensiles préparés ou de moyens disposés pour la fraude. Cette arrestation pourra être opérée par les préposés de l'octroi (1).

Art. Lorsque, en vertu de l'article précédent, les préposés auront arrêté et constitué prisonnier un fraudeur, ils seront tenus de le conduire sur-le-champ devant un officier de police judiciaire, ou de le remettre à la force armée, qui le conduira devant le juge compétent ; lequel statuera de suite, par une décision motivée, sur l'emprisonnement ou la mise en liberté du prévenu.

Néanmoins, celui-ci sera immédiatement mis en liberté, s'il offre bonne et suffisante caution de se présenter en justice et d'acquitter l'amende encourue, ou s'il consigne ladite amende (2).

Art. Les animaux imposés par le tarif, et destinés à être abattus, seront, s'il y a lieu, marqués au feu au moment de la déclaration. Ceux qu'on introduira morts, ou qu'on abattra dans l'intérieur des limites, seront marqués au noir sur les extrémités des quartiers. On ne pourra, dans l'un ou l'autre cas, se servir d'autres marques que celles qui seront déterminées par le maire (3).

§ III. — *Perception sur les objets de l'intérieur* (4).

Art. Toute personne qui récolte, prépare ou fabrique, dans l'intérieur du rayon de l'octroi, des objets compris au tarif est tenue, sous peine de la confiscation des objets récoltés, préparés ou fabriqués, et d'une amende de 100 à 200 francs, d'en faire la déclaration et, si elle ne réclame la faculté de l'entrepôt, d'acquitter immédiatement le droit.

Les préposés de l'octroi reconnaîtront à domicile les quantités récoltées, préparées ou fabriquées, et feront toutes les vérifications nécessaires pour prévenir la fraude (5).

Art. Les animaux destinés à être abattus seront, s'il y a lieu, marqués

Art. Toute personne qui récolte, prépare ou fabrique, dans l'intérieur du rayon de l'octroi, des objets compris au tarif, est tenue, sous peine de la confiscation des objets récoltés, préparés ou fabriqués, et d'une amende de 100 à 200 francs, d'en faire la déclaration et, si elle ne réclame la faculté de l'entrepôt, d'acquitter immédiatement le droit.

Tout propriétaire d'objets préparés, fabriqués ou récoltés dans le rayon de l'octroi, sera soumis aux visites et exercices des préposés (5).

Art. Les propriétaires des bestiaux imposés qui seront entretenus dans

(1) Art. 9 de la loi du 24 mai 1834 et 9 de la loi du 29 mars 1832.
(2) Art. 224 de la loi du 28 avril 1816 applicable aux octrois en vertu de la loi du 29 mars 1852 (art. 9) ; voir aussi l'art. 12 de la loi du 21 juin 1873, pour le cas où il s'agirait d'une saisie d'alcool.
(3) Art. 49 du décret du 17 mai 1809 et 24 de l'ordonnance du 9 décembre 1814.
(4) Voir *Jurisprudence*, nos 62 à 71.
(5) Art. 36 de l'ordonnance du 9 décembre 1814 et 9 de la loi du 24 mai 1834.

au feu au moment de leur introduction. Ceux qu'on introduira morts, ou qu'on abattra dans l'intérieur des limites, seront marqués au noir sur les extrémités des quartiers. On ne pourra, dans l'un et l'autre cas, se servir d'autres marques que celles déterminées par le maire (1).

le rayon de l'octroi devront faire leur déclaration au bureau. Ils seront tenus de souffrir les visites et exercices des préposés dans leurs étables et bergeries. Il sera fait un inventaire de leurs bestiaux, lequel sera suivi de recensements aux époques déterminées par le maire (1).

Art. Ils seront aussi tenus de déclarer d'avance le nombre et l'espèce des animaux qu'ils livreront aux bouchers et charcutiers, ceux qu'ils feront venir du dehors pour les remplacer, et ceux qu'ils abattront pour leur consommation personnelle.

Ils déclareront également toute diminution ou augmentation dans le nombre de leurs bestiaux, et pour quelque cause que ce soit (1).

Art. A l'époque des recensements, les propriétaires sont tenus d'acquitter les droits pour les bestiaux manquant à leur charge. Les bestiaux morts naturellement ou exportés hors de la commune ne sont passibles d'aucun droit. Il sera fait déclaration des premiers dans le jour de la mort et des seconds préalablement à leur exportation. Ces déclarations seront vérifiées par les préposés (1).

CHAPITRE II.

§ Ier. · *Passe-debout, transit et entrepôt des objets soumis aux droits du Trésor (2).*

Art. Les formalités du passe-debout des boissons et des huiles non minérales seront les mêmes, pour l'octroi, que celles qui sont observées par la Régie des contributions indirectes ; il en sera de même en ce qui concerne le transit des boissons.

L'entrepôt des boissons et des huiles non minérales (3) aura lieu, pour l'octroi, d'après les mêmes for-

Art. Les formalités du passe-debout et du transit des boissons seront les mêmes, pour l'octroi, que celles qui sont observées par la Régie des contributions indirectes.

L'entrepôt des boissons et des huiles non minérales (3) aura lieu, pour l'octroi, d'après les mêmes formalités, conditions, et pour les mêmes quantités que celles qui sont fixées à l'égard des droits

---

(1) Jurisprudence basée sur les art. 49 du décret du 17 mai 1809 et 28 de l'ordonnance du 9 décembre 1814. (Arrêt de cassation, 26 mai 1827.) Voir le renvoi 4, page 287.

(2) Voir *Jurisprudence*, nos 12, 13, 18.

(3) Supprimer les mots : *et des huiles non minérales*, lorsque les villes sont placées, en ce qui concerne les huiles, sous le régime de la redevance ou de l'abonnement. (Art. 4 et 5 de la loi du 22 décembre 1878.)

malités, conditions, et pour les mêmes quantités que celles qui sont fixées à l'égard des droits du Trésor (1).

Les exercices chez les entrepositaires seront faits par les employés des contributions indirectes, en conformité de l'article 91 de l'ordonnance du 9 décembre 1814.

§ II. — *Du passe-debout des objets non sujets aux droits du Trésor* (2).

Art. Le conducteur d'objets soumis à l'octroi, qui voudra traverser seulement la commune, ou y séjourner moins de vingt-quatre heures, sera tenu de se munir d'un passe-debout (4).

Art. Pour jouir de l'exemption résultant du passe-debout, les propriétaires, conducteurs ou porteurs d'objets portés au tarif seront tenus de faire les déclarations prescrites par l'article   . et d'indiquer, en outre, le lieu du départ et celui de la destination (4).

Art. Les droits seront consignés ou cautionnés. Ces droits seront rendus ou la caution déchargée lorsqu'il aura été justifié de la sortie des objets. Lorsque les conducteurs ne pourront cautionner ni consigner les droits, il leur sera accordé une escorte dont les frais seront à leur charge et sont réglés de la manière suivante (4) :

Art. Toute substitution ou toute altération faite dans la nature ou l'espèce des objets en passe-debout ou en transit, pendant la durée du séjour, fera encourir au contrevenant une amende de 100 à 200 francs et entraînera, en outre, la confiscation des objets représentés et le paiement d'une somme égale à la différence de leur valeur avec celle des objets reconnus à l'entrée, laquelle sera déterminée d'après le prix moyen dans le lieu sujet (6.)

du Trésor (1).

Les exercices chez les entrepositaires seront faits par les employés des contributions indirectes, en conformité de l'article 91 de l'ordonnance du 9 décembre 1814.

§ II. — *Passe-debout et transit des objets non sujets aux droits du Trésor* (3).

Art. Tout conducteur d'objets compris au tarif, qui voudra séjourner dans le rayon de l'octroi moins de vingt-quatre heures, sera tenu d'en faire la déclaration, et il lui sera délivré un bulletin de passe-debout (4).

Si le séjour doit excéder vingt-quatre heures, le conducteur devra se munir d'un bulletin de transit (5).

Dans l'un et l'autre cas, les droits des objets introduits seront consignés ou cautionnés. Ces droits seront rendus, ou la caution déchargée, lorsqu'il aura été justifié de la sortie des objets (4-5).

Art. Les objets admis en passe-debout ou en transit ne pourront être remisés ou déposés, pendant la durée du séjour, qu'aux lieux indiqués par la déclaration ; ils resteront sous la surveillance des préposés jusqu'au moment du départ (5).

(1) Art. 150 de la loi du 28 avril 1816.
(2) Voir *Jurisprudence*, nos 51 à 53.
(3) Voir   id.   nos 51 à 53 et 84 et suivants.
(4) Art. 60 du décret du 17 mai 1809 et 37 de l'ordonnance du 9 décembre 1814.
(5) Art. 38 même ordonnance.
(6) Art. 65 du décret du 17 mai 1809 ; 37 et 38 de l'ordonnance du 9 décembre 1814, et 9 de la loi du 24 mai 1834.

Art. Les caisses et ballots accompagnés d'acquits-à-caution, et portant les plombs et marques des contributions indirectes ou des douanes, sont affranchis des visites et vérifications, si les plombs et marques sont reconnus sains et entiers, et dans le cas seulement où les objets resteront sous la surveillance des employés (1).

Art. Dans le cas où par force majeure ou par accident reconnu par les autorités locales, un conducteur sera retenu dans le rayon de l'octroi au delà du délai fixé, le passe-debout sera, sur sa déclaration, converti en transit, et les objets seront mis sous la surveillance des préposés de l'octroi jusqu'à leur sortie. Les frais de loyer ou de garde, s'il y en a, seront à la charge des déclarants (2).

Art. En cas de changement de moyens de transport ayant pour effet de rendre plus difficile la vérification à la sortie des objets introduits sur passe-debout, les employés devront être appelés (3).

§ III. *Du transit des objets non soumis aux droits du Trésor* (4).

Art. Les déclarations et formalités prescrites pour les objets en passe-debout (excepté en ce qui concerne l'escorte) auront également lieu pour le transit. Les droits seront consignés ou cautionnés. Les objets admis en transit resteront sous la surveillance des préposés jusqu'au moment du départ (5).

Art. La durée du transit est fixée à trois jours. Nulle prolongation au delà de ce terme ne peut avoir lieu que sur l'autorisation du maire, d'après l'avis du préposé principal de l'octroi, et dans le cas d'une nécessité dûment constatée (6).

Art. Les droits seront restitués ou la caution déchargée au moment de la sortie. S'il n'était représenté qu'une portion des objets introduits, les

(1) Art. 70 du décret du 17 mai 1809.
(2) Art. 66 du décret du 17 mai 1809.
(3) Art. 69 même décret.
(4) Voir *Jurisprudence*, nᵒˢ 84 à 86.
(5) Art. 38 de l'ordonnance du 9 décembre 1814.
(6) Art. 67 du décret du 17 mai 1809.

droits seraient acquis sur la portion non représentée, à moins toutefois que la vente n'en eût été faite à un entrepositaire, et les objets pris en charge à son compte (1).

Art. Les objets amenés aux foires et marchés sont assujettis à toutes les formalités du transit (2).

Vingt-quatre heures après le délai fixé par l'article   , ou après l'expiration des foires et marchés, les droits consignés seront définitivement acquis à l'octroi, s'il n'a pas été justifié de la sortie des objets (3).

Art. Les droits à consigner pour les bestiaux introduits sur passe-debout dans le rayon de l'octroi, ou ceux à acquitter par les entrepositaires en cas de manquants constatés à leur charge, sont fixés ainsi qu'il suit (5) :

Bœufs et taureaux, par tête. .
Vaches et génisses, par tête. .
Veaux, par tête. . . . . .
Moutons et brebis, par tête. .
Chèvres et chevreaux, par tête.
Porcs et sangliers, par tête. .

Art. Les voitures et transports militaires chargés d'objets assujettis aux droits sont soumis aux règles ci-dessus prescrites pour le transit et le passe-debout (art. 40 de l'ordonnance du 9 décembre 1814). Toutefois, dans le cas où l'emploi de ces formalités pourrait apporter un retard nuisible, les préposés se borneront à surveiller ou à escorter le convoi.

Art. Les diligences, fourgons, fiacres, cabriolets et autres voitures de louage sont soumis aux visites des préposés de l'octroi (6).

Il en est de même des voitures

Art. Les objets amenés aux foires et marchés sont assujettis à toutes les formalités du transit (2).

Vingt-quatre heures après le délai fixé pour le passe-debout ou pour le transit, ou après l'expiration des foires et marchés, les droits consignés seront définitivement acquis à l'octroi, s'il n'a pas été justifié de la sortie des objets (3).

Art. Toute substitution ou toute altération faite dans la nature ou l'espèce des objets en passe-debout ou en transit, pendant la durée du séjour, fera encourir au contrevenant une amende de 100 à 200 fr., et entraînera, en outre, la confiscation des objets représentés et le paiement d'une somme égale à la différence de leur valeur avec celle des objets reconnus à l'entrée, laquelle sera déterminée d'après le prix moyen dans le lieu sujet (4).

Art. Les droits à consigner pour les bestiaux qui séjourneraient sur passe-debout dans le rayon de l'octroi, ou ceux à acquitter par les entrepositaires, en cas de manquants constatés à leur charge, sont fixés ainsi qu'il suit (5) :

Bœufs et taureaux, par tête. .
Vaches et génisses, par tête. .
Veaux, par tête. . . . . .
Moutons et brebis, par tête. .
Chèvres et chevreaux, par tête.
Porcs et sangliers, par tête. .

---

(1) Art. 37 de l'ordonnance du 9 décembre 1814.

(2) Art. 38 de l'ordonnance du 9 décembre 1814.

(3) Dans les communes où l'affluence des bestiaux à un marché ou à une foire est considérable, et dans les communes où l'on se sert encore de bêtes à cornes pour attelage, on pourra se dispenser d'exiger la consignation ou le cautionnement des droits. Dans ce cas, le règlement doit indiquer les formalités et les dispositions nécessaires pour prévenir l'abus de cette exemption, afin que les préposés puissent avoir une connaissance exacte des bestiaux qui seraient vendus pour rester dans l'intérieur et de ceux qui en sortent pour toute autre destination. (Art. 27 du décret du 17 mai 1809.)

(4) Articles 65 du décret du 17 mai 1809, 38 de l'ordonnance du 9 décembre 1814 et 9 de la loi du 24 mai 1834.

(5) Art. 38 et 44 de l'ordonnance du 9 décembre 1814. — Cette disposition n'est utile que dans les communes où les animaux sont imposés *au poids*; lorsque la taxe est fixée *par tête*, c'est le droit indiqué par le tarif qui doit être consigné ou acquitté.

(6) Articles 28 et 30 de l'ordonnance du 9 décembre 1814.

particulières suspendues ou non suspendues (1).

Art. Les individus voyageant à pied ou à cheval ne pourront être arrêtés, questionnés ou visités sur leur personne, ni à raison de leurs effets.

Tout acte contraire à la présente disposition sera réputé acte de violence, et les préposés qui s'en rendront coupables seront poursuivis correctionnellement et punis des peines prononcées par les lois. Tout individu soupçonné de faire la fraude à la faveur de cette exception pourra être conduit devant un officier de police ou devant le maire, pour y être interrogé et la visite de ses effets autorisée, s'il y a lieu (2).

Art. Les courriers ne pourront être arrêtés à leur passage, sous prétexte de la perception ; mais ils seront tenus d'acquitter les droits sur les objets soumis à l'octroi qu'ils introduiraient pour être consommés dans la localité ; à cet effet, les préposés de l'octroi seront autorisés à assister au déchargement des malles (3).

§ IV. *Des bestiaux entretenus dans le rayon de l'octroi* (4).

Art. Les propriétaires de bestiaux entretenus dans le rayon de l'octroi devront faire leur déclaration au bureau. Il leur sera délivré un permis de circulation indicatif du nombre, de l'espèce et du lieu de passage affecté à la sortie et à la rentrée de ces animaux. Ceux qui seraient introduits au delà du nombre fixé par le permis, et sans déclaration préalable, seront saisis (5).

Art. Les propriétaires des bestiaux dont il s'agit souffriront les visites et exercices des préposés de l'octroi dans leurs étables et bergeries. Il sera fait un inventaire de

---

(1) Articles 7 de la loi du 29 mars 1832 et 9 de la loi du 24 mai 1834.
(2) Articles 30 et 31 de l'ordonnance du 9 décembre 1814.
(3) Art. 33 même ordonnance.
(4) Les dispositions rangées dans ce § constituent, pour le bétail, un régime spécial tenant à la fois du passe-debout et de l'entrepôt, régime qui est fondé sur l'instruction du ministre des finances du 25 septembre 1809. Voir cette instruction au Recueil chronologique Trescaze, pages 310, 311 et 315.
(5) Art. 27 et 49 du décret du 17 mai 1809.

leurs bestiaux, lequel sera suivi de recensements aux époques déterminées par le maire (1-2).

Art. Ils sont aussi tenus de déclarer d'avance le nombre et l'espèce des animaux qu'ils livreront aux bouchers et charcutiers, ceux qu'ils feront venir du dehors pour les remplacer, et ceux qu'ils abattront pour leur consommation personnelle.

Ils déclareront également toute diminution ou augmentation dans le nombre de leurs bestiaux, et pour quelque cause que ce soit (?).

Art. Les bestiaux morts naturellement, ou exportés hors de la commune, ne sont passibles d'aucun droit. Il sera fait déclaration des premiers dans le jour de la mort, et des seconds préalablement à leur exportation. Ces déclarations seront vérifiées par les préposés. A l'époque des recensements, les propriétaires sont tenus d'acquitter les droits pour les bestiaux reconnus manquant à leur charge (2).

§ V. — *Entrepôt à domicile des objets non soumis aux droits du Trésor* (3).

Art. Les propriétaires et commerçants sont, en justifiant de leur qualité, admis à recevoir chez eux et dans leurs magasins, à titre d'entrepôt et sans acquittement préalable des droits, les marchandises soumises à l'octroi (4).

Les admissions à la qualité d'entrepositaire seront prononcées par le maire. Toutes les contestations qui s'élèveraient relativement à l'admission au bénéfice de l'entrepôt seront portées devant le maire, qui prononcera, sauf recours au préfet (5).

§ III. — *Entrepôt à domicile des objets non soumis aux droits du Trésor* (3).

Art. Les propriétaires et commerçants sont, en justifiant de leur qualité, admis à recevoir chez eux et dans leurs magasins, à titre d'entrepôt, et sans acquittement préalable des droits, les objets soumis à l'octroi (4).

Les admissions à la qualité d'entrepositaire seront prononcées par le maire. Toutes les contestations qui s'élèveraient relativement à l'admission au bénéfice de l'entrepôt seront portées devant le maire, qui prononcera, sauf recours au préfet (5).

Art. Sont désignés ci-après les objets admis à l'entrepôt à domicile (6),

---

(1) Art. 49 du décret du 17 mai 1809 et 36 de l'ordonnance du 9 décembre 1814.
(2) Voir le renvoi 4 de la page précédente et le renvoi 1 de la page 283.
(3) Voir le chap. de la *Jurisprudence* nᵒˢ 12 à 50.
(4) Art. 41 de l'ordonnance du 9 décembre 1814.
(5) Conséquence de l'art. 147 de la loi du 28 avril 1816 et des articles 82 et 90 de la loi du 5 avril 1884.
(6) Aux termes de l'article 41 de l'ordonnance du 9 décembre 1814, les règlements doivent déterminer les objets pour lesquels l'entrepôt est accordé. D'un autre côté, il est du principe constitutif de l'octroi que les droits ne peuvent peser que sur les objets

ainsi que les quantités au-dessous desquelles la faculté de l'entrepôt ne pourra être accordée et le certificat de sortie délivré,

SAVOIR :

Les bestiaux seront admis en toutes quantités.

DÉSIGNATION DES OBJETS ADMIS A L'ENTREPÔT.	MINIMA (1) A L'ENTRÉE	MINIMA (1) A LA SORTIE

Les introductions subséquentes pourront avoir lieu en toutes quantités.

Art. (2). Les combustibles et les matières premières à employer dans les établissements industriels et dans les manufactures de l'Etat sont admis à l'entrepôt à domicile.

Toutefois l'entrepôt ne sera pas accordé pour les matières premières dans le cas où la somme à percevoir à raison des quantités pour lesquelles elles entrent dans un produit industriel n'atteindrait pas 1[4 p. 0[0 de la valeur de ce produit (3).

Pour jouir de l'entrepôt à domicile relativement aux combustibles employés dans les établissements industriels à la préparation de produits destinés au commerce général, le soumissionnaire devra faire entrer une première fois   au moins (4).

Les arrivages subséquents pourront avoir lieu en toute quantité.

Décharge sera accordée aux entrepositaires pour toutes les quantités de combustibles et de matières premières employées dans ces établissements à la préparation ou à la fabrication de produits qui ne sont frappés d'aucun droit par le tarif de l'octroi du lieu sujet, pourvu que l'emploi ait été préalablement déclaré et qu'il en ait été justifié aux préposés de l'octroi chargés de l'exercice des entrepôts ; à défaut de quoi le droit, sera perçu sur les quantités manquantes.

Si le produit industriel à la préparation ou à la fabrication duquel sont employés les combustibles ou les matières premières est imposé au tarif de l'octroi, l'entrepositaire n'en obtiendra pas moins l'affranchissement pour le combustible et la matière première employés à la fabrication , mais il paiera le droit dû par les produits industriels pour ceux de ces produits qu'il ne justifiera pas avoir fait sortir du lieu sujet (3).

destinés à la consommation locale (articles 11 de l'ordonnance et 148 de la loi du 28 avril 1816). En conséquence, les conseils municipaux ne peuvent exclure du présent article que les objets du tarif qui, dans la localité, ne donnent pas lieu à réclamer la franchise des droits pour cause de réexportation.

(1) Les minima ne doivent pas être prohibitifs de la faculté d'entrepôt ; *Jurisp.* n° 15, 16, 17, 18.

(2) Entrepôt industriel, voir le chap. de la *Jurisprudence*, n° 31 à 42.

(3) Article 8 du décret du 12 février 1870.

(4) Le minimum de la quantité de combustibles à introduire pour la première fois ne doit pas être fixé à un chiffre exagéré ; *Jurisp.* n° 17.

Art. Lorsque des droits d'octroi auront été acquittés à l'entrée pour des combustibles ou des matières premières qui, dans l'intérieur du lieu sujet, seront employés à la préparation ou à la fabrication d'un produit industriel livré à la consommation intérieure et imposable, s'il est régulièrement justifié de ce paiement, le montant desdits droits sera précompté sur celui des droits dus pour le produit fabriqué.

Toutefois il n'y aura jamais lieu à remboursement d'aucune portion des droits payés à l'entrée, dans le cas où ils se trouveraient excéder ceux qui sont dus pour le produit fabriqué lui-même (1).

Art. Ne seront soumis à aucun droit d'octroi les approvisionnements en vivres destinés au service de l'armée de terre, ainsi que de la marine militaire ou marchande, et qui ne doivent pas être consommés dans le lieu sujet : les bois, fers, graisses, huiles, et généralement toutes les matières employées pour la confection ou l'entretien du matériel de l'armée de terre, dans les constructions navales et pour la fabrication d'objets servant à la navigation, les combustibles et toutes autres matières embarqués sur les bâtiments de l'Etat et du commerce pour être consommés ou employés en mer.

Ces approvisionnements et matières seront introduits dans les magasins de la guerre, de la marine de l'Etat et de la marine marchande de la manière prescrite pour les objets en entrepôt.

Le compte en sera suivi par les employés et préposés désignés à cet effet, et les droits d'octroi ne seront dus que sur les quantités enlevées pour l'intérieur du lieu sujet et pour toute autre destination que celle qui est spécifiée ci-dessus (2).

Art. Les charbons de terre, le coke et tous autres combustibles employés tant par l'administration de la guerre, pour la fabrication ou l'entretien du matériel de guerre et pour la confection d'objets destinés à être consommés hors du lieu sujet, que par la marine de l'Etat et par la marine marchande pour la confection d'objets destinés à la navigation, seront, comme ceux qui sont employés dans les établissements industriels pour la préparation ou la fabrication d'objets destinés au commerce général, affranchis, au moyen de l'entrepôt, du paiement de tous droits d'octroi (3).

Art. Les combustibles et matières destinés au service de l'exploitation des chemins de fer, aux travaux des ateliers et à la construction de la voie seront affranchis de tous droits d'octroi.

En conséquence, les dispositions relatives à l'entrepôt à domicile des combustibles et matières premières employés dans les établissements industriels à la préparation et à la fabrication des objets destinés au commerce général, sont applicables aux fers, bois, charbons, coke, graisses, huiles, et, en général, à tous les matériaux employés dans les conditions ci-dessus indiquées.

En dehors de ces conditions, tous les objets portés au tarif qui seront consommés dans les gares, salles d'attente et bureaux seront soumis aux taxes locales (4).

Les dispositions qui précèdent sont applicables à la construction et à l'exploitation des lignes télégraphiques (5).

Art. L'abonnement annuel pourra être demandé, pour les combustibles et matières admis à l'entrepôt, aux termes des articles (6).

Les conditions de l'abonnement seront réglées de gré à gré entre le maire et le redevable (7).

---

(1) Article 9 du décret du 12 février 1870 ; voir *Jurisp.* n° 63.
(2) Art. 11 du décret du 12 février 1870.
(3) Art. 12   même décret.
(4) Art. 13   id.
(5) Décret du 8 décembre 1882.
(6) Les articles à viser sont ceux qui précèdent immédiatement ou ceux qui reproduisent les articles 8, 11, 12 et 13 du décret du 12 février 1870.
(7) Art. 14 du décret du 12 février 1870. Voir *Jurisp.* n° 228.

Art. Les entrepositaires seront tenus de fournir aux employés de l'octroi et de mettre à leur disposition les hommes et les ustensiles nécessaires pour faciliter la reconnaissance et le pesage, mesurage ou jaugeage des quantités restant en entrepôt, afin que ces préposés puissent établir le compte des droits dus sur les manquants reconnus et dont la sortie ou l'emploi n'aurait pas été justifié (1).

Art. Si les entrepositaires refusaient de se conformer aux obligations qui leur sont imposées par l'article précédent, il serait procédé d'office, à leurs frais, aux vérifications dont il s'agit, et, outre la saisie et l'amende encourues pour le cas de fraude dûment constaté, ils seraient passibles des peines prévues par l'article   ci-après pour le fait d'empêchement aux exercices (1-2).

Art. Indépendamment des obligations ci-dessus mentionnées et des autres conditions qui leur sont imposées, lesdits entrepositaires seront tenus de diviser leurs magasins en cases régulières, d'un cubage facile et d'une contenance déterminée (1).

Art. Les conditions pour l'entrepôt sont : de faire une déclaration par écrit, au bureau de l'octroi, avant l'entrée des objets entreposés, pour ceux venant de l'extérieur, et avant le commencement de la récolte ; de chaque préparation ou fabrication, pour les objets produits à l'intérieur du rayon de l'octroi ; de permettre les visites et exercices des préposés ; de leur ouvrir, à toute réquisition, les caves, magasins et autres lieux de dépôt ; et de faire, de la manière et dans les formes voulues par le présent règlement, les déclarations d'expédition pour le dehors et pour l'intérieur (3).

Les industriels qui profitent de la faculté d'entrepôt pour les combustibles et les matières premières en vertu de l'article   du règlement devront, s'ils n'ont pas obtenu l'abonnement, faire la déclaration des quantités de combustibles ou de matières premières qu'ils sont dans l'intention d'employer à cet usage (4).

Les infractions aux prescriptions du présent article sont punies des peines portées à l'article   .

Art. Les conditions pour l'entrepôt sont : de faire une déclaration par écrit, au bureau de l'octroi, avant l'entrée des objets à entreposer ; de justifier, s'il y a lieu, des congés et autres expéditions des contributions indirectes, pour ceux venant de l'extérieur et avant le commencement de la récolte, de chaque préparation ou fabrication pour les objets produits à l'intérieur du rayon de l'octroi ; de permettre les visites, vérifications et exercices des préposés ; de leur ouvrir, en tout temps et à toutes réquisitions, tous les lieux de dépôt des objets sujets à la surveillance de l'octroi, et de ne faire aucune expédition, pour le dehors ou pour l'intérieur, sans en avoir préalablement fait la déclaration au bureau de l'octroi, et acquitté, s'il y a lieu, les droits fixés par le tarif (3).

Les industriels qui profitent de la faculté d'entrepôt pour les combustibles et les matières premières, en vertu de l'article   du règlement, devront, s'ils n'ont pas obtenu l'abonnement, faire la déclaration des quantités de combustibles ou de matières premières qu'ils sont dans l'intention d'employer à cet usage (4).

Les infractions aux prescriptions du présent article sont punies des peines portées à l'article   .

---

(1) Art. 44 de l'ordonnance du 9 décembre 1814.
(2) Art. 15 de la loi du 27 frimaire an VIII.
(3) Articles 93 du décret du 17 mai 1809 et 42 et 43 de l'ordonnance du 9 décembre 1814.
(4) Voir *Jurisprudence*, n° 40.

Art. Les détaillants ne sont pas admis à l'entrepôt à domicile ; toutefois les marchands en gros ou demi-gros pourront jouir de cette faculté, alors même qu'ils feraient dans les mêmes magasins des ventes au détail (1).

Art. Toute expédition d'objets entreposés ne pourra avoir lieu qu'aux heures indiquées par l'article du présent règlement et devra, avant l'enlèvement desdits objets, être déclarée au bureau de l'octroi (2). Les droits seront acquittés sur-le-champ pour les objets destinés à la consommation locale (3). Quant aux objets expédiés pour l'extérieur, ils seront représentés aux préposés de l'octroi, lesquels, après vérification des quantités et espèces, délivreront un certificat de sortie (2).

Art. Les préposés de l'octroi tiennent un compte d'entrée et de sortie des marchandises entreposées : à cet effet, ils peuvent faire, à domicile, dans les magasins, chantiers, caves, celliers des entrepositaires, toutes les vérifications nécessaires pour reconnaître les objets entreposés, constater les quantités restantes, et établir le décompte des droits dus sur celles pour lesquelles il n'est pas représenté de certificat de sortie. Ces droits doivent être acquittés immédiatement par les entrepositaires, et, à défaut, il est décerné contre eux des contraintes qui sont exécutoires nonobstant opposition et sans y préjudicier (4).

Art. Tout refus de souffrir les visites, vérifications et exercices des préposés de l'octroi sera constaté par procès-verbal. Les prétextes d'absence seront réputés refus formel. Les préposés, après avoir déclaré procès-verbal, pourront requérir l'assistance d'un officier de police, faire ouvrir en sa présence les caves, celliers ou magasins, et procéder aux vérifications prescrites par les articles précédents (5).

Art. Tout refus de souffrir les visites, vérifications et exercices des préposés de l'octroi sera constaté par procès-verbal. Les préposés, après avoir déclaré procès-verbal, pourront requérir l'assistance d'un officier de police, faire ouvrir en sa présence les lieux de dépôt des objets soumis aux droits et procéder aux vérifications et exercices prescrits par le présent règlement (5).

Art. La durée de l'entrepôt est illimitée (6).

---

(1) Art. 7 du décret du 12 février 1870. Dans le cas où les municipalités voudraient admettre tous les détaillants à l'entrepôt, elles peuvent le faire en supprimant cet article.
(2) Art. 43 de l'ordonnance du 9 décembre 1814.
(3) Art. 93 du décret du 17 mai 1809.
(4) Art. 44 de l'ordonnance du 9 décembre 1814.
(5) Articles 96 du décret du 17 mai 1809 et 15 de la loi du 27 frimaire an VIII.
(6) Art. 41 de l'ordonnance du 9 décembre 1814.

CHAPITRE III.

Contentieux (1).

Art. Toutes contraventions aux dispositions du présent règlement seront constatées par des procès-verbaux, lesquels seront dressés à la requête du maire et seront affirmés devant le juge de paix ou son suppléant, dans les vingt-quatre heures de leur date, sous peine de nullité. Ils pourront être rédigés par un seul préposé, et feront foi en justice jusqu'à inscription de faux (2).

Art. Ils énonceront la date du jour où ils seront rédigés, la nature de la contravention, et, en cas de saisie, la déclaration qui en aura été faite au prévenu ; les nom, qualité et résidence de l'employé verbalisant et de la personne chargée des poursuites ; l'espèce, le poids ou la mesure des objets saisis ; leur évaluation approximative ; la présence de la partie à leur description, ou la sommation qui lui aura été faite d'y assister ; le nom, la qualité et l'acceptation du gardien, le lieu de la rédaction du procès-verbal et l'heure de la clôture (3).

Art. Dans le cas où le motif de la saisie porterait sur le faux ou l'altération des expéditions, le procès-verbal énoncera le genre de faux, les altérations ou surcharges. Lesdites expéditions, signées et parafées, resteront annexées au procès-verbal, qui contiendra la sommation faite à la partie de les parafer et sa réponse (4).

Art. Si le prévenu est présent à la rédaction du procès-verbal, cet acte énoncera qu'il lui en a été donné lecture et copie. En cas d'absence du prévenu, si celui-ci a domicile ou résidence connue dans le lieu de la saisie, le procès-verbal lui sera signifié dans les vingt-quatre heures de la clôture. Dans le cas contraire, le procès-verbal sera affiché, dans le même délai, à la porte de la mairie (5).

Art. La saisie et la confiscation s'étendront aux futailles, caisses, enveloppes, paniers et sacs renfermant les objets en fraude ou en contravention (6).

Art. Les objets saisis seront déposés au bureau le plus voisin. Ils pourront néanmoins, s'il y a lieu, être mis en fourrière (7).

Art. Si la partie saisie ne s'est pas présentée dans les dix jours, à l'effet de payer ou consigner l'amende encourue, ou si elle n'a pas formé, dans le même délai, opposition à la vente, cette vente sera faite par le receveur, cinq jours après l'apposition, à la porte de la mairie et autres lieux accoutumés, d'une affiche signée de lui, et sans aucune autre formalité (7).

Art. Néanmoins, si la vente des objets saisis est retardée, l'opposition pourra être formée jusqu'au jour indiqué pour ladite vente. L'opposition sera motivée et contiendra assignation à jour fixe devant le tribunal correctionnel, avec élection de domicile dans le lieu où siège le tribunal. Le délai de l'assignation ne pourra excéder trois jours (8).

(1) Voir *Jurisprudence*, nos 5 à 9.
(2) Articles 8 de la loi du 27 frimaire an VIII et 75 de l'ordonnance du 9 décembre 1814.
(3) Art. 75 de l'ordonnance précitée.
(4) Art. 76 même ordonnance.
(5) Art. 77 de l'ordonnance du 9 décembre 1814.
(6) Arrêts de la cour de cassation des 15 avril et 5 août 1843 et 28 février 1874.
(7) Art. 79 de l'ordonnance du 9 décembre 1814 et instruction du ministre des finances du 25 septembre 1809.
(8) Art. 80 de l'ordonnance du 9 décembre 1814.

Art. Dans le cas où les objets saisis seraient sujets à dépérissement, la vente pourra être autorisée, avant l'échéance des délais ci-dessus fixés, par une simple ordonnance du juge de paix, sur requête (1).

Art. L'action résultant des procès-verbaux en matière d'octroi et les questions qui pourront naître de la défense du prévenu, seront de la compétence exclusive du tribunal correctionnel (2).

Art. En cas de nullité du procès-verbal, et si la contravention se trouve suffisamment établie par d'autres preuves ou par l'instruction, la confiscation des objets saisis ne sera pas moins encourue (3).

Art. Le maire sera autorisé, sauf l'approbation du préfet, à faire remise, par voie de transaction, de la totalité ou de partie des condamnations encourues, même après le jugement rendu (4).

Art. Toutes les fois que la saisie aura été opérée dans l'intérêt commun des droits d'octroi et des droits imposés au profit du Trésor, le procès-verbal devra être rédigé à la requête du directeur des contributions indirectes. A cet employé supérieur appartiendra aussi, dans ce cas, le droit d'intenter les poursuites et de transiger d'après les règles propres à son administration (4).

Art. Le produit des amendes et confiscations pour contraventions au règlement de l'octroi, déduction faite des frais et prélèvements autorisés, sera attribué, moitié aux employés de l'octroi, pour être répartie d'après le mode qui sera arrêté, et moitié à la commune (5).

Art. S'il s'élève une contestation sur l'application du tarif ou sur la quotité du droit réclamé, le porteur ou conducteur sera tenu de consigner, avant tout, le droit exigé entre les mains du receveur ; faute de quoi il ne pourra passer outre ni introduire l'objet qui aura donné lieu à la contestation, sauf à lui à se pourvoir devant le juge de paix du canton. Il ne pourra être entendu qu'en représentant la quittance de ladite consignation au juge de paix, lequel prononcera sommairement et sans frais, soit en dernier ressort, lorsque la somme demandée ne s'élèvera pas au-dessus de 100 francs, soit à la charge d'appel pour les autres affaires (6).

Art. Les contraintes pour les recouvrements des droits d'octroi seront décernées par le receveur, visées par le maire, et rendues exécutoires par le juge de paix (7).

Les oppositions auxdites contraintes seront instruites et jugées conformément aux dispositions prescrites par l'article précédent, et la partie opposante sera également tenue de justifier, avant d'être entendue, de la consignation entre les mains du receveur du montant de la somme contestée (6-7).

Art. Toute personne qui s'opposera à l'exercice des fonctions des préposés de l'octroi sera condamnée à une amende de 50 francs, indépendamment de la confiscation des objets saisis, lorsqu'il y aura lieu, et d'une amende de 100 à 200 francs prononcée pour le cas de fraude.

En cas de voies de fait, il en sera dressé procès-verbal, qui sera envoyé au procureur de la République, pour en poursuivre les auteurs, et leur

---

(1) Art. 82 de l'ordonnance du 9 décembre 1814.

(2) Conséquence des dispositions de l'art. 9 de la loi du 24 mai 1834, qui a stipulé une amende de 100 fr. à 200 fr., indépendamment de la saisie, pour les contraventions en matière d'octroi.

(3) Jurisprudence des tribunaux ; arrêts de la cour de cassation des 9 décembre 1819, 11 février 1820, 27 mai 1876, et arrêt de la cour de Riom du 14 juin 1880.

(4) Art. 164 du décret du 17 mai 1809 et art. 83 de l'ordonnance du 9 décembre 1814.

(5) Art. 84 même ordonnance.

(6) Art. 81 même ordonnance et loi du 25 mai 1838.

(7) Art. 36 et 44 de l'ordonnance du 9 décembre 1814, et art. 239 de la loi du 28 avril 1816.

.faire infliger les peines portées par le Code pénal contre ceux qui s'opposent avec violence à l'exercice des fonctions publiques (1).

Art. Les propriétaires de tous objets compris au tarif sont responsables du fait de leurs facteurs, agents et domestiques, en ce qui concerne les droits, confiscations, amendes et dépens, lorsque la contravention aura été commise dans les fonctions auxquelles ils auront été employés par leurs maîtres, conformément à l'article 1384 du Code civil.

Les pères, mères ou tuteurs, seront garants des faits de leurs enfants ou pupilles mineurs non émancipés et demeurant chez eux.

Seront également responsables les propriétaires ou principaux locataires, relativement à la fraude qui se commettrait dans leurs maisons, clos, jardins et autres lieux par eux personnellement occupés, s'ils sont convaincus de l'avoir favorisée ou d'y avoir participé (2).

CHAPITRE IV.

Personnel.

Art. Quel que soit le mode de perception, toutes personnes dirigeant l'octroi seront tenues de permettre le concours des employés des contributions indirectes dans tous les cas où il doit avoir lieu, de leur laisser faire les vérifications et opérations relatives à leur service, et de leur donner communication de tous états, bordereaux et renseignements dont ils auront besoin (3).

Art. Les préposés de l'octroi seront tenus, sous peine de destitution, d'exiger de tout conducteur d'objets soumis aux contributions indirectes la représentation des congés, passavants, acquits-à-caution, lettres de voiture (4) et autres expéditions, de vérifier les chargements ; de rapporter procès-verbal des fraudes ou contraventions qu'ils découvriront ; de concourir au service des contributions indirectes toutes les fois qu'ils en seront requis, sans toutefois pouvoir être déplacés de leur service ordinaire ; enfin, de remettre chaque jour à l'employé supérieur des contributions indirectes un relevé des objets soumis aux droits du Trésor qui auront été introduits.

Les employés des contributions indirectes concourront également à la surveillance du service de l'octroi, et rapporteront procès-verbal pour les fraudes et contraventions relatives aux droits d'octroi qu'ils découvriront (4).

Art. Les préposés de l'octroi se serviront, pour constater le volume et le degré des liquides, des instruments dont les employés des contributions indirectes font usage (5).

Art. Les préposés de l'octroi devront toujours être porteurs de leur commission et seront tenus de la représenter lorsqu'ils en seront requis (6).

Art. Le port d'armes est accordé aux préposés de l'octroi dans l'exercice de leurs fonctions. Ceux qui abuseraient de cette faculté seront des-

---

(1) Art. 15 de la loi du 27 frimaire an VIII.
(2) Art. 1384 du code civil ; instruction du ministre des finances du 25 sept. 1809 ; voir Trescaze, Recueil chronologique, tome I, page 325.
(3) Art. 137 du décret du 17 mai 1809.
(4) Art. 92 de l'ordonnance du 9 décembre 1814 ; en ce qui concerne les lettres de voiture, voir le décret du 16 messidor an XIII.
(5) Art. 93 de l'ordonnance du 9 décembre 1814.
(6) Art. 142 du décret du 17 mai 1809 et 60 de l'ordonnance du 9 décembre 1814.

titués, sans préjudice des poursuites judiciaires auxquelles ils auront donné lieu (1).

Art. Les préposés de l'octroi ne pourront ni faire le commerce des objets tarifés, ni s'intéresser à ce commerce, soit comme associés, soit comme bailleurs de fonds ou commanditaires.

Tout préposé qui favorisera la fraude, soit en recevant des présents, soit de toute autre manière, sera mis en jugement et condamné aux peines portées par le Code pénal contre les fonctionnaires publics prévaricateurs (2).

Art. Les préposés de l'octroi qui seraient signalés comme remplissant mal leurs fonctions, ou comme ayant donné lieu à des plaintes graves, pourront être suspendus par le préfet ou même révoqués par lui sur la provocation du directeur général des contributions indirectes (3).

Art. Les préposés de l'octroi sont placés sous la protection de l'autorité publique. Il est défendu de les injurier, maltraiter, et même de les troubler dans l'exercice de leurs fonctions, sous les peines de droit. La force armée est tenue de leur prêter secours et assistance toutes les fois qu'elle en sera requise (4).

DISPOSITIONS GÉNÉRALES.

Art. Tous les registres employés à la perception et au service de l'octroi seront fournis par la Régie des contributions indirectes; la dépense lui en sera remboursée par la commune; les perceptions ou déclarations y seront inscrites sans interruption ni lacune. Les expéditions qui en seront détachées seront marquées du timbre des contributions indirectes, dont le prix, fixé par la loi, sera acquitté par les redevables, et le montant versé dans les caisses de cette Administration, aux époques et de la manière qu'elle indiquera (5).

Art. Les registres servant à la perception des droits d'entrée sur les vins, cidres, poirés, hydromels, esprits et liqueurs, et sur les huiles non minérales, aux déclarations de passe-debout, de transit, d'entrepôt et de sortie pour les mêmes boissons et liquides; ceux qui sont employés pour recevoir les déclarations de mise de feu de la part des brasseurs et distillateurs; enfin les registres portatifs tenus pour l'exercice de redevables soumis en même temps aux droits d'octroi et à ceux dus au Trésor, seront communs aux deux services (6).

Art. Dans tous les cas non prévus au présent règlement, on s'en référera aux lois et aux règlements généraux en vigueur sur les octrois (7).

---

(1) Art. 146 du décret du 17 mai 1809 et 60 de l'ordonnance du 9 décembre 1814.
(2) Art. 143 et 145 du décret du 17 mai 1809 et 63 de l'ordonnance du 9 décembre 1814.
(3) Art. 57 de l'ordonnance du 9 décembre 1814 et 156 de la loi du 28 avril 1816.
(4) Art. 65 de l'ordonnance du 9 décembre 1814 et art. 153 et 154 du décret du 17 mai 1809.
(5) Art. 66 et 68 même ordonnance.
(6) Art. 69 de l'ordonnance du 9 décembre 1814.
(7) *Jurisprudence* du Conseil d'État, voir le nᵒ 35.

TARIF

CHAPITRES de PERCEPTION.	OBJETS ASSUJETTIS AUX DROITS.	MESURES et POIDS.	DROITS à PERCEVOIR. (1).	OBSERVATIONS.
BOISSONS ET LIQUIDES.	Vins en cercles et en bouteilles (A-B). . . .	l'hectolitre.	Voir pour le maximum de la taxe principale, les *Notions générales*, pages 20 à 24.	(A) Pour la perception, la bouteille commune est considérée comme litre, et la demi-bouteille comme demi-litre, en ce qui concerne les vins, cidres, poirés et hydromels. (Art. 145 de la loi du 28 avril 1816.)
	Cidres, poirés et hydromels (A-B).	l'hectolitre.		(c) Indépendamment des droits auxquels ils sont soumis comme vins, les vins présentant une force alcoolique supérieure à 15 degrés sont passibles du double droit de consommation, d'entrée et d'octroi pour la quantité d'alcool comprise entre 15 et 21 degrés. (Art. 3 de la loi du 1er septembre 1871.) Néanmoins les vins qui seront marqués au départ, chez le récoltant expéditeur, comme présentant naturellement une force alcoolique supérieure à 15 degrés, sans dépasser 18 degrés, sont affranchis de ce double droit. (Art. 3 de la loi du 2 août 1872.) Les vins présentant une force alcoolique supérieure à 21 degrés sont imposés comme alcool pur. (Art. 3, loi du 1er septembre 1871.)
	Alcool pur contenu dans les eaux-de-vie, absinthes, esprits, liqueurs et fruits à l'eau-de-vie (C).	l'hectolitre.		
	Huiles autres que les huiles minérales (2). . .	les 100 kil.		
	Alcool pur contenu dans les alcools dénaturés (D).	l'hectolitre.		
	Bières.	idem.		(B) Les vendanges et les fruits à cidre ou à poiré seront soumis aux droits, à raison de trois hectolitres de vendange pour deux hectolitres de vin; et de cinq hectolitres de pommes ou poires pour deux hectolitres de cidre ou de poiré. Les fruits secs destinés à la fabrication du cidre ou du poiré seront imposés à raison de vingt-cinq kilogrammes de fruits pour un hectolitre de cidre ou de poiré.
	Vinaigres.	idem.		(c) Nonobstant les dispositions de l'article 145 de la loi du 28 avril 1816, les eaux-de-vie, esprits et liqueurs, expédiés en bouteilles, seront imposés d'après la capacité des bouteilles. (Art. 9 de la loi du 27 juillet 1870.) (D) Les eaux-de-vie ou esprits altérés par un mélange autre que l'un de ceux déterminés par le Comité des arts et manufactures, sont soumis au même droit que les eaux-de-vie ou esprits purs.

(1) Lorsque des taxes *spéciales* ou des *surtaxes* ont été régulièrement autorisées, cette colonne doit être subdivisée de la manière suivante :

DROITS A PERCEVOIR.	
Taxe principale.	Taxe spéciale ou surtaxe.

On aura soin de ne faire figurer dans la seconde subdivision que les droits ou portions de droits *spécialement* autorisés sous la dénomination de surtaxe ou de taxe spéciale.

Dans tous les autres cas, le tarif ne comprenant que des taxes *principales*, le montant du droit à percevoir doit être présenté en un seul total et dans une seule colonne. (Voir les *Notions générales*, page 17.)

(2) Cet article doit être subdivisé lorsque les huiles sont soumises à des taxes différentes à raison de leur qualité.

TABLE ALPHABÉTIQUE

doivent être exonérés, au moyen de l'entrepôt, 47, 77, 221 ; — il en est de même des combustibles employés : 1° à la fabrication du matériel de guerre de la marine militaire ou marchande, 49, 51, 222 ; — 2° à l'exploitation des chemins de fer, 47, 222 ; — 3° à la construction et à l'exploitation des lignes télégraphiques, 50, 242.

Comestibles. — Deuxième chapitre des tarifs, 159, 182, 224. — Nomenclature des espèces et maximum des taxes imposables, 224, 226. — Ne peuvent être imposés, les comestibles destinés à l'approvisionnement des troupes et de la marine militaire ou marchande, lorsqu'ils ne sont pas consommés dans le lieu sujet, 196, 222.

Commissions départementales. — Voyez *Conseils généraux.*

Communes. — Formation des communes, 243.

Compensation des droits. — Ne peut remplacer le régime de l'entrepôt, 44. — Voyez *Précompte.*

Compétence. — Les règles de compétence judiciaire établies par les lois générales ne peuvent être modifiées par les règlements d'octroi, 37. — Compétence des divers pouvoirs, relativement à l'approbation des actes de perception, 119. — Voyez *Conseil d'État, Conseils municipaux, Conseils généraux, Conseils de préfecture, Juges de paix, Préfets, Pouvoir central.*

Comptabilité. — Le mode de comptabilité des octrois, la forme des registres, etc., sont déterminés par la Régie des contributions indirectes, 176, 190 ; d'après les instructions du ministre des finances, 194. — Comptabilité générale des communes, 276.

Comptables. — Les receveurs municipaux sont seuls comptables de l'ensemble des recettes et des dépenses de l'octroi, 209. — Aucun comptable ne peut être installé avant d'avoir versé son cautionnement, 154. — Voyez *Cautionnements, Contraintes, Receveurs municipaux, Versements.*

Comptes administratifs. — Ceux des trois derniers exercices doivent être joints aux demandes de surtaxes et de créations d'octroi, 24, 26. — Les comptes concernant les recettes et dépenses d'octroi sont présentés par les receveurs municipaux, pièces à fournir, 209. — Voyez *Taxes spéciales.*

Concours des préposés à divers services. — Concours des préposés d'octroi au service des contributions indirectes, 154, 179, 194, 197, 201, 235, 238 ; — et à la constatation des contraventions en diverses autres matières, 154, 214, 217. — Concours des employés de la Régie au service des octrois, 154, 175, 194, 195.

Confiscations. — Voyez *Amendes, Contraventions, Pénalités.*

Confitures. — Article non imposable, 105.

Conseils de préfecture. — Apurent les comptes des receveurs municipaux des communes ayant moins de 30,000 fr. de revenu, 209, 276. — C'est en conseil de préfecture que le préfet annule les délibérations illégales des conseils municipaux, 256 ; et qu'il ordonnance, en cas de refus du maire, les dépenses régulièrement autorisées, 276. — Il en est de même lorsqu'il statue sur les contestations qui peuvent s'élever entre les communes et les adjudicataires des octrois, 173.

Conseil d'État. — Est appelé à donner son avis : 1° sur l'établissement des taxes d'octroi et des règlements relatifs à leur perception, 212, 218, 272 ; — 2° sur les prorogations de plus de 5 ans, sur les modifications aux règlements ou aux périmètres, sur l'imposition de tout objet nouveau et sur l'établissement ou le renouvellement des taxes extra-réglementaires, 3, 273.

Conseils généraux. — Pour toutes les affaires d'octroi, qui ne peuvent être approuvées que par un décret, le conseil général ou la commission départementale doit être préalablement consulté, 5, 8, 10, 19, 273 ; — il en est de même pour les réductions ou suppressions de taxes, qui sont approuvées par le préfet, 1, 273. — Lorsque des propositions municipales ont été une première fois repoussées, si elles sont renouvelées, l'assemblée départementale doit être de nouveau consultée, 128.

Conseils municipaux. — Votent les tarifs et règlements d'octroi, 2, 25, 156, 180, 200, 272 ; — ainsi que toutes les modifications au tarif, au règlement ou au périmètre, 3, 273 ; — conditions dans lesquelles ces délibérations deviennent exécutoires, 119. — Décident quel sera le mode de perception de l'octroi (régie simple, régie intéressée, etc.), 200. — Sont tenus de voter le traitement du préposé en chef et les frais de perception de l'octroi, 194, 271. — Les délibérations prises en violation d'une loi sont nulles de plein droit, 255 ; la nullité est prononcée par le préfet, 2, 118, 120, 256. — Les conseils municipaux délibèrent sur le tarif des frais de magasinage dans les entrepôts publics, 188. — Ils peuvent demander : 1° la suppression des entrepôts de boissons à domicile, lorsqu'il existe un entrepôt public, 211 ; 2° l'interdiction de la distillation des eaux-de-vie dans l'intérieur du rayon de l'octroi, 211. — Ils sont encore admis à remplacer, en totalité ou en partie, la contribution personnelle et mobilière, au moyen d'un prélèvement sur l'octroi, 154, 210 ; — et le paiement du droit d'entrée dû au Trésor sur les vendanges et sur les huiles par des abonnements, 23, 210, 237, 239. — Formation des conseils municipaux, 244 ; — leur fonctionnement, 253 ; — leurs attributions, 255.

Conserves. — Maximum des taxes sur les conserves de fruits, 226 ; — celles de viande, doivent être imposées comme viandes salées, 79. — Voyez *Charcuterie, Graisse, Vinaigres*.

Consignation d'amende. — Voyez *Cautionnement*.

Consignation des droits. — Condition préalable pour soumettre aux tribunaux les contestations relatives à l'application du tarif, 193. — Est également exigible pour les objets admis en passe-debout ou en transit, 186. — Ne peut être imposée aux entrepositaires, 44.

Contentieux. — Modèle des dispositions réglementaires admises relativement au contentieux, 293. — Voyez *Contraventions, Pénalités, Procédure*.

Contraintes. — Celles pour le recouvrement des droits, sur les contribuables, sont délivrées par les préposés et exécutoires nonobstant opposition, 185, 187, 204. — Pour le recouvrement des droits sur les régisseurs, fermiers, receveurs, etc., elles sont délivrées par le receveur municipal, 178. — Le recouvrement des sommes dues par les communes au Trésor est, dans certains cas, poursuivi par voie de contrainte à l'égard du receveur municipal, 191, 200, 202.

Contraventions. — Sont constatées par des procès-verbaux, 191. — Elles sont punies de la confiscation des objets saisis et d'une amende de 100 fr. à 200 fr., 151, 184, 210, 211 ; — le fait d'opposition aux fonctions des préposés est puni d'une amende de 50 fr., 152. — Les moyens de transport sont également saisissables, mais, dans la plupart des cas, pour garantie de l'amende seulement, 36, 198, 210, 211. — Désignation des principaux cas de contraventions : défaut de déclaration ou fausse déclaration à l'entrée, 161, 184 ; — déchargement ou introduction à domicile, avant le paiement des taxes, dans les communes où il n'existe qu'un bureau central, 162, 185 ; — introduction par un point autre que ceux autorisés par le règlement, 162 ; — défaut de déclaration des objets récoltés, préparés ou fabriqués à l'intérieur, 185 ; — fausse déclaration ou soustraction frauduleuse des objets admis en passe-debout et en transit, 164, 165, 186 ; — fausse déclaration ou défaut de déclaration des objets introduits en entrepôt, 168, 186 ; — fausse déclaration ou défaut de déclaration des objets enlevés des entrepôts, 168, 187 ; — fausse déclaration lors des recensements, 168 ; — refus de souffrir les visites et recensements, 168, 187. — Voyez *Pénalités, Procédure, Procès-verbaux*.

Contribution personnelle et mobilière. — Peut être remplacée, en totalité ou en partie, par un prélèvement sur les taxes d'octroi, 154, 210.

Cotrets. — Voyez *Fagots*.

Couleurs. — Maximum des taxes, 228.

Cour des comptes. — Examine les recours relatifs à l'apurement des comptes des receveurs municipaux des communes ayant moins de 30,000 fr. de revenu, 276 ;

— apure définitivement les comptes des receveurs municipaux des autres communes, 209, 276.

Courriers. — Ne peuvent être arrêtés à leur passage, mais doivent acquitter les taxes sous peine de destitution, 59, 161, 162, 185.

Créanciers. — Voyez *Saisie d'appointements*.

Création d'octrois. — Voyez *Établissement d'octrois*.

Crédit des droits. — N'est plus autorisé actuellement, 169 ; — il ne peut résulter que de l'entrepôt, 69.

Crin. — Objet de commerce général non imposable, 106.

Cristaux. — Voyez *Faïences*.

Cruchons. — Voyez *Bouteilles*.

Cuirs et peaux. — Objets de commerce général non imposables, 106, 107.

Cuivre. — Le maximum du droit est fixé au double de la taxe autorisée pour les autres métaux, 229. — Voyez *Métaux*.

D.

Dalles et carreaux de pierre. — Maximum des taxes, 228.

Dattes. — Voyez *Conserves*.

Débets. — Sont couverts au moyen du cautionnement des comptables, en vertu d'une décision du ministre des finances, 208.

Débitants de boissons. — Doivent, dans les lieux sujets au droit d'entrée, justifier du paiement des taxes d'octroi ou de banlieue, 199.

Déclaration. — Est obligatoire pour tous les objets qui sont introduits dans le rayon de l'octroi, ou qui y sont préparés, récoltés et fabriqués, 161, 162, 184, 185, 186, 221 ; — ainsi que pour les objets enlevés des entrepôts pour le dehors du lieu sujet, 168, 187. — Une double déclaration ne peut être exigée pour les objets arrivant par chemin de fer, 60. — Pour les objets introduits du dehors, la déclaration ne peut être retardée, jusqu'au moment de l'emploi, 58. — Voyez *Contraventions, Entrepôt industriel*.

Déductions. — A accorder sur les marchandises entreposées, qui sont susceptibles de diminuer, 168, 187. — Les règlements locaux ne doivent pas stipuler qu'il ne sera pas accordé des déductions, 46. — Déductions pour tare, voyez *Modes de taxation*.

Dégras. — Voyez *Huiles*.

Délais. — Pour l'envoi des dossiers d'octroi au ministre de l'intérieur, 26. — Pour la mise en application des délibérations municipales qui ont, par elles-mêmes, force exécutoire, le délai est fixé à un mois, 257. — Voyez *Prorogations*.

Dépenses. — Sont divisées en deux catégories : 1° les dépenses ordinaires, dont plusieurs, telles que les frais de perception de l'octroi et le traitement du préposé en chef, les frais de casernement, etc., sont

peut être supprimé lorsqu'il existe un entrepôt public, 211. — Il ne peut être établi de minima à la sortie, 42. — Les règlements d'octroi ne peuvent contenir aucune disposition contraire à celles fixées pour le droit d'entrée, 39, 179, 200. — Conditions générales fixées pour les taxes du Trésor, 198. — Voyez *Banlieues*.

Escorte. — Peut remplacer le cautionnement ou la consignation, pour les objets introduits en passe-debout, 186.

Essences de toute nature. — Maximum des taxes, 228.

Établissement d'octrois. — Justifications à fournir et règles à observer, 25, 26, 120, 180. — Voyez *Conseil d'État, Conseils municipaux, Préfets, Pouvoir central.*

Étain. — Ne doit pas être imposé, 110.

Exemptions. — Nulle personne ne peut être affranchie du paiement des droits d'octroi, 136, 197. — Voyez *Industriels.*

Exercices. — Voyez *Visites.*

Expéditions. — Les vins, cidres, spiritueux, alcools dénaturés et vinaigres doivent être accompagnés d'expéditions de la Régie, 197, 213, 233, 238 ; — ces expéditions et celles de l'administration des douanes doivent être représentées aux préposés d'octroi, 163, 184, 197. — Voyez *Registres.*

Extensions de périmètre. — Voyez *Périmètre.*

F

Fabricants de produits industriels imposés. — Peuvent, au moyen de l'entrepôt, obtenir l'exonération pour les objets qui ne sont pas destinés à la consommation locale, 221. — Voyez *Entrepôt industriel.*

Fagots. — Maximum des taxes, 226. — Ceux destinés à l'entretien et à la consommation des navires ne peuvent être imposés, 80.

Faïences. — Les faïences, cristaux et porcelaines rentrent dans la catégorie des meubles non imposables, 106.

Farines, fécules. — Objets de première nécessité non imposables, 108, 159, 182.

Ferme. — Adjudication du produit d'un octroi moyennant une somme fixe, 170. — Mode de perception supprimé en 1814, puis rétabli en 1816 : c'est ce qui explique pourquoi, dans l'ordonnance du 9 décembre 1814, on ne trouve aucune prescription relative aux octrois en ferme, 178, 200. — Voyez *Adjudications, Adjudicataires, Bail à ferme.*

Fers. — Voyez *Métaux.*

Figues confites. — Voyez *Conserves.*

Foin. — Voyez *Fourrages.*

Foires et marchés. — Les bestiaux qui y sont amenés peuvent être dispensés de la formalité du passe-debout, 56 ; —

mais, les taxes qui peuvent être dues sur les objets amenés aux marchés, doivent toujours être les mêmes que celles prévues par le tarif, 138.

Fontes. — Voyez *Métaux.*

Force armée. — Doit prêter secours et assistance aux préposés, quand elle en est requise, 175, 190, 204.

Formalités à la circulation. — Admises exceptionnellement, pendant quelques années, pour les bières, 52 ; — ne sont plus autorisées, en aucun cas, pour les objets soumis uniquement à l'octroi, 53 à 55. — Voyez *Boissons et liquides, Expéditions.*

Fourrages. — Quatrième chapitre des tarifs, 160, 183, 228. — Nomenclature des espèces et maximum des taxes imposables, 228. — Les fourrages verts ne sont pas imposables, 80, 81, 229. — Les fourrages secs employés par les cultivateurs ne peuvent être exemptés, 81. — En vrac ou bottelés, les fourrages doivent être soumis à la même taxe, 81.

Frais de casernement. — Sont à la charge des communes ; maximum de dépense annuelle imposable, 206. — Ne sont perçus que dans les villes à octroi, 207. — Ils constituent une dépense obligatoire, 272. — Voyez *Dépenses.*

Frais de justice. — Sont à la charge de l'adjudicataire en régie intéressée, lorsqu'il a plaidé sans autorisation, 172 ; — le fermier supporte ces frais dans tous les cas, 172.

Frais de magasinage des entrepôts publics. — Époque et mode de règlement, 167, 188.

Frais de perception et de premier établissement. — Sont votés par les conseils municipaux, 181 ; — ils constituent une dépense obligatoire, 271. — Sauf en ce qui concerne le traitement du préposé en chef, ces frais sont réglés par les préfets, 221. — Les maires ne peuvent, sous peine d'en répondre personnellement, dépasser le montant des allocations autorisées, 181. — Pour les octrois en régie intéressée, les frais ne doivent pas excéder 12 pour cent du prix du bail, 170.

Frais de surveillance. — Ne peuvent être imposés aux industriels, ni aux commerçants qui réclament l'entrepôt, 42, 47 ; — non plus que pour les objets arrivant par bateau, 57.

Fraudes. — Voyez *Contraventions.*

Fromages. — L'imposition des fromages secs est seule admise, maximum des taxes, 226. — Ne doivent pas être imposés à l'exclusion de ceux de la localité, 82.

Fruits à cidre et à poiré. — Doivent être imposés, lorsque le cidre figure au tarif, 158, 197. — La perception a lieu à raison de 5 hectol. de pommes ou de poires pour 2 hectol. de cidre, 78, 182, 197.

Fruits frais. — Ne sont pas imposables, 110, 182. — Voyez *Raisins.*

Fruits secs. — Lorsqu'ils sont destinés à la fabrication du cidre, les fruits secs

J.

Jauge. — Voyez *Instruments*.

Juges de paix. — Reçoivent l'affirmation des procès-verbaux constatant la fraude, 152 ; — connaissent de toutes les contestations relatives à l'application des tarifs, en dernier ressort, jusqu'à concurrence de 100 fr., et, à charge d'appel, pour les sommes supérieures, 37, 193, 212 ; — peuvent autoriser, avant l'échéance du délai réglementaire, la vente des objets saisis qui seraient sujets à dépérissement, 193 ; — reçoivent le serment des préposés des villes où il n'existe pas de tribunal civil, 189. — C'est le juge de paix qui autorise la livraison aux établissements de bienfaisance, du gibier saisi en fraude dans les communes chefs-lieux de canton, 214. — Sont appelés à assister les employés dans les perquisitions qu'ils opèrent chez les simples particuliers, 203.

L.

Lait. — Objet de première nécessité non imposable, 159, 182.

Lapins. — Voyez *Volailles, Gibier*.

Lards. — Voyez *Graisses*.

Lattes. — Voyez *Treillages*.

Légumes frais ou secs. — Objets de première nécessité non imposables, 108, 110, 159, 182.

Lettres de voiture. — Voyez *Timbres des...*

Liège. — Voyez *Bouchons*.

Lies. — Celles de vin doivent être imposées pour la quantité de vin qu'elles contiennent, et non comme vinaigre, 95.

Lignite. — Voyez *Charbon de terre*.

Limites de perception. — Voyez *Périmètre*.

Limonades gazeuses. — Maximum du droit, 224.

Limons. — Voyez *Oranges*.

Liqueurs. — Ne sont imposables que pour la quantité d'alcool pur qu'elles contiennent, 234, 240. — Voyez *Alcools*.

Luzernes. — Voyez *Fourrages*.

M.

Macaroni. — Voyez *Pâtes alimentaires*.

Maires. — Dans tous les cas, la surveillance immédiate des octrois leur appartient, sous l'autorité des préfets et sous-préfets, 156, 200 ; — lorsque l'octroi est en régie simple, ils en ont l'administration directe, 169. — Doivent certifier toutes les pièces mises à l'appui des dossiers de prorogation ou de revision des octrois, 4, 9, 65, 131. — Suivant l'importance de la population, ils procèdent ou assistent simplement à l'adjudication des octrois, 170. — Ils passent, avec l'administration des contributions indirectes, les traités pour la gestion de l'octroi de leur commune, 195. — Présentent la liste des candidats aux emplois de préposés de tous grades, 174, 189, 202, 216. — Sauf en cas de ferme, ou lorsqu'il s'agit d'une contravention intéressant à la fois le Trésor et la commune, ils transigent sur les procès-verbaux avec les délinquants, 172, 193. — Sont autorisés à passer avec les industriels des abonnements individuels (voyez ces mots), 223. — Peuvent assister les employés lors des perquisitions qu'ils font chez les particuliers, 203. — Doivent coter et parapher les registres spéciaux d'octroi et arrêtent ces mêmes registres en fin d'année, 176, 191 ; — peuvent prendre communication, sans déplacement, des registres de perception communs aux droits d'octroi et d'entrée, 191. — Répartissent, entre les préposés, les remises accordées par la Régie pour la perception des taxes du Trésor, 194 ; — taux de ces remises, 241. — Dans les communes qui ne sont pas chefs-lieux de canton, ils autorisent la livraison aux établissements de bienfaisance du gibier saisi par suite de contravention, 214. — Pièces concernant les octrois que les maires doivent transmettre, soit au préfet, soit au préposé supérieur de l'administration des contributions indirectes, 220. — Ils délivrent les mandats relatifs aux dépenses de perception de l'octroi, dans la limite des crédits autorisés, 181. — Attributions générales d'administration et de police, 258.

Mandats. — Voyez *Dépenses*.

Manquants. — Les droits dus pour les manquants constatés dans les entrepôts sont immédiatement exigibles, 187.

Manufactures de l'État. — Les combustibles et matières employés dans ces manufactures ne peuvent être imposés, 221. — Voyez *Entrepôt industriel*.

Maquereaux salés. — Voyez *Morue*.

Marbres. — Ne sont imposables que dans les villes au-dessus de 4,000 âmes, maximum du droit, 228. — Un mètre cube de marbre est compté pour 2,700 kilog., 229. — Lorsqu'ils sont tarifés au poids, la taxe ne doit pas être exagérée par rapport à la taxe prévue pour le mètre cube, 87. — Les marbres travaillés ne peuvent être imposés, ni à la pièce, 122 ; — ni au mètre linéaire, 125. — Les marbres qui font partie des meubles ne sont pas imposables, 229.

Marchands en gros. — Ont droit, ainsi que les marchands en demi-gros, à l'entrepôt à domicile, alors même qu'ils feraient dans le même magasin des ventes en détail, 48, 221. — Voyez *Entrepôt commercial*.

Marchés. — Voyez *Foires*.

Marine. — Les approvisionnements pour la marine militaire ou marchande, qui ne sont pas destinés à être consommés dans le lieu sujet, doivent être exonérés au moyen de l'entrepôt, 196, 222 ; — il en est de même des matières

Nomenclature des objets imposables.
— Voyez *Tarif général.*

Nullité. — Sont nuls, les procès-verbaux de contravention qui n'ont pas été affirmés dans les vingt-quatre heures devant le juge de paix, 152.

O.

Objets divers. — Sixième chapitre des tarifs, nomenclature des espèces et maximum des taxes imposables, 228.

Objets préparés. récoltés ou fabriqués à l'intérieur. — Ceux destinés à la consommation locale sont passibles des taxes prévues au tarif, 162, 183. — Les récoltants ou fabricants sont astreints à faire une déclaration et ils sont soumis aux vérifications des préposés 185. — Les objets fabriqués ou récoltés ne peuvent jamais être soumis à une taxe différente de celle prévue pour les mêmes objets introduits de l'extérieur, 136, 183, 222. — Les appareils de fabrication ne peuvent être mis sous scellés, 63. — C'est le règlement, et non des arrêtés de maire, qui doit déterminer les conditions de recensement des objets récoltés, 63. — Voyez *Bouchers, Entrepôt industriel, Précompte, Visites.*

Observations marginales des tarifs. — Distinction à établir entre les diverses annotations du tarif général, 13. — Observations spéciales aux boissons dont l'insertion est obligatoire, 14. — Remarque concernant les autres observations marginales des tarifs, 15. — On ne doit proposer que celles qui sont indispensables, 128 ; — et elles doivent toujours être votées d'une manière très explicite par le conseil municipal, 132.

Octroi de Paris. — C'est le premier octroi qui ait été rétabli en France, après la révolution, 151. — Il est soumis à des règles spéciales, 28, 29, 178, 196, 219, 223, 279.

Octrois. — Taxes indirectes établies sur certains objets de consommation locale, 153, 200 ; — rapide historique (voir l'Avant-propos). — Les combustibles et matières employés à la fabrication de produits industriels ne peuvent être imposés, 221.

Octrois de banlieue. — Voyez *Banlieues.*

Octrois gérés par la Régie des contributions indirectes. — Voyez *Traités de gestion.*

Olives. — Voyez *Conserves.*

Opposition. — A l'exercice des préposés, 152 ; au paiement des droits, voyez *Contraintes, Saisie.*

Oranges et citrons.— Imposables dans les villes de plus de 10,000 âmes seulement, maximum des taxes, 226.

Orge. — Imposable dans les villes de plus de 4,000 âmes seulement, maximum des taxes, 228. — Voyez *Fourrages.*

Ouverture des caisses et ballots. — Voyez *Vérifications.*

P.

Pailles. — Voyez *Fourrages.*

Papiers. — Les papiers de tenture ou autres ne peuvent être imposés, 111, 112.

Paris. — Voyez *Octroi de Paris.*

Passe-debout. — Formalités et obligations qu'entraîne la délivrance des passe-debout, 164, 169, 185. — Tout règlement d'octroi doit contenir les dispositions de l'ordonnance du 9 décembre 1814 relatives au passe-debout, 56. — La délivrance des passe-debout ne peut être soumise à des conditions arbitraires, 57. — Modèle des dispositions réglementaires admises en ce qui concerne le passe-debout, 283, 284. Voyez *Bestiaux, Cautionnement, Consignation, Escorte.*

Pâtes alimentaires. — Les pâtes alimentaires ordinaires rentrent dans la catégorie des objets de première nécessité non imposables, 108.

Pavés. — Voyez *Moellons.*

Peaux. — Voyez *Cuirs.*

Pêche. — Voyez *Poissons.*

Pénalités. — Les contraventions aux règlements des octrois sont punissables d'une amende de 100 fr. à 200 fr. et de la confiscation des objets saisis, 152, 184, 210, 211. — Le fait d'opposition à l'exercice des préposés est puni d'une amende de 50 fr., 152, 190 ; — en cas de voie de fait, les délinquants sont poursuivis devant les tribunaux, 152, 204. — Lors de la constatation des contraventions ordinaires, les chevaux, voitures et autres moyens de transport sont saisissables, pour garantie de l'amende seulement, 36, 198, 210, 211 ; — mais si la fraude est commise à l'aide d'ustensiles préparés à cet usage, les moyens de transport sont confiscables ; ils doivent donc être saisis effectivement, et les fraudeurs sont arrêtés, 203, 210, 211 ; — les contrevenants encourent une peine d'emprisonnement, lorsqu'il s'agit de fraude sur les spiritueux, dans un rayon déterminé des villes à octroi sujettes au droit d'entrée, 235. — Les fraudes par escalade, tout souterrain ou à main armée sont, en outre, punies de 6 mois de prison, 199, 210, 211. — La distillation des eaux-de-vie, dans les villes où elle est interdite, est punie d'une amende de 1000 fr. à 3,000 fr. et d'un emprisonnement de 6 jours à 6 mois, 207, 211, 235. — Tout courrier, tout employé d'une administration publique convaincu d'avoir fait la fraude doit être destitué, 162, 185. — Tout préposé d'octroi qui favorisera la fraude sera poursuivi comme prévaricateur, 174, 190. — Les actes arbitraires commis par les préposés sur les personnes voyageant à pied ou à cheval, sont punis d'une amende de 50 fr. et de six mois de détention, 152, 184. — Le règlement d'un octroi ne peut interpréter, ni modifier les sanctions pénales des lois générales en vigueur, 36, 37, 43, 44. — Voyez *Contentieux, Procédure.*

Préfets. — Sont appelés à surveiller l'administration des octrois, 200. — Servent d'intermédiaire entre l'autorité supérieure et les municipalités, pour les affaires qui sont soumises à la sanction du Gouvernement, 4, 156, 180 ; — délais pour l'envoi des dossiers, 26. — Statuent sur les demandes en réduction ou en suppression de taxes, 273 ; — mais ils doivent surseoir à prendre un arrêté, si le Gouvernement est appelé à examiner l'affaire, pour autoriser de nouvelles taxes ou des augmentations de taxes, 2, 120. — Peuvent abréger le délai d'un mois fixé pour l'application des délibérations municipales qui ont par elles-mêmes force exécutoire, 257. — Annulent les délibérations des conseils municipaux qui contiennent des dispositions illégales, 2, 118, 120, 256. — Statuent sur les contestations entre les communes et les adjudicataires, relativement à l'administration des octrois ou au sens des clauses du bail, 173. — Approuvent 1° les abonnements collectifs qui peuvent être consentis à certaines catégories de redevables, 117, 220. — 2° les baux d'adjudication des octrois mis en ferme, 221 ; — 3° les frais de premier établissement et de perception des octrois, 221 ; — 4° les transactions accordées par les maires sur les contraventions, 193. — Nomment : 1° les préposés en chef, 216 ; — 2° les simples préposés dans leur arrondissement, 174, 189, 202. — Révoquent les simples préposés, 189, 195 ; — cette mesure peut être provoquée, et même prise, en cas de gestion par la Régie, par le directeur général des contributions indirectes, 195, 202. — Inscrivent d'office dans les budgets des communes, dont le revenu est inférieur à 3 millions, les dépenses obligatoires que les conseils municipaux omettent de voter, 275 ; — et ordonnancent les dépenses régulièrement votées que les maires refuseraient de mandater, 276. — Doivent veiller à ce que les taxes *spéciales* d'octroi ne soient pas détournées de leur destination, 18, 141. — Sont chargés de transmettre à la direction générale des contributions indirectes divers documents relatifs aux octrois, 1, 2, 195, 220, 221.

Prélèvement sur les octrois. — Un cinquième des recettes *ordinaires* d'octroi est affecté aux dépenses résultant de la gratuité de l'instruction primaire, 242. — Voyez *Dixième, Frais de casernement, Taxes spéciales.*

Préposé en chef. — Le ministre des finances peut instituer un emploi de préposé en chef, pour tout octroi d'un produit annuel de 20,000 fr. au moins, 201 ; — lui seul crée les emplois et fixe le traitement des préposés en chef, 194, 201. — Le traitement du préposé en chef fait partie des frais de perception de l'octroi et constitue une dépense obligatoire, 202, 271. — Les préposés en chef sont nommés par le préfet, sur la présentation par le maire d'une liste de trois candidats, 216 ; — ils sont tributaires de la caisse des retraites

de l'Etat, 217. — Ils ne peuvent être élus conseiller municipal dans la commune où ils exercent leurs fonctions, 249.

Préposés. — Sont nommés, dans chaque arrondissement, par le préfet ou le sous-préfet, 189, 202, 217 ; — sur la présentation, par le maire ou par le fermier, d'une liste de trois candidats, 171, 174, 189, 202. — En cas de gestion par l'administration des contributions indirectes, le directeur du département est appelé à donner son avis, 195. — Une indemnité est due à tout préposé qui, en fonctions depuis un an, n'est pas conservé par un nouveau fermier, 171. — C'est aux préfets à prononcer leur révocation, 189 ; — cette mesure peut être provoquée par le directeur général des contributions indirectes, 202 ; — et même prise par lui, en cas de gestion par la Régie, 195. — Les adjudicataires révoquent leurs préposés, 171. — Les préposés doivent être âgés de 21 ans accomplis, avoir satisfait à la loi du recrutement et être pourvus de certificats de capacité et de bonne vie et mœurs, 174, 189. — Ils prêtent serment et doivent toujours être porteurs de leur commission, 174, 189 ; — le port d'armes leur est accordé, 175, 189 ; — ils sont placés sous la protection de l'autorité publique, la force armée doit leur prêter secours, 175, 190. — Il leur est interdit de faire le commerce des objets compris au tarif, 190. — Les agents qui favoriseraient la fraude sont poursuivis comme prévaricateurs, 174, 190. — En cas de délit ou de crime, ils sont poursuivis sans autorisation préalable, 204 ; — les actes de violence qu'ils commettraient sont punissables d'une amende de 50 fr. et d'un emprisonnement de 6 mois, 152. — Tout préposé démissionnaire ou destitué doit remettre sa commission, les registres dont il est détenteur et rendre ses comptes, 175, 190. — Les préposés comptables sont cautionnés, 175, 189, 202 ; — ils ne peuvent être installés qu'après avoir versé leur cautionnement, 154. — Les préposés d'octroi sont tenus, sous peine de révocation : 1° de percevoir les droits d'entrée pour le compte du Trésor, 179, 194, 201 ; — 2° d'exiger la représentation des expéditions qui doivent accompagner les objets soumis aux impôts indirects et de rapporter procès-verbal, en cas de contravention, 175, 194 ; — 3° de fournir, chaque jour, un relevé des objets introduits qui sont soumis aux droits du Trésor, 195. — Les préposés sont encore appelés à constater les contraventions relatives au timbre des lettres de voiture, 154 ; — à la police de la chasse, 214 ; — et à la police de la pêche, 217. — Agents salariés de la commune, les préposés ne peuvent être élus conseillers municipaux dans la localité où ils exercent leurs fonctions, 249. — Modèle des dispositions réglementaires admises en ce qui concerne le personnel, 295. — Voyez *Caisses de retraite, Procès-verbaux, Vérifications.*

Prescription. — Acquise aux communes pour les droits d'octroi, au sujet desquels il n'a pas été formé de réclamation dans les six mois, 205.

Procédure. — Les contraventions sont constatées par des procès-verbaux, 191 ; — dont la connaissance appartient exclusivement au tribunal correctionnel, 192. — Lorsqu'il y a saisie effective, la vente a lieu à l'expiration d'un délai de 10 jours, sauf opposition, 192 ; — ce délai peut être abrégé, par ordonnance du juge de paix, si les objets sont sujets à dépérissement, 193. — Tant que la vente n'a pas eu lieu, il peut y être fait opposition, le délai d'assignation ne peut alors excéder trois jours, 192. — Les contestations sur l'application des tarifs sont de la compétence du juge de paix, 193. — Au maire appartient le droit d'intenter les poursuites, 261 ; — sauf dans le cas de ferme ou de régie intéressée, 172 ; — et sauf encore lorsque l'affaire concerne à la fois des droits d'octroi et des droits du Trésor, 177. — Poursuites contre les préposés, 204. — Voyez *Bail à ferme, Contraintes, Vente d'objets abandonnés.*

Procès-verbaux. — Peuvent, en matière d'octroi, être rédigés par un seul préposé, 191 ; — et, sous réserve de l'affirmation, dans les vingt-quatre heures, devant le juge de paix, ils font foi jusqu'à inscription de faux, 152. — Formalités générales à observer pour la rédaction des procès-verbaux, 192 ; — disposition spéciale dans le cas d'altération des expéditions, 192 ; — lecture et copie à donner au prévenu ou affichage à la porte de la mairie, 192. — Les préposés d'octroi ont le pouvoir de verbaliser, en matière de contributions indirectes, 154, 175, 194 ; — mais leurs procès-verbaux ne font foi, jusqu'à inscription de faux, qu'à la condition d'être rédigés dans la forme prescrite en cette matière et par deux préposés au moins, 235. — Voyez *Amendes, Contraventions, Enregistrement, Procédure.*

Promulgation des lois. — Délais pour la mise à exécution des lois promulguées, 230.

Prorogations. — Les taxes réglementaires sont prorogées de plein droit pour 5 ans au plus, par le conseil municipal, 1, 273. — Toute prorogation de plus de 5 ans doit être approuvée par un décret, 11, 273 ; — il en est de même des prorogations anticipées, 12, 127 ; — et de celles qui ont pour objet de renouveler des taxes extra-réglementaires, 15, 273. — Lors des prorogations, on doit, s'il y a lieu, insérer dans le règlement les articles 8 à 14 du décret du 12 février 1870 et le décret du 8 décembre 1882, 48, 49, 223 ; — cette insertion peut être opérée par voie administrative, 49, 50. — La date d'expiration du délai de prorogation doit concorder avec la fin d'une année, 126. — Lorsque les dossiers parviennent tardivement et que la proroga-

tion n'a pu être approuvée en temps utile, les taxes doivent être ramenées dans les limites réglementaires, 131. — Toute demande de prorogation doit être accompagnée d'un tarif et règlement complet et authentique, 5, 131 ; — et d'un résumé des propositions municipales, 127. — Voyez *Règlement, Revisions.*

Pruneaux. — Voyez *Conserves.*

Q.

Quittances. — Les débitants de boissons des communes sujettes au droit d'entrée doivent représenter la quittance du droit d'octroi, 199. — Les quittances des taxes d'octroi sont revêtues du timbre de la Régie, 38 ; — elles ne sont pas soumises au timbre de l'enregistrement, 233. — Toutefois, les quittances de cinquante centimes et au-dessous sont exemptes même du timbre de la Régie, 241.

R.

Raisins frais. — Les règlements déterminent l'espèce et la quantité des raisins de table qui ne sont pas imposables, 96. — Les raisins frais introduits par quantités de plus de cinq kilog. sont considérés comme vendanges, 96.

Raisins secs. — Ceux qui sont destinés à la fabrication du vin peuvent être imposés, 96, 97 ; — quotité de la taxe, 98. — Pour les raisins secs de table, voyez *Conserves.*

Recensements. — Y sont soumises les personnes qui jouissent de l'entrepôt à domicile, 168, 187. — Voyez *Entrepôt commercial, Récoltants.*

Recettes. — Sont divisées en deux catégories : les recettes ordinaires, 270 ; — et les recettes extraordinaires, 271 ; — on doit classer, dans les recettes ordinaires, les *taxes principales* d'octroi, et, dans les recettes extraordinaires, les *taxes spéciales* seulement (voyez ces mots), 17. — Voyez *Receveurs municipaux, Versements.*

Receveurs municipaux. — Seuls comptables de l'ensemble des recettes et dépenses d'octroi ; justifications qu'ils ont à fournir, 209, 276. — Sont nommés par le préfet ou par le Président de la république, suivant l'importance des revenus de la commune, 276. — Responsabilité et obligations de ces comptables 277. — Voyez *Conseils de préfecture, Cour des comptes, Dépenses, Recettes.*

Récoltants. — Doivent acquitter les taxes prévues au tarif, 185 ; — à moins qu'ils ne réclament l'entrepôt, qui ne peut leur être refusé, 185, 210. — Lorsque la perception sur les vendanges et fruits à cidre n'a pu être assurée à l'introduction, les récoltants sont soumis à un recensement général, 187, 199. — Voyez *Objets récoltés.*

Recoupes. — Voyez *Fourrages.*

sable du traitement des préposés d'octroi est limitée comme pour les employés de la Régie, 175, 189.

Saisie d'objets en fraude. — Voyez *Contraventions, Pénalités.*

Savons. — Imposables dans les villes au-dessus de 4,000 âmes seulement, maximum des taxes, 228 ; — la taxe peut être triple pour les savons de parfumerie, 229.

Serment. — Voyez *Enregistrement, Préposés.*

Serrures et clefs. — Objets de commerce général non imposables, 110.

Sirops. — Voyez *Sucres.*

Sondes. — Voyez *Vérifications.*

Sons. — Voyez *Fourrages.*

Sorties. — Doivent être déclarées pour toutes les quantités enlevées des entrepôts à destination, soit de l'extérieur, 168,187 ; — soit de l'intérieur, si le règlement local le prescrit, 168.

Sous-Préfets. — Ont dans leurs attributions la surveillance des octrois, 178, 200. — Procèdent à l'adjudication des octrois des communes dont la population est inférieure à 5,000 âmes, 170. — Donnent leur avis sur les propositions municipales qui sont soumises à la sanction du Gouvernement, 156, 180. — Nomment les simples préposés d'octroi de leur arrondissement, 217. — Délivrent un récépissé des délibérations des conseils municipaux qui leur sont transmises, 255 ; — et c'est de la date de ce récépissé que court le délai à compter duquel certaines délibérations deviennent exécutoires de plein droit, 257.

Spermaceti. — Maximum des taxes, 226.

Stockfisch. — Voyez *Morue.*

Sucres. — Le sucre et ses dérivés ne doivent pas être imposés, 113, 114, 115.

Suifs. — Maximum des taxes, 226 ; — pas d'immunité pour ceux de l'intérieur, 92 ; — réduction d'un cinquième pour les suifs bruts, 92, 227.

Suppression de taxes. — Voyez *Revisions.*

Surtaxes. — Définition des surtaxes, 19 ; — elles ne peuvent être établies ou prorogées que par une loi, 125, 135, 213, 240, 273. — Surtaxes : sur les vins, cidres et alcools, 20, 134, 135 ; — sur les huiles ne sont pas autorisées, 22, 134 ; — non plus que sur les alcools dénaturés, 23. — Leur durée ne peut être supérieure à celle des taxes principales, 133. — Justifications à fournir à l'appui des demandes de surtaxes, 24, 25. — Affectation du produit des surtaxes à des dépenses extraordinaires, 135.

Surveillance générale des octrois. — Voyez *Administration des contributions indirectes.*

T

Tan. — Produit industriel non imposable, 114.

Tares. — Voyez *Modes de taxation.*

Tarif général ou tarif type. — Comprend six divisions : boissons et liquides, 224 ; comestibles, 224, 226 ; combustibles, 226 ; fourrages, 228 ; matériaux, 228 ; objets divers, 228. — Indication des articles imposables et du maximum des taxes dans chaque division, 224 et suiv. — Les municipalités doivent choisir entre les divers modes de taxation admis par le tarif général, 220. — Ce tarif remplace les désignations générales des articles imposables indiqués par le décret de 1809 et par l'ordonnance de 1814, 158, 181. — Voyez *Catégories, Maximum.*

Tarifs locaux. — Sont votés par les conseils municipaux, ainsi que toutes les modifications qui y sont apportées, 156, 180, 200, 272, 273 ; — il en est de même des prorogations, 273. — Les tarifs sont approuvés la première fois par un décret, dans la forme des règlements d'administration publique, 212, 272 ; — un décret est encore nécessaire : pour les prorogations anticipées de plus de 5 ans, 11, 127, 273 ; — pour l'imposition d'un objet nouveau, 12, 273 ; — et pour l'établissement ou le renouvellement de toute taxe extra-réglementaire, 15, 273. — Pièces à fournir à l'appui des propositions concernant les tarifs, 10 et suiv. — Voyez *Observations marginales, Prorogations, Revisions, Taxes extra-réglementaires, Taxes réglementaires, Taxes principales, Taxes spéciales, Surtaxes.*

Taxes additionnelles. — Ne sont plus admises par la loi du 5 avril 1884, qui ne reconnaît plus que les taxes principales et les taxes spéciales, 16.

Taxes différentielles. — Formellement interdites lorsqu'elles ont pour base la différence de provenance des objets, 13, 137 et suiv., 222 ; — ou la qualité du consommateur, 136 ; — ou bien encore les conditions dans lesquelles les objets sont présentés à l'entrée, 137, 138. — Les différences de taxes sur un même objet ne sont admissibles qu'autant qu'elles correspondent à des différences de qualité ou d'espèce (art. 2 du décret du 12 février 1870), 220.

Taxes extra-réglementaires. — Sont celles qui sont établies en dehors des conditions prévues par le tarif-type, 10. — Ne peuvent être perçues ou prorogées qu'en vertu d'un décret, 10, 273 ; — elles doivent être justifiées par la situation financière, 139, 140. — Justifications à fournir et règles à observer, à l'occasion des demandes concernant ces taxes, 15 et suiv. — Voyez *Tarif général, Surtaxes.*

Taxes normales. — Voyez *Taxes réglementaires.*

Taxes principales ou ordinaires. — Destinées à faire face aux besoins généraux, sont classées parmi les recettes ordinaires, 17, 270. — Toute taxe qui n'a pas d'affectation *spéciale* doit être classée parmi les taxes principales, alors même qu'elle dépasserait le maximum régle-

TABLE DES MATIÈRES

CHAPITRE III.

Législation.

ERRATA

Page 36, ligne 2°, *Au lieu de* 9 décembre 1884, *lisez* 9 décembre 1814.

Page 151, *Au commencement de la dernière ligne, ajoutez*, Art. 4. —

Page 168, ligne 32°, *Au lieu de* du 12 février 1870, *lisez* du décret du 12 février 1870.

Page 213, ligne 11°, *Au lieu de* L'article 149 de la loi du 28 avril 1816 abrogé, *lisez* L'article 149 de la loi du 28 avril 1816 est abrogé.

Page 232, avant-dernière ligne, *Au lieu* sur lesquels est consulté..... *lisez* sur lesquels il est consulté....

POITIERS. — IMPRIMERIE OUDIN.